JN412404

문화콘텐츠 개발전략

김 만 식 지음

학 연 사

책머리에

이 책은 10여 년 간의 문화콘텐츠 강의안을 하나로 묶은 것입니다. 항상 강의 첫머리에 '시(詩)' 한 편을 낭송하면서 시작했습니다. 처음에는 어색해하던 학생들이 시간이 지나면서 점차 자연스럽게 받아들였습니다. 그런데 요즘은 경제사정 탓인지 간혹 눈시울을 적시는 학생들이 보여 마음이 편치 않습니다. 비록 짧은 세월이지만 문화와 상품이 만나는 교차로에서 많은 학생들과 선생님들의 전언을 엮어서 작은 콘텐츠를 선보이게 되었습니다.

오늘날 콘텐츠는 대중매체뿐만 아니라 삶의 전반을 모두 아우르는 넓은 개념으로 사용됩니다. 그 범주가 매우 넓기에 각 분야별로 전문적 지식들이 헤아릴 수 없을 정도로 많이 창출되고 있습니다. 세분된 지식들은 전문 지식이라는 이름으로 관심의 초점을 모으는 것이 현실입니다. 하지만 이 같은 지식들은 대체로 전문 영역이라는 제도에 묶여 그 속에서만 움직일 뿐 실용적인 면에서는 미흡한 경우도 많이 있습니다. 이 책은 이렇게 세분화된 지식들을 통합하고 아우를 수 있는 방법은 없을까 하는 생각에서 출발하였습니다.

인간의 모든 행위는 '탐구와 적용'에서 비롯됩니다. 문화콘텐츠 생산·배포·수용 행위도 '탐구와 적용'이라는 큰 틀에서 벗어날 수 없습니다. 그 틀 속에서 각 매체별로 전문화된 지식이 창출되고 전파됩니다. 이에 본서는 '탐구와 적용'이라는 두 기둥을 축(軸)으로 하고, 창강 김택영 선생이 제시한 '체법묘기'를 핵심 원리로 삼아 고도로 전문화되고 기술화된 문화콘텐츠 분야에 큰 시각으로 접근을 시도해 보았습니다.

문화콘텐츠는 과학기술 발달에 힘입어 끊임없이 그 모습을 바꾸며 변화하기에 그 흐름으로만 파악됩니다. '체법묘기'는 이 같은 큰 흐름을 언제 어디서든 아우를 수 있습니다. 따라서 어떤 이론이든 '체법묘기'에 포섭됩니다.

본서의 일차 목표는 모든 사람들이 위대한 '체법묘기' 원리로 사물을 인식하게 하는 일입니다. 낯선 한자 어휘에 대해 '닫힌 마음'보다는 마음을 열고 편견을 넘어 탐구하는 자세로 다가가면 '체법묘기'는 큰 원리를 눈부시게 열어 보일 것입니다.

그 다음 원대한 목표는 개인과 공동체의 삶의 질 향상에 기여하는 일입니다. 매우 작은 기여라고 하더라도 매사에 끈질긴 헌신과 몰입이라는 열정을 요구합니다. 따라서 먼저 '탐구와 적용'에 앞서 주체인 '자기 바로 세우기'라는 너무나 평범한 진리를 강조합니다. 상상력과 창의력을 바탕으로 한 문화콘텐츠의 특성상 몰입에 쉽게 빠져 가장 소중한 '자기'를 잊어버리는 경우도 있기 때문입니다. 이는 보다 큰 목표인 자기 행복과 공동체의 발전에 기여하라는 뜻에서입니다.

문화콘텐츠에는 두 개의 속성이 있습니다. 하나는 문화이고, 다른 하나는 상품입니다. 다양한 문화를 중시한다면 경쟁은 미미할 것으로 보입니다만, 세계적으로 경쟁이 치열한 현실을 바라보면 이익획득을 위한 하나의 상품임이 분명합니다. 찬란한 상품 파노라마 속에 순수한 문화는 끼어들기 어려운 게 현실입니다. 어떻게 하면 순수 문화와 상품을 한데 묶을 수 있을까, 자료를 정리하면서 궁리를 거듭해도 시원한 해결방안이 떠오르질 않습니다.

하지만 항상 마음속에 소중하게 간직해야 할 자산이 있습니다. 바로 우리의 전통문화입니다. 세계에 내놓을 수 있는 한국문화콘텐츠의 차별성과 독창성은 바로 전통문화에 있습니다. 수천 년 이어온 우리 민족의 삶의 궤적을 경시하거나 도외시하는 우(愚)를 범해서는 안 됩니다. 더욱더 많이 투자하고 보다 더 철저하게 연구·발전시켜야 할 사명이 오늘을 살아가는 우리들에게 있습니다. 진정한 전통문화 우위 정책과 양질의 다양한 한국문화콘텐츠를 고대해 봅니다.

현대 사회에서 책을 내는 목적은 사람마다 각기 다릅니다. 먼저 이 책이 세상에 나올 수 있게 해 주신 신(神)께 두 손 모읍니다. 하지만 어릴 때부터 누누이 들어온 배운 것을 실천하는 데 힘쓰고 함부로 글을

남기지 말라는 어머님 말씀이 이 순간에도 뇌리를 스쳐갑니다. 망설이고 망설이다 용기를 냈습니다.

"어머님 李花植 여사님께 이 책을 바칩니다."

또 짧은 두레박 줄로 깊은 우물물을 긷고자 하는 저에게 많은 가르침을 주신 훌륭하신 선생님들께 지면을 빌려 고마움을 전합니다. 특히 75년 교정에서 만나 오늘까지 학문의 길에 매진할 수 있도록 무언(無言)으로 큰 힘을 실어 주신 이창경 교수님, 공부의 가장 중요한 시점에서 항상 염려해 주시고 주옥같은 말씀을 주신 김용덕, 정민 교수님, 커뮤니케이션의 원리로 학문의 길을 열어 주신 이정춘 교수님, 그 외 많은 교수님들의 훌륭하신 가르침, 결코 잊을 수가 없습니다.

아울러 출판경기의 어려움 속에서도 흔쾌히 책으로 엮어주신 한점덕 사장님께도 고마움을 전합니다.

끝으로, 힘든 삶을 느낌으로 새기며 보금자리를 꾸려간 가족들에게 지난 세월을 요약한 이 책이 조금이나마 위안이 되길 소망합니다.

눈이 부시도록 끊임없이 변하는 문화콘텐츠 세계에서 이 글은 항상 미완성입니다. 목적지에 한 걸음 다가설 수 있도록 독자님들의 훌륭하신 가르침을 고대합니다.

2009년 2월
솟아오르는 아침 태양을 바라보면서…….
글쓴이 두 손 모읍니다.

Contents

I 문화콘텐츠 경험

II 문화콘텐츠 구조 탐색

III 탐구의 즐거움

Contents

Contents

Contents

문화콘텐츠 경험

게임 '리니지'

현대인은 콘텐츠 속에서 산다.
언제 어디서나
게임을 즐길 수 있고,
취향에 맞는 영화도 감상할 수 있다.
우리는 항상 문화콘텐츠와 함께 한다.

한 개의 별을 노래하자

이육사

한 개의 별을 노래하자.
꼭 한 개의 별을
십이성좌(十二星座) 그 숱한 별을 어찌 다 노래하겠니.

꼭 한 개의 별을!
아침 날 때 보고 저녁 들 때도 보는 별
우리들과 아주 친하고 그 중 빛나는 별을 노래하자.
아름다운 미래를 꾸며 볼 동방의 큰 별을 가지자.

— 풍림(風林) 12월호(1936)

1. 문화콘텐츠 입문

'문화(文化, culture)[1]'라는 말은 우리에게 매우 친숙하다. 먼 옛날 고대 주술에서부터 최신 게임이나 인기 절정의 영화에 이르기까지 호기심을 갖고 다가가고 싶은 욕구가 절로 생긴다.

'문화'는 어떤 에너지를 지니고 있는 것 같다. 문화라는 말만 들어도 뭔가 생기 있게 솟구치는 듯한 느낌이 온다. 여럿이서 모여 다함께 춤추고 노래하며 감동하고 환호한다. 긴장과 생동감이 함께 넘치는 굿판처럼 멋지게 펼쳐지는 한 장면이 떠오른다. 분명 '문화' 속에는 꿈틀거리는 그 어떤 큰 힘이 있다.

현대 사회는 하루가 다르게 급변하고 있고, 또 매우 복잡다단하여 항상 갈등과 긴장 속에 있다. 문화콘텐츠는 이 같은 상황 속에서 피고취락(避苦取樂)하고자 하는 인간의 마음을 위무(慰撫)해 주는 강력한 역할을 담당하고 있다. 삶의 질 향상뿐만 아니라 공동체의 공감이나 유대감을 이끌어 내는 매우 중요한 기능도 함께 수행한다. 이렇게 현대인들은 직접 또는 간접적으로 문화콘텐츠를 접하면서 하루하루 생활을 영위해 나가고 있다.

---

1) 문화(文化)의 어원을 보면, '文'은 사람이 정면으로 서 있는 모습에다 가슴에 문신이 새겨져 있는 모습으로 형상화된 것이다. 설문해자(說文解字)에는 "文, 錯畵也, 象交文"(文은 엇갈리게 그은 것이다. 교차하는 무늬를 본뜬 것이다.)라고 하였다.(최영애, 『漢字學講義』, p. 64.) 문(文)은 문양(文樣), 즉 색을 교차시켜 그려낸 어떤 모양이다. 문(文)의 어원은 색(色), 형태(形態) 등이다.(김채수, 『21세기 문화이론』, p. 477.) '文'은 '화려하다(文)'로도 쓰였고, 제도 등 문화 전반을 뜻하기도 한다. 또 '化'는 똑바로 선 사람의 모습과 거꾸로 선 사람의 모습을 좌우로 대비시켜 놓은 형태, 사람의 모습을 위아래로 위치를 바꾸어 놓음으로써 '바뀌다, 변화하다'는 뜻을 나타낸다. 설문(說文)에서는 '교화가 행하여지는 것(化, 教行也)'이라 하였다. 따라서 문화(文化)는 문(文)으로 백성들을 교화한다는 문치교화(文治教化)의 의미로도 쓰였다.

한편, 서구에서의 문화(culture)는 '경작(耕作) 또는 재배(栽培)'를 뜻하는 라틴어의 cultura에서 유래(독어로는 kultur)된 것'으로, '마음의 배양'이나 '수양'의 의미, 가치 상승 또는 가치 창조에 이어 인간의 기술을 통해 만들어진 것, 창조된 것에서부터 직접 주어진 자연에 대한 대립적인 개념으로 쓰였다.

(1) 문화에 대한 다양한 시각

오늘날 모든 것이 '문화'로 통하고 있다. 문화국가, 민족문화, 정신문화, 물질문화, 기업문화, 정보문화, 대중문화, 영상문화, 상업문화, 지역문화, 사이버문화, 문화산업, 소수문화, 다문화 등 인간의 삶의 흔적이 문화 속에 모두 녹아들고 있다.

지난날에는 '문화'를 좁은 시각으로 볼 때는 '교육이나 훈련으로 기술과 능력을 개발하여 획득되는 것', 또는 '문학·음악·미술… 등 예술 분야에 대한 교양이나 세련됨', 또는 '그러한 것을 겸비한 사람'을 뜻하였고, 넓은 의미로 언급할 때는 '어느 한 사회의 구성원들에 의해 공유되는 삶의 방식'이나 '사람들의 태도와 행동을 근본적으로 지배하는 가치 및 신념의 체계, 행동 양식 등'을 의미하였었다. 하지만 오늘날 '문화'는 어떤 분야든지 적용 가능할 정도로 매우 광범위하게 사용되고 있다.

① 문화의 개념

야후(Yahoo) 백과사전에는 '문화(文化, culture)'를 다음과 같이 설명하고 있다.[2)]

> 인간이 자연 상태에서 벗어나 일정한 목적 또는 생활 이상(理想)을 실현하려는 활동의 과정 및 그 과정에서 이룩한 물질적·정신적 소득의 총칭. 특히 학문·예술·종교·도덕 등 인간의 내적 정신활동의 소산을 가리킨다. 본래 문화라는 말은 '인류의 이상을 실현해 가는 정신의 활동'을 뜻하는 경우와 '생활양식'을 총칭하는 경우가 있다. 사회과학의 여러 분야에서는 생활양식이란 의미에서 문화라는 개념을 사용하는 것이 보통이지만, 이런 의미에서의 문화에 관해서도 정의는 다양하며 그에 따른 시대적 변화도 엿볼 수 있다.

---

2) http://kr.dictionary.search.yahoo.com/search/dictionaryp?pk=13538300&p=%B9%AE%C8%AD&field=id&type=enc&subtype=enc

오늘날 흔히 문화, 문화인, 문화산업이란 용어를 사용하지만, 그 속에는 문화에 대해 '인간의 삶의 방식'이나 '전문가들만의 것', '돈이 되는 것' 등의 의미를 담고 있음을 감지할 수 있다.

이처럼 '문화'는 복잡하고 또 다양한 의미로 사용되고 있다. 인간의 삶에서 중추적인 역할을 담당하는 물질을 비롯하여 기술이나 가치, 사회 관계와 언어 등으로 성립되는 문화에 대해 문화 분석가인 레이먼드 윌리엄스(Raymond Williams)[3]는 문화를 지적인 작품이나 실천행위 특히 예술적인 활동을 일컫는 '예술과 예술적 활동으로서의 문화'와 지적·정신적·심미적인 계발의 일반적 과정으로 바라본 '과정과 발전으로서의 문화', 그리고 한 인간이나 시대 또는 집단의 특정 생활방식을 가리키는 '삶의 방식으로서의 문화'로 나누어 설명하였다.

한편, 유네스코에서는 「세계 문화다양성선언문(UNESCO Universal Declaration on Cultural Diversity, 2001. 11. 2)」을 통해,

> "문화는 사회와 사회 구성원의 특유한 정신적·물질적·지적·감성적 특성의 총체로 간주해야 하며, 예술 및 문학 형식 뿐 아니라 생활양식, 함께 사는 방식, 가치 체계, 전통과 신념을 포함한다.(culture should be regarded as the set of distinctive spiritual, material, intellectual and emotional features of society or a social group, and that it encompasses, in addition to art and literature, lifestyles, ways of living together, value systems, traditions and beliefs)"

라고 정의하였다. 이렇게 문화는 그 범위가 매우 광범위하고 포괄적이며 다양한 모습이다. 대체로 '개인과 집단이 사회 공동체 안에서 함께 공유하는 가치, 태도, 신념, 지향점, 정신 상태, 전제 조건 등 삶의 양식 일체'를 뜻한다고 일차적으로 규정해 볼 수 있다.

---

3) 레이먼드 윌리엄스(Raymond Williams, 1921~1988) : 문화분석가이자 문화비평가. 『문화와 사회(Culture and Society)』, 『긴 혁명(The long Revolution)』, 『문화(Culture)』, 『시골과 도시(The Country and the city)』 등 다수의 저서가 있다.

문화에 대해 인류학과 문화사회학 분야의 주요 학자들의 의견을 정리해 보면 다음과 같다.[4] 각 분야마다 문화를 바라보는 시각이 다르므로 때로 공통점도 있지만 차이점도 분명하게 나타나기도 한다.

[표 1-1] **문화에 대한 정의**

분 야	학 자	문화 개념 정의
인류학 분야	E.B. Tylor	지식, 신앙, 예술, 법률, 도덕, 풍속 등 사회의 일원으로서 인간이 획득한 능력들과 습관들의 총체
	F. Boas	어떤 공동체의 사회적 관습의 모든 표현들
	R.S. Lynd	동일한 지역에 사는 사람들의 공동체가 하는 일, 행동방식, 사고방식, 감정, 사용하는 도구, 가치, 상징의 총체
	M.J. Herskovits	본질적으로 사람들의 생활방식을 표시하는 신념, 태도, 지식, 금기, 가치, 목표의 총체를 기술하는 구성물
	E.T. Hall	인간의 매체
	C. Geertz	구체적인 행동양식의 복합체가 아닌, 행동을 지배하는 일단의 제어 기제들
	R. Benedict	개인이 생활을 영위하는 데 필요한 원자재로 제공되는 것
문화 사회학 분야	R. Bocock	첫째 토지·곡식·가축의 경작의 의미, 둘째, 정신·예술·문명의 배양이라는 의미, 셋째, 사회 발전의 일반적 과정이라는 의미, 넷째, 보편적 과정이라는 의미, 다섯째, 의미를 생산하는 실천, 의미화 하는 실천
	R. Peterson	집단적 활동을 통해 생성된 상징적 산물들
	R. Wuthnow & M. Witten	사회적 형태로 산출된 상징적 사물이나 상품
	E.W. Said	여러 가지 정치적·이념적 명분들이 뒤섞이는 일종의 극장
	J. Fiske	현대 산업사회를 살아가는 사회적 경험의 의미를 총망라하는 삶의 방식

4) 신용철, 『철학으로 보는 문화』, 살림출판사. 2004. pp. 14~15. 수정보완.

② 문화의 현대적 의미

앞서 문화에 대해 인류학자나 문화사회학자 등이 분야별로 서로 다른 관점과 방식으로 접근을 시도한 것을 살펴보았다. 그런데 현대의 문화 개념에 대해 로돌프 스타벤하겐(Rodolfo Stavenhagen)이 유네스코(unesco) 포럼에서 밝힌 관점이 오늘날의 시각으로 바라볼 때 타당해 보인다. 그는 문화를 크게 세 가지로 요약해서 살펴보았다.[5] 첫째는 '자본으로서의 문화'이고, 다음은 '창의성으로서의 문화', 마지막으로 '총체적 삶의 방식으로서의 문화'이다.

첫째, '자본(資本)으로서의 문화'는 문화를 유적(遺蹟)과 인공물(人工物)을 포함해 인류의 축적된 물질적 유산(遺産) 전체 혹은 특정 인간 집단의 유산으로 정의하는 것이 일반적이다. 이 같은 관점에 의한 문화적 발전은 이는 정치, 경제, 사회적 발전과 유사하거나 보완적인 것으로 간주되기도 한다.

둘째, '창의성(創意性)으로서의 문화'는 흔히 문화를 문화전문가들의 노작(勞作)의 결과물로 보는 관점이다. 모든 사회에는 문화를 창조하는 일정한 개인들(혹은 문화적 저작을 해석하거나 공연하는 사람들)이 있다. 이들의 생각을 광범하게 수용하는 것으로서 '고급 문화'와 '하급 문화', '엘리트 문화'와 '대중문화'로 구별되는 결과를 초래하기도 한다.

셋째는 '총체적 삶의 방식으로서의 문화'이다. 이는 인류학 분야에서 바라보는 시각에서 유래되었는데, 문화를 특정의 사회 집단을 다른 유사한 집단들과 구별하는 물질적 · 정신적 활동과 생산물의 총합을 의미한다고 본다. 문화를 이렇게 이해할 경우, 문화는 일관성 있는 자기 충족적 가치, 상징체계, 일련의 관행으로서, 특정 문화 집단이 장기간에 걸쳐 재생산하고, 또 개 개인에게 일상생활에서 요구되는 행위와 사회적 관계의 길잡이와 의미를 제공하는 것이다. 그렇지만 문화를 하나의 객체(object), 다양한 사회적 행위자들이 상호 관계를 맺는 사회적 공간과는 별개로 존재하는 하나의 '사물'로 간주될 위험이 있다.

---

5) Rodolfo Stavenhagen, '*Cultural Rights : A Social Science Perspective*', UNESCO Forum. 2000. 12. pp. 10~14.

오늘날 학계에서는 문화를 끊임없이 변화하는 주체에 의해 지속적으로 구성되고, 다시 재구성되며, 발명되고 또 다시 재발명되는 주관적인 것으로 보고 있다. 이 과정에서의 핵심적인 요소는 문화 그 자체가 아니라 사람들이 자신들의 문화를 어떻게 인지하고 말하는가에 달려 있다고 하겠다.

이에 유네스코 세계문화발전위원회는 다음과 같이 설명한다.[6)]

> "한 나라는 단지 하나의 문화만이 있는 것이 아니다. 많은 나라들, 아마도 대다수 나라들에는 다문화적, 다민족적이며, 여러 가지 언어, 종교, 삶의 방법이 있다. 다문화 국가는 자체적 다원주의로부터 큰 혜택을 향유할 수 있다. 그러나 또한 문화적 갈등의 위험에 직면하기도 한다."

'문화'를 어떻게 정의할 것인가, 그것은 무척 난해한 문제다. 자본(capital)으로서의 문화인가, Culture의 대문자 C로 나타낼 수 있는 한 집단의 지적, 예술적 성취로서의 문화인가, 아니면 인류학적 의미에서 공유할 수 있는 기술, 신념, 전통으로서의 문화, 즉 culture의 소문자 c로 나타낼 수 있는 문화라는 의미가 엄연히 있다고 하겠다.

특히, 문화콘텐츠의 경우 문화에 대한 다양한 인식들이 어느 하나의 의미에 치우치지 않고 이상의 여러 가지 개념을 모두 내포하고 있다고 하겠다.

(2) 문화콘텐츠의 개념

① 콘텐츠 분류

우리는 콘텐츠 속에 살고 있다. 게임, 영화, 만화에서부터 e-book, 모바일 콘텐츠까지 모든 생활이 콘텐츠와 함께 한다.

'콘텐츠(Contents)[7)]'는 원래 서적, 논문 등의 내용이나 목차를 일컫는 말이었지만, 현재는 각종 유무선 통신망을 통해 제공되는 디지털 정보, 즉 문자,

---

6) UNESCO, *op. cit.* (1995), P. 25; *Learning: The Treasure Within*, Report to UNESCO of the International Commission on Education for the Twenty-First Century (Paris : UNESCO, 1996). p. 40.

7) 국립국어연구원에서는 '콘텐츠/컨텐츠'를 '꾸림정보'로 한글화하여 발표하였으나 때늦은 감이 있다.

소리, 화상, 영상 등의 형태로 이루어진 정보의 내용물을 지칭하는 말로 흔히 쓰인다. 인터넷이나 케이블 등을 통해 제공되는 각종 프로그램이나 정보 내용물, CD-ROM이나 DVD, MP3 등에 담긴 영화나 음악, 사진, 게임 소프트웨어, e-러닝 내용물 등이 모두 콘텐츠다.[8)]

「문화산업진흥기본법」제2조에 의하면, '콘텐츠'는 부호·문자·음성·음향 및 영상 등의 자료 또는 정보이다. 따라서 일반적으로 신기술인 디지털과 정보통신 기술, 그리고 매체(media)를 이용하여 '문자, 영상, 소리 등의 정보를 제작하고 가공해서 수용자나 소비자에게 전달하는 정보 상품'을 콘텐츠라고 한다.

생활 속의 콘텐츠는 초기에는 정보와 오락 중심에 치우쳐 생산되다가 이제는 생활 전반에 걸쳐 널리 사용되고 있다. 따라서 처음에는 디지털화한 내용을 콘텐츠라고 명명하였고, 그 후로는 문자로 기록되거나 디지털화한 것뿐만 아니라 인간의 행동으로 나타낼 수 있는 그 모든 것을 지칭하게 되었다. 시대의 흐름상 무엇을 나타내고자 할 때 담아서 나타낼 수 있는 것, 그 중심 내용을 콘텐츠라고 부르는 경향이 점차 짙어지고 있다. 콘텐츠와 연관된 다양한 용어들의 법적 정의를 살펴보면 다음과 같다.

- "디지털콘텐츠"라 함은 부호·문자·음성·음향 및 영상 등의 자료 또는 정보로서 그 보존 및 이용에 효용을 높일 수 있도록 디지털 형태로 제작 또는 처리한 것을 말한다. (문화산업진흥기본법 제1장 제2조)
- "멀티미디어콘텐츠"라 함은 부호·문자·음성·음향 및 영상 등과 관련된 미디어를 유기적으로 복합시켜 새로운 표현 및 저장기능을 갖게 한 콘텐츠를 말한다. (문화산업진흥기본법 제1장 제2조)
- "방송통신콘텐츠"라 함은 유선·무선·광선 및 기타의 전자적 방식에 의하여 송신하거나 수신되는 부호·문자·음성·음향 및 영상을 말한다. (방송통신발전에 관한 기본법 제1장 제2조)
- "이러닝콘텐츠"라 함은 전자적 방식으로 처리된 부호·문자·도형·색채·음성·음향·이미지·영상 등의 이러닝과 관련된 정보나 자료를 말한다. (이러닝(전자학습)산업발전법 제1장 제2조)

8) http://www.terms.co.kr/. 1994년 전후 컴퓨터와 정보통신(IT) 계통의 벤처인들이 사용하던 것이 점차 대중화되어 쓰이기 시작했다.

세상의 콘텐츠를 가만히 들여다보면 매우 복잡다단하고 변화무쌍하다. 더욱이 커뮤니케이션 기술의 급격한 발달로 여러 채널을 통해 다양한 콘텐츠들이 선보이고 있다. 하지만 콘텐츠가 인간의 사고와 행동에서 출발한다는 점을 고려하면 오히려 더욱더 많은 콘텐츠들이 나타날 것으로 보인다.

콘텐츠는 인간의 의지와 행동에 기반을 두고 과학기술을 적용하여 풀어내는 의도의 산물이다. 이에 콘텐츠를 인간의 삶의 유형에 따라 분류해 보면, 크게 '건강콘텐츠'와 '법률콘텐츠', '도전콘텐츠', '표현콘텐츠', '환경콘텐츠', '여가콘텐츠'로 나누어 볼 수 있다.

[표 1-2] **콘텐츠 분류**

종 류	주요 내용
건강콘텐츠	인간의 건강한 삶을 위한 콘텐츠. 주로 의료분야와 연계된 콘텐츠가 다수를 차지한다.
법률콘텐츠	사회 속에서 개인의 역할과 지위, 공동체 유지 발전을 위한 콘텐츠.
도전콘텐츠	보다 나은 삶을 위한 인간의 도전을 그린 콘텐츠. 경영콘텐츠, 스포츠콘텐츠를 비롯하여 교육콘텐츠, 게임콘텐츠, 전쟁콘텐츠 등이 이에 해당한다.
표현콘텐츠	인간의 감성적, 심미적 정서를 나타낸 콘텐츠. 문화콘텐츠가 대표적이다.
환경콘텐츠	인간을 둘러싼 자연 환경과 사회적 환경을 다룬 콘텐츠. 지구 온난화 등 대기환경을 다룬 콘텐츠가 많다.
여가콘텐츠	일 없는 자유 시간, 노동에서 벗어난 틈새나 짬을 위한 콘텐츠. 여가활용 콘텐츠.

첫째, 건강콘텐츠(Health Contents)이다. 인간이 모태(母胎)의 힘으로 이 세상에 태어나 하나의 생명체로서 삶을 원만하게 유지하려면 반드시 건강해야 한다. 건강은 사람에게 있어 기본적인 요소이다. 누구나 건강한 생활을 유지하기 위해서는 규칙적인 생활과 충분한 휴식, 적당한 운동과 영양섭취, 쾌적한 환경 등이 조화를 이루어야 한다. 이것이 인간으로 살아가기 위한 최소한의 요건이라고 할 수 있다.

최근에는 기본 욕구인 건강상태에서 한걸음 더 나아가 질병이나 고통으로부터 자유로운 상태인 웰빙(well-being) 상태에 대한 욕구에 이어 개인의 행복과 삶의 질을 완성하고자 하는 웰리스(wellness)[9]가 강조되고 있다. 또 웰빙의 개념보다 포괄적이고 광범위한 개념인 로하스(LOHAS, Lifestyle Of Health And Sustainability)는 건강한 생활을 지속적으로 가능하게 할 수 있는 라이프스타일을 의미하는데, 건강과 환경이 결합된 소비자들의 생활 패턴을 뜻한다.

건강콘텐츠는 주로 의료분야와 연계되어 특정 질병 예방과 치료에 관한 콘텐츠, 스트레스 해소와 적당한 운동 및 체력 관리를 위한 콘텐츠, 또 좋은 영양 섭취를 위한 콘텐츠, 쾌적한 환경과 함께 행복한 삶을 담은 콘텐츠 등 보다 편안하게 살아가고자 하는 인간의 욕망을 담은 콘텐츠가 많이 개발되고 있다. 더 나아가 과학기술과 협력하여 생명공학 분야에 이어 로봇 분야에까지 그 영역을 확대하여 활발하게 연구·개발되고 있다. 이처럼 건강콘텐츠는 인간이 존재하는 한 항상 관심의 제일 순위에 있다.

둘째, 법률콘텐츠(Legal Contents)이다. 인간은 사회적 동물이다. 다른 사람들과 함께 인간 사회라는 공동체를 이루어 끊임없이 상호 교류하면서 살아간다. 이 같은 공동체를 유지하는 데는 반드시 법률이라는 메커니즘이 있다. 법률은 사회 구성원들의 약속으로서 인간과 사회의 상호작용을 유지시켜 줄 뿐만 아니라 공동체의 발전에도 기여하는 기제(基劑)라고 할 수 있다.

사람은 누구나 법률이라는 큰 틀 안에서 각자 사회적 역할을 부여받고 지위에 따라 행동하게 된다. 경제, 정치, 교육, 종교 등 전 분야에 걸쳐 타고난 환경과 능력에 따라 나름대로 계층을 형성하고 역할을 수행하며 살아간다.

이렇게 개인과 사회가 만나는 접점에서 이루어지는 상호작용의 하나는 사회 속에서 형성되는 개인의 역할과 지위이고, 다른 하나는 사회가 개인에게 부과하는 역할 기대와 사회적 제재를 들 수 있다. 사회적 제재는 법률, 규범, 규칙, 도덕이라는 이름으로 사회적 약속을 일탈한 개인의 삶에 영향을

9) '웰빙(well-being)'이 몸이 아무런 탈 없이 건강하고 마음이 편안한 상태라면, '웰리스(wellness)'는 질병 상태와는 대립되는 개념으로 신체적·정신적·사회적으로 조화로운 발달을 이루어 최고 수준의 능력을 발휘할 수 있는 건강 상태를 의미한다.

미치게 된다. 오늘날 공동체 유지와 발전을 위한 법에도 헌법, 법률, 명령, 조례, 규칙이라는 계급을 두어 단계적으로 적용하고 있다.[10)]

법에는 실체법과 절차법이 있다. 실체법은 글자 그대로 실제로 쓸모가 있는 법으로, 현재 보통 사람들이 생각하는 법이다. '이러한 행동을 하면 이렇게 처리한다.'는 식으로 그 내용이 기술되어 있다. 여기에는 국가-개인, 사회-개인 간에 지켜야 할 사항을 규정한 공법[11)]과 개인-개인 간에 지켜야 할 사항을 규정한 사법[12)]이 있다. 절차법은 법을 규정한 법이다. 주로 '이렇게 처리하려면 이렇게 한다.'는 내용이 기술되어 있는데, 여기에는 형사소송법, 민사소송법, 행정소송법 등이 있다.

법은 글로 쓰여 졌느냐 그렇지 않느냐의 여부에 따라 성문법과 불문법으로 구분한다. 글로 써 놓은 법은 성문법이고, 글로 써 놓지 않은 법은 불문법인데, 여기에는 예전에 판결을 내린 예에 따르는 판례법과 판결해 오던 관습에 따르는 관습법이 있다.

이처럼 다양한 법률콘텐츠는 인간의 삶과 공동체 유지 및 발전에 긴요한 콘텐츠이다. 따라서 정치, 경제, 문화 등 사회 제 분야에 걸쳐 정의실현을 목적으로 다양한 콘텐츠들이 개발되고 있다.

셋째, 도전콘텐츠(Challenging Contents)이다.

인간의 삶은 욕망 분출과정의 연속이라고 할 수 있다. 인간의 삶 자체가 곧 도전이다. 본능에 따라 끊임없이 보다 더 높은 사회적 지위, 더 나은 삶을 추구해 간다. 항상 주변과 사회, 집단 속에서 자기 존재를 더욱더 크게

---

10) '헌법'은 모든 법의 기본이 되며, 국가의 목적, 법 제정의 원칙, 국민의 권리, 국가기관의 구조와 역할 등이 적혀 있다. '법률'은 입법부(의회)에서 제정하는 데, 보통 사람들이 생각하는 법이다. 형법, 민법 등 재판을 할 때 실제적으로 적용하는 법으로, 헌법의 내용을 거스를 수 없다. '명령'은 행정부의 장(대통령)이 제정하는데, 법률의 내용을 거스를 수 없다. '조례'는 지방의회에서 제정하는 것으로, 법률 내용을 거스를 수 없다. '규칙'은 지방행정부의 장이 제정하는 것으로, 조례 내용을 거스를 수 없다.

11) 공법에는 헌법, 형법, 소송법, 행정법, 국제법 등이 있다.

12) 사법에는 민법, 상법 등이 있다.

높게 하고자 도전하고 경쟁하면서 살아간다.

도전콘텐츠의 선두주자는 역시 경영콘텐츠이다. 치열한 국제 경쟁 속에서 개인의 성취감 획득에 이어 회사의 발전과 국가의 번영을 위해 밤낮없이 연구하고 개발하는데 골몰한다. 널리 알려진 마이크로소프트사의 빌 게이츠를 비롯하여 수많은 CEO들이 새로운 영역에 도전하고 경쟁에서 우위를 확보하기 위해 불철주야 활약하고 있다. 뿐만 아니라 여러 연구소를 비롯하여 작게는 매우 작은 일을 수행하는 분야에 이르기까지 각계각층에서 그 나름대로 도전 정신을 발휘하고 있다.

도전콘텐츠가 눈에 띄게 나타나는 것은 역시 스포츠 콘텐츠 분야이다. 영화 '불의 전차[13]'는 올림픽 경기를 배경으로 인간의 집념과 도전 정신이 잘 나타나 있다. 트랙이나 필드, 수영처럼 기록과 거리에 도전하는가 하면, 영역 경쟁을 벌이는 축구, 농구, 핸드볼 등도 도전콘텐츠에 해당한다고 볼 수 있다. 또 인간의 원초적 욕망인 폭력과 영토 확장을 다룬 전쟁이나 게임콘텐츠 등도 모두 영역 경쟁을 다룬 콘텐츠에 해당한다.

교육콘텐츠도 도전콘텐츠이다. 하나의 생명체로서 태어날 때부터 각인(imprint)된 본능 이외 다양한 지식과 경험을 습득하여 삶의 유용한 기술로 삼고자 하는 교육콘텐츠야말로 도전콘텐츠 중에서도 매우 유용한 콘텐츠이다. 더욱이 과학 기술의 급격한 발달로 무한한 채널을 통해 다양한 콘텐츠들이 선보일 때 교육콘텐츠의 위상은 현재보다 크게 격상될 것으로 보인다.

이처럼 도전콘텐츠는 인간의 근본적인 욕망에 바탕을 둔 콘텐츠로, 한 개인과 사회 발전의 원동력을 다룬 콘텐츠이다.

넷째, 표현콘텐츠(Expression Contents)이다.

'인간은 표현한다. 고로 존재한다.'라고 말할 정도로 인간은 자기의 생각

---

13) 불의 전차(감독 : 휴 허드슨, 1981) : 1924년 파리올림픽 육상 금메달 리스트 에릭 리델과 해럴드 에이브러햄의 실화를 바탕으로 한 스포츠 영화. 편견과 좌절을 극복하며 신념을 관철시키는 인간의 집념과 도전을 감동적으로 그렸다.

이나 느낌을 끊임없이 나타내려고 한다. '표현한다는 것'은 살아있음을 증명해 보이는 일이다. 살아있다는 것은 생각하고 움직인다는 의미와도 통한다. 그 움직임이 곧 표현이다.

인간은 사물이 주는 느낌을 글로 나타내기도 하고, 소리나 그림으로 때로는 신체 움직임으로 표현한다. 타고난 감각을 동원하여 눈과 귀로 의미를 알고 손과 발로 끊임없이 나타내려고 한다. 영화나 드라마, 음악, 무용, 미술 등 오늘날 문화가치를 창조하는 대부분의 콘텐츠는 표현콘텐츠에 해당한다.

표현콘텐츠는 감성의 지배를 받는다. 인간형성의 두 축이라고 할 수 있는 이성과 감성 중에서 이성보다는 감성에 치우쳐 나타내고자 하는 욕망이 분출할 때 두드러지게 표출된다. 또 타고난 감성에 상상력을 더하여 그 위력을 더욱더 발휘한다. 따라서 '누가, 무엇을, 어떻게, 왜'라는 요건에 대입해 보면 표현의 큰 맥락을 살필 수 있다. 즉 생각과 느낌 중심인지 아니면 관념과 경험 중심인지를 파악해 보면 된다.

인간의 표현 양식은 다양하다. 문자나 그림, 소리, 행동 등 단선적으로 나타내기도 하지만, 때로는 이 같은 여러 양식이 상호관련성을 가지면서 복합적으로 의미를 공유하기도 한다. 예를 들어 시서화(詩書畵)처럼 시 속에 그림을 곁들이기도 하고, 그림 중에 시를 담기도 한다. 이처럼 문학은 의사소통 도구인 언어로 존재하기에 그림뿐만 아니라 음악, 무용, 연극, 영화 등과도 상호관련성이 짙다. 또 '뛰는 음악'이라고 하는 무용은 음악과 리듬을 공유하고, 제한적이기는 하지만 무용은 미술과도 인물 동작과 배경이나 소품 등에서 관련성이 깊다.

이처럼 표현콘텐츠는 삶에의 미적 탐구행위인 예술분야와 매우 밀접하게 연관되어 있다. 지금까지 없었던 것을 새로 만들어 내는 형상화의 산물인 표현콘텐츠는 예술의 궁극적 목적인 아름다움의 생산과 현실반영, 형식창조와 감동창출 등 여러 면에서 맥(脈)이 닿아 있다. 시각과 청각, 복합감각, 상상, 시간과 공간, 조형과 음향, 언어와 행위 등 예술의 여러 갈래들과 연관

지어 보면 온갖 종류의 예술 형상들이 모두 표현콘텐츠이다.

문화콘텐츠(Culture Contents)는 콘텐츠 분류상 표현콘텐츠에 해당된다. 표현하고자 하는 정서를 독창성과 과학기술을 활용하여 나타내는 문화콘텐츠는 문학 · 음악 · 미술 등 예술분야 뿐만 아니라 '문화'가 주는 의미 그대로 인간 삶의 전 영역을 표현 대상으로 삼아 매우 다양하게 표출된다.

다섯째, 환경콘텐츠(Environmental Contents)이다.

'환경'이라는 말은 매우 포괄적인 의미를 함유하고 있다. 태양(Sun)을 중심으로 우주를 형성하는 모든 것들이라고 할 수 있다. 태양계와 지구를 비롯하여 인간이 호흡하는 공기, 물, 땅과 인간이 생활하고 즐기는 대상인 산, 바다, 나무, 교통수단 등 실로 다양한 것들이 모두 환경이다. 따라서 환경은 곧 인간이 살아가는 터전이다.

환경은 인간을 중심으로 하여 크게 '자연환경'과 '사회적 환경'으로 나눌 수 있다. 자연환경은 우주만물의 생태, 즉 대기, 물, 일조, 통풍, 자연경관 등을 요소로 하는 자연 그대로의 생물 · 무생물 전부이다. 지구상의 생태계를 구성하고 있는 모든 요소들과 요소들 간의 에너지의 흐름, 인간을 둘러싸고 있는 주위의 모든 것이 자연환경이다. 사회적 환경은 자연환경에 속하지 않는 모든 인공적인 요소, 즉 인간이 살아가고 있는 장소이다.

인간은 이 두 가지 환경을 떠나서는 살아갈 수 없다. 뭇 생물들이 생존할 수 없는 환경에서는 인간도 생명유지 뿐만 아니라 문화도 발전할 수가 없다. 인간을 둘러싸고 있는 이 모든 환경은 매우 밀접하게 상호작용하면서 운용된다.

환경콘텐츠는 그 속성상 인간이 삶을 영위해 가는데 필수불가결한 것으로, 그 모든 것을 아우르는 매우 포괄적인 콘텐츠이다. 근래 산업화의 영향으로 지구 온난화를 비롯하여 대기 · 수질 · 토양 오염 등 인간 삶을 위태롭게 하는 온갖 환경적 재앙들로 인해 환경콘텐츠가 크게 부상하고 있는 실정이다.

자연환경은 한 번 파괴되면 원상회복이 매우 어렵다. 따라서 환경의 중요성을 일깨워 주고 자기 절제와 생활 속에서 공동체 의식을 실천하는 내용을 담은 콘텐츠들이 제작되고 있다. 다큐멘터리 영화 '불편한 진실(An Inconvenient truth)[14]'은 지구 온난화의 심각성을 그대로 보여 주고 있는 환경콘텐츠 중의 하나이다.

여섯째, 여가콘텐츠(Leisure Contents)이다.

여가는 사회적 현상 변화와 함께 발전한다. 20세기 후반 고도성장 과정에서 안정 성장을 추구하면서, 생활 패턴도 양적인 삶에서 질을 추구하는 쪽으로 바뀌고, 일반 대중이 정치, 경제, 문화의 중심에 위치하면서 여가에 대한 관심이 집중되기 시작했다. 오늘날 노동으로 인해 상실된 에너지의 회복과 긴장 완화의 차원을 넘어서 그 자체로서 에너지나 재화의 소비를 동반하는 경향으로 점차 발전되어 가고 있다.

현대인의 여가 활동을 한 마디로 규정짓기란 쉽지 않다. 대체로 문화 활동과 여가 활동이 겹치는 경향이 짙다. 특히 구속적 성격을 띤 것이 아니라는 점과 이해 관계가 반영되어 영리 추구와 결부된 것도 아니라는 점, 그리고 일차적으로 '즐김'을 목적으로 하는 데 있어 공통점이 있다. 그래서 크게 예술 세계를 감상하는 것과 자기의 취미 생활을 즐기는 것으로 여가 활동을 구분해 볼 수 있다.

예술 세계 중심의 여가 생활은 미술전시회 관람이나 음악, 영화 감상이나 연구 또는 공연예술 등을 감상하고 즐기는 경우가 많다. 취미 중심의 여가 생활은 여행을 즐기거나 문화유적 답사나 역사 기행, 건강과 여가를 함께 하는 스포츠 활동, 글쓰기나 사진 찍기 등이 주류를 이룬다. 이 같은 현대인의 여가 성향에 맞춘 콘텐츠도 점차 활발하게 개발될 것으로 보인다.

14) 불편한 진실(An Inconvenient truth) : 데이비스 구겐하임 감독의 다큐멘터리 영화(2006년). 전 미국 부통령 앨 고어가 직접 강연하여 지구 온난화에 대한 심각성을 다양한 자료를 통해 전 인류에게 전하는 메시지다.

② 문화콘텐츠 개념

앞서 콘텐츠를 인간의 삶의 방식과 연관 지어 큰 틀에서 살펴보았다. 이렇게 큰 범주에서 콘텐츠를 분류해 본 까닭은 문화콘텐츠를 문학이나 영화, 게임의 영역에 치우쳐 생각하던 관점에서 보다 큰 시각, 즉 넓고 깊은 안목으로 문화콘텐츠를 인식했으면 하는 바람에서이다.

문화콘텐츠(Culture Contents)는 콘텐츠 분류상 표현콘텐츠에 해당된다. 문화콘텐츠를 본격적으로 논의하기 전에 이와 관련된 다양한 용어들의 법적 정의를 살펴보면 다음과 같다.

- "문화상품"이라 함은 예술성·창의성·오락성·여가성·대중성(이하 '문화적 요소'라 한다)이 체화되어 경제적 부가가치를 창출하는 유·무형의 재화(문화콘텐츠, 디지털문화콘텐츠 및 멀티미디어문화콘텐츠를 포함한다)와 서비스 및 이들의 복합체를 말한다.
- "문화콘텐츠"라 함은 문화적 요소, 즉 예술성·창의성·오락성·여가성·대중성이 체화된 콘텐츠를 말한다.
- "디지털문화콘텐츠"라 함은 문화적 요소가 체화된 디지털콘텐츠를 말한다.
- "공공문화콘텐츠"라 함은 「공공기관의 정보공개에 관한 법률」 제2조 제3호의 규정에 따른 공공기관 및 「박물관 및 미술관 진흥법」 제3조의 규정에 따른 국립박물관·공립박물관·국립미술관·공립미술관 등에서 보유·제작 또는 관리하고 있는 문화콘텐츠를 말한다.
- "에듀테인먼트"라 함은 문화콘텐츠를 유기적으로 복합시켜 기획 및 제작된 것으로 교육적으로 활용될 수 있는 것을 말한다.
- "문화산업"이라 함은 문화상품의 기획·개발·제작·생산·유통·소비 등과 이에 관련된 서비스를 행하는 산업으로서 다음 각목의 1에 해당하는 것을 포함한다.(영화, 음반·비디오물·게임물, 출판·인쇄물·정기간행물, 방송영상물, 문화재, 만화·캐릭터·애니메이션·에듀테인먼트·모바일문화콘텐츠·디자인(산업디자인은 제외한다)·광고·공연·미술품·공예품, 디지털문화콘텐츠 및 멀티미디어문화콘텐츠의 수집·가공·개발·제작·생산·저장·검색·유통 등, 그 밖에 전통의상·식품 등 전통문화 자원을 활용하는 산업으로서 대통령령으로 정하는 산업) (이상 문화산업진흥기본법 제1장 제2조)
- "문화산업"이란 문화예술의 창작물 또는 문화예술 용품을 산업 수단에 의하여 기획·제작·공연·전시·판매하는 것을 업(업)으로 하는 것을 말한다. (문화예술진흥법 제1장 제2조)

문화콘텐츠의 개념을 박상천 교수는 '문화콘텐츠(Culture Contents)는 오락성·창의성·예술성·여가성·대중성 등의 문화적 요소가 반영된 콘텐츠, 즉 게임, 방송, 애니메이션, 영화, 음반, 캐릭터, 모바일, 전자책 등과 같이 디지털 미디어를 이용하여 제작, 유통, 향유하는 문화예술의 내용물들을 일컫는다.'[15]라고 정의하였다.

앞서 언급한 콘텐츠의 분류와 위의 내용을 바탕으로 문화콘텐츠의 개념을 유추해 보면, '문화콘텐츠는 인간의 표현 욕구에 의해 생산된 인공물(人工物)로서, 특히 과학기술 발달의 영향으로 디지털화한 것'을 일컫는다. 쉽게 표현하여 문화에 경제적 가치가 돋보이도록 과학기술 등을 적용하면서부터 붙인 명칭이 '문화콘텐츠'라고 말할 수 있다.

한편, 유네스코(UNESCO)에서는 "문화적 표현의 다양성 보호와 증진 협약"에서 '문화콘텐츠'와 '문화적 표현'에 대해,

- '문화콘텐츠'는 문화적 정체성에서 비롯되거나 이를 표현하는 상징적 의미, 예술적 영역, 그리고 문화적 가치를 말한다.[16]
- '문화적 표현'은 문화 콘텐츠를 지닌 개인, 집단, 사회의 창의적 활동의 결과물이다.[17]

라고 정의를 내리고 있는데, 이는 '문화적인 일(cultural affairs)'에 대해 보다 포괄적으로 접근하고 있음을 보여준다. 다양한 문화적 활동상을 포괄적으로 문화콘텐츠라 일컫고, 표현의 산물을 '문화적 표현'으로 나타내고 있다.[18]

---

15) 박상천, 「예술의 변화와 문화콘텐츠의 의의」, 인문콘텐츠(제2호), 인문콘텐츠학회, 2003. p. 185.

16) Cultural content refers to the symbolic meaning, artistic dimension and cultural values that originate from or express cultural identities.

17) Cultural expressions are those expressions that result from the creativity of individuals, groups and societies, and that have cultural content.

18) http://www.unesco.or.kr/kor/dataroom/cdiversity.html

문화콘텐츠에 대한 현대인들의 인식은 대체로 문화를 재료로 하는 인간의 경제적 행위의 산물이다. 인간의 욕망이 무한한 상상력과 열정, 지식과 첨단 기술 등이 자유롭게 한데 융합되어 만들어져 다양한 즐거움을 선사해 주는 상품이 문화콘텐츠이다. 책(도서), 게임, 방송, 애니메이션, 영화, 음반, 캐릭터, 모바일, 시각예술, 공연예술 등 문화상품과 관련된 모든 콘텐츠가 이에 해당한다고 볼 수 있다.

또 문화콘텐츠 산업[19]이라고 하면 문화콘텐츠의 기획, 제작, 가공, 유통, 소비와 연관된 산업이다. 따라서 문화콘텐츠 산업은 문화콘텐츠의 개발, 제작, 생산, 유통, 소비 등과 관련된 산업으로, 오늘날 수요가 크게 증가하고 있는 영화, 게임, 애니메이션, 만화, 캐릭터, 음악, 인터넷, 방송, 모바일콘텐츠 등 고부가가치를 창출하는 산업이다.

이상으로 보아, 문화콘텐츠는 인간의 표현 욕구에 의해 생산된 인공물(人工物), 문화를 바탕으로 경제적·사회적·정치적 모든 관계를 염두에 두고 의도적으로 제작한 상품으로서, 현대인의 삶에 지대한 영향을 주는 산물이다.

19) '문화산업'은 호르크하이머와 아도르노가 쓴 『계몽의 변증법』에서 비롯되었는데, 오늘날 국가마다 관련 용어와 범위가 다르다. 미국에서는 '미디어엔터테인먼트산업(Media & Entertainment Industry)', 영국에서는 '창조산업(Creative Industry)', 일본에서는 '디지털콘텐츠산업' 등으로 일컬어지고 있다. 특히, 영국의 '창조산업'은 창조적 아이디어로 부가가치를 창출하는 산업, 즉 전통적으로는 광고·방송·출판 등을 지칭하지만, 영국은 이를 더욱더 확장하여 문화적 창조성을 미디어뿐만 아니라 건설·제조업 등 각 분야에 접목시켜 새로운 부가가치를 창출하는 것을 목표로 하고 있다.

2. 문화콘텐츠 경험

오늘날 문화콘텐츠는 우리들 생활 깊숙이 들어와 하루라도 콘텐츠와 떨어져서 생활하기 어렵다. 인터넷, 휴대폰, 게임과 영화, 음악, 쇼핑, 광고 등의 용어와 함께 인간의 감각과 욕망을 자극하는 각종 기기와 매체 속에 현대인의 삶이 있다. 콘텐츠와 함께 하면 뭔가 시원하게 풀릴 것만 같다.

(1) 문화콘텐츠로부터 얻는 즐거움

① 문화콘텐츠가 펼치는 세계

문화콘텐츠는 인간의 표현 욕구와 경제적인 욕망에서 우러나온 창조의 산물이다. 모든 창조물은 어떤 형식이든 인간이 생각하고 살아온 삶의 방식을 그대로 보여준다. 인간은 다른 생물체와 달리 인간만이 지닌 독특한 감각과 사유체계로 세계를 인지한다. 그러기에 인간이 상상할 수 있고 자신을 표현할 수 있는 모든 세계가 그 속에 함축되어 있다. 그러면 그 속의 모습이 어떠한지 내면 풍경을 들여다볼 필요가 있다. 현재까지 우리들이 생각하거나 마주친 다양한 모습들, 그토록 심금을 울리고 긴장되게 하였던 문화콘텐츠의 세계, 그 세계는 대체로 네 가지로 나누어 볼 수 있다.

첫째는, 현실세계(現實世界)이다.

하나의 생명체로서 호흡하고 생명을 영위하기 위해 여러 가지 생존 활동을 하는 실제적인 세계다. 머릿속에 상상으로 존재하는 것이 아니라 하늘 아래 땅을 딛고 공동체 생활을 하면서 온갖 사물들과 보고 듣고 느끼고 대화하고 의식주 해결과 풍요로운 삶을 위해 노동하며 나아가 생식 활동을 하다가 죽음으로 마감하는 세계다.

둘째는, 상상세계(想像世界)이다.

실제 현실에는 존재하지 않지만 우리들 머릿속에서 생각하는 세계다. 마음껏 자유롭게 상상의 날개를 펼칠 수 있는 세계가 곧 상상의 세계다. 현실세계에서는 도저히 이루어질 수 없는 것들도 상상의 세계에선 다양한 형태로 만들어질 수 있다.

인류 문명 발달의 출처를 더듬어 올라가 보면 결국 인간의 상상의 세계에 다다르게 된다는 것을 알게 된다. 인간에게 상상이 있기에 기대와 희망, 행복이 존재하고 때론 실망을 안겨 주기도 한다. 문화콘텐츠 역시 이 같은 상상의 세계에 크게 의존하여 창의력을 바탕으로 재탄생된다.

셋째는, 초월세계(超越世界)이다.

인간의 영역 저편 신(神)들의 세계다. 인간 세계와는 달리 시각적으로 볼 수 없는 세계다. 현대의 과학기술로는 명쾌한 설명이 불가능한 세계이다. 모든 생명체에게는 삶과 죽음이 있기 마련이다. 하지만 인간은 언제나 행복한 삶을 추구하려 한다. 영원한 삶, 결코 욕망대로 모두 이루어지는 삶이 아닌 줄 알면서도 이를 벗어나고자 신에 의지한다. 현실의 괴로움을 신들의 세계에 호소하며 살아가는 나약한 존재가 인간이다. 그래서 피안(彼岸)의 세계를 벗어나 저 멀리 인간으로서는 도저히 닿을 수 없는 차안(此岸)의 세계를 갈구하며 자신을 절대자에게 맡기며 살아간다. 이렇게 마음으로 갈구하는 세계가 초월세계다.

넷째는 가상세계(假想世界)이다.

오늘날 컴퓨터가 만들어 내는 세계는 무궁무진하다. 참모습을 반영한 것이 있는가 하면 그렇지 못한 것, 또 컴퓨터를 활용하여 인간이 어떤 상황을 실제로 겪는 것처럼 만들어 내는 세계가 곧 가상세계다. 몰입(沒入)을 즐기는 사람들은 이 세계에 빠져 자기 자신을 잃어버리고 현실로 돌아오지 못할 수도 있다. 그만큼 중독성이 강한 세계다. 컴퓨터를 활용한 인간의 가상세계

창조는 삼라만상을 재창조하려 하고, 또 하나의 가상적 존재인 인공 생명(Artificial Life, A-Life)을 창조하기에 이르렀다.

문화콘텐츠에 담긴 세계 중, 또 하나의 세계를 지적하지 않을 수 없다. 겉으로 드러나 있지 않은 세계, 바로 창작자 내지 제작자의 의식세계다.

일본 애니메이션이나 미국 헐리우드 영화를 보면, 그들이 일관되게 추구하는 일본 중심의 신대동아공영권이나 권력과 자본을 앞세운 미국이 세계 각국의 문화적 정체성을 파괴시키고 소위 '아메리칸 스탠다드'를 이식(利殖)함으로써 문화를 통한 세계 지배, 곧 문화제국주의 의식들이 저변에 깔려 있다. 이는 내용뿐만 아니라 단어, 숫자, 소품 하나에도 그 같은 의식이 교묘하게 숨어있음을 알 수 있다. 이는 문화콘텐츠가 인간의 의식으로 상상력을 발동하여 고안해 내는 정신적 활동, 이를 다양한 매체에 담는 문화 기술적 행위 등이 함께 어우러져 창출해 낸 결과물이기 때문이다.

이처럼 문화콘텐츠가 펼치는 세계는 다양하다. 인간의 무한한 욕망과 삶의 방식을 현란한 과학기술 발달에 힘입어 마음만 먹으면 어떠한 세계든지 표현해 낼 수 있게 되었다.

② 문화콘텐츠로부터 얻는 즐거움

오늘날 문화콘텐츠는 생존경쟁에서 지친 현대인의 심신을 위무해 주는 것이 있는가 하면 보다 나은 생활의 편의를 추구하고자 하는 마음에 일조하는 콘텐츠, 또 인간의 원초적 욕망과 자본에 몰입하여 인간 본능을 부추기는 콘텐츠 등 매우 다양하다. 이처럼 문화콘텐츠는 정서적인 측면뿐만 아니라 우리의 삶 자체를 지배하기에까지 이르고 있다.

문화콘텐츠로부터 얻게 되는 즐거움은 크게 둘로 나누어 생각해 볼 수 있다. 하나는 문화콘텐츠 수용자의 입장이고, 다른 하나는 제작자의 위치에서이다. 문화콘텐츠 제작자의 입장에서는 문화콘텐츠를 만들어 크게 성공시켜 많은 수익창출과 인지도 향상 등을 생각해 볼 수 있다. 여기서는 콘텐츠 제작자보다는 수용자로서 문화콘텐츠로부터 얻는 즐거움을 정리해 본다.

첫째, 앎의 즐거움이다.

미지(未知)의 정보나 지식을 문화콘텐츠로부터 얻게 되는 즐거움이다. 잘 알지 못하는 것을 알게 될 뿐만 아니라 이는 수용자들이 겪는 일상적인 문제를 해결할 수 있도록 도와준다. 그렇게 함으로써 수용자의 행동과 문화 양식 선택에 신빙성을 보다 확고하게 해 준다.

둘째, 감동(感動)의 즐거움을 통해 정서적 카타르시스를 경험케 한다.

문화콘텐츠를 통해서 성(聖)과 속(俗), 선(善)과 악(惡)의 교차에서 각 영역의 손짓을 경험하게 해줌으로써 미처 가져보지 못했거나 재생하고 싶어도 할 수 없는 상황을 대리 경험하게 한다. 치열한 삶의 현장에서 상처 입은 정신세계를 재미와 즐거움으로 위로해 주고, 동일시와 보상 및 발산의 기회를 갖게 해줌으로써 정서 순화에 이어 원만한 삶을 영위할 수 있도록 해준다. 하지만 지나친 경우 콘텐츠에 중독되어 쾌락 일변도로 나아갈 가능성을 내포하고 있기에 항상 자기 통제 능력이 요구된다고 하겠다.

셋째, 깨달음의 즐거움을 준다.

자기 자신에 대한 통찰력을 키워 주어 자아의 가치를 증대하고 가치관을 뚜렷하게 세워주기도 한다. 수용자로 하여금 감정적·지적 직관을 얻을 수 있게 하기도 하고, 보통 사람들의 교양 신장과 인격 형성을 도와주어 생활의 지혜나 삶의 방식, 존재 이유 등 영혼의 깨우침을 스스로 깨닫게 해 주기도 한다.

넷째, 인간관계를 보다 촉진시켜 준다.

외부 세계와의 연결 및 현실과의 접촉을 자극함으로써 타인과 상호 작용을 통해 태도를 변화시켜 인간관계를 원활하게 해주기도 한다. 사회적 관계가 복잡하고 인간성이 고갈되면 될수록 문화콘텐츠는 인간관계의 촉진자(facilitator)로서의 구실을 크게 하리라고 본다.

다섯째, 편의를 제공해 준다.

보다 안락한 삶을 추구하고자 하는 현대인에게 콘텐츠는 정신적·미적 가치를 지닌 각종 편의를 제공하여 심리적 번거로움을 덜어준다. 오랜 시간을 필요로 하는 복잡한 작업과정도 일목요연하게 보여줌으로써 보다 쉽고 편리하게 활용할 수 있게 안내해 준다.

이외에도 문화콘텐츠로부터 얻는 이익은 매우 많다. 따라서 오늘을 살아가는 현대인들은 문화 수용주체로서 문화콘텐츠에 대한 안목을 길러 자기에게 가장 적합한 콘텐츠를 취사선택(取捨選擇)하여 삶의 질 향상과 행복의 향도(嚮導)에 기여할 수 있도록 스스로 지혜를 발휘해야 한다.

(2) 문화콘텐츠의 특성

① 문화콘텐츠의 성격

문화콘텐츠는 문화를 바탕으로 만들어진 하나의 상품이다. 따라서 수용자(소비자)의 기호에 따라 다른 상품들처럼 성장·발전·소멸의 과정을 거친다. 이 같은 문화콘텐츠의 특성을 고려하여 그 성격을 간략하게 정리해 보면 다음과 같다.

첫째, 문화콘텐츠는 상품이기에 질(質)이 모든 것을 결정한다.

문화콘텐츠는 정신적·미적 가치를 지닌 상품으로서 품질(品質)이 우수해야 한다. 그래야 시장에서 존재할 수 있고, 소비자들의 만족을 이끌어낼 수 있다. 그 외 가변적인 상황들, 즉 전략이나 시장 상황 등도 중요하지만 먼저 콘텐츠 자체의 질이 뛰어나야 한다. 수용자들은 문화콘텐츠의 질을 판단하는 탁월한 능력을 지니고 있다. 비평가들의 의견은 하나의 견해일 뿐이다. 따라서 수용자들을 모을 수 있는 매력적인 요소를 담고 있는 대중성과 상품성을 겸비한 문화콘텐츠여야 시장에서 살아남을 수 있다.

둘째, 문화콘텐츠는 생활 기호품(嗜好品)과 유사하다.

문화콘텐츠는 품질이 아무리 좋아도 수용자의 관심을 끌지 못하면 실패하고 만다. 대중성과 유행성이 지배하는 생활 기호품과 유사하여 수용자들이 찾지 않으면 그것으로 끝나고 만다. 일부 계층이나 마니아층만이 향유하는 것이 아니라 무차별적인 대중들에 의해 소비된다. 대중들에 의해 생산되고 또 소비된다는 점을 염두에 둘 필요가 있다. 따라서 현대 소비문화의 한 전형으로 상업적 성격이 매우 짙다.

셋째, 문화콘텐츠는 기본적으로 독창성과 기술, 자본(돈)으로 만들어진다.

독창성과 기술, 자본(돈), 그 중 하나라도 부족하면 기대했던 문화콘텐츠가 생산되기 어렵다. 특히, 독창성과 기술이 아무리 뛰어나더라도 자본이 뒷받침되지 않으면 소용없다. 반대로 자본은 있으되 독창성과 기술이 없으면 존재할 수 없다. 축적된 기술과 창의력을 필요로 하는 콘텐츠, 그 어느 누구도 만들지 못했던 새로운 콘텐츠는 독창성과 기술, 자본이 잘 어우러질 때 탄생된다.

넷째, 문화콘텐츠는 전부 아니면 전무(all or nothing)이다.

문화콘텐츠는 시장 성적이 말해 준다. 성공 확률이 매우 낮고 위험은 매우 높다. 시장에서 크게 성공하거나 실패하거나 둘 중의 하나이다. 2위는 유명무실할 정도로 항상 고위험을 안고 있다. 수용자가 찾지 않는 문화콘텐츠는 공허할 뿐이다. 아도르노의 지적처럼 철저하게 치열한 경쟁 속에 경제에 종속되어 있다는 사실을 염두에 두어야 한다.

다섯째, 문화콘텐츠는 시간이 지나면 자연적으로 소멸된다.

문화콘텐츠도 제품이므로 하나의 공산물처럼 시간이 지나면 사라지게 된다. 일반 상품들의 라이프사이클(life cycle)을 그대로 따른다. 흘러간 명작이나 명품은 이미 대중과는 거리가 먼 특수한 계층들을 위한 제품일 뿐이다. 더욱이 기술의 급격한 발달로 수용자들의 관심을 끄는 콘텐츠들이 수없이 개발되고 있는 요즘 문화콘텐츠의 생명주기는 점점 짧아지고 있다. 마치 일회용품처럼 되있다. 따라서 불멸의 문화콘텐츠는 존재하기 어렵다.

여섯째, 문화콘텐츠는 전략적으로 생산된다.

세계 문화콘텐츠의 흐름을 살펴보면, 강대국들의 국가 경쟁전략의 일환으로 생산된다. 어느 한 개인이 순수하게 자본과 창의성, 기술을 투여하여 정신적·미적 가치와 함께 대중성을 살려 제작·마케팅하는 경우는 극소수에 불과하다. 겉으로 드러나 있지 않지만, 치열한 국가간 경쟁에서 승리하기 위해 국가 또는 지방 자치단체가 직간접적으로 콘텐츠 생산에 개입하여 제작되는 경우가 많다.

② 문화콘텐츠 소용돌이

현대 사회는 '소용돌이의 장(turbulent field)'이라고 할 만큼 항상 갈등과 긴장 상황에 직면해 있다. 번잡한 삶의 신산(辛酸)을 달래고, 피고취락(避苦取樂)하고자 하는 사람들의 정서를 이용하여 자본을 획득하려는 문화콘텐츠의 성행은 순기능보다는 역기능도 매우 많다.

특히 인종적·민족적 장벽을 넘어 극단적 자본 논리에 의한 이윤추구 행위와 비가시적인 이데올로기의 이식현상은 심히 우려할 만한 수준이다. 이에 문화생산력 뿐만 아니라 문화 수용주체의 의식에 대해 염려하는 목소리도 크다. 이를 세 부문으로 살펴보면 다음과 같다.

첫째, 대체로 이성보다는 감성에 치우쳐 몰입(flow)에 이어 중독, 환각성이 짙다. 순수한 즐거움과 기쁨, 스트레스 해소차원보다는 기계의 단순성, 무한한 욕망의 발산인 경쟁과 폭력과 섹스, 그 외 감각을 자극하는 다양한 상징기호들 속에 몰입하게 됨으로써 자기만의 세계에 도취한 나머지 현실과 가상의 구분이 없어지고 중독 증세까지 일으키고 있다. 이는 궁극적으로 '인간타락'에 이르게 될 것이다. 과연 인간 욕망의 임계치는 어디까지인가? 욕망의 절제, 자율통제 기능회복 등이 크게 요구된다고 하겠다.

둘째, 문화가 구조화·획일화되고 욕망만 존재하게 된다.

문화콘텐츠산업이 성행하면 순수문화는 사라진다는 말이 있다. 문화생산의 기업화·전문화, 문화의 예술성 탈피와 오락산업으로의 전략, 테크날리지의 발달로 욕망의 조작과 왜곡 등 매우 심각한 상황을 초래함으로써 순수문화는 맛볼 수 없게 되었다. 이는 곧 문화를 영화, 게임, 모바일, 지역축제, 이벤트 등으로 구조화하고 획일화하는 현상을 불러올 것이다. 결국 이익 창출에 몰두하는 자본의 이성이 대중의 감성을 철저하게 조종하고 통제하게 되는 구조, 이 틀 속에서 순수문화는 설 자리를 잃어버리게 되고 어떠한 형식이든 이윤추구라는 욕망만이 남게 될 것이다.

셋째, 전통문화 보존과 창조적 계승이 절실하다.

문화콘텐츠는 전통문화라는 거대한 문화자원을 필요로 한다. 세계영화제에서 우수한 성적을 거둔 몇몇 영화들이 이를 증명해 준다. 전통문화를 바탕으로 하지 않은 문화콘텐츠는 공허하다. 이에 콘텐츠 모티프를 전통 속에서 발굴하여 활용만 할 것이 아니라, 전통을 보호・보존하고 바람직한 방향으로 재해석하여 새롭게 창조하는데 심혈을 기울여야 한다. 유・무형의 전통문화에 대해 존경하는 마음을 갖고 점차 사라져가는 무형문화를 발굴하는데 정열을 기울여야 한다. 아울러 전통문화 분야가 활성화될 수 있도록 아낌없이 투자하고, 우리 문화를 더욱더 풍요롭게 가꾸는 일에 매진해야 한다고 본다.

이제 소용돌이의 장(場)에서 홀로 튼튼하게 설 수 있어야 한다. 당당하게 우뚝 서려면 자기 스스로의 심신이 확고해야 한다. 먼저 문화수용 주체로서는 자기 관리능력 함양과 미디어에 대한 냉철한 인식이 필요하다. 특히 성장하는 청소년들에게는 미디어 교육을 철저하게 실시하여 매체의 속성을 알고 콘텐츠의 유혹으로부터 스스로 설 수 있는 정신력을 함양해야 한다.

문화 생산자나 정책 입안자의 위치에서는 어떠한 문화침투 현상이 발생하더라도 우리 문화 정체성이 튼튼하게 살찔 수 있는 풍토를 육성하는데 온 힘을 기울여야 한다. 특히 대대로 이어져 온 우리 문화, 민간이 자생적으로 실시해 오던 문화를 더욱더 진작, 육성해야 한다.

이제부터 전통문화에 대한 이용과 그것이 곧 돈(자본)이라는 욕망의 눈빛을 거두고 존경과 보호와 보존, 진작・육성의 마음으로 우리 문화에 다가가야 한다. 이는 한국문화콘텐츠의 발전과도 밀접하게 연관되는 매우 중요한 일이다.

(3) 문화콘텐츠의 힘, 국력

오늘날 문화콘텐츠의 위력은 대단하다. 우리의 문화 시장에서 빈번하게 볼 수 있는 외국문화콘텐츠의 눈부신 활동들을 접할 때마다 우리 문화콘텐츠산업의 육성을 다시 한 번 생각하게 된다. 미국 헐리우드 스타시스템과 문화산업전략, 일본의 현지 아이돌스타시스템 등 세계 문화지배를 염두에 둔 치열한 경쟁을 볼 때마다 우리 문화콘텐츠의 미래를 생각하지 않을 수 없다.

① 문화콘텐츠산업의 특징

문화의 패러다임이 크게 변하고 있다. 디지털기술을 기반으로 음악산업이 음원산업[20]으로 변화하고 있고, 유비쿼터스(Ubiquitous)[21] 기술 확산에 따른 모바일콘텐츠 시장이 급성장하는 등 문화콘텐츠산업의 창작, 제작, 유통의 패러다임이 하루가 다르게 변모하고 있다.

오늘날 문화는 더 이상 여가선용이나 유희, 보존으로서의 대상이 아니라, 국부를 창출하는 산업분야로서 자리매김하고 있다. 따라서 문화콘텐츠산업의 육성은 시대적 과제이다. 이에 정부에서도 문화콘텐츠산업을 차세대 성장동력산업으로 선정하여 다방면에 걸쳐 지원을 강화하고 있다. 문화콘텐츠산업의 특징을 간략하게 정리해 보면 다음과 같다.

첫째, 고부가가치 창출이 가능한 산업이다.

초기 투자가 이루어진 후 일단 크게 성공하게 되면 추가 비용을 많이 투입하지 않고서도 지속적으로 수익을 창출할 수 있는 산업이다. 소비자의 욕

---

20) 「음악산업진흥에 관한 법률」 제2조 2. '음악산업'이라 함은 음악의 창작・공연・교육, 음반・음악파일・음악영상물・음악영상파일의 제작・유통・수출・수입, 악기・음향기기 제조 및 노래연습장업 등과 이와 관련된 산업을 말한다. 3. '음원'이라 함은 음 또는 음의 표현으로서 유형물에 고정시킬 수 있거나 전자적 형태로 수록할 수 있는 것을 말한다.

21) '두루누리'. 어디서나 어떤 기기로든 자유롭게 통신망에 접속하여 갖은 자료들을 주고받을 수 있는 있음. 또는 그런 환경. 유비쿼터스 컴퓨팅, 또는 퍼베이시브 컴퓨팅(pervasive computing)이라고도 함. 시간과 장소, 컴퓨터나 네트워크 여건에 구애받지 않고 자유롭게 네트워크에 접속할 수 있는 정보기술(IT) 환경 또는 그 패러다임.

구가 지속되는 한 높은 수익이 발생하는 수확체증(increasing return)이 작동하기 쉬운 고부가가치 산업이다.

둘째, 고위험 산업(high risk industry)이다.

대체로 개발 작업에 많은 자본이 투입된다. 일단 크게 성공하게 되면 많은 수익이 보장되는 매력 있는 산업이다. 하지만 반대로 실패하는 경우는 모든 위험을 감수할 수밖에 없는 위험 부담이 매우 큰 산업이기도 하다.

셋째, 성장이 빠르고 고용효과가 큰 산업이다.

문화콘텐츠산업은 그 특성상 참여자들이 스스로 좋아서 함께 하는 경우가 대부분이다. 따라서 성공 확률을 높일 수 있는 여건과 환경만 조성된다면 성장률이 다른 산업에 비해 두세 배 정도 빠르다. 이와 더불어 고용효과가 뛰어나 국가경제 전체에 미치는 영향력도 매우 큰 산업이다.

넷째, 해외 진출이 매우 용이한 산업이다.

문화콘텐츠산업은 인간의 감성과 정서를 기반으로 하므로 지리적 · 인종적 · 언어적인 장벽을 뛰어넘어 해외에서도 공감대 형성이 매우 용이한 산업이다. 따라서 세계 전인류가 항상 갈구하고 소망하는 내용과 형식을 바탕으로 철저하게 세계 문화시장을 개척해 나간다면 국가 이미지 제고뿐만 아니라 문화관광 및 교육 수요의 증대 등 그 부대 효과도 매우 크다.

다섯째, 우리나라 문화산업의 성장잠재력은 매우 크다.

세계 문화시장의 판도를 살펴보면, 미국, 일본, 독일, 중국, 영국 등 강대국에 비해 우리나라는 매우 미미한 수준에 머무르고 있다. 그러한 만큼 앞으로 우리 문화콘텐츠의 전망은 매우 밝다고 하겠다. 특히, IT 인프라(infra)를 바탕으로 문화기술 관련 소프트웨어 개발 등 관련분야에 정열을 기울이고, 밝고 활기차게 삶을 일구어가는 우리 국민 특유의 역동성을 발휘한다면 우리 문화콘텐츠산업의 성장력은 크게 도약할 것으로 보인다.

② 문화콘텐츠의 힘이 국력

미국의 할리우드 대작영화가 우리의 문화시장에 들어오면 극장가와 텔레비전, 인터넷은 이를 즐기려는 수용자들로 붐빈다. 이어서 일본의 애니메이션이나 중국의 무협영화가 나타나면 그 매력에 다시 휩싸인다. 그 틈새에 간혹 국내 영화가 히트하기도 한다. 미국, 일본, 중국 등 강대국의 틈새에서 우리 문화콘텐츠는 설 자리를 항상 위협받고 있다. 태풍이 지나가고 나면 저지대 생활인들이 큰 곤욕을 치르는 것처럼, 우리의 문화시장도 허탈에 빠진다. 이것이 우리 문화시장의 현주소이다.

전 세계를 열광시킨 영화 '반지의 제왕[22]'에 모두 도취된 후 문화계를 비롯한 학계 등 관련업계에서,

- 우리도 저런 문화콘텐츠를 생산했으면…….
- 우리는 '왜?' 저런 문화콘텐츠를 만들 수 없을까?

등 이구동성으로 그들의 신화적 상상력과 뛰어난 문화기술에 경탄하면서 부러움과 자성(自省)과 기대가 뒤섞인 목소리가 높았다.

'반지의 제왕'은 바그너의 오페라 중 가장 위대한 걸작이라고 불리는 '니벨룽겐의 반지'를 톨킨(J. R. R. Tolkien)이 각색한 것이다. 바그너는 게르만이나 켈트 신화에 바탕을 둔 중세 기사문학의 대표작인 독일의 '니벨룽겐의 노래'를 오페라 '니벨룽겐의 반지(The Ring)[23]'로 웅장하게 재창작하였었다. 그 후 바다 건너 영국의 톨킨이 이를 세계 공동체의 가치관에 초점을 두고 재구성하여 '반지의 제왕'으로 다시 태어났다. 우리나라에서는 1960년대 '요술 반지'라는 이름으로 번역되기도 하였었다.

우리는 한류(韓流)[24]를 내세울 수 있다. 1991년 방송된 드라마 '사랑이 뭐길래'를 필두로, 배용준을 '욘사마'로 격상시킨 '겨울연가(2002)', 국민 드라마 '대장금(2003)', '천국의 계단(2003)', '풀 하우스(2004)' 등이 떠오른다. 하지만

---

22) '반지의 제왕(The Lord of the Rings, 약자 LOTR/TLOTR)'은 존 로널드 루엘 톨킨이 지은 삼부작 판타지 소설이다.

23) '니벨룽겐의 반지'는 '라인의 황금', '발퀴레', '지그프리트', '신들의 황혼'의 전 4부로 구성되어 있다. 전곡을 감상하려면 약 14시간 30분이 소요된다고 하는데, 바그너가 무려 26년이라는 긴 세월에 걸쳐 완성하였다.

24) '한류'는 동남아시아에 흐르는 한국의 대중문화를 일컫는 말이다. 이 용어는 처음 문화관광부에서 제작한 홍보용 비매품 음반에서 비롯되었다고 한다.

드라마를 비롯하여 영화나 연예인 몇몇이 활약한 한류에 대해 평가도 분분(紛紛)하다. 자성(自省)과 보다 냉철한 이성적 판단을 제시하는 목소리도 크다.

필자는 그나마 우리의 힘을 보여주었다고 생각한다. 아쉬운 점이 있다면 '핵(core)'이 보이지 않는다는 점이다. 핵은 글자 그대로 중심이다. 핵 없이 외피(外皮)만 보여줬다. 외피는 계절이 바뀌면 새로운 것을 걸치게 마련이다. 그래서 심신이 너무 바쁜 게 우리의 현실이다.

'문화의 힘'이 국력(國力)이다. 문화산업력에 따라 한 국가의 경제력도 크게 영향을 받고 있다. 이에 세계 각국이 정열을 다해 문화시장 쟁탈에 온 힘을 기울이고 있는 상황이다.

1980년대 초, 세계무역체제의 개편을 이끈 미국은 문화산업이 국가발전의 원동력이 될 것임을 간파하여, 문화콘텐츠의 자산화, 저작권법 강화 등 관련 여건들을 철저하게 정비하고 추진하여 현재 문화콘텐츠 시장 주도권을 확실하게 다지고 있다.

일본도 미국의 정책을 모델로 하여 문화콘텐츠산업의 기반을 탄탄하게 다지면서 국가생존전략의 하나로 강력하게 추진하고 있다. 중국 역시 2001년 세계무역기구(WTO)에 가입하면서 문화콘텐츠산업 육성에 힘을 기울이고 저작권법 등 관련 법률을 정비하였다.

우리나라의 경우, 정부의 강력한 문화콘텐츠산업 육성의지와 콘텐츠 기업의 엄청난 노력에도 불구하고, 세계시장 점유율은 손에 꼽을 정도이다. 따라서 산업 발전을 위한 문화콘텐츠의 창작·보호·활용 등 다방면에 걸쳐 많은 과제들이 산적해 있는 실정이다.

먼저, 창작 단계에서는 탄탄한 스토리와 최첨단 문화기술(CT) 적용을 위한 모태펀드, 신탁업의 활용, 문화콘텐츠 가치평가 등과 관련된 제문제들이 있다. 다음엔 문화콘텐츠 보호 및 유통과 관련된 법률과 다양한 기술들이 당면한 과제로 대두되고 있는 실정이다. 이 같은 수많은 과제들을 풀기 위해 업계종사자와 기술전문가, 법 전문가 등이 문제해결을 위해 많은 노력을 기울이고 있다.

오늘날 자국의 문화를 활용하여 경제적 이익을 창출할 수 있는 방안은 크게 두 가지로 나누어 볼 수 있다. 하나는 외국인을 불러들여 박물관이나 테마파크 등 자국 문화를 소개하는 문화관광이고, 다른 하나는 영화, 게임, 음악 등 문화콘텐츠나 관련 문화인을 내세워 외화를 획득하는 일이다.

일반적인 공산물 판매를 통한 경제적 행위보다 문화를 통한 경제적 이익 창출이 결코 쉬운 일이 아니다. 왜냐 하면 기본적으로 문화는 기호품처럼 정신적·미적 가치로 소비자에게 눈에 보이지 않는 큰 만족감을 주어야 하기 때문이다.

오늘날 문화콘텐츠의 힘이 국력이라고 하지만, 역으로 국력이 곧 문화의 힘이기도 하다. 이는 국가 경제력이 곧 문화 창달의 원동력이기 때문이다. 그러기 위해서는 먼저 국가 경제력을 상승시켜야 한다. 경제대국이 곧 문화강국이다. 세계 문화콘텐츠 시장은 경제력을 바탕으로 한 주도자가 승리하기 마련이다. 그래서 시장쟁탈전이 치열하다. 우리의 경제력도 문화콘텐츠를 세계 수준으로 견인할 만하다. 문제해결은 새로운 사고에 의한 역량 구축에 있다고 본다.

③ 한국 문화콘텐츠의 신지평

문화콘텐츠 활성화? 역시 문화가 문제다. 우리는 항상 문화콘텐츠 활성화를 고대한다. 큰 성공과 많은 수익을 염원한다. 이에 정부에서도 시대의 흐름에 맞게 지원을 아끼지 않으려고 한다. 그런데 쉽게 가시화되어 나타나지 않는다. 결국, 문화콘텐츠에 대한 우리의 인식이 문제이다.

이제 세계 시장에서 '단 하나'의, '한국만'의 문화콘텐츠 창조를 위해 현재보다는 미래를, 부분보다는 전체를 보는 시각이 필요하다. 먼저 한국 문화콘텐츠 브랜드를 설정하는 일이다. 그 안목으로 역량(力量)을 구축하는 일부터 시작해야 한다. 역량 구축은 세 가지를 들 수 있다. 첫째, 현재 우리 문화콘텐츠 위상에 대해 철저하게 진단하고 대응방안을 마련해야 한다. 둘째는 문화콘텐츠 사업의 밑뿌리라 할 수 있는 우리의 문화와 문화사업의 인식을 장기적이고 거국적으로 튼튼하게 세워야 한다. 셋째는 소통의 원칙을 올바르게 정립하는 일이다.

그 첫걸음은 무엇보다도 한국 문화콘텐츠 브랜드 설정이다. 필자는 드라마 '대장금'이나 '허준'에 표시를 한다. 우리 문화콘텐츠 브랜드 설정에 유리한 콘텐츠라는 단 하나의 이유에서이다. 거기엔 단군의 '홍익인간(弘益人間)' 정신이 담겨 있다. 동아시아의 강대국인 일본과 중국 뿐만 아니라 전세계인이 기대하는 것이 바로 '홍익인간(弘益人間)' 정신이다.

생명과 인간을 살리는 '홍익인간'은 전세계인의 공동체적 가치관이다. 또 오늘날의 나노기술이나 생명복제 기술, 또는 건강과 복지 분야와도 깊게 연계된다. 영화나 게임, 음악 등 문화콘텐츠 여러 장르에 걸쳐 다양한 테크닉을 동원하여 이 정신을 반영해야 한다.

역량 구축의 첫 번째는 세계 속의 한국문화콘텐츠 위상을 점검해 보는 일이다. 인간발달 단계에 비유해 볼 때, 우리 문화콘텐츠 현상황이 영아기인지, 걸음마 단계에 있는지, 성장기인지 냉철하게 따져볼 일이다. 특히 강한 부분과 약한 면을 철저하게 분석하여 적절하게 대응하고 세계 문화시장을 선도할 수 있는 방안을 수립해야 한다.

그 다음, 문화에 대한 인식을 재고하는 일이다. 문화 문제는 문화로 해결하는 것이 지름길이다. 먼저 우리의 '몸'부터 문화의 향기가 짙게 풍기도록 만들어야 한다. 우리 국민 전체가 교양이 풍부한 문화민족이 되어야 한다. 대대로 내려온 전통문화를 풍부하게 간직하고 있고, 생활 속에서 이를 아끼고 전승·발전시키고 있다는 인식을 강하게 심어주어야 한다. 또 실제로 우리의 생활 속에서 적극적으로 활용해야만 한다.

그러기 위해서는 제대로 된 교육이 뒷받침되어야 한다. 오늘날의 서양모방 교육만으로는 한계가 있다. 우리의 교육목표는 인간을 소중하게 생각하는 '홍익인간'이다. 이를 중심으로 우리 문화의 정체성 교육과 인류공동체의 가치관 교육을 철저하게 실시해야 한다.

우리 문화의 정체성 교육은 자라나는 2세들에게 역사와 함께 민속(民俗)과 유·불·도교에 바탕을 둔 전통문화교육이 깊이 있게 실시되어야 한다. 아울러 인식의 틀을 형성시켜 주는 문사철(文史哲) 교육과 더불어 수물화생(數物化生)의 이공학적 능력을 배양해야 한다.

이제부터 우리의 내적 문화에너지를 챙긴다는 각오로 '홍익인간'에 초점을 두고 교육적·문화적 실천방법을 찾아야 한다. '홍익인간(弘益人間)'은 내용면에서 '훌륭하다(excellent)', 인류를 '책임감 있게 이끌만하다(responsible)', '사람의 마음을 끈다(attract)'. '돌아가는 길이 빠를 수도 있다'는 손자병법의 우직지계(迂直之計)를 생각하면서, 지금부터 계획을 세우면 가능하다고 본다.

마지막으로, 문화의 소통(communication) 원칙을 철저하게 준수하는 일이다. 우리도 세계문화시장의 일부분이고, 우리 국민들도 문화콘텐츠를 즐겨 향유하고 있다. 비록 독창성 있는 것일지라도 일방적인 승자의 모습으로 비추어져서는 안 된다. 이는 머지않아 상대국의 반격을 유도하는 자세일 뿐이다. 문화는 높은 데서 낮은 곳으로 흐른다고 하지만, 그것은 힘이나 지적 우위를 앞세운 권력의 세계, 적자생존·약육강식의 질서를 연하게 표현한 것에 불과하다. 이런 상황에서는 일방적 전달만 있고 소통은 일어나지 않는다.

일상적인 문화소통은 상호등가(相互等價)의 원칙이 기본이다. 소통은 상호적이고 쌍방향적으로 이루어져야 한다. 일방적인 것은 잠시 크게 보일 뿐 오래 지속되지 않는다. 또 '나'와 '상대'가 거의 대등한 지평에 있을 때 바람직한 소통이 이루어진다. 이것이 소통에 있어 등가성(等價性)이다.

평화와 행복을 위한 인류 공동체의 염원도, 우리 문화콘텐츠의 미래도 '홍익인간' 속에 녹아 있다. 한국문화콘텐츠가 확실하게 자리매김할 수 있는 길도 그 속에 있다.

먼 훗날, 인간의 흥미 본위(interestingness bias)가 없어지더라도 '홍익인간(弘益人間)' 정신만은 영원하리라고 굳게 믿는다.

문화콘텐츠 구조 탐색

문화콘텐츠 개발을 위해
'체법묘기(體法妙氣)'라는
틀(frame)을 제시한다.
'체법묘기'는 문화콘텐츠뿐만 아니라
모든 사물 제작의 기본 원리다.
교육·연구 및 사회문화적 합의가 이루어지길 기대한다.

동방(東方)의 등불

타고르

일찍이 아시아의 황금시기에
빛나던 등불의 하나인 코리아
그 등불 다시 한번 켜지는 날에
너는 동방의 밝은 빛이 되리라. (1929년)

The Lamp of the East
In the golden age of Asia
Korea was one of its lamp - bearers
And that lamp is waiting to be lighted once again
For the illumination in he East

❋ 라빈드라나드 타고르(Rabindranath Tagore) :
인도의 사상가이자 시인, 그리고 극작가.

1. 서 문

인간은 항상 끝없는 탐구로 새로운 사물들을 만들어 왔다. 타고난 본능과 지적・신체적인 기능을 적절하게 활용하여 삶 속에서 매우 유용한 사물들을 제작해 오고 있다. 특히, 19세기 이후 과학기술의 급격한 발달로 상상할 수 없을 정도의 다양한 사물들이 제작되고 있다.

오늘날 인간이 새롭게 선보인 사물들 중 가장 두드러진 것 중의 하나가 문화콘텐츠이다. 문화의 시대라는 인류사의 큰 흐름은 문화콘텐츠를 동반자적 전위분자로서 선택하라는 대명제처럼 보인다. 이는 문화콘텐츠가 인간 생활 방식의 전 영역을 아우르고 인간의 삶과 꿈을 형상화하기 때문일 것이다.

문화콘텐츠는 문화를 바탕으로 한 도서, 애니메이션, 영화, 게임 등 문화적 표현물을 총체적으로 일컫는 용어로, 우리에게 매우 친숙하다. 과학기술의 눈부신 발달에 편승하여 수많은 기기(器機)와 매체들이 개발되고, 이를 활용한 다양한 문화콘텐츠들이 소비자를 유혹하고 있다.

21세기는 문화의 경쟁시대라 할 만큼 세계 각국이 펼치는 문화콘텐츠 경쟁은 전쟁에 비유될 정도로 매우 치열하다. '반지의 제왕', '해리포터', '아바타(Avatar)' 등 외국 문화콘텐츠가 보여주는 위력은 매우 충격적이다.

우리의 문화콘텐츠계에 대전환이 필요한 시점이 도래했다고 본다. 특별한 개선책이 없는 한 외국 문화콘텐츠 의존도를 가중시킬 것으로 보인다. 가히 문화콘텐츠 혁명이라고 할 정도의 큰 변혁이 있어야만 할 것 같다. 그렇지 않다면 우리의 문화콘텐츠 시장은 '사헬지대[1]'처럼 점차 외국 문화콘텐츠의 지배하에 연명하다가 결국 사라지고 말 것이다. 이제부터라도 현상황을 직

1) 사헬지대 : 아프리카에서 사하라 사막의 영향으로 초원이 점점 사막화되어 가는 곳.

시하고 교육과 연구와 창작, 문화기술과 마케팅 등 다방면에 걸쳐 개발전략과 전술을 가다듬어야 한다고 본다.

우리 민족은 전세계에서 유일무이(唯一無二)할 정도로 유구한 역사와 전통을 바탕으로 한 풍부한 문화적 자산을 보유하고 있다. 이러한 우리의 문화적 자산은 문화콘텐츠 생산에 있어 소중한 에너지이다. 따라서 이를 창조적으로 계승, 수용하여 치열한 문화콘텐츠 경쟁에서 우위를 확보해야만 한다.

문화콘텐츠는 하나의 거대한 형상적 구조물이다. 도서, 애니메이션, 영화, 게임, 캐릭터 등 매우 다양하고 복잡하다. 이렇게 다양성과 복잡성으로 형성된 문화콘텐츠를 바르게 이해하고 연구개발하기 위해서는 이들을 모두 아우를 수 있는 일원화된 연구의 틀이 요구된다.

레이먼드 윌리엄스(Raymond Williams)는 의미를 패턴화하는 것이 매우 중요하다고 강조한다.

> "유용한 문화 분석은 어떤 분석이든 특징적인 패턴을 발견하는 데서 출발한다. 이런 패턴들 사이의 관계야말로 전반적인 문화 분석의 대상이다. 이런 관계를 분석하다 보면 별개로 여기던 행위 속에서 뜻밖의 동일성과 상응성이 드러나기도 한다."[2)]

이에 본 연구는 문화콘텐츠 속성을 관통시키는 '체법묘기(體法妙氣[3)])'라는 큰 패턴을 제시하면서 출발한다. '체법묘기'는 개발과 분석, 나아가 사물을 인식하는 방법으로서도 손색없는 매우 '의미 있는 틀(frame)'이다. 문화콘텐츠를 한 눈에 바라볼 수 있는 '체법묘기'에 대하여 살피기로 한다.

---

2) 일레인 볼드윈·브라이언 롱허스트·스콧 매크라켄·마일스 오그본·그레그 스미스 지음, 조애리·강문순·김진옥·박종성·유정화·윤교찬·최인환·한애경 옮김, 『문화 코드, 어떻게 읽을 것인가』, 한울. 2008. P. 54.

3) 한양대학교대학원 정민 교수님의 『고전강독 강의노트』에서. 고전 속에서 선인들의 주옥같은 말씀을 전해 주신 정민 교수님께 고마움을 전합니다.

2. 문화콘텐츠의 구조

인간의 조물(造物) 행위는 크게 '탐구(探究)'와 '적용(適用)'으로 이루어진다. 개발자인 '주체(나)'의 타고난 감성과 지성을 바탕으로 끊임없는 탐구와 적용 행위를 통해 새로운 기술을 개발하고 신제품들을 만들어 왔다.

문화콘텐츠 개발도 크게 탐구와 적용 행위에 의해 이루어진다. 정보를 어떻게 받아들이고, 처리하여 축적하고 전달하는가로 요약된다. 즉, 탐구행위를 통해 획득한 아이디어를 바탕으로 어떤 매체에 어떻게 적용하여 수용자에게 다가갈 것인가 하는 것이다. 이러한 일련의 커뮤니케이션 과정을 항목별로 정리하면 대체로 다음과 같다.

- 행위 주체 …… 행동의 주체. 〈누가〉
- 행위 의도 …… 행위 주체자가 하고자 하는 '목적'이나 '취지'. 〈무엇을 위하여〉
- 행위 제재 …… 행위 주체가 행위 의도를 실현하려고 하여 사용하는 구체적이고 실재적인 내용. 〈무엇을 통하여〉
- 행위 매체 …… 행위 주체가 어떠한 매체적 재료로써 나타내려고 하는가의 방법상의 소재. 〈언어 · 영상 · 음악 · 회화 · 행동 등〉
- 행위 양식 …… 주체가 효과적인 표현을 위해 사용하는 양식이나 스타일, 배열. 〈어떻게 효과적으로〉
- 행위 수법 …… 행위 주체가 겨냥하는 대상에게 전달하는 구체적이고 실제적인 표현 기술. 〈어떠한 표현 기술로〉
- 행위 효과…… 행위 주체가 그 의도를 얼마나 달성했느냐 하는 평가. 〈어떤 효과가 있는가〉

• 행위 해석……행위 주체의 표현을 어떻게 해석하고 감상하느냐 하는 것.
〈어떻게 받아들이는가〉

• 해석 후 반응……행위 주체의 표현을 해석 · 감상한 후 반응을 나타내는 것.
〈행위에 대한 반응, 피드백〉

이상과 같은 복잡한 커뮤니케이션 과정에서 가장 핵심적인 부분만을 단순화하여 효과적으로 압축해 볼 필요가 있다. 이는 '무엇이 이야기되고 있는가'에 대한 관심보다는 '어떻게 이야기되고 있는지'에 관심이 모아진다.[4] 그 방법은 크게 네 가지로 나눌 수 있다.

첫째, '매체(media)'를 고려한다. 어떤 매체에 정보를 담을 것인가, 매체 선택이 매우 중요한 과제다. 같은 내용이라고 하더라도 매체에 따라 다르게 나타나기 때문이다. 매체에 따라 정보 배열의 규칙과 전달방식이 각각 다르다.

둘째, 각 매체는 그 나름대로 독특한 '포맷(Format, 규범)'을 지니고 있다. 매체만의 독특한 포맷이나 스타일, 법칙, 이는 그 매체만의 정보구현 방식이다. 전달하고자 하는 모든 정보는 매체의 특성에 맞게 적용되어야만 한다. 따라서 매체가 지닌 '포맷'이나 '법칙' 또는 '스타일(style)'에 주목한다.

셋째, 매체의 포맷(규범)에 따라 어떻게 '표현'하는가가 관건이다. 무슨 정보가 전달되느냐 못지않게 어떠한 방식으로 전달되느냐에 따라 정보 수용 효과는 다르기 마련이다. 같은 테마(주제)라도 어떠한 표현 기법을 적용하느냐에 따라 수용자의 반응이 각각 다르다. 감동을 창출할 수 있는 표현기법이 매우 중요하다.

넷째, 정보의 흐름(Flow)이다. 여러 정보들이 수용자가 감탄을 자아낼 수 있도록 자연스럽게 흘러가야 한다. 그 흐름에 따라 수용자가 느낄 수 있는 감동 정도가 다르다. 전달하고자 하는 테마를 중심으로 모든 정보가 하나의 유기체처럼 잘 구현되어야 한다. 여기서 문화콘텐츠의 성패가 결정된다고 해도 과언이 아니다.

---

4) Robert C. Allen, 김훈순 옮김, 『텔레비전과 비평』, '독자반응과 텔레비전 수용', 나남. 1996.

이 같은 정보전달의 형식과 코드(code)를 한 마디로 요약한 틀(frame)이 있다. 창강(滄江) 김택영(金澤榮, 1850~1927)의 '체법묘기(體法妙氣)'[5)]이다. 문화콘텐츠의 속성을 고려하여 '체법묘기(MFEI)'를 다음과 같은 의미로 적용해 보았다.

- 체(體, 매체 ; Media)
- 법(法, 규범, Format)
- 묘(妙, 표현, Expression)
- 기(氣, 정보, Information flow)

이 네 가지 요소가 유기적으로 잘 어울려야 제대로 된 문화콘텐츠가 탄생된다.

이 원리는 아이디어를 구체화하여 문화콘텐츠를 개발하는데 가장 적합한 하나의 메커니즘(mechanism)이다. 특히 정보와 정보 간의 유대 관계를 강조하여 훌륭한 문화콘텐츠 개발뿐만 아니라 정보 수용과 분석 등 매체 전체와도 긴밀하게 연결된다. 그럼, 문화콘텐츠와 연관지어 '체법묘기' 원리에 대해 살펴보기로 한다.

(1) 체(體, Media)

'체(體)'는 '骨+豊'으로 이루어진 글자로, '많은 것이 모이다'는 뜻을 담고 있는데, 많은 뼈가 모여 사람의 '몸(인체)'을 나타내는 총명으로 사용된다. 따라서 어원상 '몸, 육체, 모양, 물건 등'의 의미를 안고 있다. 여기서는 '매체(media)'를 한 글자로 압축하여 '체(體)'로 나타낸다. 전달하고자 하는 정보(내용)를 담은 형식(틀, 매체)이 체(體)다. 곧 정보를 담는 그릇이 매체다.

5) 창강(滄江) 김택영(金澤榮, 1850~1927)이 글쓰기 이론으로 제시한 틀이다. 출전 : 『김택영전집』, 아세아문화사. 김택영의 『답인륜고문서(答人倫古文書)』. (원문정리) 曰體, 曰法, 曰妙, 曰氣, 古人未嘗言之於文, 而後世人言之, 以明古人之文。然則體之雅典, 雄渾, 幽奇之類, 隋時變易, 靡有一定。至於起承轉合, 乃爲文者, 萬世不易之定法。而不易之中, 又必有大變易, 然後其法也活, 而文至於工。而彼出入縱橫長短高下之類之妙, 旣皆得其必當之位, 則氣於是乎自然而鼓盪。自古以來, 以最能文名者, 卽其氣之最盛者也。固善用妙法, 則其氣正淸。夫所謂文章者, 則不過曰文理。理也者, 學問之本源, 是非之準繩, 趣味之所生, 解悟之所機括也。固凡彼體法妙氣之屬, 皆不能不資乎理。

인간의 커뮤니케이션은 자기의 생각을 어떠한 표현양식으로 어떤 매체에 담아 수용자에게 어떻게 전달할 것인가로 집약된다. 그런데 전달하고자 하는 생각의 표현 양식(mode)은 인간의 감각(sense)과 매우 밀접하게 연계되어 있다.

인간의 감각은 흔히 시각〔眼〕, 청각〔耳〕, 후각〔鼻〕, 미각〔舌〕, 촉각〔身〕의 오감(五感)으로 나눈다. 눈(시각)으로 볼 수 있도록 글이나 그림, 또는 영상으로 보일 것인가 아니면 소리(청각)로 나타낼 것인가, 또는 냄새(후각)로 나타낼 것인가 등 전달자의 생각에 따라 표현양식이 다르게 나타난다.

감각 (sense)	신체 부위 (body part)	표현 양식 (mode)
청각	귀	소리(aural)
시각	눈	시각적(visual)
후각	코	향기(olfactory)
미각	혀	맛(gustatory)
촉각	피부	접촉(haptic)

이처럼 매체는 인간의 감각과 매우 밀접하다. 마샬 맥루한(Marshall McLuhan : 1911~1980)은 1964년 출간된 『미디어의 이해 : 인간의 확장(Understanding Media : The Extensions of Man)』[6]에서,

"의복은 피부의 연장이며, 바퀴는 발의 연장이고, 책은 눈의 연장이며, 전기는 중추신경의 연장이다. 매체는 환경을 바꿈으로써 우리의 지각작용에 독특한 비율을 가져온다. 이런 비율이 변화되면 사람도 변화한다."

라고 함으로써 모든 것을 인간의 신체기능의 확장[7]으로 파악했다.

6) M. McLuhan, *Understanding Media : The Extentions of Man*, McGraw Hill Book Company,

7) 인체(人體)는 흔히 '십이속(十二屬)'이라 하여 '頂(정), 面(면), 頤(이), 肩(견), 脊(척), 腎(신), 肱(굉), 臂(비), 手(수), 股(고), 脛(경), 足(족)'으로 이루어져 있다고 한다. 앞으로 인간이 사용할 수 있는 매체도 12가지가 될 것인지 두고 볼 일이다.

오늘날 매체는 매우 다양하다. 전달하고자 하는 생각(소재, 아이디어)을 어떤 매체에 담을 것인가가 첫 번째 과제이다. 따라서 전달 수단에 따라 크게 '음성 매체, 문자 매체, 영상 매체'로 나누어 볼 수 있다.

- 음성 매체 : 소리(aural) 중심의 라디오 뉴스, MP3 등
- 문자 매체 : 시각(visual) 중심의 매체로, 문자나 이미지 중심의 책(도서)이나 잡지, 신문, 사진, 그림 등
- 영상 매체 : 소리, 문자, 이미지, 동적 영상 등 여러 감각이 복합적으로 작용하는 매체로, 텔레비전, 영화, 드라마, 애니메이션, 게임 등

그럼, 주요 매체의 특성을 간략하게 살펴보면 다음과 같다.

① 음성 매체

음성(音聲)은 '소리'이다. '음(音)'과 '성(聲)'은 모두 소리를 뜻하지만 '음(音)'은 사람이 만든 소리이고, '성(聲)'은 자연의 소리를 포함한 모든 소리이다. 따라서 음성매체는 생성한 정보를 소리로 나타내는 것으로 청각에 호소하는 매체다.

> In the beginning was the word, and the word was with God, and the word was God.
> (태초에 말씀이 계시니라. 이 말씀이 하나님과 같이 계시니 이 말씀은 곧 하나님이시다.)
>
> — 요한복음 1장1절

성경에 "태초에 말씀이 있었다."라고 한 것은 신의 소리(음성)이다. 또 중국의 창힐이 '새의 발자국 모양(鳥足之跡)'을 본 따 한자를 만들자 인간이 '신의 소리를 적는다'며 하늘의 신이 노해 밤새 천둥과 우박이 함께 했다는 이야기가 있으며, 예부터 명산대천(名山大川)에 치성을 드려 자식을 얻을 때에도 신의 소리가 있었다고 한다.[8] 또 장자는 「제물편」[9]에서 사람이 만든 인위적인 소리를 '인뢰(人籟)', 땅에서 나는 우연적인 소리를 '지뢰(地籟)', 아무 소리

8) 조자용, 『삼신민고』, 가나아트. 1995. pp. 17~20.
9) 장자, 「제물편」.

도 없는 무음의 '천뢰(天籟)'로 소리를 나누면서, 인뢰와 지뢰는 사람의 귀로 들을 수 있지만, 천뢰는 인간으로서는 들을 수 없는 영묘한 소리라고 하였다. 이처럼, 신의 음성, 소리, 환청 등으로 표현되는 말과 소리는 매우 독특한 영감(靈感)을 담고 있다.

인류역사를 볼 때, 문자가 발명되기 이전 구술시대의 말은 대체로 제천의식과 결부되어 신(神)과 음성과 춤이 깊게 연관되어 있다. 이때의 음성은 신적인 힘이 매우 강하여 인간의 가슴 깊숙이 다가왔다. 우리는 일상 생활 속에서 숲속의 새소리를 들을 때와 그 소리를 글자로 써 놓은 것을 읽을 때 받는 느낌은 천양지차다. 그뿐만이 아니다. 노래 가사를 눈으로 읽는 것보다 노래를 귀로 들을 때 우리는 크게 감동한다. 또 시 낭송하는 음성을 듣는 것과 글자로 쓴 시를 읽는 것, 판소리를 듣는 것과 그 대본을 읽는 것과는 감명의 차이가 너무 크다.

음성에는 어떤 마법의 힘 같은 것이 존재하는 것 같다. 역시 인간의 심금을 울리는 것은 음성이다. 하인츠 슐라퍼가 언급한 '귀의 세계는 뜨겁고 눈의 세계는 차갑다'[10]는 말과 일맥상통한다.

이 같은 음성의 위대한 힘은 산업과 과학기술의 발달이라는 인류사의 큰 흐름에 묻혀 뒤로 물러앉게 되었고, 오늘날 일부 종교의식에 응용되는 상황에 놓여 있다.

오늘날 음성매체는 음성의 특성을 반영하여 말하는 사람, 즉 화자(정보 전달자)에 의해 정보가 통일되어 있다. 라디오나 mp3, 음악 CD 등이 생성된 정보를 소리와 말을 중심으로 전달하는 음성매체의 대표라고 할 수 있다. 앞으로 음성매체의 무한한 발전을 기대해 본다.

---

10) 하인츠 슐라퍼 저, 변한순 역, 『시와 인식』, 문학과 지성사. 1992. P. 53.

② 문자 매체

원래 문자발명은 앞서 언급한 음성, 소리의 기억을 위한, 소리를 위한 기호였다.

> '스크립타 마네트, 베르바 볼라트(Scripta manet verba volat)'
> 글자로 쓰여진 것은 영원하고 말은 공기 속으로 사라진다.[11]

문자 발명과 관련된 플라톤의 『국가론』 '파이드로스'에 등장하는 이야기에는 문자가 인간의 기억하는 능력을 저하시킨다는 내용이 전한다. 어쨌든, 문자는 기록성과 보존성이 뛰어나다는 큰 장점을 지니고 있다. 더욱이 인쇄술의 발달과 더불어 기록문화의 새 장을 열면서 큰 위력을 발휘하고 있다. 이처럼 문자매체는 시각(visual) 중심의 매체로, 문자나 이미지 중심의 책(도서)이나 잡지, 신문이 대표적이다.

• 책(book)

책은 '국내에서 출판되어 공중의 이용에 제공되는 최소한 49페이지(표지 제외) 이상의 인쇄된 비정기간행물[12]'로, 전형적인 문자매체이다. 기록성과 보존성, 사상성이 뛰어나 문화 보호와 전달성, 창조성 등 문화적 특성이 가장 강하며, 오늘날 가장 저렴한 매체이다. 전통적으로 인류의 지혜의 보고라고 할 수 있다.

• 잡지(magazine)

잡지는 신문보다 가끔 발행되지만, 대개 양질의 종이를 사용하고 제본되어 있다. 일반적으로 사회적 이슈들과 상황들을 다루면서 상호연결 기능이 매우 뛰어나다. 유네스코 권고안에서는 '일반신문 이외의 정기간행물로는

11) 원래 글자는 소리를 위한 기호였다. 한국의 중세나 유럽의 라틴 시대에도 그러했다. 따라서 당시에는 정반대의 뜻으로 쓰여 "종이에 쓰여진 글자는 죽은 것인데 비해, 말은 공기를 타고 훨훨 날아간다."는 의미로 쓰였다.

12) 1964년 11월 19일 파리에서 개최된 제13차 유네스코 총회, '도서생산 및 정기간행물에 관한 통계의 국제적 표준화에 대한 권고안'의 규정.

극히 일반적인 관심의 주제와 관련된 것이나 혹은 법령, 재정, 무역, 의약, 유행, 스포츠 등과 같이 특수한 주제에 관한 연구나 정보를 주로 출판하는 것이 있다. 잡지도 여기에 포함된다.'라고 규정하고 있다.

- 신문(newspaper)

현대인들이 접하는 매체 중에서 신문은 매우 강력한 매체 중의 하나이다. 신문은 활자로 종이에 인쇄된 인쇄매체 신문과 인터넷을 이용한 온라인 신문으로 나누어 볼 수 있는데, 대체로 많은 사람들이 주로 인쇄매체 신문을 이용하고 있다. 인쇄매체 신문의 특징은 많은 발행부수로 넓은 지역과 여러 계층의 독자에게 배포되는 공간적 매체로서 생명은 짧으나 기록성, 반복성의 특징을 가진다.

신문은 새로운 뉴스를 신속하게 보도하는 것을 목표로 하는데, 매일매일 발행되는 것이 일반적이다. 그 특성을 보면, 뉴스보도의 현실성(신선성)과 공중에게 동일한 내용을 전달하는 공시성, 발행간격이 가장 짧다는 데서 정기성, 문자 미디어로 인쇄된다는 점에서 기록성, 때와 장소를 가리지 않고 독자의 시간에 귀속된다는 점에서 보존성을 들 수 있다.

오늘날 강력한 영상매체의 위력에도 불구하고 고급화, 전문화, 세분화를 가져와 뉴스 매체로서의 역할 뿐만 아니라 광고매체로서 매우 중요한 위치를 차지하고 있다.

③ 영상 매체

소리, 문자, 이미지, 동적 영상 등 여러 감각이 복합적으로 작용하는 매체로, 텔레비전, 영화, 드라마, 애니메이션, 게임 등이 이에 해당한다. '영상(映像) 매체[13]'에서 영상은 '실제 정경을 광학적 또는 전기적으로 닮은꼴을 재현한 것으로 영화 또는 텔레비전의 화상으로 표현된 것' 또는 '광선의 굴절

13) 황현탁, 『한국영상산업론』, 나남. 1995. P. 107. '영상'은 이미지(image)를 번역한 말로, 그 의미가 매우 모호하고 광범위하다. 엄밀한 의미에서 '영상'이라는 표현을 사용할 때에는 '음-음성, 음향'이라는 요소가 배제된 시각적 요소만을 의미하지만, 오늘날에는 '음의 요소'를 포함하는 개념으로 사용되고 있다.

이나 반사에 의하여 상(像)이 비추어진 것', '어떤 기술수단을 활용하여 2차원 또는 3차원의 화면으로 재생 표시된 정보'로 정의하고 있다.

영상은 주로 '색, 형태, 구도, 움직임'으로 구성되는데, 직접적이고 구체적으로 국경을 초월하여 수용자에게 다가갈 수 있다. 카메라는 기계적인 현상을 통하여 촬영되고 편집되는 등 2차적인 재생과정을 거쳐 탄생되는 것으로, 고정된 면에 각인시키는 입자들의 집합이라고 할 수 있다. 그 특징을 정리하면, 대체로 기계에 의해 탄생, 카메라의 눈에 의한 결정, 틀(frame)에 의한 메시지화, 움직임에 의한 가치화, 재생 단계에서 완성, 빛에 의해 생명을 갖고 복제가 가능하며, 판매, 보급, 저작권을 갖고 배급, 유통될 수 있다.[14)]

• 텔레비전(TV)

텔레비전은 현대 사회에서 가장 강력한 영향력을 행사하고 있는 매체로서, 일상 생활에서 중요한 부분을 차지하고 있다. 뉴스보도뿐만 아니라 정치, 경제, 사회, 문화 각 영역에 걸쳐 광범위하게 위력을 발휘하고 있는 종합적 매체로서 대중문화의 첨병에 자리 잡고 있다. 흑백 텔레비전에서 컬러로, 컬러에서 디지털, 모바일(DMB)에서 IPTV(인터넷멀티미디어방송)로 급속하게 변모해 방송통신 융합시대를 앞서서 열어 가고 있다.

• 영화(Movie)

영화는 예술 또는 흥행을 위주로 한 오락적·산업적 산물로 문화콘텐츠의 선두에 서 있는 매체다. 첨단장비와 다양한 기법을 활용하여 제작되므로 매우 복합적인 사회적·기술적 산물이다. 제7의 예술[15)]로 불리는 영화는 오늘날 텔레비전과 함께 대표적인 영상매체로 항상 수용자들의 관심을 불러일으키고 있다.

---

14) 오명환, 『텔레비전영상론』, 나남. 1994. pp. 262~268.

15) 제1의 예술은 '연극', 제2의 예술은 '회화', 제3의 예술은 '무용', 제4의 예술은 '건축', 제5의 예술은 '문학', 제6의 예술은 '음악', 제7의 예술은 '영화', 제8의 예술은 '사진', 제9의 예술은 '만화'를 일컫는다.

• 게임(game)

게임은 디지털 테크날리지의 총아로서 영화와 함께 21세기의 대표적 고부가산업으로 문화콘텐츠 산업의 최전선에 위치해 있다. 게임은 '흥겹게 뛰다'라는 인도 유럽 계통의 'ghem'이 그 어원으로, 규칙을 정해 놓고 승부를 겨루는 놀이다. 정해진 규칙을 두고 플레이하는 과정에 발생하는 여러 가지 상황, 목적의식을 갖고 이를 성취하는 과정에서 느끼게 되는 재미와 만족감을 추구하는 행위라고 할 수 있다. 한국에서 성공한 게임은 세계에서도 그대로 통한다는 말처럼 한국 온라인게임 기술력은 세계 최고 수준으로 부가가치가 매우 높은 문화콘텐츠이다.

현대는 매체 시대다. 매체 기술이 하루하루 눈부시게 발전하고 있다. 이 같은 다양한 매체들은 언제 어디서나 향유할 수 있는 유비쿼터스 시대를 맞아, 미디어 매트릭스(media matrix)[16], 곧 '공존하는 미디어들의 상호 연결된 네트워크'를 더욱 더 촉진하여 상호연결과 복합・융합으로 수용자에게 다가가고 있다.

Campaine은 이같은 새로운 커뮤니케이션 환경변화를 정보내용, 정보 전달방식, 정보 표현양식의 나누어 설명한다. 즉 '정보내용'은 보다 전문화, 세분화되고, '정보 전달방식'은 기존 미디어 이외 케이블, 광섬유, 통신위성, 컴퓨터 네트워크 등이 활용될 것이며, '정보 표현양식'은 영상, 음성, 활자, 음향 등의 구분이 없어지고 혼합화 현상을 보일 것이다.[17]

로저 피들러(R. Fidler)는 『미디어 변이(Media Morphosis)』에서 미디어의 융합이란 미디어의 본질・미디어 기술・미디어 조직 등의 요소가 새로운 단일체로 합쳐짐과 동시에 요소들 자체도 변모하는 것을 의미한다고 주장하였다.[18]

---

16) 메이로비츠가 제시한 개념. 윤태진 외, 'IT와 문화콘텐츠의 내용과 형식의 변화 - 음성, 문자, 영상언어를 중심으로', 정보통신정책연구원. 2005.

17) Campaigne, B., "Content, process, and format : A new framework for the media arena." *Understanding New Media*, Cambridge, Ma : Ballinger, 1987. pp. 69~95.

18) R. Fidler, *Media Morphosis*, CA : Pine Forge Press, 1977, P. 27. 이정춘, 『미디어와 사회』, 세계사. 2003. P. 184에서 재인용.

오늘날 '아날로그의 디지털화(digitalize)'와 '단일기능의 지능적 융합화(convergence)', 즉 '디지털 컨버전스(digital convergence)'가 더욱더 가속될 것으로 보인다. '디지털 컨버전스' 는 '음성, 데이터, 영상과 같은 정보의 융합이나 방송, 통신, 인터넷과 같은 네트워크의 융합 등과 같은 디지털기술을 기반으로 통신, 가전, 컴퓨터 등이 서로 융합된 새로운 형태의 제품과 서비스를 생성하는 것'을 의미한다.

결국 통신과 컴퓨터, 방송매체, 그리고 텔레비전, 가전제품을 하나로 통합하고(기기 통합), 이를 단일회선(네트워크 통합)을 통해 종합적으로 서비스(서비스 통합)할 수 있는 정보유통 과정의 총체적 시스템으로 변모할 것이다. 이처럼 많은 매체들이 서로 복합적으로 어우러져 다양한 기능을 가진 보다 확장된 매체로 거듭날 것으로 보인다.

[표 2-1] **매체 분리와 통합**

구 분	분 리 (디지털 컨버전스 이전)	통 합 (디지털 컨버전스 이후)
콘텐츠	음성 데이터 영상	음성+데이터+영상
네트워크	음성망 데이터망 방송망	음성망+데이터망+방송망
단말기	전화기 PC TV	전화기+PC+TV(방통융합)

문화콘텐츠를 개발하고자 할 때에는 매체의 특성과 변동성에 유의해야 한다. 하루가 다르게 신기술과 신매체가 나타나 이들의 압박 속에 살아가고 있다. 매체의 경계가 모호해지고 복합화하는 경향과 신매체의 등장을 항상 염두에 두어야 한다.

특히 디지털 기술의 발달로 서로 다른 매체가 하나로 융합되는 이종동체(異種同體), 또 같은 종류의 매체인데도 의도적으로 분리하여 나타낸 동종이체(同種異體)와 같은 매체들이 등장하게 된다. 따라서 아이디어 구상에서부터 스토리텔링, 문화기술 적용, 마케팅 등 여러 방면에 걸쳐 다각도로 심사숙고해야 한다.

한편, 매체 선택은 산업적·경제적 측면과 작가 또는 제작자와 수용자 사이의 상호관계 속에서 이루어진다. 산업적·경제적 측면이 시나리오 작가나 수용자보다도 매체 선택에 강력한 영향력을 행사하고 있는 실정이다. 따라서 작가 또는 제작자와 수용자를 고려한 매체선택 전략이 요구된다.

OSMU(One Source-Multi Use)와 동소체(同素體)

하나의 소재를 각기 다른 여러 매체에 담아 제작하는 경우가 있다. 마케팅 전략상 부가가치 창출을 위해 하나의 소재로 또 다른 매체를 제작하여 보급하는 것을 알파벳 수프(Alphabet Soup)로 OSMU(One Source-Multi Use)라고 한다. 이는 원작이 성공을 거두었을 때 보다 더 큰 이윤을 창출하기 위해 관련되는 다른 파생상품을 생산하는 일이다.

OSMU를 일본에서는 '믹스드 미디어(Mixed Media)'라고 한다. '믹스드 미디어'는 단순히 매체를 섞는다는 의미로 해석할 수 있으나, 여기서는 하나의 매체가 성공을 거둔 후 연관산업으로 매체를 변화시키는 것을 의미한다. 믹스드 미디어 전략이 성공을 거두기 위해서는 그 소스가 되는 출판, 만화, 애니메이션, 영화 등 하나의 소스가 먼저 수용자들로부터 인정을 받아 크게 성공을 거두어야만 한다. 그래야 그 뒤로 이어지는 파생상품들이 처음 소스가 되는 상품의 영향으로 큰 성공을 거둘 수 있게 된다. '믹스드 미디어'는 일본에서 믹스미디어로 먼저 시작되었으나 현재는 전세계 문화콘텐츠계에서 폭넓게 사용되고 있다.

이렇게 OSMU 방식, 즉 믹스드 미디어에 따라 제작된 콘텐츠를 '동소체(同素體, allotropy)'라고 명명하고자 한다. 이 용어는 과학 분야의 용어로, 옌스 야코브 베르셀리우스가 처음 사용하였다. 그 의미는 '한 종류의 원소로 이루어졌으나 그 성질이 다른 물질이 존재할 때, 이 여러 형태를 부르는 이름'이다. 예를 들면, 다이아몬드와 흑연은 모두 탄소로 이루어져 있다. 따라서 이들은 탄소의 동소체(同素體)인 것이다.

또, S. 리먼-케넌(S. Rimmon-Kenan)은 그의 저서 『소설의 시학』에서, 특성의 지속, 즉 물리적 속성의 변형을 '동소체적 상태'라고 밝힌 바 있다.[19)]

문화콘텐츠에 있어서 동소체는 매우 많다. 김수정의 만화 '둘리'가 크게 히트하자 이어서 애니메이션 '둘리'가 제작되고 게임, 캐릭터까지 만들어져 크게 인기를 얻고 있다. 이처럼 하나의 스토리가 크게 히트하게 되면 이를 바탕으로 여러 매체에 담아 시장에 내놓게 된다. 하나의 스토리를 책, 만화, 애니메이션, 영화, 게임 등으로 매체를 확장하여 제작했을 때 그들은 하나의 소재에 바탕을 두었기에 동소체인 것이다.

[그림 2-1] **문화콘텐츠 전략의 바탕을 이루는 동소체**

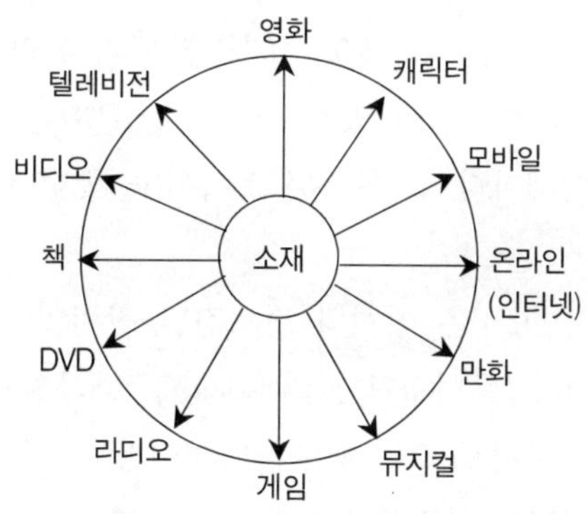

오늘날 한 편의 문화콘텐츠에서 부가가치 창출은 동소체(同素體)에 있다. 분형연기(分形連氣), 즉 몸은 나뉘었으나 정신은 이어져 있으므로 수용자는 동소체를 많이 찾는다. 따라서 심혈을 기울여 동소체를 개발하게 된다.[20)]

19) S. 리먼-케넌 저, 최상규 역, 『소설의 시학』, 문학과 지성사. 1985. P. 50.

20) 동소체는 크게 '동종이체(同種異體)'와 '이체동종(異體同種)'으로 나누어 볼 수 있다. 동종이체는 같은 소재를 가지고 여러 매체로 제작된 것으로, OSMU전략에 의해 생산된 것인 반면, 이종동체는 각기 다른 사물인데 하나의 매체에 결합된 것, 예를 들어 영화나 드라마의 소품 속에 어떤 광고상품을 넣어 부가가치를 창출하는 것으로, PPL 같은 것이 이에 해당한다고 하겠다.

동소체(同素體), 이 용어가 과학 분야에선 오래 전부터 사용되고 있지만 문화콘텐츠 분야에서 상용되기 위해서는 앞서 밝힌 '체법묘기'처럼 연구자들뿐만 아니라 사회문화적 합의가 필요하다고 생각된다.

더욱이 한동안 '원 소스 멀티 유즈' 방식으로 부르던 것을 근래 OSMU로 압축해서 부른다. 발음하기 너무나 불편할 뿐만 아니라 세계적으로 통용되는 용어도 아니다. 따라서 이를 보다 쉽게 발음할 수 있도록 의미상 약간의 간극(間隙)이 있지만 '동소체 전략'으로 명명하여 부르는 것이 자연스럽다고 본다.

(2) 법(法, Format)

'법(法)'은 어원상 '사람이 지켜야 할 도리, 법, 제도나 규칙 등'의 의미를 나타낸다. 인간 사회가 '법이나 제도, 규칙'에 의해 유지되듯이 문화콘텐츠도 그 나름대로의 독특한 '법'이 있기 마련이다. 문화콘텐츠가 하나의 형상적 구조물인 만큼, 매체마다 그 형성된 조직이나 체제 등 독특한 '법'이 존재한다.

따라서 여기서의 '법(法)'은 매체의 정보전달 장치인 '조직이나 체제, 양식', 또는 '포맷(format)', '문법(규칙, grammar/rule)', '스타일(style)' 또는 '미디어 논리(media logic)'를 한 마디로 요약하여 '법(法)'이라고 지칭한다. 즉 정보전달을 위한 매체의 '관례적인 상징체계나 코드(code)'라고 할 수 있다. 각 매체들은 그 나름대로의 질서 있게 역동적인 정보전달 장치를 내장하고 있는데, 이는 매체마다 각기 다르다.

책이라면 책 나름대로의 독특한 포맷, 드라마나 뉴스라면 그 나름대로의 스타일, 만화와 영화라면 만화나 영화만의 독특한 문법이 있다. '자연보호'라는 주제를 나타낼 경우, '만화'로 나타내려 하는 것과 영상에 담아 다큐멘터리로 표현하는 것은 스타일과 형식면에서 판이하게 다르다. 따라서 매체를 선정한 다음, 선정된 매체가 지닌 독특한 문법에 따라 내용을 설계하고 조직해야 한다.

그러면 문자매체의 대표라고 할 수 있는 '책(도서)'과 오늘날 각광을 받고 있는 영화의 문법에 대해 간략하게 살펴보고자 한다.

책의 형식은 '책'의 법(法)을 결정한다. 종이 위에 활자로 이루어진 정보가 일원적인 단일배열이다. 활자텍스트로 이루어진 책, 잡지, 신문 등 모든 인쇄매체는 모두 정보를 조직해 놓은 체제가 일원적 단일배열이다.

정보가 종이 위에 크기에 따라 다양하게 구현된다. 따라서 책의 크기는 종이의 규격[21)]에 따라 다르다. 또 책을 펼치면 왼쪽엔 짝수 페이지, 오른쪽엔 홀수 페이지가 자리 잡고 있다. 오늘날 컴퓨터 기술의 발달로 책 편집이 매우 수월해졌다. e-book이나 휴대폰, PDA 등 전자책들은 모두 종이 대신 화면(screen)을 이용한다.

'영화'는 영상매체의 대표라고 할 수 있다. 문자언어로 된 텍스트를 비롯하여 이미지, 음성 재현, 동영상 등이 모두 골고루 배합되어 있다. 따라서 정보조직체제가 일원적 단일 배열이 아니라 입체적 배열을 취하고 있다.

영화는 대체로 극장에서 상영되는 것을 전제로 '2시간 정도의 러닝타임'을 가지고 있다. '러닝타임'은 인간의 생리적 한계를 고려해 설정한 것이다. '아동영화'의 경우, 어린이라는 점을 고려해 90분 이하로 만들어지는 게 일반적이고, 일반 대중을 상대로 한 '상업 영화'는 2시간, 훈련된 관객을 대상으로 하는 '예술 영화'는 보다 긴 러닝타임을 사용하기도 한다. 러닝타임에 따라 담을 수 있는 스토리가 결정된다.

영화는 내용과 형식으로 볼 때, 내용은 스토리(story)와 이에 따른 영상, 음향(대사, 음악, 음향효과) 등이고, 형식은 곧 스토리를 실어 나르는 기술적, 기법적 문제라고 할 수 있다. 영화감독은 항상 자신이 전달하려는 원래의 질료로서의 스토리를 어떻게 재가공(변형)해서 표현(영상이나 음향 : 쇼트, 씬, 시퀀스)할 것인가를 생각하게 된다. 초당 24프레임(frame)[22)]의 속도로 수용자에게 전달되는

21) 한국공업규격표준협회에서 정해 놓은 것이 있다.

영상, 즉 쇼트－미장센－편집…과 음향을 선택할 것인가를 고민하게 된다. 그렇게 '프레임, 쇼트(shot)[23], 편집, 음향'에 걸쳐 나름대로 규범이 적용된다.

이상에서 살펴보았듯이 매체마다 그 매체만의 독특한 '법(法)'이 존재한다. 따라서 문화콘텐츠를 개발할 때에는 각 매체의 '법'에 맞게 효과적으로 잘 활용해야 한다.

(3) 묘(妙, Expression)

'묘(妙)'는 자원상 女＋少로 '가냘프다, 살결이 고운 여자의 뜻에서 아름답다' 등의 의미를 지닌다. 더 나아가 '(재주나 솜씨 꾀 등이)묘하다, 뛰어나다, (생김새나 동작 등이)색다르고 신기하다, (기회나 내용이)공교롭거나 신기롭다'의 의미를 담고 있다. 따라서 여기서는 생각을 '표현'하는 것을 압축해서 '묘(妙)'라고 총칭한다.

'묘(妙)'는 대상에 대한 자기 내면의 생각을 겉으로 드러내는 것, 표현이 곧 '묘(妙)'다. '인간은 표현한다. 고로 존재한다.'라는 말이 있다. '표현'은 인간의 사상이나 감정을 나타내는 일, 그것들을 나타내는 형상 그 자체를 뜻한다. 따라서 표현은 인간 존재의 근거이자 그 실현방법이다.

인간에 있어 표현의 처음은 외부로부터 어떠한 자극이 있을 때 그에 대한 반응으로 나타난다. 그 후 자신의 삶과 삶이 실현하는 자연과 사회 등의 세상을 드러낸다. 인간에 있어서의 표현은 첫째, 반드시 어떤 대상에 대한 표현이고 둘째, 어떤 구체적인 질료를 통해서 이루어지며 셋째, 어떤 대상이 전달하고자 하는 정보를 가지고 있고, 끝으로 반드시 어떤 표현방법을 수반한다.[24] 따라서, '표현'은 내용과 수단, 행위 중의 하나인 셈이다.

'묘(妙)'의 구심점은 나타내고자 하는 테마(주제)이다. 테마를 '어떻게' 나타내느냐가 매우 중요한데, '어떻게'가 바로 표현이다. 비록 같은 내용이라고

22) 영화 필름의 한 토막.
23) 러닝타임 90분 상업영화의 경우, 600~700샷, 이때 한 쇼트의 평균 길이는 8~9초이다.
24) 김채수, 『21세기 문화이론』, 교보문고. 1996. pp. 542~543.

할지라도 표현에 따라 반응이 다르다.

표현의 목적(goal)은 수용자에게 '감동'을 유발시키는 것이다. '묘'에 따라서 수용자의 감동이 결정되고, 제작자의 목표 달성의 성패가 좌우된다. 언어와 영상의 대응능력을 최대한 살려 최종 목표인 수용자의 감동을 창출해야 한다. 감동의 지평선을 향해 어떻게 표현할 것인지 심사숙고해야 한다.

문화콘텐츠 표현은 스토리의 내용과 매체에 따라 말하기(telling)와 보여주기(showing)가 다르다. 현실을 모사(미메시스, mimesis)한 것과 환상(판타지, fantasy)[25)]적인 것, 또는 현실과 환상의 혼합적 내용인지에 따라 다르고, 또 문자언어로만 이루어졌는지 아니면 이미지 중심의 영상, 또는 둘의 혼합방식인지에 따라 나타내는 방법도 다르기 마련이다.

일반적으로 언어가 주관적인 감각정보와 직관정보를 객관화시킨 공공의 정보소통 도구로 지식 또한 객관적 정보를 바탕으로 성립하는 것[26)]이라면, 문화콘텐츠의 표현 도구는 그 모든 상징언어들을 포괄하는 매우 광범위한 소통 방식을 취한다. 대체로 매체로부터 주어지는 메시지는 대상을 표현하는 영상적 신호(iconic signs)와 수신자에게 인과관계를 제시하는 지침적 신호(indexical signs), 객체의 의미를 부여하는 상징적 신호(symbolic signs) 등으로 나눌 수 있다.[27)] 이 모든 신호들은 수신자에게 전달할 정보를 담고 있다.

① 궁리와 표현

정보 표현방법은 발신자의 욕구와 의지에 따라 다르게 나타난다. 표현하기에 앞서 전달하고자 하는 그 '무엇'을 '어떻게' 나타낼 것인지 머릿속으로 구상하면서 궁리하게 된다.

---

25) Kathryn Hume 지음, 한창엽 역, 『환상과 미메시스(Fantasy and Mimesis)』, 푸른나무, 2000, P. 55. 문화콘텐츠도 두 가지 충동의 산물이다. 하나는 '미메시스'로서, 다른 사람들이 당신의 경험을 공유할 수 있다는 핍진감과 함께 사건, 사람, 상황, 대상을 모사하려는 욕구이다. 다른 하나는 '환상'으로서, 권태로부터의 탈출, 놀이, 환영, 결핍된 것에 대한 갈망, 수용자의 언어 습관을 깨뜨리려는 은유적 심상 등을 통해 주어진 것을 변화시키고 리얼리티를 바꾸려는 욕구이다.

26) 소홍렬, 『문화적 자연주의』, 소나무. 1996. P. 5.

27) Burgess & Voogd, "*Selling Places: Environmental Images for the Executive*", *Regional Studies*, 1982, Vol. 16. No. 1, pp. 1~17.

스토리(정보)의 전달방식은 전적으로 이야기를 어떠한 관점(point of view)에서 바라보고 있는가에 따라 결정된다. 전달하고자 하는 대상을 가능하면 그대로 전달하는 것을 '반영(反映)'이라고 한다면, 내용을 발신자의 뜻대로 변형·왜곡시켜 전달하는 것을 '굴절(屈折)'이라 할 수 있다. 일단 어떻게 나타낼 것인지 궁리하여 정리한 후 자기만의 독특한 표현기법을 활용하여 나타내게 된다.

전달하고자 하는 테마를 어떻게 표현할 것인지, 구상 과정을 통해 표현의 얼개를 짜게 된다. 구상법에는 여러 가지가 있다. 사건의 흐름에 따라 주제를 구현시키려는 '사건적 연출법', 등장인물의 특성을 살려 테마를 전달하려는 '캐릭터적 창안법', 표현의 무게중심을 주제에 두는 '주제적 발상법' 등을 고려해 볼 수 있다.

첫째, '사건적 연출법'이다. '사건(event)'은 곧 '무언가 일어나는 일(thing that happen)'이다. 따라서 스토리 구조(플롯)를 어떻게 하느냐, 즉 사건을 연출하여 주제를 구현시키는 발상법이다. 이는 스토리 타임(story time, 이야기되는 것이 일어나는 일정 시간)에 준해서 스토리 라인(story line)을 여러 사건이 일어나는 순서(order), 즉 연대기적 순서에 따라 전개하는 것과 비연대기적 순서에 따르는 방법이 있다. 또 이야기를 결합할 때, 중간에 또 다른 이야기를 끼워 넣기(embedding)하거나 연결(linking)하는 이야기 구조상의 방법도 고려하기도 한다.

또 연역법(deduction)과 귀납법(induction)을 들 수 있다. '연역법'은 기존의 사건으로부터 생각을 발전시켜 나가는 것으로, '무엇이 → 어떻게 되어 → 이렇게 되었다'는 식으로 구상해 나가는 방법이다. 반면, '귀납법'은 필연적인 결과에서부터 그 원인을 더듬어 유추해 나가는 방법으로서, '무엇이 → 어떻게 되었는데 → 그 이유는 이렇다'는 끝에서부터 이야기를 구성하는 방법으로 설명하기도 한다.[28] 또 이와는 달리 사건의 핵심(in medias res)[29], 즉 중요한

28) 조향리, 『카툰의 세계』, 초록배 매직스. 2001. pp. 96~100.

29) 이야기를 시간적으로 최초로 자리 잡는 상황·사건에서라기보다 중요한 상황·사건에서 시작하는 방법으로 하나의 선택원리이다. 이는 이야기 속의 서술자가 자기의 이야기에 알맞은 상황에서 이야

상황이나 사건에서 전개해 나가는 방법도 있다.

일반적으로 이야기 구성방식의 대표적인 것은 단연 '처음(beginning) → 중간(middle) → 끝(end)'의 3단 구성 방식[30)]이다. 그 다음, '발단 → 전개 → 절정 → 대단원'의 4단 구성[31)], 그리고 이야기의 구성방식으로 가장 많이 사용되는 프라이타크의 피라미드(Freytag's pyramid)가 보여주는 '발단 → 전개 → 위기 → 절정 → 대단원'의 구성과 같은 5단 구성[32)], 그리고 6단 구성[33)] 등을 들 수 있다.

둘째, '주제적 발상법'이다. 글자 그대로 '주제적 발상법'은 표현기법을 주제에 밀착시켜 나타내려고 하는 발상법이다. 설정된 주제를 효과적으로 나타내기 위한 아이디어의 발상이 가장 기본적인 요건이다. 참신하고 기발한 발상으로 아이디어를 창안해서 주제를 가장 효과적으로 나타내면 된다.

셋째, '캐릭터적 창안법'이다. 캐릭터(character)는 등장인물이나 성격이나 개성, 성격부여 등을 의미한다. 따라서 이 방법은 인물설정, 성격창조에 주제를 싣는 것으로, 개성이 강하고 독특한 캐릭터를 창조하여 주제를 구현시키는 발상이다. 주제에 가장 적합한 캐릭터를 창조하는 일이 매우 중요하다. 이는 또 플롯과도 밀접하게 연관된다. 특히 만화나 애니메이션, 영화, 게임의 경우, 캐릭터에 모든 것이 집중되어 표현된다. 개성적이고 독특한 캐릭터는 수용자에게 가장 큰 즐거움을 선사할 뿐만 아니라 부가가치 창출에도 결

기를 시작하는 것이다.

30) '3단 구성'에는 '처음 → 중간 → 끝', '발단 → 경과 → 결말', '도입 → 전개 → 결어', '서론 → 본론 → 결론' 등을 들 수 있다.

31) '4단 구성'에는 한시에서 나온 '기승전결(起承轉結)'을 비롯하여, '도입 → 진술 → 증명 → 결론', '발단 → 갈등(전개) → 절정 → 결말', '도입 → 본체 1 → 본체 2 → 결어' 등을 들 수 있다.

32) '5단 구성'에는 '발단 → 전개 → 위기 → 절정 → 결말'이 있다. 희랍 변론술에서는 '도입・진술・증명・반론・결어'의 5단계를 들었고, 중국산문에서는 '기(起) → 승(承) → 포(鋪) → 서(敍) → 결(結)'을 사용했다. '기'는 제목 소개, '승'은 제목 풀이, '포'는 '승'의 상술과 부연, '서'는 '포'의 요약과 동시에 '승'의 반복적 설명, '결'은 전체의 마무리, 맺음이다. 광고에서는 AIDMA의 5단계, 즉 '주의환기(Attention) → 흥미유발(Interest) → 욕구(Desire) → 기억(Memory) → 행동화(Action)'를 든다, 또 이를 '주의환기 → 필요제시 → 필요충족 → 구체화 → 행동화' 로 제시하기도 한다.

33) 6단 구성은 희랍 변론술에서 5단계 구성에 '분설(分說)'을 추가하여 '도입・진술・분설・증명・반론・결어'의 단계를, 중국 한문장에서는 '과(過)'를 추가하여 '기(起)・승(承)・포(鋪)・서(敍)・과(過)・결(結)'이 쓰였다. '과'는 '서'를 한 번 굴리고 꺾어서 '결'로 넘어가게 하는 징검다리 구실을 한다.

정적인 역할을 한다. 문화콘텐츠 개발 성패가 캐릭터의 성향에 달려 있을 정도로 개성이 뚜렷한 캐릭터 창안이 가장 큰 과제이다.

구상이 빛을 발하기 위해서는 반드시 얼개를 작성해 놓고, 또 중요시하는 구상은 스케치하여 표현에 임하는 것이 좋다. 표현은 구상하고 궁리한 것을 겉으로 드러내는 일이다. 매체의 특성과 스토리의 내용상의 특성을 고려하여 궁리한 내용과 형식을 있는 그대로 단순하게 모방하거나 재생할 것인지, 또는 트릭(trick)을 사용하여 수용자에게 새롭게 다가갈 것인지 등 세부적인 사항까지 고려하여 나타내게 된다.

또 스토리 내용과 수용자와의 거리(distance)를 감안하여 말할 것(telling)인지 보일 것(showing)인지를 판단하고, 보다 강력한 전달을 위해 메타포(metaphor), 심벌(상징, symbol), 알레고리(allegory)[34], 패러독스(역설, paradox), 아이러니(반어, irony) 등 다양한 수사(레토릭)기법도 고려하게 된다. 더욱이 고도로 발달한 과학기술의 힘을 빌려 최첨단 문화기술을 적용하기도 한다.

어떠한 표현 테크닉을 적용하여 수용자에게 의도한 정서를 전달함으로써 감동을 창출할 것인가는 표현전략의 일환다. 처음 구상한 이야기 전략에 따라 수용자가 느낄 수 있도록 계획을 세우고 실행하는 것은 전적으로 표현자의 기량에 달려 있다고 하겠다.

② 영상매체의 표현

오늘날 생활 속에서 영상매체는 많은 비중을 차지하고 있다. 텔레비전, 영화, 게임을 비롯하여 UCC 등이 있다. 텔레비전은 항상 가까이 있고, 영화를 비롯한 그 외 매체들은 찾아가기만 하면 된다. 이들은 사물의 표면과 움직임을 스크린을 통해 시각화시켜 생생하게 보여준다.

---

34) '알레고리'는 흔히 '풍유(諷諭)'라고 하는데, 비유나 상징물 또는 의인화를 통하여 추상적·금기적·종교적 내용을 구체적으로 표현한다. 은유와 마찬가지로 형체가 있는 구체적인 대상을 이용하여 정신적·심리적·추상적인 지적 개념을 표현하는 기법이다. John MacQueen, 송낙헌 역, 『알레고리(Allegory)』, 서울대학교출판부. 1983. pp. 82~83.

논리적이고 이성적이던 문자언어 중심에서 감각적이고 감성적인 영상언어 중심으로 생활방식이 바뀌었다. 이렇게 의사소통방식이 전환된다는 것은 삶과 인생을 이해하는 수단이 바뀌는 것이고, 인간의 의식구조가 바뀐다는 것을 뜻한다.[35)]

영상언어는 전달하고자 하는 바를 문자나 말 그 자체로 표현하지 않고, 기계적 장치를 동원하여 촬영, 편집 등 다양한 기교들을 적용시켜 어떤 기호나 상징적인 것으로 구체화시켜 이미지로 보여주는 것을 의미한다. 영화라면 연출자(감독)가 머릿속에 그리고 있는 내러티브(이야기)를 축(軸)으로 등장인물(배우, 캐릭터), 감독의 눈인 카메라가 동원되고 사운드(대사, 음악, 음향 등)와 조명, 편집, 문화기술(CT)까지 함께 하여 제작된다. 표현은 연출자의 구상에 달려 있지만 그 제작과정은 복잡하다. 특히 게임의 경우, 대화가 쌍방향(interactive)으로 이루어지기에 매우 난해하다.

내러티브는 비주얼(visual)과 음향(대사, 음악, 음향효과 포함), 편집 등이 결합된 이야기이다. 인과관계에 놓여 있는 일련의 사건들로, 대중성을 지향하므로 감각적 재미뿐만 아니라 정서적, 지적 재미도 겸비해야 한다. 따라서 각 장면구성과 배열법칙, 그 관습들을 숙지하고 자기만의 독특한 아이디어가 있어야 한다.

'비주얼'은 시각적으로 보여주는 이미지다. 이는 내러티브를 이끌어가는 캐릭터를 중심으로 시간과 공간 위에 색, 형태, 깊이, 움직임으로 형성되는데, 각 요소들이 내포(상징)한 이미지를 크게 고려해야 한다.

영상의 한 장면은 대체로 '프레임, 쇼트, 신, 시퀀스'로 이루어진다. '프레임(frame)'은 영화의 가장 작은 낱장의 사진으로 개별영상, 정사진 한 장이다. 1초에 24프레임이 움직인다. '쇼트(shot)'는 여러 프레임이 하나의 움직임을 만드는 것이다. 그 다음 화면구성(장면화)인 미장센(mise-en-scene)이 있다. '미장센'은 한 프레임을 구성하는 여러 시각요소들(배경, 조명, 인물의 분장과 의상, 움

---

35) 박인기 외, 『국어교육과 미디어 텍스트』, 삼지원. 2000. P. 246.

직임 등)을 화면 속에 잘 배치하여 이미지를 만드는 것이다. '신(scene)'이 몇 개의 연결된 쇼트들을 이해할 수 있도록 편집하여 한 토막의 작은 이야기 혹은 하나의 완결된 상황을 보여주는 장면이라면, '시퀀스(sequence)'는 한 가지 주제가 담겨 있는 장면, 즉 사건이라고 할 수 있다.

내러티브와 편집은 밀접한 관계에 있다. 관객의 몰입여부는 편집에 달려있다고 할 정도로, 이야기 흐름과 속도를 결정한다. 편집은 크게 연속편집과 불연속편집이 있다. 연속편집은 이야기의 시간과 흐름에 따른 편집으로, 상업영화에서 많이 사용한다. 불연속편집은 시간 흐름이 바뀌기도 하고, 건너뛰기도 하고, 끊어지기도 하는 복잡한 방법이다. 여기엔 '조립하는 것'을 의미하는 '몽타주' 기법이 있다. 따로따로 촬영된 필름을 창조적으로 접합해서 제3의 의미를 만드는 방법이다.

음향은 소리(sound)다. 여기에는 대사, 음악, 음향효과 모두 포함되는데, 영화에서 매우 중요하다. 시몬 프리드(Simon Frith)는 '배경음악이 묘사 또는 지시하는 현실은 시각적 이미지에 의해 표현되는 것과는 다른 현실이지만, 분위기를 강조하는 특정장면의 감정적 의미작용을 효과적으로 전달하기 위한 장치이다[36]'라고 하였다. 디즈니 애니메이션의 경우, 음악적 요소를 강화하여 즐거움을 배가시키고 있다. '백설공주'는 원작에도 없는 숲속에서의 동물들의 합창 장면 및 난쟁이들의 오두막에서의 유쾌한 소동이 애니메이션의 거의 1/2을 차지하고 있으며, 전체 커뮤니케이션의 70%가 배경 음악, 노래, 음향효과로 진행된다.[37]

또 오픈닝시퀀스(opening sequence), 처음 5분 정도가 매우 중요하다. 영화 흥행에 결정적 역할을 한다. 이처럼 영상표현은 복잡하다. 전달하려는 내러티브를 '쇼트－미장센－편집…과 음향, 조명 등'을 어떻게 할 것인가 등 모든

36) Simon Frith, Hearing Secret Harmony, C. MacCabe ed., *High Thery/Low Culture : Analysing Popular Television and Film*, Manchester University, 1986, P. 65. ; 손명자, "한국 텔레비전 비평에 대한 시론-기호학적 접근", 한양대석사학위논문, 1997. P. 72에서 재인용.

37) 박기수, "애니메이션 서사의 특성 연구", 한양대학교 박사학위 논문, 2001. pp. 10~20, 105~130 참조.

것이 기술적 문제와 연계하여 영상표현 기법의 범주에 든다고 하겠다.[38)]

③ 낯설게 하기와 규약이론

문화콘텐츠 표현은 인간의 상상력과 창의력, 기술 등이 어우러져 매우 복잡하고 종합적이다. 결국 수용자를 어떻게 사로잡느냐에 달려있다고 하겠다.

수용자의 시선을 끌고 감동을 자아내기 위한 표현기법의 하나로 '낯설게 하기(Defamiliarization)[39)]'가 있다. 이 기법은 수용자로 하여금 '낯설게', '생소하게' 느끼도록 주의를 환기시켜 사물과 세계를 색다르게 지각하도록 만들기 위한 장치이다.

'낯설게' 하기 위해서는 일상적 사고에서 벗어나게 표현해야 한다. 일상을 벗어난 일탈에 초점을 두고 원인과 결과, 캐릭터, 사운드 등으로 이미지를 재구성하여 변형한다. 여기에는 최첨단 문화기술도 한몫을 한다. 이는 내용의 생생한 전달과 '낯설게' 하는 효과를 획득할 뿐만 아니라 인생과 경험에 대한 감각을 새롭게 하게 하는 표현법이다.

또 콘텐츠 내러티브 구성에 있어 롤랑 바르트(Roland Gérard Barthes)의 규약(CODE) 이론[40)]도 참조할 만하다. 그는 모든 인간의 의사소통 행위나 언어 행위는 그러한 행위를 수행하고 이해하는 사람들 모두가 공유하는 공통의 약속에 의해 이뤄지고 동시에 제약을 받는다는 사실에 주목하여 다섯 가지 종류의 규약 체계를 밝혀냈다.

첫째, 행위의 규약(proairetic code)이다. 이는 인물의 행위들을 서사적 시퀀스로 조직해 주는 규약이다. 어떤 서사 텍스트든 그것들이 담고 있는 행위들은 규약화 될 수 있다.

38) 서정남, '영화 서사의 창작-전달-수용 매커니즘과 매체'(내러티브 제4호), 한국서사학회, 예림기획. 2001. pp. 61~76.

39) 쉬클로프스키, 한기찬 역, 『기술로서의 예술』, 월인재, 1980, pp. 21~51. '낯설게 하기'란 말을 처음 제시한 사람은 러시아의 쉬크로프스키(Vicktor Sklovskij, 1893~1984)이다. '낯설게 하기'는 시와 소설 등 각 장르별로 서로 다른 방식으로 나타난다. 시에서는 시어와 일상 언어의 대립에 의해, 소설에서는 이야기와 플롯 사이의 대립에 의해 그것은 구분된다. 아울러, 바흐친, 토도로프가 언급한 '서사체의 변형이론'과 연관 지어 생각해 보자.

40) 한용환, 『소설학 사전』, 문예출판사. 1999. pp. 65~67.

둘째, 해석적 혹은 수수께끼의 규약(hermeneutic code)이다. 이는 수용자들로 하여금 의문을 인지하도록 하거나, 그 수수께끼를 해결할 수 있도록 의미적 단위들을 배열시켜 주는 규약이다. 수수께끼의 규약이 전체를 지배하는 탐정·추리형 콘텐츠에 적합하다.

셋째, 문화적 규약이다. 텍스트의 해석에서 수용자들이 현실의 경험으로부터 획득한 지식을 활용하도록 하는 규약이다.

넷째, 함축적 혹은 내포적 규약(semic or connotative code)이다. 텍스트의 의미적 성격을 형성하는 데 작용하는 것으로, 흔히 '주제'라 불리는 것이다. 이는 이야기의 배후에 내재된 의사소통의 핵심적 요소로, 텍스트의 의미형성에 작용한다.

다섯째, 상징적 규약이다. 이는 특정한 사건이나 사물을 추상적이고 보편적인 개념과 연결시키는 기능을 한다.

물론 이 외에도 다양한 규약이 검토될 수 있다. 롤랑 바르트가 고안해 낸 규약 이론을 문화콘텐츠 표현전략에 생산적으로 적용해 볼 수도 있다.

④ **문화기술**(文化技術, Culture Technology)

인간은 욕망실현을 위해 도구나 수단을 고안해 냈다. 인간의 문화는 도구나 수단의 사용과 개발, 그것에 의한 결과물의 획득, 결과물의 향유 등으로 이루어지는 삶의 방식이다. 인간에 의해 만들어진 모든 도구나 수단들은 인간의 어느 한 기관의 역할을 맡아서 그것을 효과적으로 수행해 낸다.

현대는 문화시대다. 현대인들은 시대흐름에 걸맞게 '문화기술(CT)'을 개발하고 발전시켜왔다. '문화기술'은 컴퓨터의 발달과 더불어 오늘날 크게 각광받고 있다. 전통적으로 '셈하기, 쓰기, 읽기'는 우리 사회의 문화기술(文化技術, Culture Technology)이다. 원래 인간의 커뮤니케이션 목적을 위해 수행되고 있는 대표적인 기술 형태로, 사회구성원으로서 습득해야 구성원으로서 참여가 가능한 기술이다. 고도의 기능을 발휘하는 컴퓨터 기술의 발달로 사회적

행위를 발전적으로 추구해 나가기 위해서는 새로운 문화기술 교육이 필요하게 되었다.[41)]

디지털 기술이 등장한 이래 기술과 문명의 진보는 더욱 빨라졌다. 이러한 변화 속에서 문화와 과학, 예술과 기술의 간극이 좀더 넓혀질 것이라는 우려만큼, 동시에 이를 메우려는 움직임도 함께 활발해졌다. 특히 1985년 네그로폰테(Nicholas Negroponte)의 주도로 문을 연 MIT 미디어랩은 이러한 추세를 시각화하며 과학기술과 문화예술의 통합에 대한 연구를 촉발시켰다. 1994년 나고야 세계도시산업학술학회에서 KAIST의 원광연 교수는 CT를 학술적으로는 '문화예술 활동에 대한 계산학적 접근', 산업적 측면에서는 '예술의 표현력을 증대시키고 문화 활동 및 문화산업을 발전시키는데 필요로 하는 기술'이라고 정의하였다. 2000년을 전후하여 우리나라 차세대 성장산업으로 문화콘텐츠산업이 부상하면서 문화기술은 문화콘텐츠 기술, 즉 '문화 활동을 돕고 문화콘텐츠 산업을 지원하는 기술'로서 존재의의가 있게 되었다.[42)]

'문화기술(CT)'은 영화, 게임, 애니메이션 등 '문화상품(콘텐츠)' 전반의 창작 · 기획, 제작 · 표현, 유통 등에 활용되거나, 관련된 서비스에 사용되는 기술을 의미한다. 좁은 의미로는 인간에게 행복(정신적)을 느끼게 하는 문화상품의 창작 · 기획, 제작 · 표현, 유통 · 서비스에 필요한 기술이고, 넓은 의미로는 이공학적인 기술 및 인문사회학, 디자인, 예술분야의 지식과 감성적 요소를 포함하여 문화적 삶의 질을 향상시키는 총체적 기술이라고 할 수 있다.

오늘날 문화콘텐츠 산업 발전의 핵심요소 중의 하나가 '문화기술'이다. 게임, 영상 · 뉴미디어, 가상세계 등 콘텐츠산업이 디지털 융 · 복합 형태로 진화함에 따라 문화기술이 콘텐츠산업 성장에 새로운 기회를 제공하기에 이

41) 이정춘, 『출판사회학』, 타래. 1992. pp. 307~308.
'문화기술'에 대해선 1984년 11월, 서독의 주간지인 "스피겔(Der Spiegel)"은 '제4의 문화기술'에 대해 언급하였고, 오스트리아 교육성 장관인 모리츠(Moritz)도 "비엔나신문"(1985. 4. 20)에서 문화기술인 '인포마틱(Informatik)' 습득을 위한 교육의 도입을 언급한 바 있다.

42) 안신현, "문화기술의 학문 분야로서 문화원형기술의 패러다임 분석", KAIST 박사학위논문, 2005. pp. 1~6.

르렀다. 영화 '괴물', '디워', '스파이더맨 3', '황금나침반' 등에서 문화기술 수준이 콘텐츠의 성공을 좌우하는 중요한 변수로 부상하였다.[43)]

오늘날 문화기술의 적용은 크게 둘로 나누어 볼 수 있다. 하나는 기계적 기능에 의존한 적용이다. 컴퓨터 프로그램의 기능을 이용하여 장시간 수행해야 할 어려운 작업을 보다 쉽게 빨리 수행할 수 있다. 이것은 프로그램의 조작기능만 익히면 누구나 그 기능에 의존해서 뜻한 바를 쉽게 작업해 낼 수 있다.

다른 하나는 창의적 사고에 의존한 기술의 적용이다. 아이디어를 내거나 프로그램의 도움을 받아 작업을 하되, 정보의 흐름을 원활하게 하거나 보다 색다른 아이디어를 적용하고자 할 때는 기계적인 기능만으로는 되지 않는다. 작업자의 오랜 경험과 지식, 보는 안목, 특별한 노하우는 프로그램의 단순기능의 적용만으로는 만족할 수 없다. 이때 작업자의 사고와 표현기량, 그리고 노고가 투입되어야 한다. 그래야만 독특한 아이디어가 살아있는 문화콘텐츠를 제작할 수 있게 된다.

오늘날 전세계가 문화전쟁의 소용돌이에 처해 있다고 해도 과언이 아니다. 급격한 과학 기술의 발달로 전통적인 문화콘텐츠 기술에 다양한 최첨단 디지털 기술이 접목됨으로써 애니메이션, 게임, 영화 등에서 특수효과, 음향, 입체영상에 이어 지능형 체험, 인공생명에 이르기까지 상상을 초월할 정도로 발전하고 있다. '아바타(Avatar)'처럼 '4차원(4D) 효과'를 노린 문화콘텐츠가 속속 등장할 것으로 보인다. 특히 음향을 비롯하여 후각을 자극하는 냄새(향기), 촉각이나 미각까지 감지할 날이 머지 않았다. 내용이 기술발전을 따라가지 못하는 듯하다. 보다 나은 문화콘텐츠 개발을 위해 항상 문화기술 발달에 관심을 집중시켜야 할 것이다.

---

43) 문화체육관광부, "문화기술(CT) R&D 기본계획 2012". 2008. 참조.

움베르토 에코(Umberto Eco)의 소설에 등장하는 '아리스토텔레스 장치[44]'(자동으로 언어의 피륙을 꿰뚫고 은유적 문장을 만들어 내는 장치로서 '언어의 망원경'이라고 소개됨)보다 한 단계 업그레이드 된 인간보다 표현기량이 월등하여 수용자를 감동시킬 수 있는 자동 기계가 나타나길 기대해 본다.

(4) 기(氣, Information flow)

동아시아에서는 선진(先秦)시대 이래 물질을 구성하는 최소량의 단위를 '기(氣)'로 파악하였다.[45] '기(氣)'는 우리의 전통의 사유체계 안에서도 사용하던 용어로, 그 의미가 매우 난해하다.[46]

자원상으로는 본디 '米+气'로 '쌀알처럼 작은 것들이 뭉게뭉게 피어오르는 수증기, 숨, 입김 등'의 의미가 있다. 그래서 '만물 생성의 근원, 힘, 기세, 마음, 공기, 성질' 등 여러 가지 의미로 쓰였다. 하지만 이 글에서는 '기(氣)'를 '정보'라고 규정하고자 한다. '기'가 좋다, 세다, 강하다 하는 것은 정보의 흐름이 좋다, 세다, 강하다란 의미다. 아울러 현대는 정보시대일 뿐만 아니라 모든 매체는 정보로 이루어져 있기에 가장 적합한 표현일 것으로 생각된다.

문화콘텐츠는 정보들의 유기적(有機的)인 집합체이다. 가공에 의해 탄생되었지만 그 자체는 스토리텔링에 있어 생동감이 있는 유기체이다. 비록 사람에 의한 인공물이지만 유기체(즉 생물체)처럼 짜임새(조직체)가 되어 있고, 정보의 흐름에 의존하며, 필요에 의해 동소체로 번식(reproduction)까지 하고, 환경에 따라 변화하기까지 한다. 따라서 '매체'라는 커다란 울타리에서 안에서 보호받고 매체가 만들어낸 법칙에 따라 살아 움직이고 있다. 매체와 함께 탄생-성장-

44) 움베르토 에코 지음, 이윤기 옮김, 『전날의 섬(L'isola del giorno prima)』, 열린 책들, 1996. pp. 119~133.

45) 中國大百科全書出版社編輯部 編, 『中國大百科全書哲學』, <Ⅱ>, p. 680 '氣'참조. : 김채수 지음, 『21세기 문화이론』 P. 323. 재인용.

46) '기(氣)'의 개념에 대해서는 김교빈, 박석준 외, 『동양철학과 한의학』, 아카넷, 2003. ; 김교빈, '기에 대한 철학적 이해', pp. 231~269 참조. '기(氣)'에 대해 명쾌한 답변을 요구할 수도 있다. 하지만 동양철학 분야 대부분이 그러하듯이 논리적인 설명이 미흡한 면도 있다. 서양적인 사고에 젖어 이성이나 논리, 합리성이라는 잣대로 그 모든 것을 재단하는 것이야말로 비합리적인 사고의 소산이다. 왜냐 하면 진리의 세계에 담긴 비밀이 이성이나 논리로 명명백백하게 설명될 수 없는 부분이 많기 때문이다,

소멸의 과정을 밟는 문화콘텐츠는 정보 유기체이다.

이처럼 문화콘텐츠에는 모든 정보들이 살아 있다. 구성요소, 곧 장면 하나하나가 살아 리듬이 있다. 한 컷에 불과한 작은 정보끼리의 집합에도 흐름이 있다. 전류가 흐르듯, 그 흐름이 자연스러울 때 그 장면은 살아있는 장면이 된다. 또 전체적으로도 리듬감 있게 살아 움직여야 한다. '발단-전개-위기-절정-결말'에 이르기까지 생동감 있어야 한다. 흔히 사람도 '기'의 흐름이 좋아야 건강하다고 한다. 수많은 정보로 이루어진 거대 정보 집합체인 문화콘텐츠에도 '기'의 흐름이 좋아야 한다. '기'의 흐름이 좋아야 정보들이 일치단결하고, 나아가 수용자를 감동시킬 수 있다. 한 마디로 기운생동(氣韻生動)[47]해야 한다.

'기'의 흐름은 물의 흐름처럼 가변성(可變性)과 상호작용성(相互作用性)을 그 특징으로 하는데, 전달자나 수용자는 문화콘텐츠 내에서 다양한 작용들을 판단해 볼 수 있다.[48]

정보와 정보 간의 관계와 맥락 속에서 그 흐름을 보다 촉진시켜 정보들이 살아 움직이게 해 주는 추동(推動) 작용, 정보와 정보 간의 관계와 맥락이 조화를 이루게 하려는 조화와 균형 작용, 정보의 교차오염(cross-contamination), 즉 정보와 정보 사이에는 상호 침투와 방어라는 형식으로 상호 영향을 주고받을 때의 방어 작용, 정보와 정보가 어우러져 보다 큰 장면을 유발하는 융화와 탄력 작용 등 매우 다양한 작용을 생각해 볼 수 있다.

위와 같은 '기'의 작용으로 보아, '기'는 '묘', 즉 표현기술과 정보의 편집능력과도 깊게 연관되어 있다. 따라서 정보와 정보 간의 공명(共鳴)과 조율(調律)이 매우 중요하다. '기'의 흐름을 좋게 하기 위해서는 먼저, '구심점(求心點)'을 확실하게 설정하는 것이 기본이다.

---

47) '기운생동'이란 육조시대의 인물인 사혁(謝赫 : 490~530?)이 말한 것으로, 작품을 총체적으로 관찰하였을 때 최고로 요구되는 정신적 감정과 공간적 감각과 음율적 감정과 생명적 감정과 생동적 감응력를 말한다.

48) 김교빈, 박석준 외, 위의 책, 아카넷. 2003. P. 214. 차용해서 수정보완.

문화콘텐츠는 반드시 구심점이 존재한다. 하나의 문화콘텐츠에 여러 형태의 구심점이 있을 수 있지만, 개발자가 내세우자 하는 핵심 구심점은 '테마'로 압축된다. 전달하고자 하는 테마를 중심으로 각 사건들이 융화와 분화, 결색 등으로 탄력 있게 구성되어 전체가 균형과 조화를 이루어야 한다.

구심점은 크게 두 가지로 나누어 볼 수 있다. 하나는 '명시적(明示的) 구심점'이고 다른 하나는 '암시적(暗示的) 구심점'이다. '명시적 구심점'은 겉으로 드러나 쉽게 파악할 수 있는 구심점이다. 스토리의 구성 체계나 특정 장면 등이 이에 해당한다고 볼 수 있다. 반면 '암시적 구심점'은 겉으로 드러나지 않고 관계와 맥락 속에 담겨 있는 구심점이다. 이는 작은 어휘 하나, 행과 행, 장면과 장면 사이에 숨어 있어 쉽게 파악하기 어려운 구심점이다. 이는 정보와 정보간의 이면(裏面)에 숨어 있는 의미이다. 따라서 '기'의 중심을 핵심 구심점에 두고 정보의 전후좌우 상하 간의 관계와 맥락을 잘 살펴야 한다.

전체적인 관계와 맥락은 정보들 간의 논리적이고 체계적인 흐름, 즉 기(氣)의 흐름으로 파악된다. 스토리의 적당한 안배와 조절로 반드시 이유 있는 흐름이어야 한다. 수축과 이완, 긴장과 안도, 억압과 해방, 밝고 어두움, 길고 짧음, 충격과 평안 등이 의도했던 대로 잘 흘러가야 한다.

한의사가 환자의 맥(脈)을 짚어 진단하듯이 스토리에서도 맥이 존재한다. 단락과 단락 사이, 장면과 장면 사이에서 관객의 긴장을 자아내는 위기부분이다. 이를 압점(壓點)이라고도 하는데, 하나의 압점에서 다음 압점까지의 간격을 살피고, 정서의 억압(긴장이 모이는 자리)과 해방(풀어주는 곳)을 잘 조정해야 한다. 그 다음 압점과 압점으로 정서의 강도를 조절하여 수용자로 하여금 클라이맥스에서 카타르시스를 맛보게 하는 '기(氣)'의 흐름이어야 한다.

처음 설정된 콘텐츠 맵(Contents Map)에 따라 개발에 몰두하다 보면 때로 무가치한 정보들이 소중하게 다가올 때도 있다. 스토리가 정보를 따른다. 모든 정보들이 콘텐츠를 빛낼 수 있는 자산이 된다. 이럴 때에는 구심점을 확실하게 파악한 다음, 자기 나름대로의 좋은 방안을 마련해야 한다.

'기'는 문화콘텐츠의 성패를 결정하는 매우 중요한 요소이다. 따라서 '기'의 흐름을 좋게 하기 위하여 수정을 가하기도 한다. 그 과정엔 정보의 첨삭과 정보편집을 재편하여 재구성을 하기도 한다. 출발에서부터 감동의 지평선까지 정보의 흐름이 감탄을 자아낼 정도가 될 때 크게 성공을 거둘 수 있는 문화콘텐츠가 탄생된다. 문화콘텐츠의 키(key, 열쇠)는 곧 기(氣)에 있다고 하겠다.

3. 맺음말

이상에서 문화콘텐츠 개발의 원리로 '체법묘기(體法妙氣)'를 제시하였다.[49] 문화콘텐츠 개발을 위한 '탐구'와 '적용' 행위시에 반드시 고려해야 할 것으로 본다. 거시적인 관점에서 '의미 있는 틀(frame)'로 제시하였기에 하부항목에서의 적용은 개괄적으로 살펴보았다. 사실 하부항목은 매우 광범위할 뿐만 아니라 각 매체별로 상당한 연구가 이루어지고 있다.

'콘텐츠'란 용어도 우리 나라에서 처음 시작되었다. 비록 '서양 따라하기'가 유행이라고 하더라도 문화콘텐츠 개발과 연구·분석 및 정보분석에 있어 '체법묘기'야말로 매우 유용한 틀이다. 더불어 '체법묘기'는 문화콘텐츠뿐만 아니라 모든 사물의 기본 원리라고 할 수 있다. 하나의 테마를 준비하여 '체법묘기'라는 사유의 트랙(track)을 따라가다 보면 어느덧 머릿속에 하나의 사물이 오버랩(over lap)됨을 알 수 있다. 따라서 사물 제작 전반에 걸쳐 두루 적용될 수 있는 큰 메커니즘이 '체법묘기'이다.

우리의 문화콘텐츠이든 외국 문화콘텐츠든 '체법묘기'의 원리로 접근해 보자. 특히 뛰어난 외국의 문화콘텐츠의 경우, 무조건 추종만 할 것이 아니라 보다 객관적으로 바라보고 취사선택하고 자기화할 수 있는 여유를 갖고 대하자. 만약 동양적 시각의 저변을 형성하고 있는 '기(氣)'에 대해 부정하고자 한다면 먼저 '기(氣)'가 없을 수밖에 없는 근거에 대해 논증하여야 할 것

49) '체법묘기(體法妙氣)'라는 분석의 틀(frame)에 대해 회의적인 평가도 있을 듯하다. 하지만 아이디어와 문학, 예술, 과학 등이 어우러져 감성과 미적 표현에 중점을 두고 표출되는 문화콘텐츠는 논리나 이성으로는 설명하기 어려운 부분이 매우 많다. 직관과 감성, 미적인 것을 이성적으로 판단하는 것 자체가 어불성설(語不成說)이다. 수많은 학자들이 제시한 연구의 틀도 완벽한 것은 하나도 없다. 최고최상의 접근방법이라는 사고 하에 '체법묘기(體法妙氣)'를 선택한 것뿐이다.

이다.

콘텐츠는 인간이 만든 인공물이다. 인간의 몸(body)과 마음(mind)과 환경의 산출물(産出物)이다. 몸과 동떨어진, 마음과 괴리된, 환경을 벗어난 콘텐츠는 있을 수 없다. 뉴욕 타임스의 칼럼니스트 David Brook(2008. 5)은 '인지시대(The Cognitive Age)'의 도래를 천명한 바 있다. 문화콘텐츠에도 인간의 마음을 대신한 정보의 유기적 흐름이 도도하게 전개되고 있음을 기억해야 한다.

'동소체(同素體)'에 대해서도 언급하였다. 과학용어이지만 학문의 통섭 측면에서 바라볼 때 차용해서 사용해도 무방하리라고 본다.

그동안 문화콘텐츠에 대해서는 각 분야의 많은 전문가들이 두루 의견을 피력해 왔다. 이제 '체법묘기'는 많은 전문가들과 수용자들의 삶에 바쳐졌다. 평가는 그분들의 몫이다. 아울러 '체법묘기'가 우리 학문적 지평(disciplinary horizon) 안에서 자리매김하고, 교육・연구 및 사회문화적 합의가 이루어져 문화콘텐츠 연구에 작은 디딤돌이 되기를 간절하게 소망해 본다.

탐구의 즐거움

고정관념을 깬 역발상
딕 포스베리(Dick Fosbury)

1968년 멕시코 올림픽~!
모두 다 정면 높이뛰기할 때
얼굴을 위로 한 채 배면으로 가로대를 넘어
올림픽 금메달과 세계신기록 수립.
역발상으로 고정관념을 깨고
높이뛰기의 테크닉을 바꾸었다.

격물치지(格物致知)

널리 배우고, 치밀하게 질문하며,
신중하게 생각하고, 분명하게 판단하며,
독실하게 행동하라.

博學之 審問之 愼思之 明辨之 篤行之

– 중용(中庸)에서

* 격물치지(格物致知) : 사물을 연구하여 지혜를 이룬다.

1. 탐구 행위

새는 알을 깨고 나온다.
알은 새의 세계다.
태어나려는 자는 한 세계를 파괴해야만 한다.
새는 신에게로 날아간다.
신의 이름은 아브락사스[1]이다.

– 헤세의 '데미안'에서 –

(1) 탐구의 즐거움

인간은 탐구(探究, investigation)하는 동물이다. 이 세상에 태어나면서부터 탐구하기 시작한다. 인간을 만물의 영장(靈長)이라고 하는 것도 다른 동물들에 비해 외부의 모든 대상들을 지각하고 또 이에 대해 생각하는 능력이 뛰어나기 때문이다.

인간의 탐구 행위는 삶을 영위하기 위한 방편이다. 바람에 실려 오는 냄새를 통해, 또는 멀리서 들려오는 소리를 듣고, 물살의 흐름을 보고, 사시사철 변하는 자연의 모습을 보고 생각하는 등 그때그때 상황에 맞게 여러 방법들을 사용했다.

문화콘텐츠의 처음도 탐구 행위로부터 시작된다. 마음에 가장 와 닿는 대상을 찾아 거기서 영감(靈感)과 아이디어를 얻고 스토리를 생성하여 밑그림

1) 아브락사스[abraxas] abrasax라고도 씀. 단어로 보이는 그리스 문자들의 나열. 이것이 마술 효력을 갖고 있다고 믿어서 부적이나 장식물에 새겼다.

도 그려본다. 자기 의지에 따라 직관(直觀)과 오감(五感[2])을 총동원하여 탐구한다. 스토리를 어떻게 가공하여 어떤 매체에 담을 때 아이디어를 살릴 수 있을 것인가를 생각한다. 아이디어가 세상에 빛을 발하기란 결코 쉬운 일이 아니다. 그래서 온갖 정성을 기울인다.

탐구의 대상은 무한하다. 인간을 포함하여 인간을 둘러싼 외부세계 그 모든 것이 대상이 된다. 우주를 비롯하여 자연, 인간 등 모든 사물들과 인간의 능력으로 상상할 수 있는 세계, 시간과 공간, 저 멀리 과거와 미지의 세계에까지 탐구대상이 된다.

아이디어는 인간을 포함하여 자연만물 속에 있다. 끊임없이 변하는 무한한 대상 속에 숨어 있다. 이 세상에 변하지 않는 것은 아무것도 없다. 하늘, 땅, 나무, 돌, 인간 할 것이 모두 변한다. 아침, 한낮, 저녁 등 그때마다 다르다. 우리들 마음도 시시각각으로 변한다. 탐구 대상도 수시로 변한다. 따라서 항상 같은 일상(日常)은 없다. 변하는 대상 속에서 아이디어를 찾아 나서야 한다.

'탐구'는 '나'로부터 출발한다. 이 세상 어디에도 '나'와 같은 사람은 없다. 유일무이(唯一無二)한 존재다. 어떤 사람, 어떤 동물과도 다른 매우 특별한 피조물(被造物)로 창조되었다. 나의 몸, 사고, 행동 모두 독특하다.

'나'의 마음과 관찰로 탐구한다. 우연이든 어떤 의도가 있든 간에 마음이 끌리는 것으로 흐른다. 떠오르는 것이나 마음에 두고 있는 것, 마음속에 그리고 있는 것들을 관찰하고, 관련된 자료 수집에 들어가 스토리의 큰 맥을 찾는다. 쓸 만한 아이디어가 포착될 때까지 인내력을 갖고 탐구의 끈을 놓지 않는다. 이들 대상을 어떻게 바라보고 또 어떻게 엮어서 콘텐츠를 만들 것인가 골몰하는 것은 오직 탐구자의 몫이다.

---

2) 인간의 감각에 대해 '루돌프 슈타이너'는 '12감각'을 주장하였다. '촉각, 생존감각, 고유운동감각, 균형감각'과, '후각, 미각, 시각, 온도감각', 그리고 '청각, 언어감각, 사고감각, 자아감각'으로 분류하였다. K. 쾨니히 지음, 정정순 옮김, 『치료교육과 R. 슈타이너의 감각론』, 특수교육. 2003. pp. 12~14.

탐구 행위는 희망을 찾는 것이다. 마음속에서 일어나는 '그 무엇'을 꾸준하게 찾아 나서야 한다. 이처럼 탐구행위는 눈에 보이지 않는 생각의 트랙(track)을 따라 콘텐츠 개발의 단초와 밑그림을 제공하는 매우 중요한 활동이다.

(2) 개발 주체 '나' 세우기

문화콘텐츠 개발자는 항상 '무엇'을 재료로 하여 어떤 메시지로 언제, 어떻게 수용자(소비자)에게 다가갈 것인가를 연구하게 된다. 흥미를 갖고 있고 가장 잘 알고 있는 관심분야에 대해 탐구하고, 이를 바탕으로 상상력을 동원하여 스토리를 설계해 매체에 싣는 작업을 하게 된다. 이 같은 일련의 작업과정에서 가장 중요한 것은 자기 자신이다. '나'의 가치 증진을 위해, 행복을 위해, 팀과 공동체의 발전을 위해 콘텐츠 개발 작업에 참여한다.

모든 콘텐츠는 개발자의 생각이 고스란히 반영된다. 따라서 개발주체인 '나'의 생각이 매우 중요하다. 이 세상을 어떻게 바라보고 있는지, 또 체득한 경험은 어떤 것인지, 우주·자연과 과학·인간과 사회·기술과 인류의 행복 등 다양한 분야에 대해 개발주체의 가치관과 세계관이 그대로 투영된다. 개인의 인식(Perception)과 판단(Judgement)에 따라 거기에 걸맞은 콘텐츠가 탄생하게 된다.

개발자는 능력이 있어야 한다. 인간으로서 삶을 영위하기 위해 갖추어야 하는 즉전력(卽戰力, 한자 그대로 즉시 전투(?)를 치룰 수 있는 능력)을 기본적으로 갖추어야 한다. 즉전력은 삼력(三力)을 바탕으로 한다. 삼력은 '체력(體力)'과 '정신력(精神力)', 그리고 '물질력(物質力)'이다.

'체력'은 튼튼하고 건강해야 한다. '체력이 국력'이라는 말이 있듯이, 일단 신체적으로 건강해야 무엇이든 할 수 있다. 신체 능력은 한계가 있는 영역이다. 여기에 부족함이 있다면 우리는 원하는 것을 이룰 수 없다. 콘텐츠 개발에도 많은 지장을 초래하게 된다. 따라서 항상 튼튼한 체력을 유지하기 위해 관리하고 노력해야 한다.

'강한 정신력'은 목표를 달성하는데 필요한 모든 힘, 즉 훌륭한 아이디어를 비롯하여 난관을 극복할 수 있는 지혜와 열정, 인내력 등 모두를 포괄한다. 옛날부터 지정의(知情意), 즉 지성, 감정, 의지가 균형 잡힌 사람을 강조해왔다. 맑고 건강한 정신력이야말로 좋은 문화콘텐츠를 탄생시키는 에너지라고 할 수 있다.

'알맞은 물질력'은 콘텐츠 개발을 할 때 소요되는 제반 비용에 대해 크게 염려하지 않을 정도의 물질적 재산을 말한다. 개발이 마무리될 때까지 염려하지 않을 정도의 능력은 있어야 작업에 매진할 수 있다.

문화콘텐츠 개발 작업은 긴장과 갈등의 속에서 강한 체력과 정신력을 요구하는 고강도 작업으로, 원만한 커뮤니케이션 스킬과 함께 콘텐츠 개발 수행능력 등이 필요하다.

처음 문화콘텐츠 개발에 임하는 사람 앞에 놓인 과제는 위의 세 능력을 함양시키는 일이다. 이 같은 능력 향상을 위해 '나'부터 정리하고 바로세운 뒤, 꾸준하게 자기 수련에 매진해야 한다.

일단, 바른 자세를 가져야 한다. 바른 자세는 가장 기본적인 사항이어서 지나치기 쉽다. 그러기에 바른 자세를 특별하게 강조하는 것이다. 먼저 바로 서서 15도 위를 바라본다. 어깨를 활짝 펴고 허리를 반듯하게 세워서 서고 또 앉는다. 컴퓨터 작업을 할 때에도 자세가 발라야 한다. 바른 자세라야 오랜 시간 작업에 임해도 피곤하지 않고, 몸에 무리가 가지 않는다. 비뚤어진 자세는 건강을 크게 해칠 수 있다.

선현들의 말씀을 기억해 둘 만하다.

天地之間萬物之中에 惟人이 最貴하니 所貴乎人者는 以其有五倫也라.

(천지지간만물지중에 유인이 최귀하니 소귀호인자는 이기유오륜야라)

'먼저 제 몸도 이롭게 하지 못하고 어떻게 다른 사람을 이롭게 하랴. 마음을 길들이고 몸을 바로잡으면 어떤 소원도 이루게 되리라.'[3)]

3) 법구경(法句經) 애신품(愛身品).

그 다음, 자기 인식(self-awareness)이다. 자기 사고와 행동 스타일을 정리해 콘텐츠 개발과 연계하여 자기성향을 짚어본다. 나의 삶과 양식, 삶의 선율(melody)은 어떠한가. 예로부터 내려오는 이제마의 사상체질(四象體質)을 참조해도 좋다. 태양인, 태음인, 소양인, 소음인과 연결 지어 보고 판단하는 것도 괜찮다.[4] 아니면 서양에서 고대로부터 내려오는 인간의 기질 분류인 다혈질, 우울질, 점액질, 담즙질에 적용시켜 보고 자기를 확인하고 판단할 수도 있다.[5] 또 성격유형검사인 MBTI[6]를 해 보는 것도 자기 자신을 어느 정도 알 수 있는 방법이다. 외향과 내향, 감각과 직관, 사고와 감정, 판단과 인식으로 살펴본다. 어느 성향이든 관계없다. 성급하게 단정 짓지 말고 있는 그대로 받아들이고 단점이 있다면 의식적으로 보완해 나가면 된다. 고착화된 습관을 비롯하여 외향성, 내향성, 사교적, 공격적, 자비스러움, 용감함, 무관심 등이나 '실행자, 후원자, 혁신자, 비전 제시자' 등 여러 가지 기준에 의해 점검해 확인하고 판단해 본다.

자기의 성향, 가장 흥미 있는 분야, 흥미 분야에 대한 관련지식, 과제 수행 체력, 인적 네트워크, 작업할 콘텐츠가 '나'의 삶에 행복을 줄 것인가 등을 심사숙고해서 정리해 본다. 세상에서 유일무이(唯一無二)한 존재인 자기에 대해 이해(Self Knowledge)하고 자기 가치를 소중하게 생각하는 마음이 필요하다.

그 다음, 문화콘텐츠에 대한 자기만의 철학이나 세계관을 확립하는 일이다. 문화콘텐츠 개발은 기술, 테크닉보다는 철학의 투영 과정이라고 할 수

4) 대체로 '태양인'은 머리가 크고 둥근 편. 명석, 과단성, 진취성, 영웅심, 자존심 등이 강하고 독창적, 의욕 과잉, 독선적이고, '태음인'은 얼굴이 원형 또는 타원형으로 인자, 활동적, 끈기, 고집, 욕심 많으며, '소양인'은 얼굴이 둥근 편, 턱은 뾰족, 얇은 입술, 눈매가 날카롭다. 외향적, 봉사와 희생정신, 급한 성질, 경솔, 비판적이며 체면이 바르다. 또 '소음인'은 용모가 오밀조밀, 눈, 코, 입이 그다지 크지 않고, 입술은 얇다. 내성적, 빠른 판단력, 예의바르다.

5) 대체로 '다혈질'은 가벼운 타입, 생동감, 개방적 태도로 침착성, 지속성 부족, '점액질'은 내적 안정성, 마음의 평정으로 냉정, 무관심, 동작 느림, '우울질'은 감수성 예민, 쓸데없는 걱정, 지나친 생각, 의지는 강하고 철저, 이상과 진실 추구, 완벽주의, '담즙질'은 정열적, 격노, 행동파, 실질적, 지도력, 타인에 대한 이해심 부족 등의 성향을 지닌다고 한다.

6) MBTI(Myers-Briggs Type Indicator) : 인식과 판단의 향방을 결정짓는 융의 태도 이론을 바탕으로 하여 캐서린 브릭스(Katherine Cook Briggs)와 이사벨 마이어스(Isabel Briggs Myers)가 개발제작된 것으로, 심리적인 유형을 판단하여 실생활에 응용할 수 있는 심리검사도구.

있다. 아이디어에 사람과 테크닉을 엮어 콘텐츠를 제작하는 것이 아니라 인간의 삶에 도움을 준다는 생각의 기둥을 확고하게 세우고 독특한 색깔이 담긴 멋진 집을 짓는다는 자세여야 한다.

항상 자기수련(自己修鍊)에 매진해야 한다. 수련은 곧 정신이나 학문, 기술 따위를 닦고[수(修)], 이를 익숙하게[련(鍊)] 하는 것이다. 일정한 경지에 이르려면 수련이 필요하다. '큰 뜻을 품은 사람은 그만큼 큰 도량을 가져야 한다.'는 말이 있다. 자기만의 훌륭한 생각의 그릇을 마련하여 부족하면 채우고 넘치면 적절하게 안배하는 지혜가 필요하다. '천하에 큰 공덕을 세울 사람은, 반드시 안방에서 수양되어 나온다.'[7]는 말이 있다.

문화콘텐츠 개발과정은 고도의 정신적, 육체적 활동이라고 할 수 있다. 따라서 인간의 본능과 자제력을 시험하는 상황이 자주 발생할 수 있다. 철저한 자기수련으로 정신적, 신체적 근력을 강화하고 '나를 다스리는 법'을 체득해야 한다. 한 마디로 자기만의 내공(內攻)을 깊이 있게 쌓아야 한다. 그래야 열정적으로 일할 수 있다.

정신은 몸의 영향을 받는다. 이건 하나의 열정의 논리이다. 몸은 우리가 사물들과 존재들의 세계에 뿌리내리고 있음을 말해 준다. 그러한 이유로, 몸으로부터 비롯되는 문제들은 생물적(필요와 더불어), 개인적(욕구와 더불어), 사회적(요구와 더불어) 차원의 것들이다. 필요, 욕구, 요구는 몸이 문제일 때는 정신에서 등가물이다.[8]

이처럼 전문가가 되기 위해서는 몸과 마음을 튼튼하게 단련하여 매사에 열정적으로 임해야 한다. 흔히 ABC 인자[자세(attitude), 믿음(belief), 확신(conviction)]로 생활 속에서 자기 자신부터 탄탄하게 확립하는 일이 먼저다. 이를 위해 <자기행동노트>를 준비하는 것이 좋다. 하루하루의 심기(心氣)와 그에 따른 행동을 기록하는 것이다. 이 노트는 성찰을 통해 생각의 흐름을 바로잡아주고 의지를 더욱더 확고하게 해 준다.

---

7) 建大功於天下者, 必先修於閨門之內-한나라 陸賈.
8) 미셸 메이에르 지음, 전성기 옮김, 『열정의 레토릭』, 고려대학교 출판부. 2004. pp. 100~101.

2. 인간의 욕망과 정서

이 세상에서 몸과 마음을 가진 모든 생명체(生命體)는 욕망을 갖고 있다. 그 중에서 식욕(食慾), 색욕(色慾) 또는 정욕, 수면욕(睡眠慾)이 근본적인 욕망이다. 이 삼욕(三慾)을 충족시키기 위해 생명체들은 온갖 투쟁을 서슴지 않는다. 인간은 여기에 더하여 재물욕(財物慾)과 명예욕(名譽慾)도 가지고 있다. 이러한 욕망을 모두 합하여 '오욕(五慾)'이라고 한다.

인간은 누구나 오욕을 충족시키기 위해 노력을 기울인다. 하지만 집착하면 할수록 결코 만족이란 없다. 기고득낙(棄苦得樂)하기 위해 놀이를 하거나 문화콘텐츠를 감상하기도 하지만 일시적이다. 그래서 인간 세계를 고통 많고 즐거움 적은 다고희락(多苦稀樂)한 세계라고 일컫는지도 모른다.

인간의 근본적인 욕망은 단순한 일상생활에서부터 고도의 정신적 에너지를 요구하는 정치, 경제 등 사회제도 전분야에 걸쳐 인간의 삶과 매우 밀접하게 연관되어 있다. 인류는 먼 옛날부터 인간이란 무엇인가, 인간의 욕망은 무엇인가에 대해 탐구해 왔다. 이는 직면한 삶의 문제를 분석·해결하여 합리적인 결론을 도출하는데 가장 중요한 관건이 된다고 생각하기 때문이다.

문화콘텐츠는 인간의 욕망의 산물이다. 앞서 밝힌 현실, 상상, 초월, 가상 세계를 지배하고픈 인간의 근본적인 욕망은 의식적으로든 무의식적으로든 끝이 없다. 더욱이 눈부시게 발전된 현대 과학기술과 접합된 욕망의 바퀴는 멈출 줄 모르고 앞을 향해 나아가고 있다.

이에 우리의 삶을 영위하고 문화콘텐츠를 개발하는데 있어 행동을 활성화하고, 행동 방향을 결정하는데 크게 작용하는 욕망과 정서에 대해 살펴보기로 한다.

(1) 인간의 욕망

① 욕망의 세계

흔히 '오욕칠정(五慾七情)'[9]이라 하여 인간의 욕망과 감정을 한 단어로 나타냈다. 인간은 근본적으로 3욕과 권력과 재물, 명예 등에 대한 욕망을 갖고 있다.

중국의 진시황이 동남동녀 삼천 명을 보내 불로장생(不老長生)의 영약을 구해 영원한 생명을 꿈꾸었던 일이나, 황금에 눈멀어 어두컴컴한 골방에서 연구에 몰두하는 연금술사의 행동 모두 욕망의 발현이다. 또 불후의 예술작품을 창작해 보겠다는 일념으로 한평생을 바치는가 하면, 새로운 기술을 발명하여 인류 행복에 기여해 보겠다고 유토피아를 꿈꾸며 핵기술과 생명조작기술, 기계인간에 이르기까지 기술을 발전시키는 것 모두 그 근저에 인간의 욕망이 도사리고 있다. 이처럼 인간의 욕망은 다양하고 상한선이 없다.

라캉(Lacan Jacques)은 그의 욕망이론[10]에서,

> "욕망은 인간을 살아가게 하는 원동력이다. 얻으려는 욕망은 그것을 손에 넣는 순간 저만큼 물러난다. 처음에는 대상이 실제처럼 보였지만, 대상을 얻는 순간 허상이 되기 때문에 욕망은 남고 인간은 계속해서 살아가는 것이다. 욕망을 충족시키는 것은 오직 죽음뿐이다."

라고 설파하여 무한한 인간의 욕망에 대해 일침을 가하기도 하였다.

이러한 인간의 욕망, 즉 욕구(need)와 관련된 용어로는 '동기'와 '추동(drive)'이 있다. 일반적으로 '욕구(need)'는 '동기'와 같은 의미로 사용된다. 엄밀하게 말하면, '욕구'가 무엇인가를 하고 싶어 하는 마음이라면, '추동(推動)'은 글자 그대로 행동으로 밀어주는 힘이다. 따라서 '동기'는 무엇인가 하고 싶어 하는 마음을 행동으로 나타나게 하는 힘이라고 할 수 있다.

---

9) '오욕(五慾)'은 사람이면 누구나 가지고 있는 다섯 가지 욕심, 즉 식욕(食慾), 색욕(色慾), 수면욕(睡眠慾), 물욕(物慾), 명예욕(名譽慾)을 말하고, '칠정(七情)'은 인간이기 때문에 가지고 있는 일곱 가지 감정, 즉 喜(기쁨), 怒(화가 남), 哀(슬픔), 樂(즐거움), 愛(사랑), 惡(미움), 慾(욕망) 등을 말한다.

10) 권택영 옮김, 『자크 라캉의 욕망이론』, 문예출판사. 1994. 참조.

머레이(Murray)는 인간의 욕구를 장기발생적(생리적, 1차적) 욕구와 심리발생적(심리적, 2차적) 욕구로 분류하였다.

- **장기발생적**(생리적, 1차적) **욕구** : 식욕, 수면욕, 배설욕, 갈욕(渴慾), 호흡욕 등
- **심리발생적**(심리적, 2차적) **욕구** : 성취 욕구, 친애(親愛) 욕구, 양호 욕구, 구호(救護) 욕구, 공격 욕구, 굴욕회피 욕구, 유희(遊戱) 욕구 등

이 중에서 성(性) 욕구는 생리적 욕구이기도 하고, 심리적 욕구이기도 하다고 설명하였다.

한편, 인간의 욕구에 대한 대표적인 연구가는 심리학자인 매슬로우(Abraham Maslow)[11]다. 그는 『존재의 심리학』에서, 인간의 욕구를 5가지 단계로 나누어 설명했다. 매슬로우가 주창한 이 욕망의 단계 이론(Hierarchy of Needs)은 기본적으로 인간의 동기[12] 유발을 위해서 어떤 것들이 먼저 선행되어야 하는지를 설명하고 있다.

매슬로우의 5단계 욕구는 첫째, 생리적 욕구(생물학적 욕구), 둘째, 안정 욕구, 셋째, 사회적(소속감) 욕구, 넷째, 존경(자긍심) 욕구, 다섯째, 자기실현 욕구이다.

[그림 3-1] **매슬로우(Abraham Maslow)의 5단계 욕구**

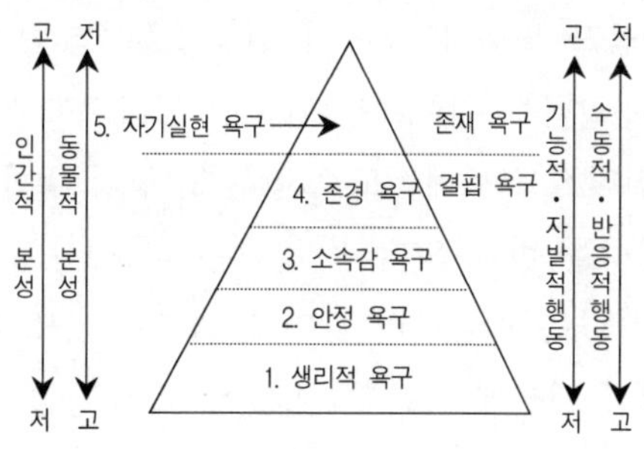

11) 에이브러엄 H. 매슬로우(Abraham Harold Maslow, 1908~1970). 인본주의 심리학의 창시자로서, '욕구위계설'로 유명하다. 저서에는 『존재의 심리학』, 『심리적으로 건강한 경영』, 『인간 본성에 대한 심층적 연구』 등이 있다.

12) 동기 : 인간이나 동물이 어떤 목적을 향하여 특정한 행동을 하도록 유도하는 상태를 말하며, 힘과 방향, 지속성을 가진다. 본능(instinct), 요구(need)와 추동(drive), 유인가(incentive) 등이 있다. 심리학적 용어.

그림에서 보듯 매슬로우는 인간의 욕구는 5단계로 나누어지며, 자연적이고 본능적인 욕구일수록 강렬하며 피라미드의 아래쪽에 위치한다고 설명하고 있다. 이를 크게 둘로 나누면 존재 욕구와 결핍 욕구로 나누어지는데, 결핍 욕구가 충족될 때 자기실현 등 존재 욕구가 성숙한다고 설명하고 있다. 그 중 결핍 욕구(Deficit Needs, D−Needs, 기본 욕구)에 해당하는 네 가지 욕구는 다음과 같다.

1단계는 생물학적 욕구(physiological needs)다.

인간이 생물학적 존재로서 지니는 가장 기본적이라고 할 수 있는 생리적인 욕구이다. 산소, 물, 영양분을 섭취하려는 욕구, 쉬고 배설하고, 고통을 느끼지 않으려 하며 성적 관계를 가지려는 욕구 등이 있다. '의식족즉 지영욕(衣食足則 知榮辱, 입고 먹는 것이 풍족해야 영욕을 안다.)'[13]는 말처럼 의식주 해결이 가장 기본적인 욕구이다. 생명을 유지하려는 것이 모든 피조물의 본능이고 보면 생물학적 욕구가 피라미드의 가장 밑 부분을 차지하고 있는 것은 당연하다.

2단계는 안정에 대한 욕구(safety needs)다.

안전함, 안정과 보호에 대한 욕구다. 이 욕구가 적절히 충족되지 못할 때 인간은 불안과 두려움을 느낀다. 누구나 위험으로부터 벗어나고 싶은 욕구를 갖는다. 여기에서 말하는 위험에는 단순히 물리적이나 생리적인 위협뿐만 아니라, 감성적·심리적 스트레스도 포함된다. 항상 주변에서 위협을 느끼거나 심리적으로 압박을 받고 있다면, 사람은 더 이상의 욕구를 충족하지 못한다. 동물들이 더 나은 보금자리 갖기를 원하는 것도 자신의 안전을 지켜 주리라는 무의식적 계산에서 온다. 이것은 모든 동물들의 본능이다.

3단계는 사회적 욕구(Social needs)다.

인간은 홀로 살 수 없고 사회의 일원으로서 활동하고픈 소속의 욕구(belongingness and love needs)다. 어디엔가 소속되고 싶은 욕구, 애정을 받고 싶은

13) 『관자(管子)』의 <목민편(牧民篇)>.

욕구가 사회적 욕구에 해당된다. 사람은 기본적으로 다른 사람들로부터의 관심과 애정을 필요로 한다. 가족이나 집단, 사회로부터 충분한 소속감, 안정감을 받지 못한다면, 그 사람은 심리적 결핍 상태에 빠지게 될 뿐만 아니라 타고난 능력도 제대로 발휘할 수가 없다. 사람은 항상 행복을 추구한다. 하지만 자기 혼자서는 결코 행복할 수 없다. 행복은 타인과의 관계에서 온다. 어떻게 타인과 좋은 관계를 맺는가는 행복을 결정짓는 중요한 요소이다. 이는 따뜻한 인간관계에 대한 욕구이기도 하다. 이 욕구를 충족시키지 못하면 외로움으로 인한 두려움과 불안을 느낀다.

4단계는 자긍심에 대한 욕구(esteem needs)다.

사람들은 누구나 다른 이들로부터 존경과 칭찬, 그리고 능력을 인정받고 싶어 한다. 이런 욕구가 충족되지 못하면 인간은 콤플렉스를 갖고 자기 비하나 패배주의, 열등감에까지 시달리게 된다. 매슬로우는 바로 이 4번째 단계 욕망의 결핍이 모든 심리적 문제의 출발점이라고 보았다. 매슬로우는 인간의 자긍심이 충족되지 않으면, 동기 형성에 큰 장애를 겪는 것은 물론 심한 경우 정신적인 장애까지 겪는다고 설명했다. 매슬로우는 자신을 존중하고자 하는(self-esteem) 욕구를 더 고급스런 형태의 존경 욕구로 다룬다. 자신감을 느끼고, 자신이 자유롭고 독립적인 존재라고 느끼려는 욕구가 이에 해당한다.

이상이 결핍 욕구들의 경우, 낮은 욕구가 충분히 충족되면 그 욕구가 사라지고 높은 욕구가 생겨난다. 배가 고프면 우리는 무언가 먹고 싶어진다. 하지만 충분히 먹고 난 다음에는 더 이상 아무 것도 먹고 싶지 않다. 이어서 다른 생리학적 욕구까지 충족된 상태라면, 이제 안전과 안정에 대한 욕구가 생겨난다. 이처럼 안전 욕구에서부터 존경 욕구까지 모두 그러하다는 주장은 또한 하위 욕구가 충분히 충족되지 않으면 상위 욕구가 생겨나지 않는다는 뜻이기도 하다. 그 모두가 있는 그대로 자연스럽게 수용되어야 한다는 것이 매슬로우의 생각이다.

그 다음, 존재 욕구에 해당하는 것은 마지막 단계인 자기실현(Self-Actualisation)에 대한 욕구다. 자기실현은 인간이 갖는 가장 최상위의 욕망으로, 자기의 잠재력을 발휘하여 자기 개발과 목표 성취를 위해 끝없이 노력하는 자세를 말한다. 이 욕망이 부여되면 사람들은 자신을 개발하고 자신의 가능성을 현실화하기 위해 최선을 다하게 된다.

사람은 일단 주변에 먹을 것이 충분하게 되면, 그 다음엔 심리적·육체적 안전을 생각하게 되고, 몸의 안전을 보장받게 되면 그 다음으론 사회적 욕구를 채우기 위해 움직인다. 마찬가지로, 사람이 충분한 자긍심을 느끼게 되면, 이는 곧바로 그 상위 단계인 자기실현의 욕구로 이어지게 된다는 것이다. 자아실현 욕구가 다른 네 가지 욕구와 많은 점에서 차이가 난다고 보아 자아실현 욕구를 성장욕구(Growth Needs), 나머지를 결핍 욕구(Deficiency Needs)로 구분하여, 전자는 무엇인가 결핍되어서라기보다는 성장하고자 해서 발생하는 욕구인 반면에 후자는 무엇인가 부족하기 때문에 느끼는 욕구라고 주장하였다.

한편, 욕구나 동기에 대한 견해는 매우 다양하다.[14] 인간의 욕망은 사람의 얼굴 모습만큼이나 각양각색이다. 인간은 욕구를 끊임없이 추구하는 동물이라고 할 수 있다. '궁극적으로 욕망은 인간의 본질이다.'[15] 인간에게 욕망이 있기에 인간으로서 존재하게 되고 또 인류 문화가 이만큼 발전되어 왔다고 볼 수 있다.

14) D. McClelland의 성취동기이론(achievement motive theory)이 있다. 이는 개인 및 사회의 발전은 성취욕구와 밀접한 상관관계를 갖는다는 것이다. 개인의 욕구 중에서 습득된 욕구들을 성취욕구(need for achievement)·소속욕구(need for affiliation)·권력욕구(need for power)로 분류하였다. 또, 브룸(Vroom)은 기대이론(expectancy theory)을 발표했다. 개인의 동기는 그 자신의 노력이 어떤 성과를 가져오리라는 기대와, 그러한 성과가 보상을 가져다주리라는 수단성에 대한 기대감의 복합적 함수에 의해 결정된다는 동기이론이다. 흔히 VIE이론이라 부르는데, 이는 곧 사람의 행위를 선택하는데 미치는 요인을 중심으로 '첫째, Expectancy : 노력을 하면 좋은 결과가 나오기는 할까? 둘째, Instrumentality : 좋은 성과에 맞는 보상을 받을 수 있을까? 셋째, Valence : 받은 대가가 내 개인적인 목표에 맞는 것일까?'에 대한 질문을 근거로 하여 이를 M = f(V,I,E)과 같이 간략하게 표시하였다. M은 일을 하고자 하는 심리적 힘, 즉 동기의 강도를 뜻한다.

15) 권영택, 『영화와 소설속의 욕망이론』, 민음사. 1995. P. 197.

② 호기심과 흥미

인간은 호기심의 동물이다. 이 세상에 태어나면서부터 바깥 세상에 대한 호기심이 매우 많았다. 만지고 맛보고 냄새 맡고, 세상의 모든 것이 궁금하여 호기심이 발동한다. 호기심은 알지 못하는 것을 알고자 하는 정신적 욕구에서 출발한다. 사물이나 현상에 대해 대상으로부터 정보를 얻고 지식을 구성하여 축적하며 그 어떤 의미를 얻으려 한다.

인간의 호기심도 끝이 없다. 어릴 적 하찮은 곤충들에게 호기심이 발동하여 후에 곤충학자가 된 파브르나 밤하늘에 반짝이는 별에 매혹되어 천문학자가 된 사람들, 머나먼 수평선을 동경하여 항해사가 된 사람들 등 모두 호기심으로 출발하였다. 한편 호기심과 명예욕에 사로잡혀 감히 도전할 수 없는 세계에 대한 관심도 컸다. 마치 신처럼 신 노릇을 해 보고 싶어 조물주만이 할 수 있는 인간 복제기술과 유전자 조작기술 등의 기술에까지 손을 대기 시작했다. 이러한 일련의 과정으로 볼 때 호기심은 점차 흥미로 발전하게 되고 흥미가 과학기술과 결합할 때 뭔가 새로운 것을 창조하기에 이른다.

> "우리가 일반적으로 말하는 '어떤 대상에 흥미를 가지고 있다.'라고 할 때의 '흥미'에는 그 대상을 관조한다든가, 그 대상에 주의를 기울인다든가, 그 대상을 손에 넣으려고 애쓴다든가 하는 의미가 함께 들어 있다. 다시 말하면, 일반적인 의미에서의 흥미의 개념에는 '무엇 무엇을 하고 싶다'는 마음의 상태와 '무엇이 어떻게 되어 있는가' 하는 것을 단순히 알고 싶어 하는 마음의 사태가 들어있다고 보아야 한다."[16)]

> "'흥미'는 '대상'과 '주체' 사이에서 발생하는 것이며, 오로지 주체에 의해서 대상이 흥미와 관련을 맺게 된다. 주체가 어떤 대상에 의미를 부여함으로써 그 대상이 '흥미 있는 것'이므로 흥미는 전적으로 주체의 '마음의 내용물'에 바탕을 두고 있다."[17)]

---

16) 이환기, 『Herbart 통각과 교수이론』, 교육과학사. 1996. pp. 19~20.
17) 이환기, 앞의 책, pp. 22~23. 참조.

헤르바르트에 의하면, '무엇이 어떻게 되어 있는가' 하는 것과 관련된 마음의 상태는 '흥미'라고 부르고, '무엇 무엇을 하고 싶다'는 것과 관련된 마음의 상태는 '욕망'이라고 부른다. 아울러 헤르바르트는,

'흥미의 발전 과정을 주의, 기대, 요구, 행위라는 네 단계로 구분하면서, 앞의 두 단계, 즉 주의와 기대는 흥미의 영역에, 뒤의 두 단계, 즉 요구와 행위는 욕망의 영역에 속하는 것으로 규정'한다.[18] 흥미가 '주의'와 '기대' 수준을 넘어 '욕망'으로 변할 때 대상에 대해 '요구'로 나타난다. 요구는 적절한 여건과 능력이 갖추어져 있을 때 '행위'로 표현된다. '행위'는 '흥미'의 마지막 단계이다.[19]

> "흥미를 중시한다는 것은 흥미본위와는 다르며, 어떤 일이나 학습을 할 때 반드시 처음부터 흥미가 있어야 하는 것은 아니다. 처음에는 흥미가 없는 일이라도 수행하는 과정 중에 생기기도 한다."[20]

이렇게 호기심과 흥미가 발전하여 소질(素質)이 되기도 한다. 어떤 직업이든 전문가가 되려면 소질과 연구와 실천하는 세 가지의 능력이 있어야 한다고 한다. 흥미를 통해 자기 소질과 적성을 발견하는 것이야말로 매우 뜻깊은 지혜라고 할 수 있다.

문화콘텐츠는 흥미의 산물(産物)이라고 할 수 있다. 일단 '흥미'가 있어야 관심이 있고 더 나아가 애정이 생긴다.

(2) 인간의 정서

인간의 정서(emotion)는 수시로 변하는 마음처럼 매우 다양하다. 기쁨과 슬픔, 고통, 놀람, 경멸, 희망, 흥미, 자만, 안도, 좌절, 경의, 지루함, 후회, 당혹, 향수… 정서에 해당되는 말은 매우 많다. 이를 동양에서는 칠정(七情)이라 하

18) 이환기, 앞의 책, P. 20. 참조.
19) 이환기, 앞의 책, pp. 25~27. 참조.
20) 류재명, 지리교육철학강의, 1999, 한울. 두산세계대백과 EnCyber. 참조.

여 일목요연하게 정리해 보였다. 예기(禮記)에서는 '희(喜), 로(怒), 애(愛), 구(懼), 애(哀), 오(惡), 욕(欲)'의 칠정(七情)이 있다고 하였다. '희(기쁨)'와 '락(즐거움)'은 즐거운 상태이고 행복한 것이며, '로(노여움)', '애(슬픔)', '오(혐오)'는 불행한 상태이다. '구'는 두려움이고 '욕'은 욕망이다.

사람의 감정 또는 영혼의 작용은 단순한 희로애락에서 조금씩 다른 감정으로 성장해 간다. 경외, 사랑, 동경, 반항, 시기, 공격심, 동정, 헌신 등 다양한 요소가 여러 가지로 복합되어 다시 새로운 감정을 탄생시킨다.[21)]

이러한 인간의 정서(또는 감정)와 관련된 용어로는 emotion(정서, 감정)과 affect(정동), mood(기분), feeling(느낌)이 있다. emotion이 갑자기 생기고, 심한 생리적 변화를 동반하는 것이라면, affect는 흔히 감정을 넓게 통칭할 때 사용한다. 또 mood가 생활 속에서 지속적으로 영향을 미치는 감정이라면, feeling은 인지적 감정 상태라고 할 수 있다.

인간의 감정은 대체로 다섯 가지 요소로 구성된다고 한다. 첫째는 판단이나 믿음과 같은 인지적인 요소, 둘째는 특정 종류의 정신적 느낌, 셋째는 신체적 동요, 넷째는 신체적 동요에 동반하는 신체적 감각(느낌), 그리고 다섯째로 특정한 행태적 성향이다.[22)]

감정은 인간의 삶 중에서 중요한 역할을 한다. 감정이 삶을 풍요롭게 하기도 하고, 도덕적인 삶을 살아가는 데에 중요한 역할을 담당하기도 하며, 때로는 인간의 삶을 끝마치게 하는 원인이 되기도 한다. 가령 우리는 예술작품을 감상하면서 기쁨이나 연민 등의 감정을 느끼고, 이는 우리의 삶을 더욱 성숙하게 만들어주는 계기가 되기도 한다.[23)]

네덜란드의 철학자 스피노자(Benedict de Spinoza)는 사람의 정서가 기본적으로 기쁨이나 슬픔으로 이루어져 있다고 생각하였다. 두려움이나 노여움 같은 정서 속에는 슬픔이 숨어 있고 놀라움이나 친근, 인정 같은 정서 속에는

21) 고야스 미치코 지음, 임영희 옮김, 『감성교육』, 밝은누리. 2003. P. 164.
22) 임일환, 『감성의 철학(감정과 정서의 이해)』, 민음사. 1996. P. 29.
23) 권희진, '새로운 인지주의 감정 이론에 대한 모색', 철학논구(제35집), 서울대학교철학과, 2008. P. 219.

기쁨이 들어 있다. 기쁨은 무엇인가를 얻는 데서 행복을 느끼는 것이고, 슬픔은 가진 것을 잃는 데서 불행을 느끼는 것이다. 다시 말하면 기쁨과 슬픔은 행복과 불행의 정서인 것이다. 인간의 모든 행동(의지)이 행복을 추구하는 것이라고 결론을 내렸었다. 스피노자는 기쁨과 슬픔 그리고 욕망의 세 가지를 원초적인 정서라고 파악하였다. 또 다른 여러 가지 정서들은 원초적인 정서들이 배합된 것으로 생각하였다.

한편, 인간의 생리적인 면에서 살펴본 '정서'는 의식할 수 있는 사건에 대해 순간적으로 일어나는 생화학적인 내적변화와 상태로, 표정의 변화를 동반하고 유기체의 행동을 결정짓는 것으로 보고 있다. 따라서 정서는 '주관적 느낌'과 '생리적 각성', '인지적 과정'과 '행동반응'으로 구성된다고 보았다.

이같은 견해의 처음은 19세기에 제임스(William James)와 랑에(Carl Lange)다. 그들은 정서가 신체의 상태에 의존한 판단이라고 생각하였다. 어떤 자극이 지각되면 자율신경계가 반응하여 신체의 상태가 변하며 정서란 이 변화를 느끼는 것이다. 말하자면 우리가 울기 때문에 슬프다고 느끼고 심장이 빠르게 뛰고 얼굴이 충혈되기 때문에 노여움을 느낀다는 것이다.

그 후, 캐논(Walter Cannon)과 바드(Philip Bard)는 정서의 인식과 생리적 각성 상태를 동시에 경험하게 된다. 또 사회심리학자인 샤흐터(S. Schachter)와 싱어(E. Singer)는 사회심리학적인 관점에서 귀인(attribution)으로 정서를 설명했다. 정서란 신체반응에 대한 해석으로, 동일한 신체반응에 대해서도 주변상황이 전혀 다르다면 다른 정서로 지각한다고 주장하였다. 예를 들자면 심장이 뛰더라도 주변상황이 즐거운 상황이면 기분이 좋다고 느끼고, 주변상황이 화가 나는 상황이라면 기분이 나쁘다는 것이다. 이들의 공통점은 정서는 신체반응보다 먼저 나타나지 않는다는 점이다.[24)]

또, 미국의 심리학자 플럿칙(R. Plutchik)은 기본적으로 8가지의 정서를 꼽는다. 슬픔(sadness), 혐오(disgust), 분노(anger), 예견(anticipation), 기쁨(joy), 수용(acceptance),

24) 강현식, 『세상 밖으로 나온 심리학』, 네모북스. 2006. P. 114.

두려움(fear), 놀람(surprise)이다. 이런 기본적인 정서들이 합쳐져 또 새로운 정서, 즉 혼합정서를 만들어 낸다고 주장한다. 이를테면 기쁨(joy)+수용(acceptance)=친근(friendliness), 두려움(fear)+놀라움(surprise)=경계(alarm) 같은 식이다.

플럿칙(R. Plutchik)은 정서가 원형으로 배열될 수 있다고 보고, 원 안에서 서로 가까이 있는 정서는 더 밀접하게 관련되고 멀리 있는 정서는 관련이 더 멀어지며, 원 안에서 반대 방향으로 있는 정서는 반대정서이다.

[그림 3-2] **플럿칙의 8가지 기본 정서**

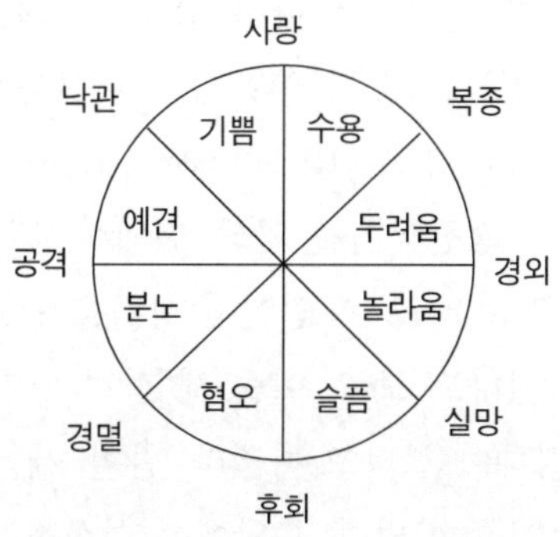

정서는 인간으로 하여금 생존의 기능을 하게 해준다. 사랑과 슬픔의 정서는 애착을 더욱 의미 있게 하며, 분노와 공포의 정서는 우리로 하여금 그에 대처할 수 있는 방식을 찾아 행동하도록 일깨워 준다.

이상의 정서에 대한 논의를 정리해 보면 대체로 다음과 같다.

- 정서는 매우 복잡하고 다양하다.
- 일부 정서는 기본적인 정서들의 배합으로 생성된다.
- 기쁨과 슬픔이 정서의 핵심적인 두 요소이다.
- 정서는 육체적인 상태의 변화를 동반한다.
- 자극의 내용 인지가 정서에 기여한다.

• 현대 신경과학 혹은 신경생리학은 여기에 여러 가지 흥미로운 관찰들을 추가한다.

이상의 견해들을 바탕으로 한 정서(emotion)의 본질은 행·불행의 정도와 신체의 흥분 상태 그리고 욕망의 내용 등 세 요소로 이루어지는 심신의 상태라고 할 수 있다.[25]

한편, 정신분석학으로 유명한 프로이트(Freud)는 인간의 모든 심리적인 사상(事象, event)은 반드시 원인이 있으며, 인간행동과 생각과 정서의 저변에는 무의식(the unconscious)이 자리 잡고 있다고 보았다. 그는 또 인간을 움직이는 힘을 삶의 본능(eros－성 본능, 생식 본능)과 죽음의 본능(thanatos－공격 본능)으로 나누면서 삶의 본능의 에너지를 리비도(libido)라고 불렀다.

그는 처음에는 인간의 정신세계를 의식, 전의식, 무의식의 세계로 구분하여 인간행동을 설명하였으나, 그 후 인간의 성격을 원초아(id), 자아(ego), 초자아(superego)로 구성되어 있다고 보고, 이들 세 성격 영역이 균형 있게 발달하되 자아의 힘이 가장 강해야 한다고 하였다. 만일, 세 성격 영역의 불균형이 있을 때는 불안과 갈등이 유발되며, 불안에는 현실적 불안, 도덕적 불안, 신경증적 불안이 있는데, 이러한 불안 상황이 극심해서 자아가 제 기능을 다 하지 못할 때에는 자아를 보호하기 위한 방어 기제(ego defence mechanism)가 작동을 한다고 보았다.

문화콘텐츠는 개발주체인 '나'의 의지에 따라 직관과 흥미와 욕망, 상상력, 관련분야에 대한 지식 등이 어우러져 탄생된다. 개발자는 항상 꿈을 먹고 산다. 목표달성, 꿈의 실현은 문화콘텐츠 개발자의 희망이자 최종 목표이다.

25) 정연보, 『인간의 사회생물학』, 정서. 2004. pp. 213~217.

3. 대상에 대한 인식

(1) 대상을 바라보는 자세

앞서 김택영의 '체법묘기(體法妙氣)'를 문화콘텐츠 개발에 적용해 보았다. 이 원리는 비단 글쓰기나 매체나 문화콘텐츠 및 정보 분석에만 적용되는 원리는 아니다. 인간을 비롯한 동식물 전반에 걸쳐 적용될 수 있는 큰 원리이다.

인간이나 동식물의 탄생을 생각해 보자. 모두 '체법묘기'를 갖고 태어난다. '체법묘기'는 만물의 구성체라고 할 수도 있다.

첫째, '체(體)'는 글자 그대로 몸(신체)이다. 우주와 자연의 법칙에 따라 어떤 인연이나 인력에 따라 몸을 형성하는 분자(DNA)를 가지고 태어나는 것이라고 생각해도 좋다.

둘째, '법(法)'은 '체'가 생명력을 지니고 활동할 수 있게 하는 하나의 삶의 양식이고 질서다. 인간을 비롯한 여러 동물은 그 나름대로 생명을 영위하기 위한 피의 순환과 같은 질서가 있고, 식물은 밑에서 위로 올라가는 강력한 어떤 에너지가 있기 마련이다. 이러한 질서가 곧 '법'이다.

셋째, '묘(妙)'는 감정의 표현이다. 모든 동식물들은 쾌감과 불쾌감을 느끼고 표현한다. 식물도 환경에 반응해서 전후좌우로 움직인다는 것은 이미 많은 연구들로 뒷받침되는 주지의 사실이다.

넷째, '기(氣)'는 정보(DNA)다. 정보와 정보가 모여 '체'를 이룬다. '나'라는 의식, 자아는 인간만이 가진 것이 아니다. 감정 있고 호흡하는 모든 사물들은 그 나름대로의 생명의 리듬이 숨어 있다. '기'의 선율에 따라서 사고하고 관찰하고 행동한다. 따라서 모두 다 '기'를 소유하고 있다.

이 세상의 모든 사물들은 '체법묘기'라는 구성체를 지니고 태어난다. 사람이나 동물이나 식물이나 전혀 다를 바가 없다.

① 직관(直觀)의 중요성

인간의 모든 행위는 의지(will)의 발현이다. 사고로의 의지가 발동할 때 무엇이든 떠오르고 행동하게 된다. 의지 발동의 처음은 직관(直觀)이다. '직관'은 사전적 의미로 볼 때, 어떤 지식이나 현상에 대하여 편견이나 선입견 또는 의문의 제기 없이 받아들여 즉각적으로 판단하는 것이다. 어떤 사물을 바라보고 간파하는 능력, 우리는 흔히 직관력(直觀力)이라고 한다.

직관은 신이 인간에게 내린 선물이다. 인간의 내부에서 약동하는 동력이다. 사물이나 현상의 본질을 관조하여 어떤 힘이나 기운을 포착하는 것이다. 인간의 몸과 감각을 통해 가장 빠르게 간파한다. 감각은 몸을 이루는 신체기관을 통해 사물의 형상뿐만 아니라 속성까지도 수용하는 기능을 한다. 대상에 대해 단순히 떠오르는 생각은 직관이 아니다. 대상을 간파하게 하고 가치 있는 영감(靈感)을 주는 등 매우 주관적인 작용이 직관이다.

우리는 생활 속에서 첫만남으로 상대를 파악하기도 하고, 직면하게 되는 온갖 사물과 상황에 대해 나름대로 의미를 부여하기도 한다. 그런데 사람에 따라 그 속성, 양(量)과 질(質), 정확성이 각기 다르게 나타난다. 사람마다 각기 다른 해석체계로 대상의 이면(裏面)에 숨은 속성들을 판단하기 때문이다. 이처럼 직관은 언제 어디서나 우리의 삶과 함께 하는 지극히 개인적 행위이다.

현대인들은 직관력이 많이 둔화되었다. 환경오염과 정보의 홍수에 압도당해 눈으로 확인된 것만 믿게 되었다. 더욱이 학교교육을 통해 틀에 박힌 경직된 지식을 습득하여 그것이 세상 지식의 전부인 양 생각한다. 하지만 선인들은 오늘날처럼 교육을 받지 않아도 몸으로 세상을 읽어냈다. 농부들은 바람의 냄새를 통해 내일의 날씨를 유추했고, 어부들은 바닷물에 손을 넣어 해류를 예측하기도 했다.

대상의 본질과 현상을 보다 깊이 간파하려면 직관력이 뛰어나야 한다. 선입견과 편견에서 벗어나 가치 있는 소중한 지식들을 획득하고, 자신만의 독창적인 길을 가려면 뛰어난 직관력을 지녀야 한다. 독일의 유명한 시인이자 철학자인 괴테(Goethe)는 매일 아침 파자마 차림으로 정원에 나가 자연을 보고 직관력이 좋아져서 날씨를 착오 없이 잘 예측했다고 한다.

인류문화는 뛰어난 직관력 소유자들에 의해 발전되어 왔다. 예술, 과학기술 등 여러 분야에서 탁월한 업적들의 첫출발은 모두 직관이었다. 직관을 통해 소중한 영감(靈感)을 얻고 새로운 세계를 열었다. 특히 뛰어난 예술가는 직관력이 돋보인다. 무엇을 할 것인지 그 소재를 찾는 예술가는 이미 예술가가 아닐 정도로 직관력이 뛰어나다.

윌리암 더건(William Duggan)은 '직관'을 평범한 직관, 전문가 직관, 전략적 직관으로 나누고, 평범한 직관은 본능적인 직관이며, 전문가 직관은 과거의 경험을 바탕으로 한 순간적인 판단이며, 전략적 직관은 문제를 해결해 주는 섬광 같은 통찰력이라면서 전략적 직관을 제7의 감각이라 하여 강조하였다.[26)]

문화콘텐츠 개발도 직관에서 출발한다. 직관력 함양이 최우선이다. 직관력을 배양하려면 먼저 심신(心身)에 스며든 독소(毒素)들을 배출시켜야 한다. 물질과 정신이 균형을 잃고 온갖 정보와 환경의 오염 속에 살아가는 현대인들은 몸과 마음이 혼탁해져 있다. 이를 정화시켜 인간 본래의 모습을 되찾아야 한다. 직관력을 기르기 위해 다음 몇 가지 방법을 실천해 보자.

첫째, 심신을 건강하게 단련하자.

인간의 몸과 마음은 삶을 이끌어가는 수레바퀴다. 육식을 피하고 가능하면 채식 위주의 식생활을 하고, 신체를 항상 단련하자. 온갖 경직된 정보와 지식들로 꽉 차고 피폐해진 두뇌를 정화시켜 나가자. 유효기간이 지난 쓸데없는 정보와 지식체계는 과감하게 버려 정신세계를 맑고 순수하게 만들면서 항상 단련시켜 나가자. 이렇게 몸과 마음이 건강해야 무엇이든 바르게 판단할 수 있다.

---

26) 윌리암 더건(William Duggan) 지음, 윤미나 옮김, 『제7의 감각-전략적 직관』, (사)한국물가정보. 2008.

둘째, 자연을 자주 호흡하되, 그 소리와 가락을 생각하자.

인간은 호흡한다. 호흡이 신체의 여러 기관과 성정(性情)을 결정한다. 먼저 호흡을 통해 몸부터 정화시켜 나가야 한다. 우주의 힘을 받고 태양의 에너지를 먹으며 자연과 함께 어우러져 살아간다. 틈만 나면 자연 속으로 들어가 그 향기를 맡고 순박(醇朴)이 몸에 배도록 의도적으로 생활해 보자. 이 같은 능동적인 접촉은 그동안 드러나지 않던 자연성을 서서히 회복시켜 줄 것이다. 모든 사물에는 눈에 보이지 않는 움직임이 내재해 있다. 사물이 내는 소리를 듣고 그 선율을 생각해 보자. 리듬을 느낄 때 둔화된 감각이 되살아난다. 타고난 감각이 자기도 모르는 사이에 역동하게 될 것이다.

셋째, 명상을 생활화하자.

명상은 우주와 자기를 연결시켜 주는 징검다리다. 삶을 성찰하게 하고 생활의 올바른 방향과 아이디어도 제시해 주는 매우 유용한 방법이다. 명상을 통해 흐트러진 자기를 바로잡고 잠재된 능력을 이끌어 낼 수 있을 뿐만 아니라 세상의 온갖 문제들을 올바른 방향으로 해결할 수도 있다. 항상 명상을 생활화하는 자세가 필요하다.

넷째, 기록된 정보에 의지하지 말자.

참된 진리, 진정한 노하우는 말이나 글로 나타낼 수 없다. 활자화되거나 영상화되어 고착(固着)된 정보에 너무 얽매이지 말자. 항상 의구심을 갖고 자기만의 생각을 정리해 보자.

다섯째, 매체 단식을 행동으로 옮겨 보자.

현대인은 매체에 중독되어 있다. 일정 기간만이라도 매체로부터 동떨어져 생활해 보자. 서서히 본래의 모습을 느낄 수 있을 것이다.

직관력에 따라 모든 것이 결정된다. 비록 주어진 조건이 같다 하더라도 직관하는 능력에 따라 결과는 판이하게 다르다. 먼저 타고난 감각이 되살아날 수 있도록 부단히 노력하고 다양한 분야의 학문적 지식을 습득하여 직관력을 향상시켜야만 한다. 좋은 문화콘텐츠 개발을 위해 직관력 함양은 반드시 필요하다.

② 관찰과 교감

'무엇'을 '본다는 것'은 언어(말과 글)보다 앞선다. 갓 태어난 아이는 말과 글을 알지 못하는 데도 보고 인식한다. 비록 언어로 의사소통을 한다고 해도 눈으로 '본 것'을 모두 언어로 표현할 수 없다. 연못에서 물고기가 헤엄치는 것을 보고 그 상황과 모습을 어떻게 다 말이나 글로 표현할 수 있겠는가. 또 보게 되면 인간의 눈의 구조상 하나만 보는 것도 아니다. 그 주변도 아울러서 볼 수밖에 없다. 결국 '본다는 것'은 X(보는 주체)가 Y(대상)를 어떻게 바라보고 있는가 하는 것이다.

'본다는 것'은 보는 자의 선택행위이다. 비록 같은 사물을 보더라도 바라보는 사람이 어떤 '눈'으로 바라보는가에 따라 다르게 나타난다. 각자의 호기심과 관심 분야, 시간과 공간, 성별, 나이, 재능, 지식 정도, 직업, 선입견 등이 모두 다르기 때문이다.

관찰(觀察)은 보고(觀) 살피는(察) 행위다. 대상을 어떻게 바라보고 살피는 것일까? 연암 박지원은 모든 사물은 소리〔聲〕, 빛깔〔色〕, 사연〔情〕, 환경〔境〕을 갖추고 있는데, 이것을 찾아보는 것이 관찰이라고 했다.[27)]

또 교감(交感)은 대상과 느낌(感)을 주고받는(交) 행위다. 결국 관찰과 교감은 대상을 '어떻게 바라보고 소통하는가'로 요약된다. 따라서 앞서 언급한 '체법묘기'에 따라 대상에 대한 관찰과 교감을 이루는 것이 좋다.

첫째, '체(體)'는 무엇인가? 그 분류를 생각해 본다.
둘째, '법(法)'은 어떠한 체제와 형식으로 이루어져 있는가?
셋째, '묘(妙)'는 상황에 따라 어떻게 표현하고 반응하는가?
넷째, '기(氣)'의 성격, 흐름, 강세 등은 어떠한가?

이렇게 이 세상의 인간을 포함한 모든 사물들이 지닌 '체법묘기'를 중심으로 살펴보면 된다.

---

27) 박지원, 『연암집(燕巖集)』, 「鐘北小選 自序」.

폭스 켈러의 말은 '체법묘기'의 원리를 뒷받침해 준다.

"무엇보다 중요한 것은 '생명에 대한 느낌'을 개발하는 일이며, '생명이 어떻게 자라는지'를 깨우쳐야 하며. '생명의 각 부분을 빠짐없이' 헤아릴 줄 알아야 한다. 이성만 가지고는 너무나도 복잡하고 무궁무진한 생명의 원리 혹은 신비를 제대로 이해하거나 묘사할 수가 없다. 모든 생명체는 그 나름대로 삶의 양식이 있고 나름대로의 질서가 있다."[28)]

인간은 본래 자연과 우주와의 관련 속에 살고 있는 존재다. 인간의 마음속에 이미 자연적 요소를 내포하고 있다. 따라서 자연현상에 대해 이해하고자 할 때는 우리에게 내재되어 있는 자연적 코드를 내밀면 된다. 그것이 바로 인간의 의지에 따라 자연을 인식하게 되는 것이다.

관찰과 교감 행위는 '선택'이라는 관찰자의 의지와 '의미 부여'라는 인식을 통해서 이루어진다. 대상에 어떻게 다가가 어떤 기준으로, 무엇에 초점을 두고 바라보느냐, 대상에 대해 어떤 의미를 부여하고 선택하느냐에 따라 상호관계가 다르게 맺어진다. 문학가나 예술가의 눈으로 또는 과학자나 기술자의 눈, 철학자의 눈 등 각기 다른 모습, 다른 이름, 다른 상징으로 다가오기 마련이다. 따라서 동일한 대상을 바라보더라도 관찰자의 안목(眼目)에 따라 인식의 정도는 각기 다르다.

관찰은 관찰자와 대상과의 만남으로, 교감을 위한 행위라고 할 수 있다. 교감은 대상과 합일(合一)의 관계를 추구해 나가는 행위로, '내면적 응시'를 필요로 한다. 인간은 먼 옛날부터 안정된 상태를 확보하기 위해 대상과의 교감을 추구하였다. 교감이 원활하지 못할 때 인간은 여러 방법을 동원해서 교감하려고 애썼다. 자신의 욕망 차원으로 대상을 재구성하려 했다. 그 대상이 자연이라면 여러 도구와 수단들을 사용하여 자연환경을 자신의 일부로 만들려고 하였다. 대상에 대한 이해를 통해 대상과 관계를 맺음으로써 합일상태를 추구하였다. 이렇게 대상과 교감하려고 노력하였다.

28) 이블린 폭스 켈러 지음, 김재희 옮김, 『생명의 느낌』, 양문출판사. 2001.

교감은 인간 욕망의 발현이다. 처음은 자기 의지에 따라 체법묘기에 대한 생각과 느낌에서 출발한다. 일차적으로 감각기관을 통해 얻어지는 것으로부터 시작한다. 그 다음에는 감성과 이성으로 대상에 대해 판별하고 교감하게 된다. 감성은 대상인 사물에 대해 전반적 인상을 파악하는 것, 즉 인간의 감각을 통하여 획득한 세계의 여러 모습을 다양하고 생생하게 받아들이는 감정으로 느낌과 인식을 아우른다고 할 수도 있다. 감성은 관찰자가 대상을 어떻게 자기 몸으로 받아들여 나름대로 해석하느냐에 따라 다르다. 다음 한 편의 글을 읽어 보자.

어느 농부의 노래

청량한 하늘 아래
꼭꼭 속 채워가며 몸빛 바꾸는
빨간 고추, 누런 벼 보고도 싶지만,
사람냄새 발자국 소리에
꽃 지고 품은 태(胎)
서둘러 내릴까 걱정되고,
메뚜기, 미꾸라지, 드렝이[29)]
도망치는 소리 듣기 싫다.

얘들아, 설 영글면 안 돼.
너희들 마음껏 만들어 보렴.

농작물은 농부를 가장 싫어한다. 손길이 닿으면 닿을수록 언제 죽을지 모른다. 2세를 빨리 번식하려고 놀란 가슴 안고 쑥쑥 자란다. 애써 만든 씨앗들을 농부가 몽땅 가져가 버린다. 움직이는 것들은 살기 위해 이리 숨고 저

29) 논에서 작은 개구리나 미꾸라지 등을 먹고 살면서 매우 빠르고, 논둑을 잘 뚫는다. 뱀과 장어의 중간 모습인데, 지금은 거의 사라지고 간혹 보일 뿐이다.

리 뛴다. 이를 눈치 챈 농부는 행여 설익은 열매 떨어뜨릴까 염려되어 자연 그대로 마음껏 살아 옹골찬 열매 만들라고 노래만 하고 있다. 우리는 안다. 모든 생명체는 적과 동지를 느낌으로 구별할 줄 아는 능력을 타고 난다는 것을. 농부의 손길이 자주 가야 좋은 열매 맺는다고 인식하던 우리의 고정관념을 크게 벗어난 장면이다.

어떻게 감응(感應)할 것인가. 상호작용하려면 먼저 대상과 친숙해져야 한다. 친숙하다 보면 즐기게 되고 그 과정에서 대상의 색깔, 모양, 흐름, 소리 등이 새롭게 다가온다. 사물들의 활동을 몸으로 받아들여 그 삶의 선율을 느껴 몸으로 또는 그림으로, 시로 나타내다 보면 대상과 자연스럽게 소통하게 되어 있다. '마음으로 보라, 대상 속으로 들어가 살피라' 등은 모두 애정을 갖고 대상과 몸으로 소통하라는 의미다.

송대의 학자 소옹(邵雍)은 이렇게 말한다.[30]

> "무릇 관물(觀物)이라고 말하는 것은 눈으로 보는 것이 아니다. 눈으로 보는 것이 아니라 마음으로 보는 것이다. 마음으로 보는 것이 아니라 이(理)로써 보는 것이다. 천하의 물(物)은 이를 담지 않은 것이 없고, 성(性)이 있지 않은 것이 없으며, 명(命) 없는 것이 없다."

그는 사물의 외피(外皮)만을 보는 것을 '이아관물(以我觀物)'에, 심(心)으로 이(理)로 사물의 본질을 꿰뚫어보는 것을 '이물관물(以物觀物)'에, '이물관물'을 '반관(反觀)'이라 하여, 물로써 물을 보니 그 사이에 아(我)가 개재될 수 없다고 하였다.

사물을 바라봄에 있어서 다른 사람이 보지 못하는 형안(炯眼)으로 바라보기 위해서는 '눈보다는 마음, 마음보다는 이치(눈<마음<이치)'로 바라보라는 것이다.

30) 정민, 『한시미학산책』, 솔출판사. 1996. P. 369.

③ 다양한 관점으로 대상 바라보기

비록 같은 대상이라고 하더라도 바라보는 사람의 사고방식과 상상력, 지식과 경험, 성향, 직업 등 관점에 따라 다르게 나타난다.

예를 들어, 신화를 비롯하여 역사 속에서 나오는 사과는 문학이나 예술, 과학 등 여러 분야에서 다양한 모습으로 등장했다. 아담과 이브의 사과는 선악을 구분한 것으로 '이성과 깨달음의 사과'였다. 그리스 신화 파리스의 황금사과는 '성취의 사과'였고, 비너스의 사과는 '사랑과 정열의 사과', 백설공주의 사과는 '유혹의 사과'였으며, 빌헬름 텔의 사과는 '조국애의 사과'였다. 또 만유인력(萬有引力)으로 유명한 뉴턴의 사과는 '자연의 법칙을 일깨워준 사과'였으며, '내일 지구가 멸망하더라도 한 그루의 사과나무를 심겠다.'고 말한 스피노자의 사과는 '희망의 사과'라고 할 수 있다. 또 애플 컴퓨터사의 빨간 사과는 '정보혁명의 사과'라고 부를 수도 있다.

이처럼 대상에 대해 바라보는 안목에 따라 각기 다르게 나타난다.

어떤 대상을 바라볼 때, 모든 사물의 본질을 정확하게 파악할 수 있으면 매우 좋다. 외형 관찰에서 벗어나 '내면적 응시'를 통해 본질을 파악하는 것, 그 본질과 관계 맺는 능력이 요구된다.

북송대 문인화의 대가였던 문동의 대나무 그리는 과정에 대해 소동파(蘇東坡)는 이른바 '흉중성죽(胸中成竹)', 즉 '가슴 속에 대나무를 이룬다'고 하여 대나무가 그인지 그가 대나무인지 구별하기 어려울 정도가 되면 가슴 속에 대나무의 에센스, 즉 본질이 영상처럼 맺어져 대나무의 참모습을 볼 수 있다고 했다. 가슴 속에 맺힌 대나무를 풀어놓으면 대나무가 살아 움직인다는 것이다.[31)]

한 시인이 대상을 바라보는 관점의 위상을 단계별로 세분화한 것이 있다. 스스로의 위상을 점검해 보자.

31) 정병모, 『미술은 아름다운 생명체다』, 다홀미디어. 2001. P. 22.

나무를 그냥 나무로 본다.
나무의 종류와 모양을 본다.
나무가 어떻게 흔들리고 있는가를 본다.
나무의 잎사귀들이 움직이는 모양을 세밀하게 살펴본다.
나무속에 승화되어 있는 생명력을 본다.
나무의 모양과 생명력의 상관관계를 본다.
나무의 생명력이 뜻하는 그 의미와 사상을 읽어본다.
나무를 통해 나무 그늘에 쉬고 간 사람들을 본다.
나무를 매개로 하여 나무 저쪽에 있는 세계를 본다.

위에 든 아홉 가지 유형 중에서 자신은 어느 단계에 해당하는지 점검해 보자. 사람마다 사물을 바라보는 시각에는 차이가 있을 것이다.

1행에서 4행까지는 나무의 겉모습, 즉 외형적 관찰이다. 보통은 나무를 1행과 2행 정도로 바라본다. 3행과 4행은 그보다 한걸음 발전된 모습으로 나무를 바라본 것이다.

5행에서 7행까지는 나무의 내면을 바라보는 시각이다. 일상적인 외형적 관찰에서 크게 앞섰다고 볼 수도 있다. 나무의 생명력, 그 의미나 사상 같은 것을 상상력을 동원하여 바라본다.

8행에서 9행은 나무를 통해 사람을 보고 자연을 보며 우주를 통찰해 본다. 비약적 상상력이다. 인간을 지켜보다가 상상력을 동원하여 '나무 저쪽에 있는 세계', 우주의 삼라만상을 바라다본다.[32)]

어느 한 대상에 대해 자기만의 생각과 느낌을 정리하여 표현하는 것은 탐구 활동 중의 매우 중요한 일이다. 위의 분석유형도 세분화해 놓았을 뿐 '체법묘기'의 틀 안에 있음을 알 수 있다.

---

32) 이형기, 『당신도 시를 쓸 수 있다』, 문학사상사. 1992. pp. 39~41.

인간은 자연의 패턴을 발견하고 그것을 설명하고, 그 패턴 속에 숨어 있는 질서와 규칙을 밝혀내려는 인류의 노력과 함께 이루어져 왔다. 화가, 시인, 음악가도 마찬가지로 패턴을 추구한다. 화가가 색채와 형태로 그것을 표현하고, 시인이 언어를 사용하듯 수학자가 수와 도형이라는 자신의 도구를 사용할 뿐이다. 이들 모두 아름다움을 추구한다. 이 세계는 패턴으로 가득 차 있다.[33)]

'흥미 대상'을 바라봄에 있어서 감성을 무시해 버리게 되면 외양(外樣)만 파악할 뿐 사물의 진실한 참모습을 볼 수 없다. 대상의 본질을 제대로 이해하기 위해서는 대상에 대한 깊은 애정이 요구된다. '눈'은 형태로 되어 있는 것을 포착한다. 귀로 듣는 소리는 아직 '형태'로 되어 있지 않은 것을 체험하게 한다. 이 모두 이미 존재하는 우주 질서를 재현하는 일이다.[34)] 이렇게 대상을 관찰함에 있어 감각에 기반을 두고 느낌, 인식과 함께 감성을 중시하고 애정을 갖고 교감할 때 새로움에 다다를 수 있다.

외형 관찰에서 발전하여 본질을 꿰뚫어 볼 수 있는 통찰력, 그물처럼 얽힌 사물과 사물과의 관계를 감성과 이성, 상상력을 동원하여 새롭게 바라보는 자세가 필요하다.

헉슬리(Aldous Huxley)는 정확히 본다는 것은 정확한 사고의 결과라고 설명하면서, 정확히 보는 방식을 다음의 공식으로 요약했다.[35)]

감각(sensing)+선택(selecting)+지각(perceiving)=보기(seeing)

그는 눈과 신경시스템으로 감각을 하고, 마음으로는 외부의 대상을 지각한다. 지각은 각 개인의 축적된 경험, 즉 기억과 관계되어 있다. 정확히 본다는 것은 바로 감각과 지각의 산물인 셈이다.

---

33) 이언 스튜어트, 김동광 옮김, 『자연의 패턴』, 사이언스북스. 2005. P. 9.

34) 고야스 미치코 지음, 임영희 옮김, 『감성교육』, 밝은누리. 2003. pp. 146~147 요약.

35) Aldous Huxley, *The Art of Seeing*, Harper, New York, 1942.

눈을 통해서 사물을 처음 보거나 감각하고, 나아가 시각의 범위 내에서 특정한 부분을 선택하게 된다. 선택한다는 것은 감각이 제공하는 거대한 가능성의 프레임 속에서 특정한 부분을 분리하는 것으로, 단순히 보는 것이라기보다는 선택한 대상에 완전히 집중하는 것을 말한다. 그 다음 지각(인식)하는 것으로 선택한 것을 이해하는 것이다.

그는 또 '많이 알면 알수록 많이 보게 된다.'고 하면서, 과거의 경험이나 지식을 통해 마음을 더 많이 훈련시킬수록 세계를 더 많이 볼 가능성이 있다고 하였다.[36)]

문화콘텐츠는 대상을 바라보는 개발자의 안목에 따라 모든 것이 좌우된다. 의지에 따라 자연 속에 숨겨진 온갖 원리들, 세상 사람들의 사고와 행동들을 인식하고 분류하고 이용하려면 시각을 넓고 크게 확장할 필요가 있다. 이를 위해 보다 많은 지식을 습득하고 다양한 경험과 '내면적 응시'를 통해 자기가 찾고자 하는 특이성(singularity)을 발견하고 자기만의 독특한 세계를 구축해 나가야 한다. 이것이 자기 창조의 힘이 된다.

(2) 무한한 상상력

우리는 직관, 관찰, 교감, 상상, 지식과 경험 등을 활용해 가며 일상생활을 영위해 나간다. 따라서 이들은 모두 우리 삶의 토대를 이루는 매우 중요한 요소이다.

상상(想像, imagination)은 경험된 인상을 새로운 형태로 재구성하여 반영하는 것이다. 어떤 사물이나 사건의 이미지를 머리속에 그리는 공상(空想, fancy)이나 현실적으로 있을 수 없는 일을 있는 것처럼 상상하는 환상(幻想, illusion, vision, fantasy)과는 다르다.

'상상력'은 넓은 의미에서 구성력이라고 할 수 있다. 사물을 상식적으로 생각하는 것이 아니라, 대상 속에 들어가 공감(共感)함으로써 그 위력을 발휘

36) 이준일 · 금동호 · 김영식, 『영상매체학개론』, 커뮤니케이션북스. 2000. pp. 22~23.

한다. 외계의 모든 이미지를 서로 관련지어 가면서 유기적인 조화를 이를 수 있도록 하는 것으로, 인간과 동물을 구분할 수 있는 정신적인 능력이다. 상상력을 동원하여 사물을 바라보면 여태까지는 보이지 않던 그 사물의 새로운 모습이 드러난다. 새로운 것만큼 낯선 모습으로 나타난다.

문화콘텐츠를 상상력과 지식, 과학기술의 산물이라고 할 때, 상상력이 차지하는 비중은 매우 크다. 상상력은 음악, 미술, 문학 등 예술분야 뿐만 아니라 과학, 기술 등 사물제작에도 깊이 관여하는 능력으로 인간의 의지에 의해 만들어진다. 따라서 상상력은 창조적이면서 역동적인 힘이다.

문화콘텐츠를 제대로 이해하고, 새롭게 통찰하기 위해서는 상상력이 살아 있어야 한다. 미래를 창조할 수 있는 힘이 상상력이다. 상상의 힘은 작가의 능력에 달려 있다. 소리 중심의 음악, 색채 중심의 미술, 언어를 매개로 한 문학 모두 상상력에 크게 의존한다. 또 수용자의 상상력도 매우 중요하다.

신화적 상상력에 화려한 문화기술을 적용하여 수용자에게 즐거운 시간을 제공해 준 멋진 환타지(fantszy) 장면을 생각해 보자. 관객이 미처 상상할 수 없는 온갖 마술과 귀기(鬼氣)로 가득 찬 별천지(別天地)가 파노라마처럼 펼쳐지면서 끊임없이 휘몰아치는 기상 천외의 장면들로 관객의 시선을 사로잡는 모습은 개발자의 무한한 상상력의 발현이라고 할 수 있다.

상상력은 매우 다양하다. 신화와 만나면 신화적 상상력, 인문학을 만나면 인문학적 상상력, 문학을 만나면 문학적 상상력, 사회학을 만나면 사회학적 상상력, 과학을 만나면 과학적 상상력이라고 한다.

예술분야에서의 상상력은 작가의 경험을 소재로 재구성된 작품에 크게 기여한다. 상상력에 크게 의존한 예술작품이기에 작품을 감상하는 독자의 상상력도 크게 요구하고 있다. 상상력에 대해서 N. 프라이는 다음과 같이 설명한다.

> 문학을 포함한 예술들은 있는 그대로의 세계에는 그다지 관련되어 있지 않다. 그것들의 관심은 인간이 자연을 재료로 하며 건설하려는 세계에 있으며

> 그들이 호소하는 상상력은, 비록 이성과 정서라는 두 요소를 포함하고는 있으나, 이성도 아니고 정서도 아닌, 구성적 능력(constructive power)이다.[37)]

예술분야의 상상력에 대해 이성의 요소와 정서의 요소를 모두 아우르는 구성적 능력이라는 설명하고 있다. 예술분야 뿐만 아니라 과학의 세계에도 상상력은 매우 중요하다.

> 상상력은 응용과학이나, 순수과학에 있어서도 분명히 없어서는 안 될 요소이다. 경험의 모델을 만들고, 직관으로 파악하고, 그것을 최후까지 추구하고 가설을 세우고 자유롭게 전개하는 그러한 구성력(constructive power)이 머릿속에 없다고 하면, 과학자는 아무런 일도 할 수 없을 것이다.[38)]

상상력은 때로 인류 역사를 크게 변혁시킬 정도로 엄청난 발견을 가져다 주기도 한다. 역사적으로 위대한 업적은 치열한 사유의 산물이다. 사과가 떨어지는 것을 보고 아이작 뉴튼(Izac Newton)은 그 유명한 '만유인력'을 발견했다. 사과의 낙하현상을 보고 사람들이 미처 알지 못하는 사물들의 패턴을 읽어낸 것이다. 서양적 사고에선 놀랄만한 일이었다. 사실 동양에선 먼 옛날부터 음양오행(陰陽五行)이라 하여 만물이 서로 기(氣)를 통해 주고 받는다는 것을 이해하고 있었다. 하지만 구체적으로 증명하여 세상에 내놓은 것은 뉴턴이었다.

과학은 시선을 세 가지 결합 가능한 방법으로 해석하고 있다. 그 세 가지는, 정보(시선은 정보를 제공한다), 관계(시선은 서로 교환한다), 소유(시선에 의해 나는 만지고 다다르고 감싸 안고 감싸진다)의 표현방식이다.[39)]

상상력은 인간이 볼 수 없는 우주의 질서 차원까지 알게 해 주는 위대한 힘으로, 사물에 대해 새로운 의미의 지평을 열어준다. 상상력은 경계가 없다. 일단 기존의 규범을 탈피하는 것에서부터 출발한다. 얽어매고 있던 기존

---

37) N. Frey, *Developing Imagination*, Harvard University Press, 1963, pp. 34~5. (N. Frey. 김상일 역. 『신화문학론』, 을유문화사. 1981. P. 148.

38) N. Frye, 앞의 책, P. 98.

39) 롤랑 바르트 지음, 김인식 편역, 『이미지와 글쓰기』, 세계사. 1993. P. 111.

규범의 탈피는 생소하고 신비로우며 경이로운 일이 아닐 수 없다. 이렇게 상상력은 자기 세계의 영역을 벗어나 의식적으로 광활한 다른 세계를 향해 사고를 전개해서 반영하는 힘이다. 상상의 세계는 시공을 초월하여 실측할 수 없을 정도로 광활하다. 일단 타고난 오감의 연장선상에서 '내면적 응시'와 상상을 발동하여 반영해 보면 된다.

첫째, 대상으로부터 연상되는 시각적 이미지를 의식적으로 보다 크게 넓게, 또는 작게 좁게 과장하여 보자.

둘째, 청각적 이미지를 의도적으로 과장하거나 축소시켜 보자. 또 청각을 시각적 이미지로, 시각적 이미지를 청각적으로 변형해 본다.

셋째, 정적(靜的) 이미지를 동적(動的) 이미지로, 동적 이미지를 정적 이미지로 바꿔 본다.

넷째, 과거의 생각을 과장, 축소해 보자. 보다 더 확장시키거나 축소하여 생각의 범주를 크게 또는 작게 해 보자.

다섯째, 현재 있는 것을 없는 것처럼, 없는 것을 있는 것처럼, 꿈 속 이야기를 현실적인 것으로, 현실을 꿈 속 상황으로 전환시켜 생각해 보자.

여섯째, 현재 존재하는 것을 확대 또는 축소하고, 시간과 공간을 전후좌우로 바꿔 가며 생각해 보자.

일곱째, 특정한 대상의 속성을 변화시켜 보자. 사람은 동물이나 식물로, 동식물은 인간으로, 무생물을 생물로, 생물을 무생물로 그 속성을 변화시켜 보자.

여덟째, 사물의 일반적인 생성(生成) 과정에서 벗어나 보다 색다른 탄생 과정을 생각해 보자.

이러한 과정을 거치게 되면 상상의 능력은 크게 확장될 것이다.

또 생활주변에서 쉽게 접할 수 있는 매체, 즉 영화, 그림, 텔레비전을 보면서 상상력을 발동해 보는 것도 문화콘텐츠 개발과 관련지어 매우 의미 있는 일이다. 상상하면서 본다는 것은 이미 해체작업에 들어간 것이다. 해체는 상상력 훈련의 가장 초보적인 단계다. 머리속에 이미지를 떠올리고, 사물들 간의 상호관계를 생각해 가면서 자신의 경험과 연관 지어 보자. 상상은 감성과도 깊게 연관되는 만큼 될 수 있으면 여러 방향으로 생각해 본다.

- 인물의 기분, 성격, 얼굴 모양, 인물의 말투, 표정, 태도, 행동, 옷차림 등을 상상해 본다.
- 작품 속의 장면, 정경, 분위기를 생각해 보고, 상대되는 배경들을 상상해 본다.
- 장소, 날씨, 거리, 넓이 등을 생각해 보고, 인간의 행동과 연관 지어 상상해 본다.
- 빛깔, 모양, 크기, 촉감, 소리, 무게 등을 상상해 본다. 색채와 빛, 소리와 음률과 리듬, 맛과 향기 등 상상한 것을 음악으로 나타내고 그림으로 그려 본다.
- 나타난 문자와 도형, 숫자의 비밀에 대해 생각해 보고, 그 속에서 인간의 행위의 의미를 이해하고 정리해 본다.
- 그림을 보고 나타나지 않은 숨은 것들을 상상해 본다.
- 이야기가 벌어지기 이전을 상상해 본다.
- 연상되는 것과 기억나는 것들 등 모든 상황들을 기록해 본다.
- 사람을 동물로 치환하여 상상해 본다.
- 10년 후, 20년 후, 50년 후를 상상해 본다.
- '왜'나 '만약 ~라면' 이라는 의문과 가정을 통해 유추해 본다.
- 대상의 입장에서 역지사지(易地思之) 심정으로 생각해 본다.
- 명상을 통해 상상의 극대화를 기한다.

비록 간단한 훈련 같지만 상상력으로 대상에게 다가갈 때 새로운 세계가 열린다. 상상력은 무한하다. 끊임없이 다각도로 생각하다 보면 그물처럼 얽힌 사물의 상호 관계질서들이 시야에 들어오고 필경 새로운 의미가 나타나게 될 것이다. 대상을 천 개의 눈으로 바라본다고 생각하면 된다. 상식에 대한 끊임없는 반기와 파괴와 일탈로 상상의 범주를 넓게 크게 설정하다 보면 상상의 폭과 깊이가 더욱더 확장되어 풍요로워진다.

별들의 반짝임을 보고 해맑은 웃음으로 상상하는 사람이 있는가 하면 잃어버린 고향 하늘을 그리워하며 눈물짓는 사람도 있다. 이렇게 각자의 생각과 경험의 영역이 다르기에 상상의 내용과 깊이도 다르다. 따라서 보다 폭넓고 깊이 있는 상상과 영감을 획득하기 위해 여행하기처럼 직접적으로 많은 경험을 체득하기도 하고, 관련도서를 읽어 지식을 쌓거나 문화콘텐츠를 감상하는 등 다양한 간접경험을 통하여 상상의 힘을 극대화시키는 노력이 요구된다.

문학, 애니메이션, 만화, 영화, 드라마, 게임 등 문화콘텐츠는 매우 다양한 상상력이 동원되어 표현된다. 눈으로 보이는 현실세계가 반영된 것도 있겠지만, 실재의 세상을 잘 가공하거나 아니면 상상력을 발동하여 멋지게 연출한 가공의 세계도 있다. 흔히 문화가치가 높은 작품 평가엔 언제나 상상력이 뛰어나다는 평판이 뒤따른다.

모든 문화콘텐츠는 상상력에 그 뿌리를 두고 있다. 상상력 산물이 문화콘텐츠다. 따라서 콘텐츠를 개발하려는 사람은 항상 상상력을 연마하고, 지식과 경험을 부단히 배양해야 한다.

> 상상력을 기르고,
> 진리에의 용기를 갖고,
> 그리고 책임감을 강하게 가져라![40]

40) 루돌프 슈타이너, 김성숙 옮김, 『일반인간학』, 물병자리. 2002. P. 269.

(3) 지식과 경험의 축적

① 지식의 습득

'지식(知識, Knowledge)'은 매우 추상적인 용어다. 국어사전에 의하면 대체로 다음과 같이 정리될 수 있다.

첫째, 사물에 관한 명료한 의식과 그것에 대한 판단, 둘째, 배우거나 연구하여 알고 있는 내용 또는 범위, 셋째, 철학에서 인식으로 얻어져 객관적으로 확증된 성과를 이른다. 즉 연구하거나 교육받거나 체험에서 알게 된 내용 또는 그러한 정신 작용이다.

이 세상에는 크게 두 종류의 지식(知識)이 있다고 종교에서는 말한다. 하나는 선지식(善知識)이고, 다른 하나는 악지식(惡知識)이다. 선한 지식은 항상 큰 축복을 받게 되는 지식인 반면, 악지식은 글자 그대로 악행을 행하여 큰 죄를 받게 되는 지식이라고 한다.

인간의 지식은 크게 둘로 나누기도 한다. 하나는 이미 이론적으로 정리되고 체계화되어 있는 지식이고, 다른 하나는 어떤 특정한 장소나 사람에게 체화(體化)되어 있으나 이론적으로 정리되지 않고 체계화되어 있지 않은 지식이다. 전자를 흔히 형식지(形式知, condified/explicit knowledge)라 하고, 후자를 암묵지(暗默知, tacit/implicit knowledge)라고 한다. 전자는 이론화, 체계화되어 있어 합리적이고 순차적인 지식이므로 다른 사람에게 쉽게 전달될 수 있으나, 후자는 체험을 통해서 직접 획득하거나 그 장소에 가 보아야 알 수 있는 동시대적, 실용적인 지식이라고 할 수 있다. 그런데 문화콘텐츠의 경우 문화나 역사, 종교, 가상현실 등을 그리므로 알려진 것과 암묵지로 남아 있는 것, 그리고 상상력을 총동원하여 표현하는 경우가 많다.[41]

---

41) '형식지'를 디지털 지식(이론)으로, '암묵지'를 아나로그적 지식(실용)이라고도 한다. 이명규・장우권 공저, 『지식 정보사회와 디지털 콘텐츠』, 전남대학교 출판부. 2004. pp. 5~8.

또 지식을 크게 학문적 지식, 실용적 지식, 현장경험 지식으로 나누기도 한다.

'학문적 지식'은 인문학과 같은 순수학문을 비롯하여 물리, 생물 등기초과학, 경제, 경영학 등과 과학과 예술 분야 등을 체계적으로 분류해 놓은 지식이다. '실용적 지식'은 생산현장에서 활용할 수 있는 DB자료나 기술특허, 작업 매뉴얼, 컴퓨터 활용 등에 관한 지식이며, '경험적 지식'은 현장 경험, 이용자 서비스 등에 관한 노하우(know how) 등 일선 담당자 및 정보 관리자가 갖고 있는 업무 등의 지식이다.

문화콘텐츠 개발에 필요한 지식은 크게 둘로 나누어 볼 수 있다. 하나는 이 세상의 모든 지식, 각 학문 영역별로 세분화된 지식들을 아우른 복합 지식이다. 주로 콘텐츠 내용을 이루는데 필요한 통합된 지식이다. 다른 하나는 문화콘텐츠 자체에 대한 심층지식이다. 기획에서부터 제작, 마케팅 등 글자 그대로 문화콘텐츠 전분야의 지식이다.

문화콘텐츠는 다양한 지식과 상상력을 요구한다. 먼 옛날 인류문화의 여명이 시작될 무렵 학문의 경계가 없었을 때부터 시작하여 고전(古典)뿐만 아니라 역사, 문학, 음악, 미술, 건축, 무용 등 예술분야와 철학, 종교, 언어, 심리학, 사회과학, 자연과학적 지식 등 다방면에 걸쳐 많은 지식들이 동원되어 표현된다. 어느 한 분야에 대한 지식만으로는 부족하다. 따라서 다양한 분야의 지식 N+1이 필요하다. n+1은 각 분야의 지식들 간의 상호관계를 파악할 수 있는 지식으로 문화콘텐츠를 위한 통합지식이다.

지식에 대한 통합적 접근은 학문영역을 분리한 학문선을 없애고, 시간적·공간적으로 또는 각각 다른 모든 경험(experience)을 중시하며 내용과 형식, 양(量)과 질(質), 환경, 사회적 기술 등 전체성을 두루 고려한다. 따라서 부분과 전체와의 맥락을 염두에 두고 그 관계를 아우르는 것이므로 상호작용적인 측면이 매우 강하다.

문화콘텐츠 분야에서의 통합지식은 다음과 같은 측면에서 접근해 볼 수 있다. 첫째, 다양한 학문들을 전체 속으로 모아들이고 통합시키는 과정 또는 보다 높은 위계의 단위들을 산출하는 것이다. 이것은 연합(association), 조정(coordination), 조직(organization) 등의 단어보다 훨씬 강한 뜻을 가진다. 전체 속에서 부분들이 판별될 수 있지만 부분들은 개별적인 특징을 잃는다.

둘째, 모든 학문들이 조화 있게 작용할 수 있는 유기체(有機體)의 상태이다. 즉, 통합은 실재에 대해 지각이 관련되는 과정이며, 추구하고자 하는 통일의 목적이 있다. 따라서 지식변화가 가치 있게 이루어지게 하는 과정이라 할 수 있다.

한편, 문화콘텐츠 분야에 대한 지식도 반드시 필요하다. 이는 전문가뿐만 아니라 일반시민들도 문화콘텐츠 지식을 쌓아야 한다. 문화콘텐츠 영향력이 갈수록 증대해 가는 현실에서 관련 지식을 이해한다는 것은 학문적인 차원뿐만 아니라 개인적인 차원에서도 매우 중요하다.

이에 대한 접근은 크게 네 가지 차원에서 이루어져야 한다고 본다. 이 같은 접근은 문화콘텐츠 대중화에 따라 문화콘텐츠가 나아가야 할 올바른 방향과 문화콘텐츠 연구를 더욱더 확고하게 하고 일반 대중들도 이를 이해하고 받아들이도록 하기 위해서이다.

첫째, 현대인들은 누구나 문화콘텐츠 분야의 지식을 습득해야 한다. 대중에게 문화콘텐츠 지식이 필요한 이유는 문화콘텐츠에 대한 무지가 삶을 더욱더 피폐하게 할 수도 있다는 점, 문화기술의 급격한 발달로 누구나 콘텐츠를 쉽게 제작하여 유포시킬 수 있다는 점, 한 개인의 사생활 보호와 이를 둘러싼 각종 규제의 의사결정과정에 참여할 수 있다는 점, 전문가가 아닌 일반시민으로서 문화콘텐츠 제작에 참여하기도 하고 불량콘텐츠의 유혹으로부터 자기를 지킬 수 있다는 점 등이다. 따라서 지식을 단편적으로 습득하는 것이 아니라 사회적 맥락을 염두에 두고서 깊이 있게 배워야 한다.

둘째, 문화콘텐츠 제작 시스템과 전문가의 의식을 파악해야 한다.

현대 문화콘텐츠는 인간을 위한 순수한 문화 활동이라고 보기 어렵다. 인간의 삶을 보다 풍요롭게 하는 콘텐츠도 있지만 대체로 '사회적 유용성'을 앞세워 어느 한 개인이나 집단의 이익증대나 자본 쟁취를 목적으로 하는 경우가 많기 때문이다. 세계 유수의 문화콘텐츠들도 기업체나 정부의 지원 없이 이루어지는 경우는 드물다. 따라서 사회적·정치적·경제적 맥락으로부터 분리시켜 생각할 수 없는 상황이다. 그러므로 어떠한 맥락 속에서 문화콘텐츠가 제작되고 또 거기에 주체적으로 활동하는 전문가들의 의식은 어떠한지 이해할 필요가 있다고 본다.

앞으로 문화콘텐츠의 지배를 더욱더 받을 수밖에 없다. 문화콘텐츠 제작에 참여하는 자들은 전문가다. 상위 몇 %는 고액의 수익을 챙기기도 한다. 중요한 것은 그들이 전문가성을 내세워 일반 시민들의 순수한 의식을 배제한 채 자신들만의 결정을 내리는 경우는 매우 위험한 일이다. 전문가성이 초래할 수 있는 위험을 교양교육으로 대치시킬 수 있다는 견해도 있을 수 있지만, 여전히 그들은 대중의 인기에 현혹된 생활을 영위하고 때로 이익창출이라는 탐욕의 유혹에 빠져 인간의 삶에 유용한 것인지를 충분하게 고려하지 않은 채 반윤리적인 작업을 수행할 수 있다는 점이다. 따라서 문화콘텐츠 제작 전문가들의 의식구조와 그들만의 문화를 파악하는 것은 문화콘텐츠가 공동체에 미치는 영향력을 고려할 때 매우 중요한 작업이 될 것으로 보인다.

셋째, 문화콘텐츠 풍요가 초래할 사회문화적 변화를 분석하는 것이 필요하다. 문화의 시대인 만큼 문화콘텐츠가 공동체에 미치는 영향력이 비대하여 사회변화의 동력으로 작용할 공산이 크다. 범람하는 문화콘텐츠로 인해 우리 사회는 어떻게 변화할 것인지 예측하기가 불가능하다. 이런 면에서 항상 문화콘텐츠 흐름을 조망하고 이를 통해 콘텐츠가 사회문화에 미치는 영향과 사회 변화를 예측하는 노력을 게을리 해서는 안 된다.

넷째, 문화콘텐츠를 거부하는 흐름에 대한 이해가 필요하다.

모든 일에는 양면이 있기 마련이다. 순기능과 역기능이다. 엄청난 위력으로 질주하는 문화콘텐츠가 공동체에 미치는 변수들 중에는 문화발전에 공헌한다는 긍정적인 반응이 있는가 하면 비합리적인 요소들도 적지 않다. 특히 비판적인 그룹들은 IT 기술과 융합되어 다양한 문화콘텐츠들이 삶 깊숙이 자리 잡아 인간의 지각을 왜곡·마비시키고 삶을 타락시키는 등 종국에는 통제 불가능한 것으로 보고 통제 가능한 상태로 되돌려야 한다고 주장한다. 또 많은 시민들이 함께 참여하고 누리는 진정한 문화는 점차 사라지고 전문가들에 의해 틀에 박힌 문화, 정치인이나 관료들이 기획하는 정치적 목적의 문화콘텐츠가 성행할 것이다. 이 같은 문화콘텐츠에 대해 저항하는 흐름도 상존한다는 사실을 이해해야 한다.

어둠을 밝히려면 등잔이 필요하듯이 문화콘텐츠를 개발하려고 하면 관련 지식이 있어야 한다. 전반적인 지식뿐만 아니라 하나하나의 소재에 대한 지식도 필요하다. 자기 지식은 자기가 소유하고 있는 하나의 의미이다. 만일 문화콘텐츠 개발 과정에서 관련 지식이 부족하게 되면 의사결정이 어려울 뿐만 아니라 다른 사람의 지식을 빌려와야 한다. 작업을 진행할 때 자기의 기억 속에서 빛을 발하는 지식은 불안과 두려움을 해소시켜 준다.

지식의 습득, 앎의 방식은 사람에 따라 다양하다. 이를 크게 나누면 태어나면서부터 아는 '생이지지(生而知之)'와 배워서 알게 되는 '학이지지(學而知之)', 고생하며 노력한 끝에 깨닫게 되는 '곤이지지(困而知之)'가 있다.[42] 태어나면서부터 아는 경우는 대개 비범한 인물에 해당한다. 대부분의 사람들은 배우거나 경험을 통해서, 열심히 노력하여 알게 된다. 따라서 지식에는 그 사람의 삶이 그대로 투영되어 있다.

현대는 정보시대이다. 직접 경험보다는 매체를 통한 간접 경험으로 많은

42) 보통 삼지(三知 : 生知, 學知, 困知)라고 하는데, <중용>과 <논어>에 보인다. 중용(中庸)에 의하면 '혹은 태어나면서 알고, 혹은 배워서 알고, 혹은 고생해서 알기도 하나 그 아는 데 미쳐서는 한 가지이다(或生而知之, 或學而知之, 或困而知之, 及其知之一也)'라고 하였다.

지식을 획득한다. 이 경우 무비판적으로 다른 사람의 생각을 그대로 수용해서는 안 된다. 자기만의 필터로 걸러낸 다음 옥석을 가려 수용여부를 결정해야 한다.

습득한 지식들을 모두 다 기억할 수는 없다. 시간이 흐르면 기억의 흔적은 사라질 수밖에 없다. 따라서 나름대로 일목요연하게 정리해 두면 추후에 그 효용성이 매우 크다. 먼저 분야별로 큰 줄기를 살펴보고 분류하여 체계를 세워야 한다. 부분과 전체, 종합과 분석이라는 큰 틀에서 지식을 정리하고 통합해 나가면 하나의 커다란 의미체계가 형성되어 자신의 지적 지평을 알차게 확장시킬 수 있게 된다.

일을 하려고 하면 알아야 한다. 잘 알지 못하면 자기 의도와는 상관없이 아무런 일도 제대로 할 수 없다. 우리 나라는 높은 교육열로 두뇌로 하는 지식은 세계에서 빠지지 않을 것 같다. 하지만 다른 나라 문화를 이해하는 데는 매우 취약한 것이 사실이다. 단일민족으로 문화적 배타성이 짙은 환경에서 살아왔기 때문이다. 우리는 까치를 반가운 소식을 전달하는 길조(吉鳥), 까마귀는 흉조(凶兆)로 여기지만 미국에서는 그 반대다. 세계로 진출할 작품을 구상하면서 이 같은 문화적 무지에서 나오는 스토리 전개는 문화콘텐츠의 미래를 어둡게 한다. 머리로 아는 지식 이외 이문화(異文化)에 대한 지식이 반드시 필요하다.

오랜 지적 탐험 끝에 기억의 창고 속에 축적해 놓은 지식의 양태(樣態)는 사람에 따라 다르다. 철학, 예술, 언어, 과학, 수학 등 다양한 분야의 놀라운 지식의 힘은 이 세계의 비밀을 조금이나마 알게 한 인류가 물려준 지적 유산이다. 그런데 지식은 우리의 삶에 보탬을 주는 것이어야 참지식이라고 할 수 있다. 삶과 동떨어진 지식은 오직 지식 그 자체로만 존재할 뿐이다. 모름지기 인간의 행복한 삶을 위한 지식이어야 한다. 그래서 드러커[43]는 '현장의 지식, 행동하는 지식'을 중요시하면서 'know-how+know-why+know-where+

43) Peter F. Drucker. "*coming of the New Organization*", *Harvard Business Review,* Jan-Feb., 1998, pp. 44~45.

know-what'으로 지식을 표현하였다.

나의 지식은 확실한 나의 영토다. 새로운 앎을 주는 정보와 지식, 그것은 문화콘텐츠 개발에 활력을 불어넣는 에너지이다. 항상 호기심을 갖고 지적 에너지를 풍부하게 습득하여 축적해 두어야 실전에서 유용하게 활용할 수 있다. 이렇게 지식은 문화콘텐츠 개발의 출발점이자 종착점이다.

② 경험의 축적

어떤 일이든 경험(經驗, Experience)만큼 중요한 것이 없다. 흔히 '경험이 있다는 말'은 인생을 깊이 겪은 데서 나오는 삶의 지혜가 풍부하다는 의미다.

'경험'은 우리들이 실제로 실재(實在)를 인식하고 구성하는 매우 포괄적인 용어이다. 직접적 경험은 후각, 미각, 촉각 등의 감각으로 받아들인 것이며 간접적 경험은 주로 시각과 청각에 의해 수용된다. 이러한 양식들은 직접적이고 수동적인 감각에서 능동적인 간접적 양식에 이르기까지 다양하다.[44] 이처럼 경험은 인간의 감각에 의존한다.

[그림 3-3] 경험(EXPERIENCE)의 습득

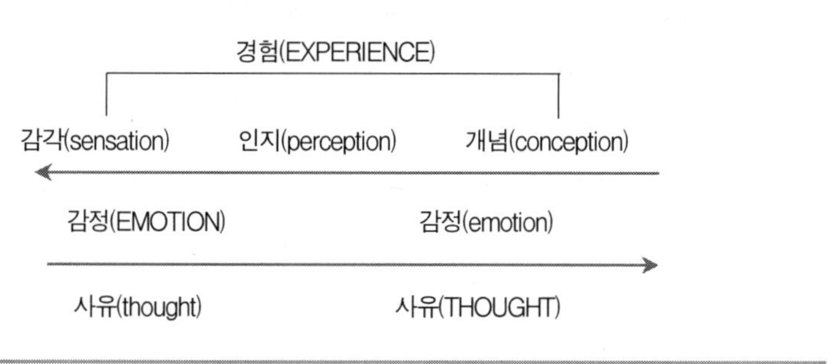

경험은 어떤 사람이 겪어오거나 견뎌온 것으로, 감정과 사유로 이루어진다. 비록 같은 일을 겪었다고 하더라도 사람에 따라 감정과 생각이 다르기

44) Michael Oakeshott, *Experience and Its Modes*, Cambridge at the University Press, 1933. P. 10. 『공간과 장소(이-푸 투안)』, 구동회・심승희 옮김, 대윤. P. 23에서 재인용.

에 경험의 폭과 깊이 다르다. 그러한 경험을 통해 새로운 것이 형성되고 풍부해진다. 따라서 경험한다는 것은 일종의 실천적 통찰과 이해를 수반하는 것으로 배우는 것이다. 경험은 겪은 일로부터 심도 있게 배울 수 있는 좋은 기회다.

탐구하고자 하는 대상에 대해 경험이 있다면 신비(神秘)나 막연함을 벗겨주어 편견이나 선입견 등을 감소시켜줄 뿐만 아니라 가정(假定)과 선이해(先理解)면에서 크게 작용하여 발견하거나 구성할 수 있는 여건을 조성하는데 매우 유리하다. 이로 보아 경험은 단순히 '겪었다'는 것에 머물지 않고 계량화하기 쉽지 않은 데이터나 자료라고 할 수 있다.

경험은 크게 '직접 경험'과 '간접 경험'으로 나눌 수 있다. 직접 경험은 자기 스스로 직접 접촉하여 사고하고 행동한 것이기에 실제적이다. 간접 경험은 다른 사람들로부터 그 사람의 경험적 기술을 얻는 것이다. 구전이나 독서, 시청, 관람 등을 통해서 다른 사람들의 경험 데이터를 얻어 자기화하는 일이다. 인간은 이 세상의 모든 것을 직접 경험할 수는 없다. 따라서 다른 사람들의 경험을 내면화함으로써 자기는 더 경험 있는 존재가 될 수 있다. 따라서 간접 경험을 최대한 증가시키는 일이 매우 중요하다.

경험은 시간이 지나고 나면 기억 속에서 점차 사라지지기 마련이다. 일단 기술해 놓고 나면 소중한 경험들을 보존할 수가 있다. 자기의 경험들을 겪은 대로 직접 기술할 때는 다음 사항에 유의하자.

첫째, 경험의 공간, 시간, 신체, 타자(사람이나 사물)와의 관계 등을 중심으로 기술한다.

둘째, 일련의 큰 과정은 반드시 기록하되, 느낌이나 분위기, 감정 등과 같은 정신 상태도 기술해 놓는 것이 좋다.

셋째, 평범한 것보다는 특별한 예나 사건에 중점을 둔다. 경험 대상으로부터 얻은 특별한 것, 해프닝, 모험, 등을 기술하는 것이 효과적이다.

넷째, 첫 경험이나 생생한 체험에 초점을 맞추어 적는다.

다섯째, 오감을 최대한 활용하여 기술한다. 경험 대상의 냄새나 외양, 소리, 촉감 등을 상세하게 기록한다.

여섯째, 구체적으로 기록한다. 경험 대상에 도취된 나머지 감상에 치우쳐 구체적이지 않은 미화적인 표현이나 환상적 묘사는 하지 않는 것이 좋다.

다른 사람의 경험을 얻는 것은 매우 경제적이다. 대상을 직접 겪을 때 투여되는 많은 시간과 에너지, 돈 등이 크게 절약될 수 있다. 하지만 그 경험을 어떻게 정확하게 획득할 수 있는가가 관건이다. 이미 활자화되어 세상에 알려지거나 녹음된 것이면 그것으로 해결된다. 하지만 의문점이 있을 경우, 직접 만나 인터뷰하여 궁금증을 해소하는 것이 좋다.

직접 만나 대화하여 해결하는 것은 뛰어난 문화기술이다. 경험자만이 간직한 특유한 관점과 방식, 행동을 간파할 수 있게 된다. 아울러 그 같은 상황 속에서 다른 사람들의 대응 방식을 읽을 수 있어 보다 풍부한 경험 자료들을 획득할 수 있게 된다.

문화콘텐츠를 개발하고자 할 때는 일차적으로 문화콘텐츠 경험이 풍부해야 한다. 소설, 드라마, 영화, 게임, 연극 등 문화콘텐츠의 원천이 되는 문화예술 방면의 다양한 작품들을 봄으로써 직접 행동하지 않으면서도 사건, 상황, 느낌, 행동 등을 체득할 수 있게 된다.

'만일 시인이 되고 싶으면 시 200편을 무조건 외워라. 그러면 시인이 될 것이다. 소설가가 되고 싶다면 소설 100편을 정독하라. 그러면 소설가가 될 것이다. 시나리오 작가가 되고 싶으면 시나리오 100편을 철저하게 소화하라.'는 말이 있다. 이 말은 앞선 작품이나 매체 속으로 깊이 있게 들어가다 보면 자기도 모르는 사이에 그 세계에 몰입되어 그와 같은 행위를 하게 된다고 볼 수 있다. 경험이 작업의 출발점이라고 할 수 있다.

다양한 문화콘텐츠들을 경험함으로써 얻게 되는 이득을 정리해 보면 다음과 같다.

첫째, 문화콘텐츠 스토리는 개연성 있는, 즉 있을 수 있는 인간 경험들을 제공해 준다.

둘째, 정상적으로는 불가능한 사건이나 상황, 느낌 등을 경험할 수 있게 해 준다.

셋째, 어떤 새로운 가능 세계들을 간접 경험하게 됨으로써 생각의 지평을 확장시켜 준다.

넷째, 인간과는 거리가 먼 다른 세계의 상황들도 우리들 삶 속으로 유인하도록 해 준다.

다섯째, 다양한 문화기술들을 동원하여 상세하게 보여줌으로써 생생한 느낌을 갖게 해 준다.

여섯째, 독특한 플롯, 색다른 소도구 등 수용자가 흥미를 유발할 수 있도록 적용된 다양한 테크닉을 맛볼 수 있게 해 준다.

일곱째, 아이디어를 창의적으로 가공할 수 있도록 원자료(原資料)로서의 구실을 한다.

문화콘텐츠 작업에는 아이디어 창출에서부터 수용자의 피드 백에 이르기까지 전과정에 걸쳐 시각적·청각적·촉각적·동적 경험이 형상화화되어 투입된다. 따라서 많은 경험을 축적하여야 한다.

이제 본격적으로 문화콘텐츠 세계에 첫발을 내딛게 되었다. '무엇'으로 '감동'시킬 것인가를 연구해야 한다. 수많은 탐구와 학습, 실전을 통해 터득한 경험 등을 보태 나만의 노하우를 축적해 나가야 한다. 어느 한 분야만이라도 자기만의 뚜렷한 관(觀)이 서고 나름대로의 능력과 전략과 전술을 갖추어 나가야 한다.

아울러 항상 세계사적인 일과 인류사의 흐름, 인간 행동과의 깊은 상관관계를 자각하고 있어야 한다. 이렇게 수많은 체험과 느낌, 전문지식들을 깊이 있게 습득하고 깨우쳐 독창적으로 적용함으로써 냉철한 승부세계에서 훌륭한 문화콘텐츠를 생산할 수 있을 것이다.

4. 창조의 길

(1) 새로움을 향한 모험

우리는 마음의 평안이 오고 고요한 상태가 되면, 뭔가 '새로운 것'이 떠오른다. 뭔지 모르게 복잡한 것들이 정리되면서 기대와 기쁨이 있다. 이렇게 '새로움'은 고요한 가운데 자기의 의지와 사고에서 탄생한다.

창의성을 연구하는 자들은 세렌디피티(serendipity)[45]를 매우 중요한 것으로 여긴다. 세렌디피티는 완전한 우연으로부터 중대한 발견이나 발명이 이루어지는 것을 말한다.

어떤 '새로운 것'이 인간의 굳은 의지에 의하여 나타나거나 또는 우연적으로 발명되더라도 새로움은 항상 인간의 사고에서 출발한다.

① 복잡한 인간의 사고

사전적 의미로 볼 때, '사고'는 궁극적으로 어떤 상황이나 장면에 직면하여 그 문제를 해결하고자 하는 지적 활동이다. 어떤 문제나 사태에 직면했을 때에 그 사태를 극복하기 위하여 이루어지는 행동으로 주로 정신 과정이다. 동물은 어떤 문제 상황에 부딪혔을 때 경험적 본능에 따라 행동하지만, 사람은 사태를 생각하고 분석하고 자기 목적에 합당하도록 재구성하는 등 생각을 하게 된다. 이렇게 문제 해결 과정에 관여하는 정신 능력이 사고라고 할 수 있다.

인간의 사고는 온갖 뇌신경계가 총동원되어 형성되기에 매우 복잡하다. 한 마디로 요약할 수 없다. 흔히 창의성을 중심으로 하여 인간의 사고는 크

45) 세렌디피티의 대표적인 사례로 플레밍의 페니실린 발견과 3M사의 포스트 잇 메모지(이것 역시 시작은 초강력접착제였다.)를 든다. 미야나가 히로시 지음, 김정환 옮김, 『세렌디피티의 법칙』, 북북서출판사. 참조.

게 '확산적 사고'와 '수렴적 사고'로 나눈다. '확산적 사고(발산적 사고, 생성적 사고 등)'는 주로 창의적이고 효과적인 문제해결에 유용하게 작용하며, '수렴적 사고(초점적 사고, 비판적 사고, 실천적 사고 등)'는 주어진 상황을 수용하는 위치에서 바라보는 사고이다. 이 두 사고는 자전거의 두 바퀴처럼 상호보완적으로 이루어진다.

문화콘텐츠 개발에는 인간의 사고가 총동원된다. 아이디어 창출을 위한 창의적 사고는 기본이다. 더욱더 중요한 것은 논리적 사고이다. 논리적 사고는 콘텐츠를 짜임새 있고 가치 있게 해 준다. 문제에 직면하거나 문제를 발견하고 이를 명확하게 이해(파악)하고 평가하여 포기, 보류 또는 수용으로 이를 해결하는 데에는 논리적인 사고가 매우 긴요하다. 논리적으로 사고하고 인식하게 되는 경우, 대체로 세 단계의 과정을 거친다.

첫째 '결론짓기'이다. 우리의 사고하는 인식 속에는 이미 결론이 포함되어 있다.

둘째는 '판단'하는 일이다.

그리고 최후에 도달하는 것이 '개념'이다.[46)]

인간의 본질적 속성인 사고에 따라 개인의 삶뿐만 아니라 콘텐츠의 성패, 미래가 좌우된다.

② 창조의 속성

'창조(創造)'는 글자 그대로 처음으로(創) 만드는(造) 일이다. 새로운 것을 만들어 내는 작업을 흔히 창조라고 한다. 창조는 원래 신의 영역이었으나 19세기 이후, 인간이 몸을 움직이거나 도구를 사용하여 새롭게 만든 사물들을 과감하게 창조의 영역에 편입시켜 버렸다. 머릿속으로 상상한 것들을 나타내거나 이미 존재하고 있는 세계의 법칙에 따라 어떤 사물 하나를 만든 것도 창조라고 부르게 된 것이다.

46) 루돌프 슈타이너, 김성숙 옮김, 『일반인간학』, 물병자리. 2002. pp. 178~179.

오늘날 창조는 서로 연관성이 적다고 생각하던 것을 연결하거나 새로운 관련을 발견하는 것이라고 할 수 있다. 지금까지 경험해 온 것을 연결하여 새로운 것을 만들어 내는 일이다. 이를 위해 다양한 경험을 쌓거나 경험했던 것을 보다 깊이 생각하는 것이 중요하다.

창조의 기본은 '상동구이(尙同求異, 유사하거나 같은 것들을 존중하면서 다른 것을 구한다.)'[47]에 있다. 기존에 출시된 많은 사물들을 참작하여 보다 더 나은 것들을 만들려는 정신이 '상동구이'이다.

결국 상동구이 정신을 바탕으로 하여 생각과 느낌, 경험과 사건들을 결합하여 아이디어를 추출하고 획득한 아이디어들을 모아서 온고창신(溫故創新)하는 것이다. 창조한다는 것은 옛 것을 새로이 결합시킨 것(To Create is simply to combine existing elements in new ways)이라고 한다. 치열한 경쟁 세계 속에서 끊임없이 신제품들을 개발하는 터전이 그 실천의 현장이다.

임선하는 창의성을 몇 가지의 의미 있는 영역으로 구분하였다. 태도 요인으로서의 성향, 사고 자료로서의 개인의 경험, 창의적으로 사고하는 기술인 기능, 그리고 사고 대상 관련 지식이나 창의성 관련 지식이다. 그는 이들 영역의 두문자(頭文字)를 따서 다음과 같은 공식을 설정하여 제시하였다.[48]

$$C=f(DESK)$$

C=Creativity, D=Disposition, E=Experience, S=Skill, K=Knowledge

로드스(Rhodes)는, 창의성은 개인의 특별한 재능이 아니라, 개인과 환경 간의 대면(interfacing) 과정에서 생기는 심리적 장벽에 의해 영향을 받는다고 지적하면서, 다음과 같은 모형을 제시하였다.

47) 한양대학교대학원 정민 교수의 '고전강독 강의노트'에서.
48) 임선하의 현대창의성연구소. www.hice.co.kr

[그림 3-4] 로드스(Rhodes, 1987)의 모형[49)]

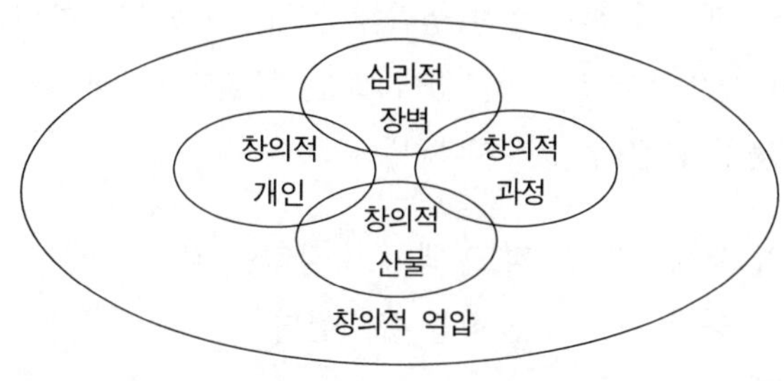

창의적 산출물에는 다양한 요소들이 영향을 미쳐 그 질(質)을 결정하게 되는데, 이 같은 환경적 요인들을 무시한 채 개인의 재능이나 스타일에만 초점을 맞추는 것은 지나치게 문제를 협소화하는 오류를 지니게 됨을 지적하였다.

심리학자인 미하이 칙센트미하이(Mihaly csikszentmihalyi)는, 창의성은 머릿속에서 발현되는 것이 아니라 생각과 사회문화적 상황과의 상호작용에서 발생한다고 주장하며, 다음과 같은 모형을 제시하였다.

[그림 3-5] 미하이 칙센트미하이(Mihaly Csikszentmihalyi, 1999)의 체계모형[50)]

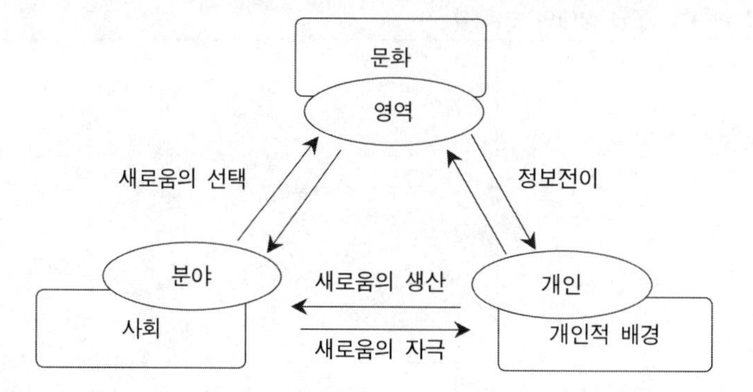

49) 이화자, 『광고 그리고 창의성』, 커뮤니케이션북스. 2002. P. 50. 재인용.

50) Mihaly Csikszentmihalyi, "Implications of a Systems Perspective for the Study of Creativity", In Robert J. Sternberg(ed), *Handbook of Creativity*, Cambridge, MA : Cambridge University Press, 1999. P. 315.

이처럼 '영역, 분야, 개인'의 세 부분으로 구성된 체계의 상호작용에서 발견될 수 있음을 제시하였다. 특히 생각의 몰입(flow)을 강조하면서 심리적 안정이 무엇보다 중요하다고 주장하였다. 그는 몰입경험(flow experience)으로부터 얻는 느낌을 다음과 같이 정리했다.[51]

첫째, 목표가 분명해지고, 피드 백이 즉각적이다.
둘째, 기회와 능력 사이의 균형을 유지한다.
셋째, 집중력이 강화된다.
넷째, 현재가 중요하다.
다섯째, 통제가 전혀 어렵지 않다.
여섯째, 시간에 대한 감각이 달라진다.
일곱째, 자아의 상실이 있다.

그는 행동기회가 능력에 비해 지나치게 힘겨울 때 그로 인해 생기는 스트레스는 불안을 경험하게 되고, 행동을 위한 기회가 행위자의 기술과 균형상태를 이룰 때, 몰입상태가 된다고 설명한다.

[그림 3-6] **몰입 상태의 모델**[52]

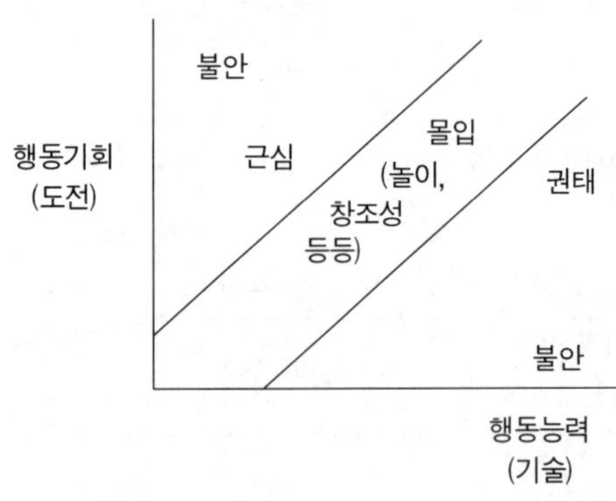

51) 미하이 칙센트미하이 지음, 심현식 옮김, 『몰입의 경영』, 황금가지. 2006. pp. 75~99 요약.

특히 일상의 감정 상태변화와 경험의 질과 활동의 관계를 함수 관계로 설명하고 있다.

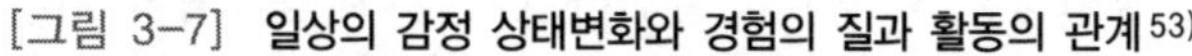
[그림 3-7] **일상의 감정 상태변화와 경험의 질과 활동의 관계**53)

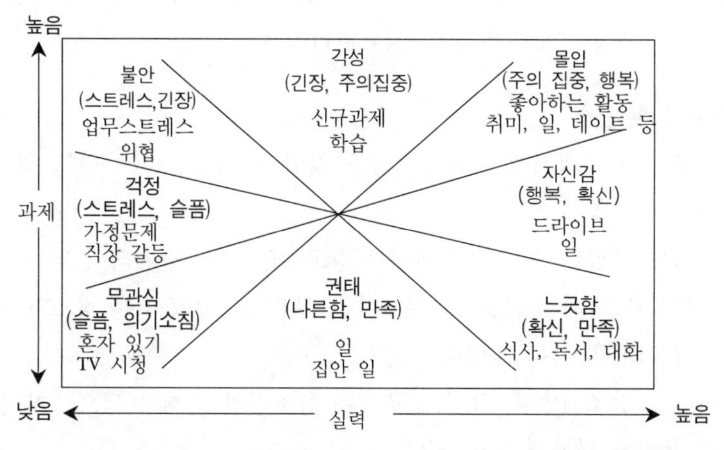

일상적인 활동 중에서 어떤 활동들은 몰입 상태를 낳는 반면, 어떤 활동들은 불안이나 느긋함이 이어지기도 한다면서, 창의성은 개인과 영역, 분야의 상호작용 속에서 몰입의 상태에 다다랐을 때 발휘하기가 가장 적합하다고 하였다.

인간의 창조적 능력은 매우 다양한 요인들의 영향을 받는다. 대체로 개인적으로는 인간의 감성, 상상력, 직관, 그리고 지식과 경험에 뿌리를 두고 처해진 환경의 영향에 따라 각기 다르게 나타날 수 있음을 알 수 있다.

아이디어가 자연스럽게 잘 떠오르지 않는 것은 대체로 개인적으로는 선견성이나 대담성, 정감 또는 세련미의 부족을 들 수 있다. 또 어떤 팀이나

52) 미하이 칙센트미하이 지음, 이삼출 옮김, 『몰입의 기술』, 더불어책. 2003. P. 111.
53) 미하이 칙센트미하이 지음, 앞의 책, pp. 125~126 재구성.

조직에서는 자유롭지 못한 경직된 조직문화 환경, 정보의 부재, 탐험정신과 문제의식의 결여 등을 들 수 있다.

줄리아 카메론은 창조성을 회복하고 발견하기 위한 마음가짐의 기본 원리로 10가지를 제시했다.[54] 무의식의 세계를 동원하여 활성화되지 않은 창조성을 자극하여 생명력을 불어넣는 원리이다.

10가지 기본 원칙

1. 창조성은 생명체에게 자연스러운 것이다. 생명은 순수하고 창조적인 에너지이다.
2. 우리를 포함한 모든 생명체에는 창조적인 힘이 잠재되어 있다.
3. 창조성을 위해 자신을 연다는 것은, 우리 삶 속에 있는 창조자의 창조성에 자신을 여는 것이다.
4. 우리는 창조되었다. 그리고 우리는 창조적인 존재가 됨으로써 창조성을 유지해 나가게 되어 있다.
5. 창조성은 신이 우리에게 주신 선물이다. 우리의 창조성을 사용하는 것이 신에 대한 답례이다.
6. 창조성을 거부하는 것은 자신의 의지이다. 하지만 그것은 진정한 본성에 대항하는 것이다.
7. 창조성을 탐험하러 나선다는 것은 신, 즉 자연에 순응하는 방향으로 우리를 연다는 것이다.
8. 창조주에게 향하는 창조성의 통로를 열면 부드럽고도 강력한 변화가 일어날 것이다.
9. 보다 큰 창조성을 향해 우리의 모든 감각을 열어두는 것이 안전하다.
10. 창조적인 꿈과 열망은 성스러운 원천에서 나온다. 우리의 꿈을 좇으면 성스러움으로 다가갈 수 있다.

54) 줄리아 카메론, 임지호 옮김, 『아티스트 웨이』, 경당, 2003. pp. 58~59.

창조는 사람들에게 큰 기쁨을 준다. 새롭게 시도할 때는 고통이 따르지만, 일단 창조하고 나면 만족감과 기쁨이 있다. 사람들은 일상 생활 속에서 크고 작은 창조 활동을 한다. 창조는 인간의 정신적 능력에서 비롯되는 것으로, 인간의 본성적 활동이다.

제럴드 젤트만은 창의적 사고에 대해 매우 적극적으로 주문한다. 그는 집중적이고 의식적인 노력과 실험의 결과를 토대로 낡은 인식의 족쇄에서 벗어나기 위한 10가지 방법을 제시했다.[55)]

1. 만족하기보다는 새로움에 조바심을 내라.
2. 이례적인 현상에 주목하라.
3. 우연히 획득한 데이터를 자유롭게 활용하라.
4. 결론을 시작으로 간주하라.
5. 기존의 것은 낡은 것으로 취급하라.
6. 같은 병아리만 쥐고 있는 짓은 그만 두어라.
7. 냉정한 열정을 길러라.
8. 자신만의 신념을 가져라.
9. 근원적인 질문을 하라.
10. 성급한 거부를 삼가라.

이 같은 제시에 얽매일 필요는 없다. 각자가 처한 상황에서 자기 스타일에 맞게 적절하게 활용하면 된다.

한편, 격월간지 '사이언티픽 아메리칸 마인드' 2008년 6·7월호[56)]에는 창

55) 젤트만, 앞의 책. P. 370.

56) http://www.sciam.com/sciammind/ '획득(capturing)'은 새로운 아이디어가 떠오르면 메모하는 습관을 갖는다. 아이디어가 잘 떠오르는 장소로는 '3B', 곧 욕조(bathtub), 침대(bed), 버스(bus)가 손꼽힌다. 하지만 기록하기 쉽지 않으므로 각별히 주의해서 노력해야 한다. '도전(challenging)'은 될 수 있으면 어렵고 힘든 문제에 부딪힌다. 그런 문제일수록 여러 가지 해결방안이 떠오르게 되고, 관련성을 분석해 나가다 보면 새로운 아이디어가 떠오르게 된다. '확장(broadening)'은 여러 분야에 관심을 갖고 많은 지식을 꾸준하게 습득해야 한다. 지식이 많으면 많을수록 여러 생각들을 연결시켜 새로운 아이디어를 창출해

의적 능력을 배양하는 네 가지 기술, 즉 획득(capturing)과 도전(challenging), 확장(broadening)과 환경(surrounding)을 소개하였다.

이상에서 살펴본 창의력에 관한 다양한 관점은 대체로 다섯 가지로 요약할 수 있다.

첫째, 천부론(天賦論)이다. 이는 창조적 천재들의 독특한 능력은 하늘이 내린 것이라는 시각으로, 어떤 영감(靈感)이나 초아적(超我的)인 어떤 힘에 의해서 창조가 도출된다는 것으로 가장 흔한 관점이다. 비상한 사건이나 아주 비범한 성취가 있을 경우 그것은 인간의 힘이라기보다는 어떤 신비한 힘, 실제로 어떤 신, 정령, 하느님의 힘으로부터 나왔다는 신비론적인 일맥상통하여 창의력・창조력을 과학적으로 이해하고 해석하려는 견해와는 상반된다고 하겠다.

둘째, 정신분석학적 견해이다. 이는 심리학 영역으로 최초로 프로이트(Freud)가 창의력 문제를 언급한 것으로 보인다. 그는 의식-무의식의 이론으로써 창의적 활동을 설명하려고 시도하였다. 문필가나 예술가의 창의적 활동은 그의 개인적인 무의식 세계 속의 욕망을 사회적인 의식의 세계가 받아들일 수 있는 형식으로 표현하는 일종의 승화작용이라고 보았다.

셋째, 심리측정론적 견해이다. 독일의 형태심리학에서는 '생산적 사고'라는 이름으로 연구가 진행되었는데, 20세기에 들어와서 미국을 무대로 한 행동주의 심리학에서 길포드(Guilford)가 처음으로 창의력에 대해 언급하였다. 그는 창의력을 구성하는 몇 가지 기본적인 능력들이 있을 것이라고 가정하고, 그런 능력은 천재뿐만 아니라 일반인들에게서도 찾을 수 있다고 전제한 뒤, 그 능력들을 지필검사 방법으로 측정될 수 있을 것이라는 심리측정론적 견해를 밝혔다. 그는 창의력을 구성하는 기본적인 능력에 대해 문제에 대한 '민감성(sensitivity)', 아이디어 산출의 '유창성(fluency)'과 '독창성(originality)', 사고

낼 수 있다. '환경(surrounding)'은 새로운 아이디어가 잘 떠오를 수 있도록 주변 환경을 스스로 조성하는 능력이 중요하다.

의 '유연성(flexibility)'을 들었다. 그 후 그는 이런 능력들을 '확산적 사고(divergent thinking)'라고 명명한 뒤, 하나의 고정된 사고로 해결방법을 찾아 가는 '수렴적 사고(convergent thinking)'와 대비시켰다.

넷째, 인지론적 해석이다. 창의력은 특수한 천재적 재능도 아니고, 무의식도 아니며, 창의력만을 구성하는 능력이 따로 있는 것도 아니라고 보고, 창의적 문제해결은 보통의 문제해결과정에서 작용하는 여러 인지 작용, 예컨대 학습, 기억, 학습의 전이, 기억의 상기, 변별과 일반화, 분석과 종합, 유추 등의 인지작용들의 누적(累積)이 이루어내는 새로운 문제해결에 불과하다는 것이다. 따라서 누구나 창의적 문제해결능력을 지니고 있다고 본다.

다섯째, 사회체제론적 접근이다. 천부론, 정신분석론, 심리측정론, 인지론은 모두 '개인'에 초점을 둔 견해들인데 비해, 사회체제론적 접근은 개인의 창의적 능력, 성격, 동기, 사고과정만 아니라, 주변의 여러 사회체제의 특성도 창의적 활동과 업적에 크게 기여한다고 보는 관점이다.

문화콘텐츠 개발을 위해 항상 적극적인 자세로 새로운 것을 지향하는 창신(創新)의 정신과 새로운 현실을 만들어 가고자 하는 실천적 자세로 모든 역량을 집중하여야 한다.

(2) 아이디어 원천과 매체 분석

창의적 아이디어는 다양한 방법으로 획득된다. 갑자기 어떤 영감(靈感)이 번뜩 떠오르기도 하고, 오랜 탐구와 고심 끝에 나타나기도 한다. 하지만 문화콘텐츠 개발에서의 아이디어는 대부분 자기 의지에 따라 사고와 연구를 통해 창출된다.

여기서는 문화콘텐츠의 특성상 '팬(마니아, 오타쿠)과 매체분석을 통한 아이디어 포착, 전통(傳統) 속에서 아이디어를 발굴'하는 것에 대해 살펴보기로 한다.

① 팬(fan)[57]

문화콘텐츠 수용자에 대해서는 여러 명칭이 있다. 열광하는 사람들을 '팬'이라고도 하고, 어느 한 장르에 몰두하는 사람들을 '매니아(mania)', 상업적 시각에서는 소비자, 이용자, 관람자(관객), 청중, 시청자(청취자) 등 매우 다양하다. 매체와 관점에 따라 그 명칭도 각각이다.

'팬'은 배우나 가수, 스포츠 선수, 정치인, 문인 또는 어떤 문화콘텐츠에 대해 좋아하거나 호의적인 생각을 가진 사람들로 매우 포괄적인 의미로 사용된다.

문화콘텐츠 분야로 보면, '팬'은 누구에 대해서 열광적으로 좋아하는 사람, 수용자군 중에서도 두드러지게 관심을 드러내서 표현하는 집단으로, 즐기고 몰두하기 위해 모든 노력을 아끼지 않는 매우 적극적이고 능동적이며 참여적인 수용자 집단이다. 따라서 선호하는 대상에 대해서는 전문성이 크게 뛰어나 자신감과 함께 스스로의 정체감도 확보한다. 또 이들은 network를 형성하여 하나의 그룹으로 활동함으로써 사회적으로도 큰 영향을 미치고 있다.

문화콘텐츠 개발자의 입장에서는 팬이나 마니아는 매우 큰 자산이다. 이들은 문화콘텐츠 개발에 아이디어를 제공할 뿐만 아니라 상품 판매 전략에 자발적으로 참여하는 충실한 소비자로서 함께 울고 웃고 하는 매우 친밀한

57) '팬'과 '매니아'와 '오타쿠'의 구분 : 가장 넓은 층을 이루고 있는 것이 '팬'이고 그 다음이 '매니아', 그리고 가장 적은 수가 '오타쿠'이다. 팬이 진화하여 매니아가, 매니아가 진화하여 오타쿠가 되는 것이다. '팬'은 단순히 어떤 대상을 좋아하는 상태를 의미한다. 자신이 좋아하는 대상에 대해 누군가 험담하는 것에 대해 분노하는 정도의 수준인 것이다. 이 수준이 높아지면 '매니아'가 되는데 이때부터는 자신이 좋아하는 대상에 대하여 점점 수집이나 연구 쪽에 눈을 뜨게 된다. 자신이 좋아하는 대상에 대해 수집이나 연구라는 객관적인 행동을 보이는 것일 뿐이므로 콜렉터와 동급으로 볼 수 있다. '매니아'의 수준을 넘으면 '오타쿠'가 되는데 '오타쿠'는 자신이 좋아하는 대상이 자신에게 있어 어떠한 것인가라는 관점에서 대상을 재배열하는 층을 가리킨다. 즉 '오타쿠'는 어떠한 것을 좋아하게 되어 수집과 연구를 하게 되고, 거기에 지성이 더해지게 되는 수준을 말한다. 이들은 비평적인 시각을 갖추고 있으며 2차적인 창작 활동을 이루어내기도 하며 한 대상과 관련이 있는 다른 분야로의 접목에까지도 관심을 갖는다. 즉, '어떠한 대상에 대해 집착이 강한 사람' 혹은 '대중문화를 매니아적으로 소비하는 사람', '자신이 집착하는 부분에 대해 끊임없이 돈과 시간을 투자하고 특유의 심리적인 특성을 가지고 있는 사람이라고 할 수 있겠다. 출전 : 연세대일본문화연구소 cafe.daum.net/yonseijapancenter

관계에 있다. 심지어 경쟁사의 침투에 대해서는 든든한 보호막 구실까지 하는 매우 소중한 존재다.

팬들은 특정한 방식의 읽기와 비판을 공유하며 문화텍스트를 접한다. 팬이 되는 것은 팬 공동체의 선호된 해독 실천을 학습하는 과정이다. 텍스트를 자신의 삶 속으로 끌고 들어와 삶과 연계시켜 보다 재미있게 음미하며 그들만의 방식으로 읽는다. 제공된 텍스트를 뛰어넘어 보다 풍부하고 복잡하며 그러기에 훨씬 재미난 텍스트를 창출해 낸다. 또한 이들은 텍스트의 역사를 알고 세부사항을 모두 알고 있기에 텍스트가 일관성이 결여되거나 모순된 이야기가 등장하게 되면 심히 불쾌해 한다. 따라서 팬들은 생산자에 대해 품질관리를 해 주는 셈이다.

팬들은 주어진 텍스트의 최종 완성자로서의 생산적 측면을 가질 뿐만 아니라 스스로가 문화물의 생산자가 되기도 한다. 좋아하는 텍스트와 관련하여 노래를 만들어 내기도 하며 스스로 대본을 쓰기도 하고, 패러디를 창작하거나 아이디어를 제공하는 등 좋아하는 대상의 콘텐츠 생산 활동에 직접적으로 참여하고자 한다.[58]

팬들은 창의적 아이디어의 귀중한 원천이다. 이들의 니즈(needs)는 항상 발전적이며 시장 지향적이다. 존 피스크(J. Fiske)는 팬 의식을 '팬덤(fandom)'[59]으로 정의하며, 그들의 적극적인 참여와 변용에 주목했다. 따라서 문화콘텐츠 개발자는 네트워킹을 이용해서 이들과의 관계를 매우 우호적으로 발전시키고 그들이 주는 아이디어와 정보를 수집하다 보면, 전도유망한 매우 훌륭한 아이디어를 획득할 수 있다.

팬들은 특별한 수용자군이다. 적극성과 능동성, 전문성까지 띤 그들로부터 아이디어를 획득하는 것은 매우 보람된 일이다. 하지만 그들이 영원히 산업편에 서지 않는다는 점을 기억해야 한다.

58) 김정기 · 박동숙 외 지음, 『매스미디어와 수용자』, 커뮤니케이션북스. 1999. P. 232~238 요약.
59) 박명진 · 정준영 외 6인, 『문화, 일상, 대중-문화에 대한 8개의 탐구』, 한나래. 2000. pp. 183~208.

② 매체분석을 통한 아이디어 포착

매체에 나타난 정보는 아이디어의 발전소다. 그 정보 속에서 나름대로 독특한 아이디어를 발견하고 확장시킬 수 있다. 따라서 매체 정보로부터 아이디어를 포착하는 일에 능숙해야 한다. 이미 선보인 정보를 디딤돌 삼아 새로운 정보를 생산하면 된다.

매체 정보는 여러 요인들이 매우 복잡하게 결합하여 이루어지는 특성이 있다. 먼저 정보의 원천이 있다. 이는 어떤 사실이나 현상일 수도 있고, 아니면 인적(휴먼) 정보일 수도 있다. 그 다음 정보를 수집하는 정보 수집자나 정보원, 또 이를 가공하는 정보가공자, 정보를 전달하는 매체 등 여러 복합적인 요인들이 상호 작용하여 매체 정보를 형성한다. 따라서 매체 정보에 접근할 때에는 그 특성을 고려하여 다양한 방법으로 접근하게 된다.

매체 정보에 대한 접근방법[60]

매체 정보에 대한 접근방법(approach)에는 여러 가지가 있다. 크게 양적 방법과 질적 방법으로 나눌 수 있다.

양적 방법은 축자적(逐字的)으로 볼 때 생산물(product)에 바탕을 둔 것으로 주관적 이해를 배제하고 객관성을 확보하려는 시도이므로 외적(外的)이다. 따라서 어떤 특징이 존재하는 정도와 결과를 측정하는 서베이나 실험, 통계 등에 매우 유용하다.

반면 질적 방법은 사회 상호작용 속에서 과정(process)에 초점을 두고 경험이나 분석, 해석 등을 중시하여 특수하고 개별적인 경험을 가지고 현상을 기술한다는 점에서 내적(內的)이라고 할 수 있다.

문화콘텐츠 개발을 위해 아이디어 획득을 목적으로 한 경우에는 위의 두 방법 모두 활용할 수밖에 없다. 하지만 정보에 대한 수용자의 안목에 따른 주관적 해석과 발견을 중시하는 아이디어의 속성상 질적 접근 전략에 대해

60) 김정기 · 박동숙 외 지음, '앞의 책', pp. 156~185. 박창희, '제6장 수용자 연구의 질적 접근방법' 참조.

살펴보고자 한다.

질적 접근을 위해서는 현상이나 사실을 연구하기 위한 지침을 제공해 주는 여러 가지 전략들이 필요하며 또한 이러한 전략은 자료수집을 위한 기법과 도구로 연결되어져야 한다.[61)]

질적 접근을 위한 몇 가지 전략을 제시하면 다음과 같다.

첫째, 전체적인 시각(holistic view)이 필요하다.

현상과 상황에 대한 전체적인 이해를 위해서는 사회적 상황의 전반적인 윤곽을 드러내는 자료를 광범위하게 수집하는 것이 필요하다.

둘째, 귀납적 접근(inductive approach)을 행한다.

개별적인 사례들을 경험적인 관찰을 통해 충분한 자료수집이 되었을 때 이 방법을 행한다는 것이 이 전략의 목적이다.

마지막으로, 사회현상은 자연적인 탐구(naturalistic inquiry)를 통한다. 사건이나 관계, 상호작용으로 자연적인 현상에서 자연적으로 일어나는 현상을 이해해야 한다.

질적 접근방법에는 다양한 기법들을 생각해 볼 수 있는데, 일단 '삼각측정법(triangulation)'을 활용해 볼 수도 있다.

'삼각측정'은 '한 가지 방법을 사용함으로써 나타나는 개인적이고 방법론적인 편견을 없애기 위해 '상호작용', 관련된 사건의 '참여관찰', '공식적 또는 비공식적 인터뷰', 그리고 '체계적 설명' 등 여러 가지 방법을 사용하여 자료를 모으는 방법'을 의미한다. 이를 요약하여 '참여관찰'과 '심층 인터뷰', '기록 분석'으로 나누어 설명해 본다.

'참여관찰'은 글자 그대로 직접 참여하여 관찰하는 것으로, 특수한 사회적 상황(setting)에서 일어나는 다양한 사건, 관계, 그리고 행동을 기술하는 것이다.

---

61) 김정기 · 박동숙 외 지음, '앞의 책', pp. 169~171 요약참조.

'심층 인터뷰'는 수용자가 대화 주제를 결정하여 상황에 따라 즉각적으로 대처하는 방법이다. 누구의 지시를 받거나 방해됨이 없이 말할 수 있다는 점에서 장점이 있다.

'기록 분석'은 문서나 논문, 도서, 시청각 자료, 인터넷에 나타난 정보 등 각종 자료들을 엄밀히 검토, 분석하여 그 자체에서 의미를 발견하는 방법이다. 이는 여러 가지 자료의 내용적 특성을 근거로 주관적으로 기술하는 기법이다.

[그림 3-8] **삼각측정법(triangulation)**

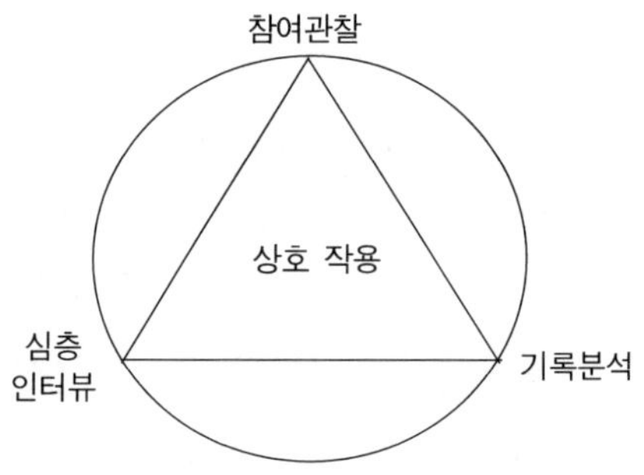

질적 접근방법들은 연구대상의 생활 속으로 들어가 그 세계를 깊이 관찰하고 기록하여 체계화하는데 유용한 방법이다. 이러한 방법은 수용자를 주체적이고 능동적이며 창조적인 존재로 본다. 단순히 자극에 반응하는 유기체가 아니라 의미를 부여하고 그것을 상징화함으로써 의미를 창출하기 때문이다.

문화콘텐츠 개발시 다양한 방법들을 동원하여 아이디어를 획득하게 되는데 매체 정보에 대한 접근방법을 적절하게 참조하여 의도하였거나 소망하였던 아이디어가 머릿속에 떠오를 때 일단 목적 달성의 큰 걸음이 시작되었다고 할 수 있다.

매체에서 아이디어를 포착하는 일반적인 방법

일반적으로 매체에서 아이디어를 포착하는 방법을 살펴보면 다음과 같다. 이 방법은 지극히 피상적인 방법일 수도 있다. 하지만 노력 여하에 따라서는 유용하게 쓰일 수도 있다.

- 어떻게 찾을지 생각하기 : 주제와 관련하여 아이디어를 어떻게 찾으면 좋을지 생각해 본다.
- 매체 선정하기 : 아이디어 수집에 알맞은 매체를 선정한다.
- 매체 이용 방법 알기 : 신문, 잡지, 사전, 책, 영화, 게임, 인터넷 등의 이용 방법을 안다.
- 아이디어 수집하기 : 맥락을 이해하고 필요한 것만 골라 모은다.
- 아이디어 정리하기 : 수집한 아이디어에 출처를 적고, 정리한다.

매체 속에 담긴 수많은 정보 속에서 아이디어를 찾고자 할 때는 정보의 가치를 잘 따져보아야 한다. 정보의 옥석(玉石)을 가리는 방법을 정리해 보면 다음과 같다.

첫째, 나의 목적에 맞는지 '적합성'을 따져본다. 아이디어와 연결 지어 필요한 것과 그렇지 않은 것을 구분한다.

둘째, 정보의 '신뢰성'을 살펴본다. 혹시 편파・왜곡・오보 등은 아닌지 정보 혜택 여부를 정한다.

셋째, '내용의 깊이와 넓이'가 있는지 검토한다. 단순하거나 감정에 치우친 것이 아닌지 살펴보면서 아이디어로서의 가치를 생각해 본다.

넷째, 수용자를 감동시킬 수 있는지를 고려한다. 아이디어로 활용할 때 다른 사람을 감동시킬 수 있을만한 가치가 있는지를 생각해 본다.

다섯째, 직감적으로 '결과에 대해 예측이 가능한 정보'인가를 판단한다. 아이디어 수집은 문화콘텐츠 생산에서 가장 중요한 활동이다. 따라서 결과에 대한 예측을 해보는 것은 매우 중요한 일이다.

여섯째, 정보에게 '왜' 라는 질문을 자주 던져본다. '왜?' 라는 질문을 통해, 시각차나 가치관 등에서 다름을 느낄 수 있다. 이렇게 질문하다 보면 자기가 원하는 정보를 찾는 분별력이 조금씩 향상된다.

일곱째, 인터넷에서 아이디어를 얻게 되는 경우, 충분한 설명이나 확인이 필요한 것들이 많다. 더욱이 새로이 첨가되거나 수정, 삭제, 보완된 것들이 반영되지 않을 때가 많다는 점에 유의한다.

여덟째, 부연 설명이나 참고할 자료가 함께 있는지 살펴본다. 중요한 사항, 쟁점 사항, 전문분야의 경우 해설 기사나 개념, 용어가 잘 정리되어 있는지 따져본다.

아홉째, 여러 매체들을 함께 비교·분석해 본다. 여러 매체들을 분석해 보면 다양한 시각들을 만나게 된다. 원인과 결과, 정보 간의 연결고리(상관관계) 등을 검토하면 좀 더 객관적인 시각을 가질 수 있다.

'체법묘기'와 아이디어 도출

매체 정보는 '체법묘기(體法妙氣)' 원리를 적용하여 분석하는 것이 유용하다. 일단 매체를 선택한 후 그 매체만의 포맷을 안 다음, 표현방법을 이해하고 전체 흐름을 간파해 가며 통찰력을 동원해 아이디어를 포착한다.

모든 매체 정보는 하나의 의미를 추구한다. 정보에 담긴 핵심 의미, 제공자의 초점이 곧 테마다. 테마에서 아이디어를 포착할 수도 있다. 나만의 체험적 의미로 재해석하여 새로운 콘텐츠 제작에 활용하면 된다.

매체 정보는 하나의 의미와 이를 드러내려는 사물들로 이루어진다. 따라서 정보에 담긴 사물들로부터 아이디어를 추출해 낼 수도 있다. 모든 사물들은 시간과 공간 위에 존재한다. 시간과 공간을 확실하게 파악하고 그곳에 존재하는 사물들의 종류와 위치를 파악하면 된다.

이처럼 매체 정보가 나타낸 개념과 사물들로부터 아이디어를 발견하면 된다. 아이디어는 테마나 전체 설계일 수도 있고, 캐릭터와 배경을 비롯한 제작자만의 표현법이나 사소하게 보이는 소도구일 수도 있다.

매체 정보 속으로 들어가 아이디어를 포착하는 순서를 살펴보면 대체로 다음과 같다.

첫째, 매체 정보 속에서 아이디어가 될 만한 것의 핵심인자를 찾는다. '무엇'을 아이디어로 잡으면 될 것인지 가장 초점이 되는 인자를 찾는다. 테마, 사물, 시간과 공간, 시점, 감정, 환상 등 무엇이든 아이디어로 활용할 수 있다.

둘째, 정보원의 성향이나 특성에 주목한다. 모든 표현에는 정보 제공자의 삶과 성향이 반영되어 있다는 점에 유의해야 한다. 심리적·사회적 사고방식 뿐만 아니라 전문 지식, 통찰력 등 경험, 상황 등 제공자가 처한 환경, 인적 네트워크 등이 어우러져 있다.

셋째, 핵심 인자별 특성과 원천을 분석해 본다. 어디에서 온 아이디어인지 냉정하게 생각하고 정보의 원천(source of information)을 찾아 분석해 본다.

[그림 3-9] **매체정보 분석과 아이디어 도출**

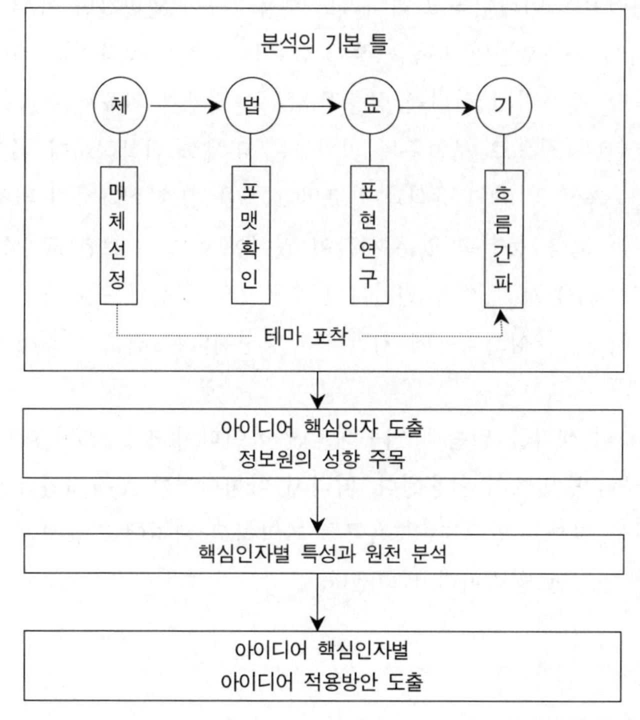

넷째, 개발할 콘텐츠와 연관 지어 인자별 아이디어의 적용 방안을 강구해 본다. 아이디어의 실천 방안인데, 실제 적용할 때는 그 타당성을 면밀하게 검토해 보아야 한다.

매체를 통한 수용자의 심층적 이해

매체 정보는 매개적으로 이루어지기에 세상의 흐름을 있는 그대로 보여주기도 하지만 사실을 굴절, 왜곡시키는 등 조작의 측면도 많다. 즉 진실은 알 수 없다. 따라서 사실 뒤에 숨은 이면(裏面)과 수용자들의 심리를 포착해 내야 한다. 또 같은 사건이라고 하더라도 각 매체마다 바라보는 시각이 다를 수 있다. 정보가 많으면 많을수록 수용자들을 잘 이해할 수 있다고 생각하면 안 된다. 그 가치를 판별해 낼 수 있는 안목이 필요하다.

비록 뛰어난 아이디어라고 하더라도 수용자들이 외면하면 아무런 소용이 없다. 따라서 수용자들의 마음을 잘 읽고, 아이디어를 수용자의 취향에 맞게 적용해 한다. 수용자의 심리를 심층적으로 이해하기 위해서는 많은 노력이 뒤따라야 한다. 겉으로 보여주는 의미들은 대체로 피상적이다. 수용자들의 심리, 성향, 속성 등 삶의 방식과 사고의 흐름을 깊게 이해하기 위해서는 상당한 시간과 노력, 통찰력 있는 시각이 있어야 한다. 잘트만 교수는 정말로 통찰력 있는 수용자 분석을 원한다면 수용자의 정신활동이 사회적 과정과 생물학적 과정 간 상호작용에 기반하여 형성된다는 점을 이해해야 한다고 주장한다.[62)]

수용자들의 생각을 읽는데 익숙해지면 아이디어 창출 뿐만 아니라 마케팅 등 다양한 방면에서 활용된다. 따라서 아이디어가 포착되었다면 수용자들이 무엇을 원하고 있는지 그 욕구를 파악하고 거기에 적절하게 대처하는 것이 가장 현명한 방법이라고 하겠다.

62) 제럴드 잘트먼 지음, 노규형 옮김, 『How Customers Think』, 2004. 북21. pp. 61~62 수정보완.

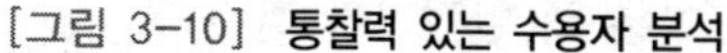
[그림 3-10] 통찰력 있는 수용자 분석

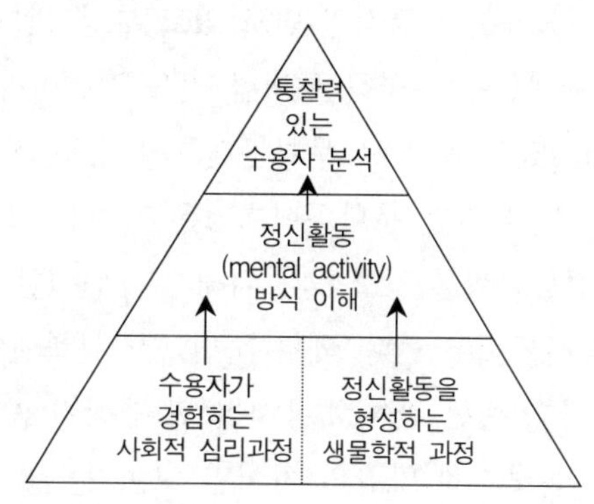

③ 전통 속에서 아이디어 발굴하기

문화콘텐츠 분야에서 전통의 역할은 매우 중요하다. 특히 강대국과의 차별성, 독창성을 염두에 둘 때에는 전통문화의 위력을 실감하게 된다. 전세계가 그렇게 열광했던 '반지의 제왕'도 결국 게르만 민족의 신화를 재창조한 작품에 불과하다는 사실을 안다면, 그동안 도외시한 듯한 우리의 전통문화에 대해 새로운 시각으로 접근하리라고 본다.

우리는 서구화, 산업화, 정보화의 영향으로 탈전통 시대에 살고 있다고 해도 과언이 아니다. 하지만 면면히 이어온 전통은 우리의 뇌리 속에 살아있으며 그 뿌리 또한 깊고 튼튼하다. 이는 비단 우리 민족만의 일이 아니고 어느 집단이나 어느 민족, 국가이든 대대로 이어온 그들만의 삶의 방식은 그 나름대로 존재 의의가 크다.

전통(傳統)은 '단순히 물려받은 것 또는 유산(遺産)이라고 표현하며 과거로부터 현재로 전래되거나 물려받은 모든 것[63]'이다. 국어사전에는 '지난 세대에 이미 이루어져 그 후로 계통을 이루어 전하여지는 것[64]'으로 풀이 되어 있다.

63) E. Shils 지음, 김병서 · 신현순 역, 『전통』, 민음사. 1992. P. 24.
64) 신기철 · 신용철, 『새우리말큰사전』, 삼성출판사. 1983.

전통은 지난 세대에 이루어져 계통을 이룬 채 일정기간 전승되는 것으로, 오늘날의 시각으로 볼 때는 긍정적인 면도 있고 부정적인 측면도 없지 않다. 그 가치가 어떠하든 전통은 분명히 특정한 것을 전통이라고 생각하는 집단의 속성을 내포하고 있다. 따라서 문화콘텐츠의 경우 전통에 기반을 두고 제작될 때 전세계에서 유일한 문화콘텐츠임은 자명한 일일 것이다.

먼저, 우리만의 전통문화를 강조하기 위해서는 인접한 중국이나 일본 문화와의 차별성부터 시도해야 한다. 왜냐 하면 한자문화권인 동양 삼국은 역사적으로 문화교류가 빈번한 관계로 유사한 면이 적지 않다. 특히 유불도의 영향으로 서양인들이 보기엔 약간의 차이만 보여 줄 뿐 비슷한 면이 적지 않다. 일단 중국과 일본의 문화와 한국 문화는 확연하게 다르다는 인식을 각인시키는 일이 일차적인 관건이라고 할 수 있다.

문화콘텐츠 개발을 위해 아이디어를 찾을 때에는 수용자에게 일본, 중국의 것과 확연하게 다르다는 인상을 심어줄 수 있는 소재가 가장 좋다. 이를 위해 전통문화에 대한 철저한 교육과 함께 우리의 전통문화와 중국, 일본 문화와의 철저한 비교연구가 선행되어야 한다. 일단 중국, 일본문화와의 차별성 시도에서 우리 문화콘텐츠의 독창성을 찾아야 한다고 본다.

간혹 중국신화와 함께 '포박자', '요재지이', '삼국지', '수호지' 등에 등장하는 스토리를 소재로 생각하는 경향이 있는데, 그것은 뒷날 할 일이다. 그러한 책은 우리에게 분명 풍부한 상상력 거리를 제공한다. 하지만 일단 우리만의 문화콘텐츠 소재를 우리의 우수한 전통 속에서 탐구하는 것이 첫걸음이다.

일례로, 필자는 한국문화콘텐츠의 특성을 '홍익인간'에 바탕을 둔 '건강콘텐츠'로 하였으면 한다. 전세계적으로 건강에 신경 쓰지 않는 민족은 없을 것이다. 하지만 우리 나라는 역사적으로 매우 특별한 스토리를 지니고 있다.

우리 민족의 뿌리인 '단군신화(檀君神話)'에 잘 나타나 있다. 쑥과 마늘로 인간을 만든 신화는 세계에서 유례가 없는 매우 특이한 신화다. 더욱이 신화의 세계에 그치지 않고 현대를 살아가는 우리들의 생활 속에서도 그대로 살아 움직이고 있다. '단군신화'야말로 인류가 내놓은 신화 중에서 독보적인 존재임이 분명하다.

또 중국의 진시황이 서시와 동남동녀 3000명을 우리나라에 보내 불사약(不死藥)을 구한 사실만으로도 독창성 있는 콘텐츠가 탄생될 수 있다. 우리 국토는 약초천국이다. 우리 국토에 자생하는 모든 동식물들은 인간을 살리는 약이다. 국민들이 누구나 공감하고 생활 속에서 실제로 활용하고 있는 것도 사실이다. 단지 서양 사람들이 이해할 수 있도록 설명하고 보여주는 능력이 부족할 따름이다. 또 서양에 연금술(鍊金術)이 있다면 우리에게는 연단술(鍊丹術)[65]이 있다.

역사적으로 우리 민족은 생명공학의 원조다. 우리 민족은 역사적으로 이 분야에 대해 많은 노하우를 가지고 있다. 이해집단들과의 조정을 통해, 활성화만 이루어진다면 국민의 공감대 형성뿐만 아니라 우리 민족의 타고난 소질 개발에 이어 국민건강, 관련 산업분야의 경제 활성화에도 크게 기여하리라고 본다. 어쨌든 우리 민족은 생명공학 분야에 대해 특별한 환경과 재능을 소유하고 있음을 역사적으로 증명해 주고 있다. 이를 소재로 한다면 무궁무진한 콘텐츠가 탄생될 수 있다.

이를 더욱더 확장하여 인공생명 디자인뿐만 아니라 '로봇' 분야에서도 '인간을 위하고 인간을 살리며 인간을 만드는' 헬스코리아 문화콘텐츠 전략을 접목시키는 것도 매우 유용하리라고 본다.

이것뿐만이 아니다. 영국 여왕이 직접 보고 다녀간 안동 하회탈춤은 세계적임이 드러났다. 이는 문화적 자부심이 대단한 영국도 인정한다. 이를 소재로 다양한 동소체를 개발하여 세계에 알린다면 한국문화콘텐츠의 특성을 세계인에게 각인시키기에 매우 수월할 것으로 보인다.

---

65) '연단술'은 고대 중국에서 도사(道士)가 진사(辰砂)로 황금이나 약 같은 것을 만들었다고 하는 일종의 연금술. 복용하면 늙지 않고 죽지 않으며, 몸이 가벼워져 하늘을 날 수 있고, 귀신을 부림으로써 변신 등의 초능력을 지니는 신선이 될 수 있다는 단약(丹藥)을 만들고자 고대 중국에서 시도되었던 기술이다.

다중지능(Multiple Intelligence)이론으로 유명한 심리학자 하워드 가드너(Howard Gardner)는 저서 『미래 마인드(FIVE MINDS for the FUTURE)』[66]에서 미래를 성공적으로 이끌 마음으로 '훈련된 마음(The Disciplined Mind), 종합하는 마음(The Synthesizing Mind), 창조하는 마음(The Creating Mind), 존중하는 마음(The Respectful Mind), 윤리적인 마음(The Ethical Mind)'의 다섯 가지를 제시했다.

'유심소작(唯心所作)'이라는 말이 있다. 모든 일은 마음먹기에 달려 있다는 말이다. 문화콘텐츠 개발 역시 개발자의 마음에 달려 있다.

(3) 아이디어 발상과정

인간의 창의적인 행위는 사람마다 개인차가 있다. 타고난 형질이 다르고 환경, 사고와 지식 등 모두 다르기 때문이다.

월컵(Walcup)은 창의적인 행위의 특징을 정리하여 아이디어 발상을 다음과 같은 과정을 거친다고 설명하였다.

- 준비(preparation) → 부화 또는 숙고(incubation) → 계시 또는 영감(illumination) → 증명(verification)

이는 문제를 감지한 후, 관련된 자료를 수집하고, 문제를 해결하려 노력하려고 하지만, 문제는 해결되지 않은 채, 다음 단계로 이어진다. 그 후, 좌절감과 고심 등의 과정을 겪지만 아무런 일도 일어나지 않는다. 이 시기에 이른바 그 어떤 번득임이 일어나게 되는데 이때가 아이디어가 떠오르는 단계(illumination)이다. 그 다음 최종적으로 증명의 과정에 의해서 마무리된다고 한다.

그 후 윌라스(Joseph G. Willas)는 아이디어 발상과 창조의 과정을 4단계로 나누어 정리했다.

66) 하워드 가드너 지음, 김한영 옮김, 『미래 마인드(FIVE MINDS for the FUTURE)』, 재인. 2008. http://www.howardgardner.com/

① 준비기(preparation)

- 정보를 수집하고, 문제에 대해 생각하며 가능한 아이디어를 찾는 단계
- 창조를 위해 준비하기 이전의 방향잡기
- 필요한 지식과 경험을 쌓고 필요한 자료를 수집, 정리, 통합하면서 많은 에너지를 쏟는다.
- 끊임없이 노력하고 주도면밀하게 준비해야 창조의 가능성을 높여 준다.

② 부화기(incubation)

- 조류가 알을 까기 위해 알을 품는 단계에 해당
- 문제 해결이 쉽지 않아 일정 기간 쉬는 듯한 단계
- 지금까지의 과정을 재음미하고 문제를 재구성함.
- 새로운 생각이 나면 신속, 자발적으로 확실하게 나아가는 단계

③ 조명기(illumination)

- 아이디어가 번득여 문제 해결이 분명해지는 단계
- 해결을 위해 가장 빠른 속도로 나아가는 과정

④ 증명기(verification)

- 해결책이 실용성, 효용성, 적합성에 비추어 점검되고, 정교화되는 시기로, 영감에서 얻은 해답을 응시하는 단계
- 현실에 적용, 실현가능한 형태로 정리해서 사회적으로 가치를 만들어 가는 과정

이 같은 일련의 과정은 반드시 순서대로 이루어지는 것은 아니다. 개인차가 있고, 상황이나 전문분야에 따라 다르다. 또 모든 아이디어가 옳다고 판단하기는 어렵다. 따라서 항상 열린 생각(open mind)으로 임해야 한다.

한편, 오스본-판즈는 1963년 창의적 문제 해결과정인 CPS 모델을 발표하였다. 이는 급변하는 현대사회에서 변화를 어떻게 활용하고, 변화를 이끌어 갈 것인가를 이해하고 스스로 해결방법을 찾을 수 있도록 하는 사고기능을

향상시키는 프로그램이다.

CPS는 사실 발견(fact-finding), 아이디어 발견(idea-finding), 해결책 발견(solution-finding) 등 세 가지 기본 단계로 구성되어 있다. '사실 발견'은 문제 정의와 준비라는 두 가지 하위단계로 이루러져 있으며, '아이디어 발견' 단계는 잠정적인 아이디어를 만들어 내고, 가능한 한 적절한 해결책이 되도록 다듬으며, '해결책 발견'은 생성된 아이디어를 평가해 내고, 문제 해결에 가장 적절한 것들을 선택한다. 이 세 단계는 과제를 선택하고, 이해하는 데 중점을 둔 것으로, 이를 실행하기 위해서는 다음의 6단계가 필요하다.

- 목표 발견(objective-finding)

  ↓
- 사실 발견(fact-finding)

  ↓
- 문제 발견(problem-finding)

  ↓
- 아이디어 발견(idea-finding)

  ↓
- 해결책 발견(solution-finding)

  ↓
- 실행 방안 발견(acceptance-finding)

사실, 아이디어를 현실화하기까지의 과정은 매우 멀고 험난한 과정이다. 성공적인 실행을 위해 모든 요소들을 분석하기도 하고, 온갖 장애들을 극복해 나가는 지혜, 그리고 구체적인 실행 계획을 수립해 나가는 것이 반드시 필요하다고 하겠다.

그러면 아이디어는 어떠한 과정을 거쳐 생성되고 또 활용되며 성장하고 소멸되는가? 그것은 전통적으로 내려오는 '십이포태법(十二胞胎法)[67]'을 변형하여 적용해 보면 보다 쉽게 이해할 수 있다.

'십이포태법'은 인간과 우주만물의 생성소멸의 과정을 12단계로 나누어 설명한 것으로, 동양철학에서 활용하던 용어이다. 이를 아이디어 생성에서부터 소멸까지의 과정에 변형하여 적용해 보면 쉽게 이해할 수 있다.

- 포(胞) : 막연한 희망을 가지고 무에서 유를 창조하려고 구상하고 계획하고 준비하는 단계다.
- 태(胎) : 희망과 발전을 꿈꾸며 구상과 계획을 마치고 실천하는 단계다. 내부적으로는 아이디어의 싹이 밖을 향해서 나아가려고 준비가 완료된 상태다.
- 양(養) : 아이디어가 숙성된 단계로, 이제 세상 밖으로 태어나기만을 기다리는 과정이다. 이를 바탕으로 새롭게 출발하려는 기대와 포부로 자신만만하다.
- 생(生) : 아이디어의 탄생 단계이다. 드디어 아이디어가 세상에 태어나는 과정으로 최고의 단계이다.
- 욕(浴) : 아이디어에 대한 주변의 평가가 시작되는 단계이다. 목욕(沐浴)이라는 단어에서 알 수 있듯 씻고 닦으면서 상처가 있다.
- 대(帶) : 세상의 평가를 통과하여 아이디어가 빛을 보려고 하는 단계이다. 꿈이 크고 장래에 대한 희망으로 가득 차 있다.
- 관(官) : 드디어 아이디어가 빛을 보았다. 기상을 한껏 드높이고 많이 활용되어 번창하기 시작한다.
- 왕(旺) : 아이디어가 최고로 빛을 발하는 가장 왕성한 전성기다. 크게 번창하고 성장한다. 이 때 동소체, 즉 파생상품들 또한 번창한다.
- 쇠(衰) : 아이디어로서 더 이상 발전은 없고 정체된 상태로 안정이 된다. 점차 효용성이 떨어져 사양길로 접어드는 과정이다.

67) '12포태'란 인간의 일생과 우주만상의 생성과 소멸과정을 열두 단계로 나누어 적용시킨 것이다. 즉 포(胞), 태(胎), 양(養), 생(生), 욕(浴), 대(帶), 관(官), 왕(旺), 쇠(衰), 병(病), 사(死), 장(藏)의 단계를 거친다.

• 사(死) : 아이디어로서 일생을 마감하는 시기이다. 모든 것이 유명무실해진다.
• 소(消)[68] : 아이디어로서 효력이 떨어져 소멸될 일만 남았다.
• 장(藏) : 아이디어로서 역할을 모두 완수하고 일생을 마감하는 단계이다.

이는 아이디어의 생성과 소멸까지의 전과정을 일목요연하게 보여준다.

항상 새로움은 마음에서 우러나온다. 새로운 아이디어가 떠오르면 일단 메모하고 나름대로의 생각을 설정하는 것이 중요하다. 일단 목표를 설정하고 목표에 적합한 아이디어인지 판단해 보자. 아이디어들을 잘 식별하여 목표에 가장 가까운 아이디어를 선택해야 한다.

(4) 아이디어의 구체화 전략과 보호

아이디어 발견은 크게 세 가지로 요약해 볼 수 있다. 하나는 브레인스토밍 등 '두뇌 회전'과 바꾸어 생각하는 '변형사고법', 견주어 생각하는 '유비사고법'이다.

[그림 3-11] 아이디어 발상법

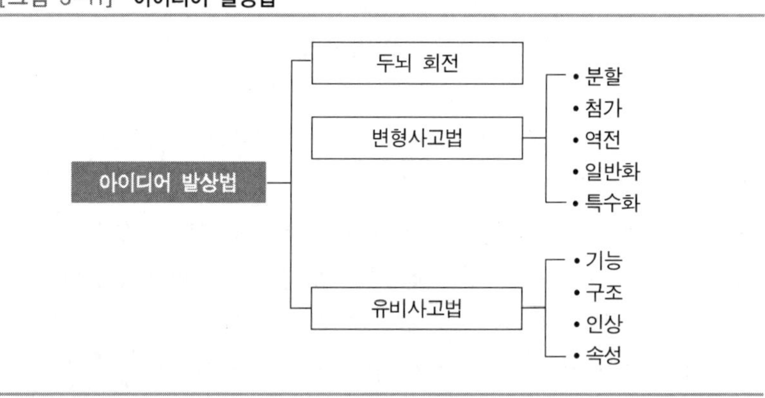

68) '12포태법'에서는 인간과 사물의 일생을 염두에 둔 것이므로 '병(病)'으로 표현되었다. 아이디어의 경우, 소(消)로 변형하여 적용하였다.

아이디어 노트를 만들어 보자. 떠오르는 아이디어를 모두 다 기억할 수는 없다. 따라서 그때그때 기록해 두어야 한다.

첫째, 작은 노트 한 권을 구입한다. 손바닥만한 크기면 충분하다.

둘째, 항상 노트와 펜을 들고 다닌다.

셋째, 평소에 지나쳤던 것이나 몰랐던 것들이 생각나거나 보거나 듣거나 느낀 것이 있으면 곧바로 적는다.

넷째, 그 후 노트에 써 놓은 것을 보고, 컴퓨터에 자세하게 그것에 대해 기록해 둔다.

다섯째, 일주일 또는 한 달에 한번 씩 적어 놓은 것을 보면서 떠오르는 생각을 적어 놓고, 다시 정리해 본다.

아이디어 노트는 창작을 전문으로 하는 사람이 아니라도 누구나 활용하면 매우 편리하다.

이렇게 아이디어를 모아서 구체화시키고 아이디어를 더욱더 확장시키다 보면 부지불식간에 훌륭한 아이디어가 탄생하게 된다.

영감에 의해 획득한 아이디어든 창의적 사고로 얻은 아이디어든 하나의 아이디어가 생명을 발휘하기 위해서는 강한 의지가 있어야 한다. 아이디어를 구체화하는 일이 매우 중요하다. 그렇지 않으면 사장(死藏)되고 만다. 흔히 아이디어 구체화는 전투라고 한다. 이 세상에 태어나 한 곡만 히트하면 산다는 각오로 철저하게 임해야 한다. 자기가 낸 아이디어에 대해 그 유용성을 확실하게 아는 사람은 오직 자기뿐이다. '자기의 아이디어를 보호하지 못한다면 차라리 헌납하라.'는 말이 있듯이, 아이디어 창안자의 역할은 아이디어 내는 것에서 그치지 않는다. 그 아이디어를 구체화시킬 의무가 있다.

아이디어를 다른 사람에게 대여하더라도 수많은 잠재력을 예비해 놓고 핵심만은 스스로가 갖고 있어야 한다. 아이디어의 운명은 본인이 갖고 있다는 사실을 명심해야 한다.

불행한 일이지만, 우리나라는 눈에 보이지 않는 아이디어에 대해 하찮게 생각하는 풍토가 짙다. 창작한 시나리오든 각색한 것이든, 다른 상품화와 관련된 것이든 아이디어에 대해 정당한 값을 지급하는 관행이 하루빨리 정착되어야 한다.

발명가들은 흔히 아이디어를 내기보다 그것을 지키기가 더 어렵다는 말들을 한다. 특허청에 등록하고 지적재산권 보호 장치를 서두르는 것이 좋다. 자기의 아이디어는 자기가 지켜야 한다. 아무런 대책 없이 있으면 어느 누구도 그 아이디어를 안전하게 보장해 주지 않는다. 특히 황금만능시대에 돈이 되는 아이디어를 훔치려는 도둑들이 발호하고 있다는 사실을 기억하자. 이러한 상황 속에서 아이디어 보호도 하나의 전쟁이다.

또 아이디어는 변형·진화한다. 약간의 빌미만 보여도 이를 기반으로 하여 새로운 아이디어 상품이 선보인다는 것을 명심해야 한다. 따라서 다양한 생각의 추세(趨勢)를 입수하여 분석하고, 예측하하며 또 정교하게 계산하는 태도가 필요하다. 아울러 아이디어가 큰 나무로 성장할 수 있도록 북돋우는 노력도 게을리해서는 안 된다.

아이디어 구체화 전략의 중심엔 사람이 있다. 항상 인간관계를 중시해야 한다. 아이디어를 이해하는 사람과 이해하지 못하는 사람, 그 양자의 간극은 언제나 존재한다. 따라서 서로의 간극을 조율하는 자세로 소통시키고 구체화 방향으로 인간관계를 만들어 나가야 한다.

'사이'

사람들 사이에
사이가 있었다.
그
사이에 있고 싶었다.
양편에서 돌이 날아왔다. — 박덕규(1958~)

세상에서 어려운 것 중의 하나가 사람들 사이의 관계이다. 모나면 모난 대로 둥글면 둥근 대로 어렵다. 하지만 분명 인간은 홀로 살 수 있는 존재가 아니라 더불어 사는 존재다. 아이디어에 찬동하는 부류가 있는가 하면 아이디어를 가치 없게 만드는 사람, 그리고 그 중간에 선 사람들은 항상 있다는 것을 이해하면서 적극적으로 추진해야 한다.

창의적 아이디어를 잘 내는 사람들은 다른 사람의 지혜를 효과적으로 활용한다. 같은 지역에서 생산되는 흙으로 어떤 사람은 토기(土器)를 만들었다. 또 다른 어떤 이는 청자(靑瓷)나 백자(白磁)를 만들어 우리 민족에게 선물했다. 다양한 사람들과 관계를 구축하고 지식과 경험을 함양하는 데 온힘을 기울여야 한다. 창의적 능력은 특별한 사람들에게만 주어진 힘이 아니다. 창의적인 사람들과 함께 하고 그들처럼 생각하고 행동하는 노력이 필요하다.

궁극적으로 문화콘텐츠는 개발자의 영혼의 소산(所産)이다. 부지불식간에 개발자의 총체적 삶이 녹아들어가 있다. 개발자의 세계관과 역량, 사회적·문화적 환경과의 관계 속에서 창작된다. 아울러 수용자들의 니즈(needs)도 한몫을 한다.

하지만 개발자로서 창의적 아이디어가 떠오르지 않아 답답할 때 각자 나름대로 조용하게 머리를 맑게 한 다음 집중하여 새로운 아이디어를 창출해내야 한다. 자연 속에서 또는 여행을 통해서 획득하는 방법도 있다. 자기만의 독특한 방법을 활용하면 된다.

중국 무협세계에서는 힘은 기술만 못하고 기술은 공력(부단한 수련 후 나타나는 것)에 미치지 못하며 공력은 법, 즉 이치(理致)에 미치지 못하고 법은 마음을 따라가지 못한다고 한다.[69] 따라서 자기 자신만의 큰 그릇을 마련한다는 각오로 목표를 설정하고 부단하게 노력하며 애정을 갖고 정성을 다하여야 한다.

69) 력(力)<기(技)<공(功)<법(法)<심(心).

5. 창의적 사고기법

아이디어를 추출하는 창의적 사고기법들을 살펴보기 전에 삶의 영역에서 굳어진 선입견과 고정된 관념에서 벗어나 보자.

김택영은 그의 「잡언(雜言)」에서 이렇게 말한다.[70]

> 이충무공이 거북선으로 일본을 깨뜨렸다는 것은 세상에서 늘상 하는 말이다. 그러나 충무공이 일본과 백 번 싸워 백 번 이길 수 있었던 것은 적을 제압하여 이기는 계책이 천변만화하여 계책을 내면 낼수록 더욱 기이했던 때문이지, 어찌 거북선이 한 것이겠는가? 만약 거북선 때문에 이겼다고 한다면 일본 사람들의 정교함으로 어찌 아침에 패배하고는 저녁에 본떠 만들지 않았겠는가?

세상 사람들의 생각을 단번에 뒤집는 명쾌한 지적이다.

다음은 『악마의 사전』[71]에 제시된 단어에 대한 정의이다. 종래 사전이 주는 권위와 그에 기대어 틀에 박힌 생각들을 한 번 점검해 보는 기회로 삼아 보자.

- 감동 : 피가 가슴으로 몰려서 생기는 육체를 빨리 소모시키는 질병.
- 겁쟁이 : 파국이 닥치는 순간에 달리기로 생각하는 사람.
- 미모 : 여성이 이것으로 애인의 마음을 녹여주지만 한편으로는 남편의 마음에 공포를 주는 힘.
- 사랑 : 자신에 대해 아무것도 모르는 주제에 남에 대해서는 많은 것을 생각하는 어리석은 행동.
- 성공 : 노력의 죽음과 허무의 탄생. 동료에게 범하는 용서 못할 오직 한 가지 죄.

---

70) 정민, 『한시미학산책』, 솔출판사. 1999. P. 489.
71) 앰브로스 비어스, 정시연 옮김, 『악마의 사전』, 이른아침. 2005.

- 애처가 : 자신의 아내 쪽으로 탈선한 변태적인 애정.
- 영구차 : '죽음'의 유모차.
- 우정 : 날씨 좋을 때는 두 사람이 충분히 탈 수 있으나, 날씨가 나쁠 때는 오직 한 사람 밖에 탈 수 없는 크기의 배.
- 재물 : 세계 제1의 종교의 신. 이 신을 섬기는 가장 큰 신전은 성스러운 도시 뉴욕이다.
- 종교 : 희망과 공포를 부모로 삼고 무지에게 불가지한 본질을 설명해 주는 딸.
- 짐승 : 술 취한 남자들과 같은 과에 속한 동물.
- 표절 : 원본이 모욕당하고 후속타가 인정받는 문학적 우연.
- 행복 : 다른 사람의 불행을 곱씹어볼 때 드는 유쾌한 감정.

고정관념이나 편견에서 벗어나기란 결코 쉽지 않다. 이미 어떤 대상에 대해 마음 속에 결론을 가지고 있고 또 자기가 원하는 것만 수용하려 하기 때문이다.

특히 개인의 경우보다는 창의적 사고를 요구하는 팀이나 조직의 경우에는 팀 구성이 매우 중요하다. 대체로 6~12명 정도로 상호작용이 긴밀하게 이루어질 수 있는 인원이면 적당하다. 업무 수행에 시너지 효과를 창출할 수 있는 다양한 문제해결능력을 보유한 사람들로 구성하는 것이 좋다.

또 구성원들을 하나의 방향으로 결집시켜 줄 수 있는 것으로 목표를 확실하게 정하고, 업무 배분과 작업방법, 문제해결 등과 같은 제반 업무에 대해 전체적인 정리가 필요하다. 이와 함께 업무 결과에 대해서는 팀 전체가 공동책임의식을 가져야 한다.

그럼, 개인과 팀이나 조직에서 흔히 활용하는 아이디어 창출을 위한 창의적 사고기법들에 살펴보기로 한다.

(1) 브레인스토밍(Brainstorming)

1953년, 오스본(Alex F. Osborne)의 저서 "Applied Imagination : Principles and Procedures of Creative Problem Solving"에서 처음 소개되었는데, 두뇌폭풍, 즉 두뇌에 폭풍을 일으킨다는 뜻이다. 이는 어떤 구체적인 문제에 대한 해결방안을 생각할 때, 비판이나 판단을 일단 중지하고 질을 고려함이 없이 머릿속에 떠오르는 대로 아이디어를 내게 하는 방법이다.

대개 5~8명이 한 팀이 되어 약 한 시간가량 자유롭게 각자의 의사를 개진하고, 다른 사람의 의견을 듣는 형식으로 이루어진다. 토의과정에서 발상의 연쇄반응이 기대되는 것으로, 이것을 특히 스노 볼링(Snow Bowling) 효과라고 한다. 그 순서를 보면 다음과 같다.

- 테마 선정 : 가장 먼저 할 일은 주제를 선정하는 일이다. 주제는 가능한 구체적이고 명확하여야 한다.
- 회의 장소 설정 : 함께 얼굴을 마주 보고 토의할 수 있는 곳이면 적당하다. 아울러 회의에서 나올 모든 아이디어를 기록할 수 있도록 준비한다.
- 리더의 사회로 회의 시작 : 리더는 미리 주제에 대해 많은 연구와 검토가 있어야 한다.
- 브레인스토밍 실시 : 다른 사람의 아이디어를 비판 말고, 무조건 수용한다.

브레인스토밍은 아이디어의 질(質)보다는 양(量)을 우선시한다. 따라서 수시로 도출되는 아이디어를 잘 기록해야 한다. 아이디어 기록자는 전문성이 많은 사람으로 선정하는 것이 좋다.

이 기법에는 4가지 기본 규칙이 있다.

[표 3-1] **브레인스토밍의 4가지 기본 규칙**

비판금지	아이디어를 내놓는 동안 어떤 아이디어라도 절대로 비판하거나 평가하지 않는다.
자유분방	아이디어가 비현실적이거나 터무니없는 것일지라도 모두 받아들여야 한다.
다량생산	좋은 아이디어를 얻기 위해서는 가능한 한 많은 아이디어가 요구된다.
결합개선	두 개 이상의 아이디어를 결합하여 제 3의 아이디어를 이끌어 낼 수 있도록 한다.

이 기법은 아이디어 활성화를 위한 창의적 기법 중에서 가장 기본적인 방법이다. 이 기법을 활용할 때 특히 유의해야 할 점은 바로 비판하지 말아야 한다는 것이다. 오직 연상(聯想)과 표현이 있을 뿐이다.

(2) 브레인라이팅(Brain writing)

참석자 중에 내성적인 사람이 많을 때, 아이디어를 공개적으로 발표하기 어려울 때, 참석자가 너무 많을 때 또는 많은 아이디어를 빠르게 생성하고자 할 때에 기록해서 내는 기법이다.

- 브레인스토밍의 원리를 숙지한다.
- 참여자들의 아이디어가 떨어질 때까지 계속한다.
- 제시된 아이디어를 모아서 편집한다.

(3) 스캠퍼(Scamper)

기존의 것을 대치하거나 결합, 혼합해 보고, 또 다른 상황이나 분야에 적용하거나 수정·확대·축소해 보고, 다른 용도로 사용해 보거나 제거 또는 전도나 재배열해 보는 기법이다.

[표 3-2] **스캠퍼 기법**

대치하기 (Substitute)	다른 누구? 다른 무엇? 다른 성분? 다른 재료? 다른 에너지? 다른 장소? 다른 음성?
결합하기 (Combine)	혼합하면? 단원을 조합하면? 목적을 합하면? 아이디어를 조합시키면?
적용하기 (Adapt)	번안하면? 각색을 하면? 이것과 비슷한 것은? 이것은 어떤 아이디어를 시사하는가? 과거의 것과 비슷한 것은? 베낄 수 있는 것은? 내가 흉내 낼 수 있는 사람은?
수정-확대-축소하기 (Modify-magnify-minify)	확대시키면? 빼면? 변형시키면? 의미, 색깔, 소리, 향기, 형태 등을 바꾸면? 빈도를 높이면? 더 강하게 하면? 더 길면? 생략하면? 간소화하면? 분리하면? 작게(가볍게, 쉽게, 짧게)하면?

다른 용도로 사용하기 (Put to other use)	(모양, 무게 또는 형태 등으로 보아) 다른 용도는? 수정하면? 맥락을 바꾸면?
제거하기 (Eliminate)	이것을 없애 버리면? 부품 수를 줄이면? 압축시키면? 낮추면? 더 가볍게 하면? 없어도 할 수 있는 것은?
재배치하기 (Rearrange-reverse)	거꾸로 하면? 반대로 하면? 역할을 바꾸면? 위치를 바꾸면? 다른 시퀀스는? 보조를 바꾸면? 원인과 결과를 바꾸어 보면?

스캠퍼 기법은 상황과 장면에 따라 필요한 기법을 적용하여 사용하면 된다. 이 기법은 어떤 기존의 형태나 아이디어를 다양하게 변형시키는 방법으로, 아이디어 체크 리스트(idea checklist)법이라고도 한다.

(4) 사전 기법

좋은 생각이 떠오르지 않아 답답할 때, 사전(辭典, dictionary)이나 책을 뒤적거리면서 아이디어를 얻는 방법으로, 이미 많은 사람들이 즐겨 사용하고 있는 기법이다.

사전은 순수언어사전과 백과사전, 전문사전으로 나눌 수 있다. 국어사전을 비롯하여 각 분야별로 다양한 사전이 있다. 백과사전, 영화사전, 시사용어사전, 동물사전, 문학용어사전, 과학사전, 컴퓨터용어사전, 민속사전 등 매우 다양하다.

사전을 임의로 펼쳐서 그 곳에 있는 단어들을 사용해서 새로운 아이디어를 얻는다. 카탈로그를 포함하여 어떤 종류의 책이라도 상관없다. 아무 것이나 펼쳐서 단어들을 보고, 그 중에서 마음에 끌리는 단어를 선택한다. 그 다음, 2차원 행렬표를 만들어 대상이나 문제 또는 그것의 속성들을 그 단어들과 비교함으로써 아이디어를 얻는다. 때로는 그곳에 있는 단어를 한 개 골라 문제의 대상이나 생산품과 관련해서 연상을 시작한다. 예술가, 작가 등 직업상 창의성을 많이 필요로 하는 사람들이 흔히 이 사전 기법을 사용한다.

사전 기법은 주로 신상품 개발이나 브랜드 이름을 만드는 경우에 많이 사용된다. 단어의 여러 가지 의미나 이미지 등을 고려하고 또 그 단어를 이용하여 연상하면서 뜻밖의 아이디어를 얻을 수 있다. 이 사전 기법은 간단하면서도 많은 아이디어를 얻을 수 있어 널리 활용되는 기법이다.

(5) 속성열거법

1930년대에 네브라스카(Nebraska) 대학의 교수인 Robert Crawford가 개발한 것으로, 문제 또는 대상의 속성이나 특성들을 모두 열거한 다음, 각 속성이나 속성단(group of attributes)을 체계적으로 분석하고 가능한 한 여러 가지 방법으로 속성들을 바꾸거나 개선해서 해결책을 찾을 수 있다.

문제의 속성들을 열거할 때는 단순히 문제의 구성 요소들을 열거한다는 생각으로 일반적인 목록을 만들면 된다. 속성을 크게 나누면 다음 세 가지로 나눌 수가 있다.

- 명사적 속성 : 전체, 부분적인 특성, 재질, 재료, 제조방법 등
- 형용사적 속성 : 성질, 모양, 색상
- 동사적 속성 : 기능, 용도

이 기법은 다음과 같은 방법으로 적용할 수 있다.

첫째, 문제를 기술한다.
둘째, 문제를 분석하여 문제의 속성들을 모두 열거한다.
셋째, 각각의 속성 또는 속성단을 체계적으로 분석하여 가능한 한 여러 가지 방법으로 바꾸거나 개선한다.
넷째, 결과로서 얻어진 속성들을 면밀히 검토하여 최상의 해결책을 결정한다.

이처럼 대상이 지닌 특성이나 속성으로부터 그 공통점이나 차이점 등을 활용하여 문제 해결과 아이디어를 획득하면 된다.

(6) 결부법(Synectics)

서로 관련이 없는 '요소들의 결합'을 의미하는 것으로 낯익은 것을 낯선 것처럼 만들고, 낯선 것을 낯익은 것처럼 만드는 발상법이다. 고든(Gorden, W.J.J.)이 창안한 이 기법은 상상력을 동원해서 특이하고 실질적인 문제해결 전략을 이끌어내는데 유용하다.

시넥크틱스, 즉 결부법에서 활용하는 유추(analogy) 발상에는 '직접 유추', '의인 유추', '상징 유추', '환상 유추'가 있다.

[표 3-3] **유추의 분류**

직접 유추	창조·개발하려는 물건을 다른 대상과 직접 비교하여 검토하는 것 예 우산을 통하여 낙하산의 원리를 알아내기
의인 유추	해결하려는 문제나 현상에 해결하려는 사람 자신을 융합하여 문제를 해결하는 것 예 자신이 직접 나무가 되어 나무가 겪는 어려움 생각해 보기
상징 유추	두 대상물 간의 관계를 기술하는 과정에서 상징을 활용하는 유추 예 타인 의존 증후군을 '신데렐라 콤플렉스'로 표현
환상 유추	현실적인 유추를 통해서는 해결될 수 없을 때 활용하는 환상적이고 신화적인 유추 예 날으는 양탄자, 손오공의 근두운

(7) 연상하기

'연상(聯想)'이란 어떤 특정한 이론에 구애받지 않고 자유롭게 시간과 공간을 넘나들면서 새로운 이미지(image)를 생각해 내는 것이다. 어떤 말을 듣거나 어떤 것을 보거나 할 때, 그것들과 관련이 되는 말이나 일이 머리에 떠오르는 일, 그리고 그와 같은 마음의 작용까지를 '연상'이라고 한다. 두 개의 대상이나 아이디어에 대한 정신적 접속이라고 할 수 있다. 따라서 떠오른 이미지를 정리하고 난 후 이를 테마에 맞도록 구조화하는 작업이 필요하다. 이를 흔히 '자유 연상(free association)법'이라고도 한다.

'자유 연상법'은 창의성 기법 중에서 확산적 사고를 이용하여 사실이나 아이디어를 내기 위한 사고법이다. 자유 연상은 창의를 내는 능력을 키우기 위한 기초적인 훈련 중 가장 좋은 방법으로 알려져 왔다. 브레인스토밍 활동도 자유 연상 기법의 하나라고 할 수 있다.

오스본은 문제를 해결하기 위해 아이디어를 발견하기 위해서 가장 큰 역할을 하는 재능은 아이디어의 연상에 있다고 보았다. '자유 연상'이라는 것이 자유롭게 연상하기 때문에 특별한 원칙이 없는 것처럼 생각될지 모르지만 이를 잘 분석해 보면 몇 가지 중요한 법칙이 있다. 이러한 연상의 법칙을 처음 정리한 사람은 아리스토텔레스이다. 그는 다음과 같은 세 가지 법칙을 제시하고 있다.

- 유사 연상 : 그것과 유사한 과거의 경험을 떠올리는 것을 말한다.
- 연속(접근) 연상 : 대상과 관련 있는 과거의 경험을 떠올리는 것을 말한다.
- 대비 연상 : 반대가 되는 과거의 경험을 떠올리는 것을 말한다.

아이디어를 발견하는데 있어서 가장 중요한 역할을 하는 것은 아이디어를 연상하는데 있다. 시나 글을 쓰거나 작곡을 하거나 새로운 이론을 만들어 낼 때도 연상을 통해서 새로운 아이디어를 발견하게 된다. 또한 어떤 문제를 창의적으로 해결하기 위해서 문제를 발견하고, 문제를 해결하기 위한 아이디어를 발견하고, 해결안을 발견하기 위해 연상을 활용하기도 한다.

(8) 강제결합법

겉보기에는 전혀 관계가 없어 보이는 두 가지 이상의 아이디어나 사물을 강제로 관련시켜 보는 방법으로, 어떤 사물이나 아이디어를 색다르게 생각해 보는 기법이다.

예를 들면, '무추'는 무와 배추의 결합이고, '포마토(토감)'은 감자와 토마토의 융합, 오렌지와 탱자를 결합시킨 '오레타치' 등을 들 수 있다.

이렇게 속성이 전혀 다른 두 개의 사물을 강제로 결합시켜 새로운 사물을 만드는 것은 흔히 사용하는 기법이다.

(9) 기회의 원(圓)[72]

이는 문제의 속성을 나열한 다음 무작위로 선택하고 그것들을 결합하여 브레인스토밍할 토픽을 만들어 내는 기법이다. 시간이 다소 소모되지만 새로운 아이디어를 자극할 수 있어 매우 가치가 있다. 이 방법은 열거 기법이나 연상 기법과 다소 비슷하다.

첫째, 문제를 정의한다.
둘째, 원을 하나 그린 다음 그 둘레에 시계처럼 1에서 12까지의 숫자를 쓴다.
셋째, 문제에 관한 12가지 속성을 선택하고, 각각의 숫자 위에 이들 속성을 적는다.
넷째, 어떤 속성을 첫 번째로 다룰 것인지 주사위를 던져 순서를 결정한다.
다섯째, 개인 또는 그룹이 그 속성에 관해 어떤 생각이 떠오르도록 브레인스토밍하거나 자유 연상, 마인드 맵핑을 한다.
여섯째, 12개 숫자 위에 적힌 속성을 다 다룰 때까지 주사위를 계속 던진다.
일곱째, 임의로 선정하든 아니면 주사위를 굴려서 정하든 몇 가지 속성을 조합해 보라. 그런 다음, 이 조합을 가지고 브레인스토밍과 자유 연상, 마인드 맵핑을 한다.

(10) 육색 사고모자기법(Six Thinking Hats)

영국 심리학자 드 보노(Edward de Bono)가 고안한 이 기법은 참여자들이 여섯 가지 각기 다른 색의 모자를 쓰고, 자신이 쓰고 있는 모자 색깔이 의미하는 유형의 사고를 하게 하는 것이다. 이는 참여자들에게 자신의 생각을 버리고, 의도적으로 다른 생각을 하게 함으로써 폭넓은 사고력을 신장시키게 하는 기법이다.

---

72) 제임스 히긴스 지음, 박수규 옮김, 『결정적 아이디어』, 비즈니스북스. 2003. pp. 111~112.

한 번에 하나의 모자를 쓰고, 곰곰이 생각해 본다. 다음과 같은 순서로 모자를 사용할 수 있다.

백색모 : 우리가 알고 있는 것이 무엇인가?
녹색모 : 대안, 제안 및 아이디어 탐색
황색모 : 아이디어의 실행성, 이점 및 가치 탐색
흑색모 : 어려움, 위험, 문제와 주의점 탐색
적색모 : 아이디어에 대한 직관과 감정, 느낌
청색모 : 결론

[표 3-4] **육색 사고모자가 의미하는 사고 유형**

색 깔	사 고 유 형
백색모	흰색은 더러움이 없는 순수한 색. 어떤 비판도 해석도 덧붙지 않은 사실에 초점을 맞춘 사고. 중립적이고 객관적인 사고.
적색모	빨간색은 피와 정열의 상징. 감정이나 영감에만 의지하는 사고. 직관에 의한 감정이나 느낌.
흑색모	검은색은 어두운 이미지이지만, 긴장감을 주는 색. 논리적으로 비판하거나 부정적인 사고.
황색모	노란색은 밝고 적극적인 색. 오로지 긍정적인 측면에서만 생각. 낙관적 · 긍정적인 시각.
녹색모	초록색은 풍부한 자연과 성장하는 식물을 상징. 새로운 아이디어를 생성하고, 창조적인 사고.
청색모	파란색은 조절 및 통제의 이미지. 다른 모자의 사용법을 조절하는 역할(사회자).

아이디어를 생성하고자 할 때에는,
'백색모 – 녹색모 – 황색모 – 흑색모 – 적색모 – 청색모'의 순서로 하고,
아이디어를 판단할 때에는,
'적색모 – 황색모 – 흑색모 – 녹색모 – 적색모 – 청색모'의 순서로 모자를 사용할 수 있다.

이렇게 활용해 봄으로써 문제해결과 아이디어 창출을 위해 보다 넓고 또 깊게 사고할 수 있다.

(11) 스토리보딩(Storyboarding)

이 기법은 브레인스토밍에 바탕을 둔 발상법으로, 글자 그대로 널빤지(보드) 위에 이야기(문제)를 펼쳐나가는 기법이기에 손쉽게 수정할 수 있다는 장점과 함께 대안을 창출하거나 결정하는 데에 매우 유용하게 쓰이는 기법이다.

1928년 월트 디즈니(Walt Disney)사가 스태프들과 함께 스토리보딩의 전신이라 할 만한 기법으로 만화영화 개발에 이용하여 수준 높은 애니메이션 영화를 제작하였다. 참석자 전원의 아이디어를 얻고, 중요 요소들을 간과하는 위험을 피할 수 있게 되었다.

특히, 애초부터 정보를 어떻게 처리해야 좋을지 모를 때나 아이디어를 나중에 카테고리별/순서별로 정리하고 싶을 때 사용하면 효과적이다. 스토리보드의 유형으로는 '기획 SB(스토리보드), 아이디어 SB, 조직화 SB, 커뮤니케이션 SB'가 있다.

[그림 3-12] **스토리보드 유형**

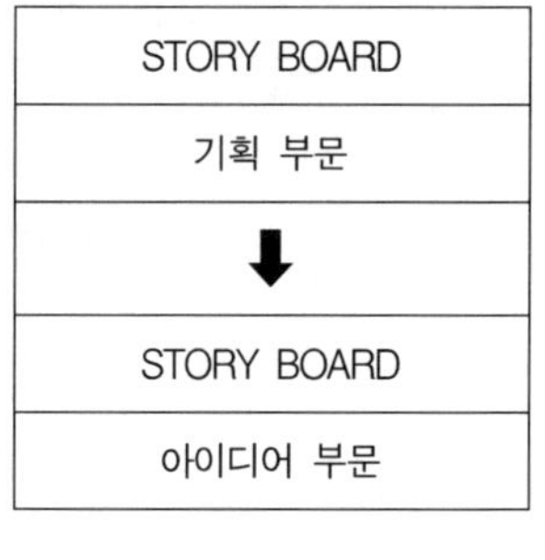

'기획 SB'는 스토리보딩 첫 단계로 토픽 표제에 제시된 문제를 해결하는 일과 관련된 주요 아이디어들이 포함된다.

'아이디어 SB'는 스토리보딩 프로세스 두 번째 단계로 제시된 아이디어들을 더욱 확장한다. 일단 아이디어 보드가 완성되고 나면 조직화 보드가 필요하다.

'조직화 SB'는 세 번째 단계로 '반드시 필요한 일은 무엇이며, 언제, 누가 할 것인가'를 통해 처음 설정되어 있는 목표와 기획을 구체화하고 세분화해 나간다. 일단 해결책을 파악하고 나면, 정보를 전달할 커뮤니케이션 보드가 필요하게 된다.

'커뮤니케이션 SB'는 '누가, 무엇을, 어떤 매체(media)를 통해서 전달'할 것인가를 결정하게 된다. 이는 과제가 설정된 뒤 비로소 완성될 수 있다.

(12) 마인드 맵(Mind map)

1970년대 초 토니 부잔(Tony Buzan)에 의해 창안되었으며, 좌·우뇌의 기능을 유기적으로 연결한 '사고력 중심의 두뇌 개발 프로그램'이다. 읽고, 생각하고, 분석하고, 기억하는 그 모든 것들에 대해 하얀 종이 위에 이미지와 핵심 단어, 그리고 색과 부호를 사용하여 마음의 지도를 그려나가는 방법이다. 이를 '생각그물'이라고도 한다.

- 핵심단어나 이미지를 종이 한가운데 적어 넣는다.
- 어떤 아이디어라고 판단하지 않고 자연스럽게 흘러나오게 한다.
- 이러한 아이디어를 핵심단어로 나타낸다.
- 한 개의 선(가지)에는 한 개의 핵심 단어만 기록한다.
- 아이디어가 담긴 핵심 단어는 중심에 있는 제목에 선으로 연결시킨다.
- 아이디어를 부각시키고 강조하기 위해 색채를 사용할 수 있다.

(13) 하이 라이팅(High lighting)

생성된 아이디어들 중 괜찮다고 생각되는 아이디어들을 골라 낸 다음, 공통적인 측면이나 요소에 따라 묶음(결집)을 만드는데, 이를 적중영역(hot spot)이라 한다. 하이 라이팅은 이러한 적중영역을 문제해결에 적합한 형태로 재진술하는 기법이다.

- 생성된 아이디어에 번호를 붙인다.
- 아이디어를 차례로 음미하여 그럴 듯해 보이는 대안들을 골라낸다.
  (※아이디어의 실현 가능성은 고려하지 않아도 된다.)
- 적중영역을 만들고 골라낸 아이디어를 적중영역별로 분류한다.
- 적중영역을 검토하고 그 의미를 재진술한다.
- 문제의 요구를 가장 잘 충족시키는 것으로 판단되는 적중영역을 선택한다. 두 개 이상의 적중영역을 조합하여 하나의 해결책을 만들어도 좋다.

(14) PMI 기법

제안된 아이디어를 장점(P)과 단점(M), 흥미로운 점(I)을 따져 본 후 그 아이디어를 평가하는 기법으로 하나의 아이디어에 대해 집중적으로 분석하고자 할 때 간단하면서도 효과적으로 활용할 수 있는 기법이다.

[표 3-5] PMI 기법

Plus(강점)	제시된 아이디어의 좋은 점
Minus(단점)	제시된 아이디어의 나쁜 점
Interesting (흥미로운 점)	제시된 아이디어와 관련하여 흥미롭게 생각되는 점

(15) P-P-C 기법

유보적(留保的)인 아이디어를 다룰 때 유용한 기법이다. 한 마디로 미심쩍은 생각이 드는 아이디어에 대해 긍정적(Positive)인 면, 가능성(Possibilities)이 있는 면, 염려스러운(Concerns) 면으로 구분하여 이야기해 보는 대화 기법이다.

이 기법을 사용하면 너무 성급하거나 극단적으로 판단하는 것을 막을 수 있으며, 아이디어가 가지고 있는 모순점을 보완하여 문제해결을 위해 보다 완벽한 계획을 세울 수 있다.

(16) 고든-리틀 기법(Gordon Technique)

리틀 컨설팅 회사에 근무하던 윌리엄 고든(William Gordon)이 개발한 문제해결기법으로, 추상적인 개념을 구체화하기에 적합하다. 따라서 문제에 대한 광범위한 접근에서 얻어진 해결책을 문제에 직접 관련지음으로써 구체적인 해결책을 강구하는 방법이다.

이 기법은 브레인스토밍과 달리 문제를 바로 제시하지 않고 그 문제와 직접적으로 관계가 없는 멀고 폭넓은 추상적인 문제를 제시하는 것으로부터 시작한다. 그 후 크고 추상적인 문제들을 점차 줄여감으로써 작고 구체적인 문제로 해결책을 유도해 나간다. 따라서 폭넓은 사고로 유연하면서도 강력한 리더가 필요하며, 리더의 역량에 따라 논의의 성패가 좌우된다.

(17) 연꽃기법(Lotus Blossom Technique)

연꽃기법은 MY법이라고도 하는데, 일본의 클로버 경영 리서치의 마쯔무라 야쓰오(Matsumura Yasuo) 소장에 의해 개발되었다. 마인드맵의 자유로움과 스토리 보드의 구조가 결합된 이 기법은 미래의 시나리오를 만드는 데 유용하게 쓰인다.

- 다이어그램의 가운데에 중심 문제나 주제가 적힌 활동지를 배부한다.
- 중심 문제 또는 주제와 관련된 아이디어를 생성하여 둘레에 있는 8개의 빈 칸에 기록한다.
- 생성된 8개의 아이디어는 새로운 연꽃의 중심 주제로 활용한다.
- 다이어그램이 완성될 때까지 활동한다.
- 생성된 아이디어에 대해 토의하고 평가한다.

(18) 트리즈(TRIZ) 기법

트리즈(TRIZ, Theory of Inventive Problem Solving) 기법은 창의적 문제해결 이론이란 뜻의 러시아말(Teoriya Reshniya Izobretatelskikh Zadatch)의 머리글자로서, 발명

과 혁신을 위한 구조적인 접근법이다. 1946년 구 소련의 알트슐러에 의해서 처음으로 연구되었고, 전세계의 150만건의 특허 중 4만건의 창조적인 특허를 선정하여 조사한 뒤, 발명문제를 정의하였고 발명의 수준, 발명의 유형, 진화의 유형 등을 발견하였다.

트리즈는 시행 착오(trial and error)를 줄이고, 어떻게 해결해야 하는지에 대한 개념적 해결책을 제시하는 일반적 · 체계적인 문제해결 이론이다. 아무리 뛰어난 과학자라 하더라도 한 개인의 지식에는 한계가 있다. 트리즈는 문제해결자로 하여금 심리적 타성을 극복하고, 인류 전체의 지식을 이용할 수 있도록 도와주는 문제해결 도구이다.

(19) 모닝 페이지(Morning page)

'모닝 페이지'는 줄리아 카메론이 자신의 저서인 『아티스트 웨이』[73]에서 소개한 것이다. 문제해결을 위한 아이디어가 떠오르지 않아 답답할 때 활용하는 방법이다. 필자도 이 방법을 즐겨 사용하는데, 그 방법을 소개하면 다음과 같다.

아침에 일어나자마자 생각나는 것을 공책에 무조건 써 보는 것이다. 어떤 내용이라도 상관없다. '모닝 페이지'를 쓸 때 지켜야 할 점은 다음과 같다.

- 반드시 아침에 쓴다.
- 두 달 동안 모닝 노트를 보지 않는다.
- 직접 손으로 글씨를 쓴다.

줄리아 카메론은 3쪽 정도 쓰기를 권했다. 하지만 '모닝 페이지'를 1쪽 정도만 써도 많은 것을 느끼게 된다. 창의적인 생각들뿐만 아니라 일상생활 속에서 풀어야 할 어려운 문제들도 해결의 실마리가 보였다. 일종의 무의식에 의한 염원 기원 방식으로 단순하면서도 강력하다는 것을 실감했다. 아침

73) 줄리아 카메론, 임지호 옮김, 『아티스트 웨이』, 경당. 2003. pp. 30~32.

명상과 함께 하면 매우 효과적이었는데, 카메론은 이렇게 밝히고 있다.

> "자기 내면에 갇혀 있는 창조적인 힘이 마음껏 움직이도록 의식 속에 길을 터주어야 한다. 그런 길을 만들겠다고 마음만 먹으면 창조성은 모습을 드러낸다. 어떻게 보면 창조성은 피 같은 것이다. 피가 당신의 몸 안에 흐르고 있지만 당신이 만들어낸 것은 아니듯이, 창조성도 당신의 정신 속에 존재하지만 당신이 만들어야 하는 것은 아니다."

자기에게 가장 적합한 아이디어 창출기법을 찾아 몸에 습득하게 되면 그때그때 직면한 상황을 지혜롭게 해쳐나갈 수 있다. 중요한 것은 아이디어를 통합하는 일이다. 하나의 기준을 확고하게 세운 다음, 가능하면 모든 아이디어들을 통합할 수 있는 방향으로 문제를 해결하는 것이 효과적이라고 할 수 있다.

6. 상상력 탐색 텍스트

(1) 이문화(異文化)에 대한 이해

현대는 전 세계인이 커뮤니케이션하는 시대다. 국가 간의 인구 이동뿐만 아니라 다양한 측면의 문화적 접촉도 매우 활발하게 이루어지고 있다. 이같은 상황 속에서 문화콘텐츠 개발자는 기본적으로 이문화(異文化)에 대해 숙지해야 한다. 피부, 언어, 종교, 생활방식 등을 비롯하여 모든 면에서 크게 다른 사람들과 의사소통을 하기 위해서는 서로간의 문화의 차이와 다름을 인정하고 이를 이해하여야 한다.

우리는 다른 사람을 부를 때 손바닥이 아래로 향한다. 그런데 미국인들은 손바닥이 위로 향해서 사람을 부른다. 우리들이 강아지를 부를 때 그 모습이다. 이렇게 생활양식이 크게 다르다.

우리는 자정(밤 0시)이 지나면 하루가 시작되는 것으로 본다. 옛날에는 자시(子時, 23시~01시)가 하루의 시작이었다.[74] 하지만 세계 여러 나라, 민족들의 생각은 다르다. 어떤 곳은 해가 질 때를 시작으로 보기도 하고, 또 해가 뜰 때를 기준으로 하기도 한다.

예를 들어, 유태인이나 중국, 마호메트교 등은 해가 질 때를 기준으로 삼고, 그리스나 시리아 등은 해가 뜰 때를, 오늘날의 천문학자들이나 고대 이집트에서는 정오(正午)를, 영국, 프랑스, 네덜란드, 미국 등은 한밤중을 기준으로 하기도 한다.

인류학자 에드워드 홀은 시간관에 대해, 구미인들은 '단선적 시간관(monochronic

---

74) 요즘은 전통교육의 미비로 밤낮의 구별도 못한다. 옛날에는 오후 3시부터 다음 날 새벽 3시까지가 '밤'이고, 새벽 3시부터 오후 3시까지가 '낮'이다. 그래서 사찰에서는 새벽 3시와 4시 사이에 기상한다. 또 오후 서너시 경에 내리는 이슬도 밤이슬이라고 부른다.

time)', 일본, 이슬람, 지중해 문화권 사람들은 '다중적 시간관(polychronic time)'을 기본 틀로 하여 생각하고 느끼고 행동한다는 것이다. 이 때 전자는 시간의 흐름을 일차원적, 직선적으로 보고 '한 번에 하나씩' 일 처리를 해 나가는 태도를, 후자는 시간을 상당히 공간적으로 파악하고 여러 가지 생각이나 일을 동시에 수행하는 것을 가리킨다.

우리는 전통적으로 좌식문화(坐食文化)에 익숙하다. 옛날부터 온돌방에서 온가족이 화롯가에 모여앉아서 오순도순 이야기하는 모습이 정겹게 다가온다. 도시의 제법 큰 식당에 가도 방에 앉아서 숟가락과 젓가락으로 식사할 수 있게 되어 있는 곳이 많다. 하지만 서구에선 기본적으로 입식문화(立食文化)다. 칼과 포크로 식사할 뿐만 아니라 매사를 서서 하는 데 그들은 익숙하다.

국가마다 선호하는 색(色)도 다르다. 색상에 의한 정서적 반응은 문화적 요인들, 개인적 경험, 혹은 각자의 정신 건강 등에 따라 각기 다르다. 많은 문화권에서 검정색이 애도(哀悼)의 색으로 표현되지만, 그와 동시에 검정색은 우아함과도 연관되어 있다. 한편 힌두교와 불교에서 있어서는 애도의 색은 흰색이지만, 서구에서는 깨끗함과 순결함의 상징으로써 전통적으로 결혼할 때 신부는 흰색 옷을 즐겨 입는다.

또 많은 사람들이 황색, 적색과 같은 따뜻한 색이 즐거움을 주고 자극적이며 생동감을 준다고 생각한다. 중국과 아시아의 많은 다른 지역에서는, 적색과 황색은 행복을 나타내기도 한다. 또 중국, 인도 및 터키에서 적색은 결혼을 위한 색상이다. 하지만 적색은 불과 피의 색으로서 공격성과 분노를 자극할 수 있기도 하다. 그것이 일본인들이 적색을 부정적인 일과 연관 짓는 이유이다. 적색과 황색은 또한 도로상에서, 그리고 우리 일상생활 어디 다른 곳에서 사용되는 신호색으로 사용되기도 하다. 인류 역사의 처음에, 적색은 생명을 보존하는 것으로 생각되었다. 동굴 벽화가들은 그 색이 마법(魔法)의 힘을 가지고 있다고 믿음으로써 붉은 황토색이 석기시대 고분에 즐겨 사용되었다.

그림에 대한 생각 역시 동서양간의 차이가 두드러진다. 동양은 풍경(산수)을 주로 그리는데 열정을 쏟은 반면, 서양인들은 인간을 그리는데 힘썼다. 따라서 자연에 대한 이해 역시 다르다. 동양은 산, 바위, 물, 돌, 구름, 나무와 꽃, 곤충을 관찰하면서 인간을 이해한 반면, 서양인들은 인체 해부도를 들여다보면서 살아 있는 자연을 이해했다.

어린이들에게 매우 친숙한 '도깨비'도 우리나라의 도깨비는 대체로 뿔이 없이 상투만 있는 반면, 일본의 도깨비는 뿔이 있다. 더욱이 서양의 드라큐라와는 판이하게 다르다.

또 우리 나라의 선녀와 서양의 요정의 모습도 크게 다르다. 우리 나라의 선녀는 아름다운 자태에 하얀 옷자락만 휘날리게 표현되는데 비해, 서양의 요정은 큰 독수리 날개에 매우 날카로운 손톱까지 구비하고 있다.

그 뿐만이 아니다. 세계적으로 널리 알려진 로댕의 '생각하는 사람' 역시 '힘(power)'에 대한 욕망을 그리워하는 그들의 사고를 여실히 드러내고 있다. 표현된 모양을 보면 온몸 근육이 강하게 나타나 있다. 특히 팔과 다리에 강하게 힘을 주어 무엇을 생각하는지 알 수 없다. 우리의 표현이라면 턱에 손을 괴고 조용히 뭔가 골똘히 생각할 것이다.

이처럼 동양과 서양의 문화는 크게 다르다. 따라서 사람들의 사고방식과 행동양식도 크게 다르다. 흔히 동양 사람은 맥락과 관계를 중시하는 관계 지향적이며, 서양 사람은 요소들을 잘 분석하는 목표 지향적이라고 한다.

한국 사람들은 문서보다는 인간관계를 통해 모든 것을 판단하고 해결하려는 경향이 있다. 따라서 항상 말을 하기 전에 상대방에 대해 부담을 느끼며, 말이 적고 무뚝뚝하고, 가까운 사람일수록 말을 조심해야 한다. 반면, 미국인들은 표현하기를 선호한다. 말을 비롯하여 몸동작까지 동원해서 자기의 생각을 직접적이고 분명하게 전달하려 한다. 정확한 것을 선호하기에 인간관계도 중시하지만 문서에 의한 판단을 더욱더 중시한다. 언어 표현의 정확성이 크게 요구된다고 하겠다.

문화를 커뮤니케이션 방법에 따라 대체로 8가지로 분류해 볼 수 있다. '문화'는 사람의 의식이나 무의식이 사물이나 관계, 그 외 다른 것으로 전이되어 나타난 것이라고 할 수 있다. 따라서 인간적 의존도, 직접과 간접, 표현과 도구, 형식과 비형식적 문화로 나누어 볼 수 있다.

'인간적 의존도가 높은 문화'는 모든 면에서 인간 관계가 매우 중시되는 관계 중심적(relationship)인 문화이다. 인간적 친밀도와 신뢰가 모든 면에서 최우선시 된다. 상대에 대한 배경 정보를 확보하고 침묵의 의미가 중요시 된다. 반면 '인간적 의존도가 낮은 문화'는 모든 면에서 분명한 미국의 문화 같은 경우인데, 인간적이기보다는 업무 중심적, 문서나 제도, 시스템을 중시하는 문화이다.

'직접적 문화'는 미국처럼 어떤 문제에 정면 돌파를 시도하는 문화성향이다. 정보와 명령이 지시 형태이기에 문제해결에 오랜 시간이 걸린다. 하지만 '간접적 문화'는 쌍방적인 커뮤니케이션이 되지 않아, 심하면 적의를 가질 수도 있으나 한편으로는 따뜻함이나 배려 등이 나올 수도 있다.

'표현적 문화'는 표현과 그 능력에 따라 각기 다른 문화, 표현과 수용 반응이 각기 다른 문화이다. 서구인들은 대체로 감정이나 느낌을 거침없이 나타내나 동양인들은 오랫동안 마음속에 담아 두는 경향이 짙다. '도구적 문화'는 목적지향적인 행동과 밀접하다. 서구인들은 목적지향이 뚜렷하나 동양인들은 우회적인 반응을 보이는 경향이 많다.

'형식적 문화'는 관습이나 제도, 조건, 사회적 분위기 등에서 의례적인 문화가 강한 동양의 문화이고, '비형식적 문화'는 비교적 자유분방한 서구의 문화라고 할 수 있다.

이처럼 세계 여러 나라들은 생각이 다 다르다. 따라서 그들의 문화 역시 우리와는 크게 다르다는 것을 인식할 필요가 있다.

'문화'는 세대에서 세대로 이어져 온 지식, 경험, 신념, 가치관, 태도, 의미, 사회적 계층, 종교, 시간적 개념, 역할, 공간적 위치, 세계관, 물질적 소유물의 축적이라고 한다. 이질문화(異質文化)는 어느 한 개인의 인지(認知), 감정 및 행동이 다른 측면도 있지만, 역사적으로 각기 다르다. 따라서 다른 태도, 가치관, 신념의 수용능력 양성과 문화적 감수성 배양, 어학실력의 획득, 다른 지역의 사회적 규범에 걸맞은 행동 양식의 획득, 문화쇼크에 대한 대처법, 문화적 자기인식의 개발, 새로운 문화를 긍정적인 태도로 받아들이고 경험하기 위한 자세 등이 필요하다.

시장은 이미 세계화되었다. 국제적 경쟁력(Global Competency)은 이문화 대응력(Cultural Competency)이다.[75] 간단한 단어 하나라도 나라에 따라 의미 차이를 생각해야 한다. 영국인에게 '영리하다(clever)'는 칭찬이지만 독일인에겐 칭찬임과 동시에 조심해야 될 사람임을 나타낸다. 독일인들은 '근면하다(diligent)' 또는 '정확하다(precise)'라는 말을 가장 듣기 좋아한다. 언어적 요소 외에 비언어적 요소로 제스처, 표정, 금기사항, 시선 처리, 공간 등 다양하다. 따라서 이문화 관리를 위해서는 각국의 생활 방식, 의식주 생활, 관혼상제, 교육, 종교, 역사 등을 공부해야 한다. 국제 비즈니스도 문화를 고려한 영어를 해야 협상, 마케팅 등에서 더 좋은 성과를 거둘 수 있다.[76]

문화가 다르면 사고방식과 가치관도 다르다. 다른 문화권에서 온 사람들은 같은 사물이나 현상을 보고도 다른 생각을 하고 상이한 평가를 내린다. 우리 것을 보다 충실하게 배우고, 시야는 세계를 지향해야 한다. 자본과 기술에 앞서 이문화적인 안목, 즉 문화교차적 시각과 훈련이 필요하다. 그리하여 우리 문화와 타문화권에 대한 균형 잡힌 이해가 요구된다.

---

75) 파리드 엘라시머위(Farid Elashmawi) & R.해리스(Philip Harris) 지음, 삼성국제경영연구소 옮김, 『해외비즈니스 문화를 알아야 성공한다』, 21세기북스. 1995.

76) 존 몰(Mole, John) 지음, 노명환 외 옮김, 『유럽의 기업문화와 이문화 관리』, 고원. 2000.

(2) 생명체의 탄생

지구는 우주의 대폭발 이후 은하계가 생기고 이 속에 태양이 생긴 후 그 태양으로부터 약 45억 년 전에 떨어져 나와 탄생되었다고 추측되고 있다. 그리고 생물체가 나오는 과정은 최초의 생물이 태어난 때는 약 35억 년 전으로 그 생물은 간단한 세균이었으리라 짐작하고 있다. 식물이 탄생한 것은 훨씬 뒤의 일이고 그 후 동물이 탄생하였다. 초기의 식물과 동물은 아주 작았으며 바다 속에서 살았다. 식물이나 동물이 육지에서 살게 된 것은 훨씬 뒤의 일이었다. 동물이나 움직이는 생물체는 여러 가지 세포들이 모여서 만들어졌다고 한다.

처음 태양은 성간물질에서 탄생을 하였다. 성간물질은 스스로의 중력이나 주변의 대폭발에 의해서 수축하게 되는데, 태양은 주변의 대폭발로 가운데로 뭉치기 시작했다. 성간물질이 가운데로 수축하다가 온도가 높아져 핵융합 반응이 일어나고 이것이 태양이 되었다.

한편 태양이 생기고 나서 남은 가스들은 태양의 적도면에 미행성을 만들게 되고 이 미행성들은 서로 충돌하여 합쳐지게 된다. 그렇게 해서 수성・금성・화성……, 태양계의 행성들이 만들어지게 되고 행성으로 발달하지 못한 것들은 소행성이 되었다. 미행성이 충돌하여 원시 지구가 만들어졌고, 이윽고 암석 속에 있는 수분들이 증발하여 비로 내리기 시작했다. 이것들은 지구 표면을 식히기도 하였고, 지구 표면의 나트륨 같은 녹기 쉬운 물체를 녹여서 지금의 짠 바다가 만들어졌다. 이것이 지금 가장 유력한 설이다.[77)]

오묘한 생명체(生命體), 생명체는 어떻게 탄생된 것일까? 인류를 포함한 지구에 존재하는 생물의 근원은 무엇일까? 신(神), 절대자, 초자연적인 존재에 의해 창조된 것인가, 원시 생명체로부터 진화한 것인가? 과학기술이 발달하여도 생명체 탄생에 대해 확실한 답안은 없다.

---

77) 자료 출처 : http://www.clicktruth.org/urantia.htm

고전 『도덕경(道德經)』 42장에 나타난 생성론(生成論)을 보면,

道生一	도는 하나를 낳고
一生二	하나는 둘을 낳고
二生三	둘은 셋을 낳으며
三生萬物	셋은 만물을 낳는다.
萬物負陰而抱陽	만물은 음을 등에 지고 양을 껴안아
沖氣以爲和	서로 충하며 조화를 이룬다.

도(道)는 만물 자체이고 우주본체이다. 도는 태극이요, 태극은 곧 일(一)이다. 태극은 음양(陰陽)으로 분화되니 이는 二이고, 음양은 서로 소통하는 기(氣)를 지니니 이 기가 삼(三)이다. 음양을 소통하는 기(氣)는 곧 만물 자체이고, 이것이 우주의 원리이다. 만물은 음을 등지고, 양을 안으며, 음양은 서로 조화하여 자연이 된다.

불교에서는 생명 탄생에 대해 '사생(四生)'이라 하여 다음과 같이 설명한다. 육신과 마음을 갖고 살아가는 욕계에 살고 있는 모든 생명체는 다음의 네 원리에 의해 태어난다고 한다.

첫째는 태생(胎生)이다. 모체(母體)에서 바로 태어나는, 자궁으로 태어나는 것이다. 소, 돼지, 말, 사람 모두 태생이다.

둘째는 난생(卵生)이다. 알에서 태어나는 생명인데, 조류(새)나 물고기, 파충류들이 이에 해당한다.

셋째가 습생(濕生)이다. 열과 습기에서 태어나는 것, 씨앗과 포자가 싹트는 것, 이끼나 곰팡이 등과 식물계로 탄생하는 것을 말한다.

넷째는 화생(化生)이다. 이는 초자연적인 또는 기적적인 탄생을 말한다. 한 세계에서 다른 세계로 의식체가 옮겨가서 탄생하는 것이다.

자연 상태에서 생명이 탄생할 수 없다고 한 파스퇴르나 밀러의 실험은 하

나의 실험일 뿐이다. 30억년 전의 지구 환경은 지금과는 판이하게 다를 수 있다. 인간의 과학기술이 아무리 발전해도 하찮은 것으로 생각하는 풀잎 하나, 개미 한 마리도 만들 수 없다.

창조 행위는 엄밀하게 말하면 조물주(造物主), 신(神)만이 할 수 있는 일이다. 조물주만이 무(無)에서 유(有)를 창조한다. 창조는 인간의 힘으로는 불가능한 신(神)의 영역이다. 인간은 조물주가 아니다. 우리 조상들은 삼라만상은 그 나름대로 존재가치가 있다고 생각해 왔다. 고려시대 문장가 이규보의 '조물론(造物論)'을 통해서 살펴보기로 한다.

조물론(造物論)[78)]

조물주에게 묻는다 – 내가 승문(蠅蚊)의 유를 싫어하여 이 문제를 낸다.

나는 조물주에게 묻는다.

"대저 하늘이 뭇사람을 낼 때 사람을 내고 나서 따라서 오곡(五穀)을 내었으므로 사람이 그것을 먹고, 따라서 상마(桑麻[79)])를 내었으므로 사람이 그것으로 옷을 해 입으니, 하늘은 사람을 사랑하여 살리고자 하는 것 같은데 어째서 다시 독(毒)을 가진 물건을 내었는가? 큰 것으로는 곰·범·늑대·승냥이 같은 것이요, 작은 것으로는 모기·등에·벼룩·이 같은 유가 사람을 이처럼 심하게 해친다. 만약 하늘이 사람을 미워하여 죽이고자 할 것 같으면, 그 미워하고 사랑함이 일정하지 않음은 무슨 까닭인가?"

조물주는 대답한다.

"자네가 묻는 바 사람과 물건이 나는 것은 모두 명조(冥兆[80)])에서 정해져서 자연에 발로된 것이기에, 하늘도 알지 못하고 조물주도 알지 못한다. 대저 사람의 태어남은 본래 스스로 태어날 뿐이요, 하늘이 시켜서 태어난 것이 아니며, 오곡과 상마의 생산도 본래 스스로 생산된 것이요, 하늘이 시켜서 생산된 것이 아니다. 그런데 더구나 무슨 이(利)와 독(毒)을 분별하여 그 사이에 놓아

78) 이규보, 『동국이상국후집 제11권』 http://www.minchu.or.kr/

79) 뽕나무와 삼.

80) 만물이 아직 구체적인 모습을 드러내기 이전의 신비한 세계. 혼돈.

두었겠는가? 오직 도(道)가 있는 자는 이(利)가 오면 순수하게 받고 구차히 기뻐하지 아니하며, 독(毒)이 이르면 순수하게 당하고 구차히 꺼리지 않아, 물건을 대하되 빈 것처럼 하므로 물건도 그를 해치지 않는다." / 나는 또 묻는다.

"원기(元氣)가 처음 갈라져 위는 하늘이 되고 아래는 땅이 되고 사람은 그 가운데 있어, 이를 '삼재(三才)'라 이른다. 삼재는 동일한 것이니, 하늘 위에도 이러한 독물이 있는가?" / 조물주는 대답한다.

"나는 이미 '도가 있는 자는 물건이 해치지 못한다.'고 말하였다. 하늘이 도가 있는 자만 못해서 그런 것들을 가지겠는가?"

내가, "진실로 그렇다면, 도를 얻으면 과연 삼천(三天)의 옥경(玉京)에 이를 수 있는가?"하니,

조물주는, "그렇다." 하였다. 내가,

"나의 의심은 환히 풀렸다. 다만 모를 것은, 자네가 말한 '하늘이 스스로 알지 못하고 나도 또한 알지 못한다.'는 것이다. 하늘은 무위(無爲)한 것이니, 그것을 스스로 알지 못함이 마땅하거니와, 조물주 너는 왜 모르는가?"

하니, 조물주는,

"내가 손으로 물건을 만드는 것을 자네가 보았는가? 대저 물건은 제 스스로 나고 제 스스로 화(化)한다. 내가 무엇을 만들며 내가 무엇을 알겠는가? 나를 조물주라 한 것을 나도 모른다." 하였다.[81]

---

81) 問造物-予厭蠅蚊之類。始發是題。

予問造物者曰。夫天之生蒸人也。旣生之。隨而生五穀。故人得而食焉。隨而生桑麻。故人得而衣焉。則天若愛人而欲其生之也。何復隨之以含毒之物。大若熊虎豺貙。小若蚊蝱蚤蝨之類。害人斯甚。則天若憎人而欲其死之也。其憎愛之靡常。何也。造物曰。子之所問。人與物之生。皆定於冥兆。發於自然。天不自知。造物亦不知也。夫蒸人之生。夫固自生而已。天不使之生也。五穀桑麻之産。夫固自産也。天不使之産也。況復分別利毒。措置於其間哉。唯有道者。利之來也。受焉而勿苟喜。毒之至也。當焉而勿苟憚。遇物如虛。故物亦莫之害也。予又問曰。元氣肇判。上爲天下爲地。人在其中。曰三才。三才一揆。天上亦有斯毒乎。造物曰。予旣言有道者。物莫之害也。天旣不若有道者而有是也哉。予曰。苟如是。得道則其得至三天玉境乎。造物曰。可。予曰。吾已判然釋疑矣。但不知子言天不自知也。予亦不知也。且天則無爲。宜其不自知也。汝造物者。何得不知耶。曰。予以手造其物。汝見之乎。夫物自生自化耳。予何造哉。予何知哉。名予爲造物。吾又不知也。

<東國李相國後集卷第十一>

(3) 인간을 찾아서

① 최초의 인간, '루시'를 찾아서[82)]

인간은 처음 어떻게 만들어졌을까? 대체로 인간의 탄생은 정신세계에서 지상세계로 내려오는 것을 말한다.

옛 선인(仙人)이 남긴 천부경(天符經)에는 "一積十拒無櫃化三(일적십거무궤화삼)"이라고 하였다. 즉 하늘(一)의 기운이 겹겹이 쌓이고 쌓여 그것을 담을 마땅한 그릇이 없으니 인간으로 화하였다는 말이다. 인간은 이렇게 만들어져 이 세상에 모습을 처음 드러냈다고 한다. 물론 불경이나 성경은 인간의 기원에 대해 모두 다르게 기록되어 있다.

'인류의 기원?' 수세기 동안 인간이 지녀온 이 의문은 아직도 명쾌한 답이 없다. 이것은 인류의 기원을 탐색하는 이들의 노력과 행보를 담아낸 다큐멘터리이다. 유인원에서 인간이 되기까지 3백만 년의 인류 진화 역사를 연구하는 학자들은 미세한 과거의 흔적을 찾아내 인류의 기원이라는 거대한 퍼즐을 맞춰나간다. 인류 기원에 대한 탐색은 뼈를 발굴하는 과정과 그것을 분석하고 이해하는 작업이다.

1856년, 독일의 네안데르 계곡의 동굴에서 채석작업 도중 인간의 두개골 화석이 발견되었고, 학계에선 그것을 4만 년 전 네안데르탈인의 두개골이라고 발표했다. 이 네안데르탈인의 흔적은 유럽에서부터 중동지역까지 넓게 발견되었고, 당시 다윈의 진화론이 발표되면서 네안데르탈인의 존재는 유인원으로부터 현생인류로 진화되는 단계를 설명해줄 수 있는 '사라진 연결고리'라는 별칭을 얻었다.

한편 네안데르탈인 이전의 인류에 대한 의문과 함께 유인원과 초기 인류가 공존했을 가능성이 제기되고, 인간의 두개골보다 훨씬 작은 크기의, 80만 년 전 직립원인의 두개골이 수마트라 섬에서 발견되면서 인류 기원에 대한 의문은 증폭되었다. 80만 년 전 직립원인은 아프리카에서도 화석이 발견되

---

82) 히스토리스페셜 참조. http://www.historychannel.co.kr/

었고, 불과 도구를 사용한 흔적도 제시되면서 유인원과 인간을 이어주는 사라진 연결고리라고 짐작했지만, 당시 학계에서는 이를 부정했다.

20세기에 들어, 사라진 연결고리에 대한 새로운 증거들이 남아프리카에서 발견되기 시작했다. 2백만 년 전 아프리카의 초원에 살았던 1m 남짓의 키에 40kg 정도 되는 유인원의 흔적이 발견되자 도구를 사용했던 인류라는 뜻의 '호모 하빌리스'라는 이름이 붙여졌다. 아프리카에서 인류의 기원을 가늠할 수 있는 증거가 나오자 인류 진화의 모델이 하나의 줄기로 이어져 내려왔다는 생각에 의문이 제기됐다. 1920년부터 1965년 사이, 남아프리카에서 발견된 화석들을 바탕으로 인간의 진화가 하나가 아닌 여러 갈래로 진행됐다는 주장이 신빙성을 얻게 되었다.

방사선 연대측정 기술의 발달로 인류의 조상 화석 연대를 정확히 측정하게 되면서, 300만 년 전 인류의 공통조상의 존재가 확인되었고, 거의 완벽한 형태의 골격으로 발견된 당시 화석은 가장 오래된 화석 인류인 '오스트랄로피테쿠스'-'루시'로 명명되었다. 300만 년 전의 '루시'는 인류 진화의 시작점인 듯 보이지만 여전히 현생인류의 직접적 조상인지는 확실치 않았다. 그러나 최근 DNA 조사로 네안데르탈인은 현생인류의 직접적 조상이 아님이 판명되었고, 현재는 4만 년 이전에 출현했던 '호모 사피엔스'가 인류의 조상으로 여겨지고 있지만, 지난 150년 동안 진행되어온 인류의 기원에 대한 연구는 현재도 계속되고 있다.

② 놀이하는 인간(*Homo Ludens*, 호모 루덴스)

인간의 특징을 동물과 구별해서 규정하는 학명에는 여러 가지가 있다. 호모 사피엔스(*Homo sapiens*, 생각하는 인간), 호모 로퀜스(*Homo loquens*, 언어를 사용하는 인간), 호모 폴리티쿠스(*Homo politicus*, 정치적 인간), 호모 파베르(*Homo faber*, 도구를 사용하는 인간), 호모 루덴스(*Homo ludens*, 놀이하는 인간) 등 여러 가지가 있다.

'놀이'는 인간의 생존과 관련이 있는 활동과 일에 해당되는 활동을 제외한 신체적·정신적 활동이다. 목적 없이 즐거움과 흥겨움을 바탕으로 이루어져 공감과 만족감을 주기에 삶의 재미를 가장 자유롭게 적극적으로 추구하고자 하는 인간 활동이다. 따라서 놀이는 매우 중요한 인간 활동 중의 하나이고, 문화를 이루는 핵심 역할을 한다고 할 수 있다. 이에 네덜란드의 역사학자 호이징하(Johan Huizinga)는 인간을 '놀이하는 동물(호모 루덴스, *Homo ludens*)'이라고 규정하였다.

놀이의 가장 핵심을 이루는 요소는 역시 '재미'이다. 놀이에 재미를 주는 요소는 다양하다.

첫째, 겨루기이다. 상대와의 겨룸에서 승리하고자 하는 욕망이 있다.

둘째, 신명이다. 흥겨움과 함께 신명이 있다.

셋째, 표현 욕구 실현이다. 정해진 규칙 아래 자기 자신을 마음껏 발산할 수 있는 표현의 즐거움을 맛보게 한다.

넷째, 우연성이다. 결과를 예측할 수 없는 불확실성에서 우러나오는 결과에서 해방감을 맛보고 즐거움을 느끼게 한다.

다섯째, 긴장감이다. 일상생활에서 쉽게 누릴 수 없는 짜릿함과 긴장감이 있다.

여섯째, 성취감 획득이다. 승리가 주는 큰 기쁨과 성취감을 맛본다.

이 이외에도 여러 요소들이 어우러져 다양한 재미를 맛볼 수 있는 것이 놀이이다.

인간의 놀이에는 여러 가지가 있다. 이를 크게 '의지, 규칙, 탈의지, 탈규칙'의 기준에 의해 네 가지로 분류한 사람은 로제 가이요와이다.

그림과 같이 '유희자의 의지가 작용하고 있는가, 아닌가'(가로축), '규칙이 있는가, 없는가'(세로축)를 척도로 하여 분류했다.

- 아곤(경쟁) : 의지도 규칙도 있다. 체스나 당구, 바둑, 대부분의 경기 스포츠 등이다.
- 미미크리(모의) : 의지는 있지만 규칙이 없다. 소꿉장난이나 연싸움, 가면놀이 등이다.
- 아레아(운) : 규칙이 있지만 의지를 반영하지 못한다. 룰렛이나 주사위 놀이 등이다.
- 이린크스(현기증) : 의지도 규칙도 없다. 그네나 제트코스터 등이다.

[그림 3-13] **놀이의 4분류**

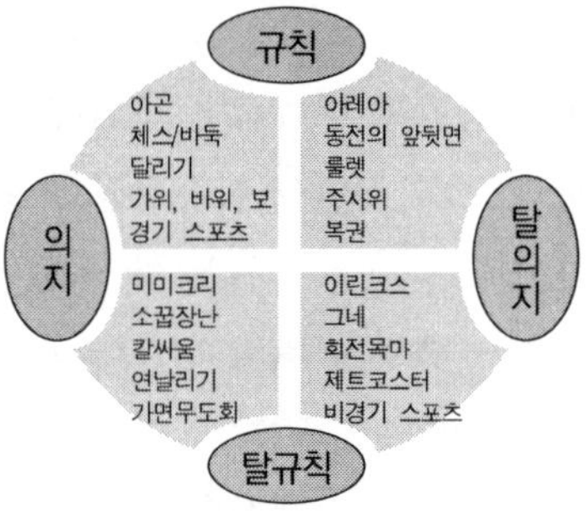

규칙
의지
탈의지
탈규칙
아곤 체스/바둑 달리기 가위, 바위, 보 경기 스포츠
아레아 동전의 앞뒷면 룰렛 주사위 복권
미미크리 소꿉장난 칼싸움 연날리기 가면무도회
이린크스 그네 회전목마 제트코스터 비경기 스포츠

문화콘텐츠는 대체로 오락, 즉 놀이의 특성을 지니고 있다. 그 중에서 게임은 로제 가이요와가 정의한 놀이가 응축된 형태라고 할 수 있다.

일과 놀이를 굳이 구분하지 않는 21세기 놀이 문화에 대해 이어령 교수는 한 강연에서 '규칙 있는 승부성 즉 게임성, 예측불허의 운명성, 그리고 연극성과 현기증을 유발하는 아찔성' 이것을 놀이의 네 가지 요소라 주장하였다.

오늘날 진정한 의미의 놀이는 공감력을 갖추고 건전하게, 모든 속박으로부터 벗어나 자유스러움을 구가할 수 있고, 이해관계를 떠나 쉬면서 즐길 수 있는 놀이이다. 그래야 놀이가 하나의 오락으로, 또는 휴식으로 현대인의 삶에 새로운 활력을 북돋을 수 있을 것이다.

(4) 이상향을 꿈꾸며

이상향(理想鄕)을 향한 인간의 소망은 끝이 없다. 사람이라면 누구나 걱정 없이 편안하게 살아갈 수 있기를 간절하게 바란다. 이상향, 낙원(樂園), 유토피아, 파라다이스, 엘도라도 등 모두 행복하게 사는 곳, 행복 지대를 의미한다.

이상향에 대한 사고 역시 동서양간에 차이가 있다. 동양인들의 사고에 담긴 낙원은 흘러가는 시간을 정지시키며 인간에게 불로장생(不老長生)의 기쁨을 제공하는 곳이다. 따라서 마음 속에 내재해 있다.

하지만 서양인들이 생각하는 낙원은 선악의 나무와 지혜의 뱀이 교훈을 제시하는 곳, 에덴동산 같은 곳으로 사람의 가슴 속보다는 인간 밖(외부)에 있다고 믿었다. 어쨌든 현재까지 수많은 콘텐츠들이 인간의 이상향을 그려왔다.

15세기 무렵 포르투갈의 엔리케 왕자는 황금이 넘치는 동쪽나라를 그리워했다. 그래서 그는 콜럼부스 같은 모험가들을 적극적으로 후원하였다. 유럽의 동진 정책은 이 무렵부터 시발점이 되었다.

우리는 흔히 신대륙 발견(1492년)을 콜럼부스로 알고 있다. 이는 다분히 유럽인들의 시각에서 바라 본 것이다. 동양에서는 이보다 훨씬 빠른 명나라 영락제 무렵에 정화(鄭和)의 원정대가 300척의 배와 2800명의 선원이라는 엄청난 선단으로 남아프리카의 희망봉까지 진출한 기록이 있다. 세계 제국의 원대한 꿈을 안고 중국의 남경을 출발해 인도를 거쳐 아프리카의 동부 홍해의 소말리아로 진출하였던 것이다. 초라한 배에 겨우 몇 명의 선단으로 나선 콜럼부스와는 시기나 규모 면에서 볼 때 차원이 다른 인류사적 큰 행보였다.

'무릉도원(武陵桃源)'은 도연명(陶淵明)의 '도화원기(桃花源記)'에 나오는 별천지이다. 허균의 '홍길동에는 '율도국'이 등장하고, 연암 박지원의 '열하일기' 중 '옥갑야화'에는 '무주공도(無主空島)'가 나온다. 이청준은 소설에서 '이어도'를 이상향으로 그렸다.

플라톤은 '국가론'에서 철인정치가 구현된 이상적인 국가를 이상세계로 보았다. 또 토마스 모어는 이상적인 공동 사회로 '유토피아(Utopia)'를 내세웠다. 국왕이 없고 국민은 계급과 상관없이 건강하며 모두 6시간의 노동을 하고, 교양을 쌓는다.

'엘도라도(El Dorado)'는 안데스 산맥 너머 잉카 문명의 잃어버린 황금의 도시다. 유럽에서 황금을 쫓는 모험가들이 오랫동안 가슴에 품어온 말이다.

'샹그릴라(Shangri-La)'는 제임스 힐튼의 소설 '잃어버린 지평선'에 등장한다. 불로불사(不老不死)의 땅, 티베트 어로는 '푸른 달빛의 골짜기'라는 상상 속의 낙원으로 이상향이다. 실지로는 중국 운남성 중전(中甸 : 쭝디엔)이라고 하는데, 히말라야의 매서운 추위에도 유일하게 아주 따뜻한 곳이다. 이곳에 들어가면 늙지도 않고 죽지도 않지만 일단 벗어나게 되면 급속하게 늙어버리든지 죽어 썩은 시체가 된다고 한다.

'태양의 도시(Civitas Solis)'는 이탈리아의 시인이자 철학자 톰마소 캄파넬라가 쓴 사회주의적 저서인 Civitas Solis에 묘사된 이상도시다. 이성으로 계몽된 인간들이 지배하며 태양을 섬기는 사제가 최고 통치자이다. 이 공동체는 사유재산, 부당한 부, 빈곤이 존재하지 않으며, 일부일처제도나 가족제도가 없고 아내나 자식을 공유하며 국가가 우생학적 자손증식법에 의해 아이들의 출산과 교육을 담당한다. 하루 4시간 노동을 하고, 군사훈련은 남자와 여자 모두에게 부과해 진다.

'노바 아틀란티스(Nova Atlantis)'는 베이컨의 새로운 아틀란티스에 나오는 미완성의 유토피아다. 과학기술의 발전에 의하여 인간생활의 큰 번영과 복지가 이루어진 사회로서 항공기, 잠수함, 인공강우, 합성금속 등의 무수한 과학적 발명을 실현하고 있는 이상국의 꿈을 묘사했다.

'팬티소크라시(Pantisocracy)'는 영국의 시인 S.T. 콜리치 등이 생각한 개념으로 '권력평등사회'라고 할 수 있는 이상적인 지역이다.

'라퓨타(Laputa)'는 영국의 작가 조나단 스위프트의 풍자소설인 '걸리버 여행기' 제3장에 등장하는 하늘을 나는 섬이다.

'카스탈리엔'은 헤르만 헤세의 '유리알 유희'에 나오는 서기 2400년의 이상향이다. 그 사람들은 유리알 유희라는 지적 놀이를 하며 매우 고상하게 놀면서 생활한다고 그리고 있다. 앞으로 400년 뒤의 일이다.

'월든 투(Walden Two)'는 1982년 B. F. 스키너에 의해 개념이 형성되고 제시된 공동체이다. 행동주의적 심리 통제술에 의해 실현될 수 있는 이상향으로, 천여 명 남짓의 소집단으로 시작되어 전체 사회로 확대 적용하는 것을 목표로 한다. 사회 구성원들이 '가장 행복하게 살 수 있는' 사회 건설을 지향한다. '가장 행복한 사회'란 가사일, 육체적, 정신적 중노동같이 하고 싶지 않은 일을 최대한으로 줄인 사회이다.

(5) 수(數)의 상징 의미

마샬 맥루한은 그의 저서 『미디어의 이해』 제2부 '11. 숫자－군중의 프로필'에서 현대사회는 숫자에 의해 지배를 받는 사회라고 언급하면서, 부(富)뿐만 아니라 인간의 삶 전반에 걸쳐 영향을 미치고 있다고 주장한다.

수(數)도 글자와 마찬가지로 신비적인 것으로서, 글자가 우리의 가장 냉정하고 객관적인 감각인 시각의 확장이라면, '수'는 우리와 가장 친밀하고 밀접한 관계가 있는 활동, 즉 촉각의 확장이며, 그것의 분리이다. 어떻게 표현되건 간에, 청각적이고 반복적인 반향과 촉각적인 차원을 동시에 지니고 있는 것이다.

수는 그 특질로서 아이콘(icon)적인 성격, 혹은 포괄적이고 압축된 이미지의 효과를 만들어내는 힘을 갖고 있다. 신문과 잡지에 사용되는 수, 예를 들면 '자전거를 탄 존 제임슨(12)이 버스에 충돌', '윌리엄 샘슨(51), 혁신담당 신임 부사장에 취임' 등 저널리스트는 경험에 의하여 수가 지니고 있는 아이콘적인 힘, 즉 사람들에게 시각적인 이미지를 주는 힘을 발견한 것이다.

뿐만 아니라, 모흘리－나기의 말을 인용하면서 미국에서는 수가 그대로 사물의 역할을 맡고 있다고 소개한다. 이를 테면, '57 버라이어티(아이스크림)', 싸구려 잡화점을 의미하는 '5(센트)와 10(센트)', '세븐업(7up)', 곤경에 빠지다는 뜻의 '8 보올의 뒤에'처럼 가격, 도표, 숫자에 전적으로 의존하는 공업문화의 한 가지 반영물이다. 또 여성의 체격인 가슴, 허리, 엉덩이 크기의 표준 인치인 '38－24－38' 식이다. 숫자라는 것은 실제로 손으로는 만지지 않고 여성의 몸을 나타내는 공식으로서 낮은 소리로 말할 때 가장 촉각적이라고 한다.

보들레르는 수를 이미, 흐트러진 단위를 서로 관련짓는 촉수(觸手), 혹은 신경조직이라고 파악하여 '수는 한 사람 한 사람 속에 있다. 수는 도취(陶醉)다.' 그러므로 '사람이 군중 속에 있으면 기쁨을 느낀다는 것은 인간이 수의 증대를 좋아하는 신비적인 표현이다.'라고 하였다. 말하자면 '수'는 구어처럼 청각적인 반향을 일으킬 뿐만 아니라, 촉각에서 일어나는 것이며 촉각의 연장인 것이다.

영국인이 운명대장이라고 부르는 영국의 정복왕 윌리엄이 국민의 수를 세어 만든 토지대장 이야기를 비롯하여 수의 덕택으로 빈곤에서 부(富)가 나타난 것, 수학자 라이프니쯔(Leibniz)가 0과 1이 만들어내는 2차원적인 시스템이 지니고 있는 신비적인 우미(優美) 속에서 천지창조의 이미지를 뚜렷이 본 것 등 여러 사례들을 소개한 맥루한은 수의 마력에 대해 고대로부터 현대에 걸쳐 두루 언급하였다.[83)]

수(數)에 대한 관심은 맥루한 뿐만 아니라 실제로 많은 사람들이 관심을 갖고 생활 또는 작품 속에서 활용하였다. 팝 아티스트 로버트 인디애나(Robert Indiana)[84)]는 어린 시절의 집안 사정으로 놀랍게도 그는 17세가 될 때까지 부모들이 21번의 이사를 했는데, 이를 헤아리고 숫자가 갖는 삶의 실용적인 의미를 자연스럽게 몸에 익혔다고 전하고 있다. 그의 작품에서 0에서 9까지의 숫자를 그 나름대로 아래와 같이 풀이하고 있다

1 : 출생	2 : 유년기	3 : 청년기	4 : 젊음
5 : 황금기를 향함	6 : 황금기	7 : 가을	8 : 겨울
9 : 위험에 대한 경계(beware danger)		0 : 죽음	

83) 마샬 맥루한 지음, 박정규 옮김, 『미디어의 이해』, 커뮤니케이션북스. 1997. pp. 156~173.

84) 로버트 인디애나(Robert Indiana, 1928~) : 우리 나라에 소개된 바 있는 팝 아티스트 앤디 워홀이나 로이, 리키텐슈타인과 함께 활동하였다. 팝 아트(Pop art)는 60년대 전반, 미국에서 이전의 전통적 회화나 조각과 잭슨 포록(Jackson Pollock)을 대표하는 추상표현주의를 거부하면서 나타난 새로운 미술 조류이다.

매우 평범한 풀이이지만, 그 나름대로 삶에서 우러나온 풀이이다. 이처럼 숫자는 고대로부터 이어져 내려온 인류의 지혜, 지식의 총체라고 할 수 있다.

필자가 수에 대해 관심을 갖게 된 것은 '한국출판만화' 관련 학위논문을 준비할 때부터이다. 일본 애니메이션 '은하철도 999'에서 '왜 하필 999'인가에 깊게 몰입한 적 있다. 불교의 메커니즘인 삼계(三界)와 9라는 '수'에 담긴 상징 의미를 깨달았을 때, 작품의 인문학적 깊이와 구도, 상상력과 구성능력에 절로 감탄이 나왔다.

그 후 '수'의 속성에 관심을 갖기 시작했다. 신문에서 '외국차 수입업체에서 좋은 차번호를 싹쓸이해 간다'는 기사가 났을 때 '도대체 어떤 번호가 좋은 차번호인가?' 너무나 궁금했다. 그 후 '수'가 편리에 따라 생겨난 단순한 기호(아이콘)가 아니라 우주 혹은 자연과 깊은 관계가 있는 그 무엇, 세상을 표현하는 상징[85)]일 수 있다는 생각을 갖게 되었다. 특히 게임을 비롯한 문화콘텐츠에서 많이 등장하는 숫자에 대해, 단순하게 쓰인 것이 아님을 느끼게 되었다.

이렇게 '수'를 중심으로 사물이나 현상을 이해하는 것을 동양에서는 상수학(常數學), 서양에서는 수비학(數秘學, numerology)이라고 한다.

'수비학'은 숫자(number)을 의미하는 라틴어 누메루스(numerus)와 사고, 표현 등을 뜻하는 희랍어 로고스(logos)에서 온 말이다. 고대인들은 미래를 예언하기 위해 수비학을 사용하였다. 최초의 본격적인 수비학자로, 수학의 아버지라고 불리는 2600년 전의 희랍인 피타고라스(Pythagoras)이다. 숫자가 사물의 참된 본성을 구성한다고 보고, 개념들은 숫자로 표현될 수 있다고 하면서, 1부터 9까지 숫자들의 속성과 관계를 묘사하였

85) 존 블랙우드 지음, 오혜정 외 6인 옮김, 『우리 주변의 수학』, 섬돌출판사. 2005. P. 71.

다. 그리하여 그는 현대 수비학의 아버지라고 불리운다.

동양 최고의 경전 중의 하나인 주역(周易)도 '수'에 기반을 두고 있을 뿐만 아니라 우리의 삶이 농축된 민속 분야, 즉 전통적으로 내려오는 '수'와 관련된 이야기들을 접했을 때, 우리 조상들도 모든 사물과 현상을 이해하는 도구로 '수'를 많이 활용하였음을 알 수 있었다.

필자는 우리의 민속을 비롯하여 수와 관련된 다양한 서적들을 살펴보았다. 대체로 생년월일, 전화번호, 자동차 번호, 공동주택이나 사무실 등 숫자가 있는 다양한 곳에 그 나름대로의 깊은 의미가 깃들어 있음을 알 수 있었다.

오랜 세월 동안 제도권 학문 밖에서 연구·활용되었기에 비체계적이다. 그래서 여기서는 많이 회자되는 '수'에 담긴 상징 의미들을 일부분 제시해 본다.[86)]

수(數)에 담긴 상징적 의미

0

0은 옛날, 동양과 인도의 현자들은 존재하지 않는 것을 눈으로 보려면 기호로 표시해야 한다고 생각한 데서 0으로 나타냈다. 1에 앞서 나온다는 점에서 공(空), 비존재, 무(無), 사념, 궁극적 신비, 불가해한 절대, 무한정한 것, 영원한 것, 질이나 양을 초월한 것, 죽음의 공허함, 생명의 전체성, 끝없는 회전 등을 나타낸다.

---

86) <참고도서> 김경재, '상징 수학으로서의 수비학이 영성 수련에 갖는 의미(신학연구 제44집)', 한신대학교 한신신학연구소. 2003.
마이클 슈나이더 지음, 이충호 옮김, 『자연, 예술, 과학의 수학적 원형』, 경문사. 2002.
슈투어드 카우프만 지음, 국형태 옮김, 『혼돈의 가장자리』, 사이언스 북. 2002.
장 피에르 상제, 콩느 지음, 강주현 옮김, 『물질, 정신 그리고 수학』, 경문사. 2002.
존 블랙우드, 오혜정 외 6인 옮김, 『우리 주변의 수학』, 섬돌출판사. 2005.
존 킹 지음, 김량국 옮김, 『수와 신비주의』, 열린책들. 1996.
찰스 폰스 지음, 조하선 옮김, 『카발라』, 물병자리. 1997.
클리퍼드 픽오버 지음, 이상원 옮김, 『신의 베틀』, 경문사. 2002.
Pannenberg, Wolfhart, Toward a Theology of nature : Essay on Science and faith, Westminster/John Knox Press, 1993.
Tillich, Paul, Theology of Culture, Oxford University Press, 1959

도교에서의 0은 '공'과 '무', '도(道)'를 나타낸다.

고대 피타고라스 학파는 완전형, 만물의 기원이자 만물을 포괄하는 자궁, 생명의 씨앗, 본질, 근본적인 것, 모든 것의 바탕, 공간을 만드는 것이라 믿었다. 이슬람교의 0은 신의 본질, 우주란(宇宙卵), 원초적인 남녀추니, 충만을 상징한다.

1

1은 태초의 시작, 출발, 전체성, 통일성, 완전성, 생명의 근원, 태양, 자연, 탄생, 창조자, 주동자, 모든 가능성의 총합, 본질, 중심, 나눌 수 없는 불가분의 것, 배아(胚牙), 고립, 융기, 상승, 점(點)을 나타낸다. 분할 가능한 신성. 하늘의 수이다.

중국에서는 양(陽), 남성, 하늘, 길(吉)을, 도교에서는 도(道)는 1을 낳고, 1은 2를 낳고, 2는 3을 낳고, 3은 만물을 낳는다. 기독교에서는 단일성, 온전성, 통일성, 전일성, 충만성을, 유태교에서는 아도나이 또는 숨겨진 지식을 뜻한다.

이슬람교에서는 통일로서의 신, 절대자, 모든 것을 자족할 수 있는 존재를, 고대 그리스(피타고라스학파)에서는 0이 없었으므로 영(靈), 만물의 기원으로서의 신, 본질, 토대나 공간을 의미하는 모나드(Monad)를 의미한다.

2

2는 1의 분리로 이원성(양극성), 즉 남자와 여자, 낮과 밤, 하늘과 땅 등 서로 대응되는 것들로 이루어진다는 데서 시작되었다. 둘의 교체, 발전, 차이, 갈등과 긴장, 의존, 타인, 정적인 상태, 뿌리박음, 변하여 균형유지, 안정, 반영, 대극, 욕망, 죄, 합(合), 길이를 나타낸다. 땅의 수이다.

고대 그리스에서는 둘 또는 다른 것을 나타내는 창조의 문(門)인 디아드(Dyad), 플라톤은 뜻이 없는 수, 피타고라스 학파는 한 쌍, 즉 2분된 지상적 존재를, 연금술(鍊金術)에서는 융합되는 통일을 나타낸다.

중국에서는 음(陰), 여성, 뭍(지상), 흉(凶)을, 불교에서는 '윤회'의 이원성, 남과 여, 이론과 실천, 지혜와 방법을, 기독교에서는 신성과 인간성을 겸비한 예수를, 유태교는 생명력을, 카발라에서는 지혜와 자기 인식을, 힌두교에서는 이원성, 샥타와 샥티를, 이슬람교에서는 영(靈)을 나타낸다. 도교에서의 괘(卦)는 음과 양, 두 가지 결정 요소의 조합으로 이루어진다. 2는 중심이 없기 때문에 음에 속하는 약한 숫자다.

3

3은 '모든'이라는 말이 붙을 수 있는 최초의 숫자, 완전성, 전체, 다수, 창조력, 성장, 이원성을 극복한 전진운동, 표현, 통합을 뜻한다. 사람의 수이다.

피타고라스 학파는 첫번째 수로 완성을, 고대 그리스에서는 상호침투의 첫 탄생자 트리아드(Triad), 게르만 신화에서는 행운의 숫자를, 힘은 보편적이며 하늘과 땅과 바다로 이루어지는 세계의 3중성을, 인간의 육체·혼·영, 탄생·삶·죽음, 처음·중간·끝, 과거·현재·미래, 달의 세 가지 상(초승달, 반달, 보름달)을, 천계의 숫자를 나타낸다.

도교에서는 평형을 성립시키는 중심점을 가지기 때문에 양, 길(吉)한, 다수, 최초의 강한 숫자, 모든 것을 포괄하는 신성(아버지, 어머니, 아들), 권위, 확실성과 강한 힘, 성취를 지닌다. 불교에서는 '삼보(三寶)', 즉 부처, 부처의 가르침, 승려를, 켈트에서는 특히 중요한 숫자, 중국에서는 성스러움, 길한 숫자, 가장 작은 홀수를, 기독교에서는 영혼의 숫자를, 그리스, 로마에서는 숙명, 운명으로서 세 가지 모습을 가진 하나의 신 모이라이(라케시스, 클로토, 아트로포스)를, 유태교에서는 무한의 빛, 성화(聖化)된 지성, 카발라에서는 세피로스의 비나(지성)을 나타낸다.

4

4는 완전성, 전체성, 완성, 연대, 대지, 질서, 합리성, 공정, 평등, 신뢰, 상대성, 정의를 상징한다. 우주 또는 창조의 기호. 최초의 입체는 4에서 비롯되고 한번 숨 쉴 때마다 뛰는 심장 박동수로 우주의 힘과 연관된다. 고대 그리스에서는 어머니 대지와 물질의 상징수인 테트라드(Tetrad). 피타고라스 학파에서는 완성, 조화로운 균형, 정의, 대지를 뜻하고, 서약의 숫자다. 구약성서에서는 상징적인 숫자였고, 중국에서는 정사각형인 '대지'의 숫자로 짝수이며 음(陰)의 숫자, 기독교에서는 육체의 숫자, 이집트에서는 시간과 태양의 운행을 이해하는 성스러운 숫자, 그리스에서는 헤르메스 신의 숫자, 유태교에서는 측정, 은혜, 지성을 나타내고, 힌두교에서는 전체성, 충실, 완성을 나타낸다.

5

5는 소우주로서의 인간을 나타낸다. 완전성과 힘, 순환수, 전체를 상징한다. 성혼, 명상, 종교, 섭리, 다재, 오감을 나타낸다. 고대 그리스에서는 우월성, 권위, 생명의 재생을 상징하는 펜타드(Pentad). 피타고라스 학파에서는 성혼을 나타낸다. 악의 수이다. 불교에서는 보편성을, 기독교에서는 타락 후의 인간의 모습을, 그리스·로마에서는 사랑과 화합을 나타내는 혼례의 숫자, 비너스(금성)의 숫자, 유태교에서는 강함과 엄격, 근원지를 나타낸다.

6

6은 평형, 조화를 상징한다. 완전수, 가장 생산적이다. 사랑, 건강, 아름다움, 기회, 행운을 의미한다. 고대 그리스에서는 존재와 생명의 구조와 작용, 질서와 조화를 상징하는 수 헥사드(Hexad). 피타고라스 학파에서는 기회, 행운을 뜻한다. 중국에서는 우주는 6이라는 숫자에 의하고, 서양에서는 주사위에서 6이 가장 강한 숫자다. 기독교에서는 완전, 완성, 우주 창조에 필요한 6일간을 나타내며, 유태교에서는 창조에 필요한 6일간, 명상, 지성을 나타낸다.

7

7은 대우주를 나타내는 숫자로, 완전, 전체성의 뜻이다. 피타고라스 학파에서는 이승의 신, 완성을 나타내고, 신성한 완전수로서 매혹적인 처녀수로서의 헵타드(Heptad). 영적·세속적인 것의 덧없음을 모두 포함하는 제일 작은 숫자다. 완성, 보증, 무사, 안식, 풍부, 재통합, 종합, 분할 불가능, 처녀성과 태모를 나타내는 숫자다. 4가 육체를, 3은 영혼을 상징하는데, 3과 4가 합쳐져 7이라는 성스러운 숫자가 된다.

불교에서는 상승(上昇)을, 기독교에서는 신의 성수, 유태교에서는 신비의 지혜를, 힌두교에서는 일곱 현자를, 이슬람교에서는 가장 작은 완전수를 나타낸다.

8

영적인 의미에서 낙원의 회복, 재생, 부활, 기복, 완전한 리듬의 상징이다. 숫자, 재출발, 입체성을 상징한다. 고대 그리스에서는 반복패턴의 상징수 옥타드(Octad), 피타고라스 학파에서는 연대, 안정을 나타낸다. 불교에서는 완성상태, 모든 가능성을 나타내며, 중국에서는 전체, 모든 가능성의 현현, 행운의 상징이다. 일본에서는 수가 많은 것을 의미한다. 도교에서는 현현된 모든 가능성을, 기독교에서는 신생, 재생을, 유태교에서는 완벽한 지혜, 광휘, 세피로스의 호드(권위), 야훼의 숫자, 주(主)의 숫자다.

9

9는 1에서 10까지에서 가장 큰 수로, 완성, 성취, 달성, 처음과 끝, 한계, 종점, 전체를 의미한다. 천계와 천사의 숫자, 고대 그리스에서는 최상의 완전과 한계를 상징하는 엔네아드(Ennead)다. 지상낙원을 나타내고, 불후의 숫자, 원주를 나타내는 숫자다. 피타고라스 학파는 다른 모든 숫자가 그 속에 존재하며, 그 속에서 순환하는 것으로 숫자의 한계를 나타내고, 북유럽과 게르만의 상징체계에서는 성수(聖數)다.

불교에서는 지고의 영적인 힘을 상징하며, 중국에서는 모든 숫자 중에서 가장 길(吉)한 숫자로, 하늘의 힘을 나타낸다. 기독교의 상징체계에서 9는 자주 나타나지 않는다. 유태교에서는 순수 지성을 나타낸다.

10

10은 우주를 나타내는 수, 모든 수를 포함한다. 모든 사물과 모든 가능성, 완전성, 모든 계산의 기본이 되는 숫자로 법, 질서, 지배, 절대성, 이해력을 상징한다. 고대 그리스에서는 수를 넘어선 수, 새로운 시작의 수로서 데카드(Decad). 피타고라스 학파에서는 모나드를 나타내고 완전을, 로마에서는 완성의 상징으로, 중국에서는 자신을 나타낸다.

11

11은 죄, 과실, 위험을 나타내는 수로 10이 완전과 법을 상징한다면, 11은 둘을 모두 넘어서는 것을 나타낸다.

12

12는 완전한 주기, 우주 질서를 상징한다. 바빌로니아에서 불운을 나타내는 숫자이다.

13

기독교에서는 예수의 죽음으로 지상이 어두워짐을 상징한다. 불길한 숫자다. 여신의 숫자.

20

손가락과 발가락 숫자를 모두 합치면 20이 된다. 따라서 20은 인간 전체를 상징한다. 또한 스코어(score)로서 수를 세는 단위이기도 하다.

40

40은 시련 기간, 시험, 죽음을 뜻한다. 완전무결, 완전성의 상징이다. 이슬람교에서는 변화와 죽음의 숫자로 화해와 원칙복귀의 숫자이기도 하다.

50

출발점, 원초로의 회귀, 재출발 등을 상징한다.

60

1시간은 60분, 1분은 60초다. 60은 20(스코어)의 3배로 나머지가 없는 숫자다. 이집트에서는 장수를 뜻한다. 중국과 우리 나라에서도 환갑(還甲)을 나타낸다.

70

유태교의 상징 체계에서는 인간의 수명으로 정해진 연수다.

100

완전, 최고, 하늘과 땅을 합한 숫자, 천하의 모든 사람을 의미하는 완전수, 인간의 몸은 100일이 지나야만 진정한 탄생을 의미한다.

666

기독교에서 666은 짐승의 표시이며 적(敵) 그리스도의 상징이다.

888

히브리어의 알파벳에서 짐승을 상징하는 666에 대하여, 888은 예수를 상징하는 성수(聖數)다.

적용의 원리

오웬스

★

꿈의 실현

첫 번째는 **인내**고,
두 번째는 **헌신**이고,
세 번째는 **훈련**이고,
네 번째는 **기도**다.

– 찰리 패독이 오웬스에게

*오웬스는 베를린 올림픽에서
네 개의 금메달을 목에 걸었다.

If you can Dream it,

you can do it.

— 월트 디즈니(Walt Disney)

조커 4 오프닝 :
내가 믿는 건 죽을 만큼의 시련은
너를 딴 사람으로 만든다는 거야.
(I believe whatever doesn't kill you
simply makes you … stranger …)

— 영화 '다크나이트(Dark Knight)'에서

1. 적용의 원리

(1) 적용의 첫 걸음

문화콘텐츠를 개발하고자 할 경우,

- 아이디어를 어떻게 구체화할 것인가?
- 국내용인가, 국제용인가?
- 지적재산권 관련 여부는?
- 영화, 게임 등 매체 선택은?
- 콘텐츠화할 경우 소요되는 인력과 비용은 어떠한가?
- 콘텐츠 디자인과 제작 기간은?
- 콘텐츠의 마케팅 전략은?
- 완성된 콘텐츠에 대한 수용자(이용자)의 예상되는 반응은?
- 콘텐츠 판매 이익은 어느 정도일까?
- 동소체를 개발할 경우, 고부가가치 창출 전략은?

등 여러 사항들을 생각하게 되는데, 개발자 중심으로 소재와 장르, 매체를 생각해서는 안 된다. 이해 관계자들과 전문가, 콘텐츠 관련 참여자 등 많은 사람들의 의견을 구하는 것이 바람직하다.

그 다음, 개발할 콘텐츠의 컨셉을 정확히 잡고 정보수집과 관리를 철저히 하며, 수용자(소비자)의 니즈를 확실하게 파악하는 노력이 수반되어야 한다. 아울러 제작에 투입되는 인력과 최신 문화기술, 마케팅과 콘텐츠 유통 네트워크의 확보도 함께 고려해야 한다.

문화콘텐츠를 개발할 때는 조직적이고, 체계적으로 모든 작업을 처리해 나가야 한다.

• 이해 관계자들의 의사결정
• 예산과 일정
• 기획 능력의 향상
• 인력 확보
• 문화기술의 첨단화
• 마케팅과 유통 네트워크 확보

등 여러 요소들을 감안하여 문화콘텐츠를 개발해야 한다.

문화콘텐츠 개발은 아이디어 하나만으로 쉽게 이루어지는 게 아니다. 한 올의 실로는 결코 옷을 만들 수 없듯이, 하나의 문화콘텐츠가 세상에 탄생하기까지에는 수많은 사람들과 온갖 재료들이 관여하여 이루어진다. 이렇게 매우 복합적인 요소들이 다층적으로 작용하여 문화콘텐츠라는 하나의 상품으로 탄생하게 된다.

(2) 적용의 원리

'적용(適用, application)'은 탐구 활동에 의해 생성된 아이디어를 바탕으로 어떤 문화콘텐츠를 생산하고 또 어떻게 판매할 것인가를 구체화시키는 행위이다. 한 마디로 선정된 아이디어나 아이템을 생산체제에 의해 상품화(商品化)하고 판매하는 과정이다.

생성된 아이디어를 문화콘텐츠화 할 때, 어떤 매체에 담을 것인가부터 생각하게 된다. 따라서 '체법묘기(體法妙氣)'를 가장 먼저 염두에 두어야 한다. 그 다음, 연관되는 관련 요소들을 고려해야 한다.

큰 흐름은 역시 어떠한 소재(Material)를 바탕으로 하여 어떠한 표현양식(Mode)으로, 어떤 매체(Medium)에 담아, 어떠한 수단(Means)으로 시장(Market, customers/buyers)에 다가갈 것인가 하는 것이다. 이 모든 요소들을 뒷받침하는 것이 경영(Management)과 자본(Money)이다. 이러한 일련의 과정을 Eisenhart는 7M's로 나타냈다.

이를 문화콘텐츠의 특성을 고려하여 보다 세분화해 보면,

- 어떠한 소재(Material)로……정보, 지식, 오락, 예술 등
- 어떤 표현양식(Mode)으로……텍스트, 이미지, 소리, 영상 등
- 어떤 매체(Medium)에 담아……책, 인터넷, 영화, 게임 등
- 어떤 수단(Means)으로 분배하며……채널, 전화, 기타 등
- 어떤 수용자(Market)에게……독자, 시청자, 소비자 등
- 어떠한 경영(Management)으로
- 어떻게 자본(Money)을 투자할 것인가를 고려하게 된다.

[그림 4-1] the 7M's of cultural contents[1)]

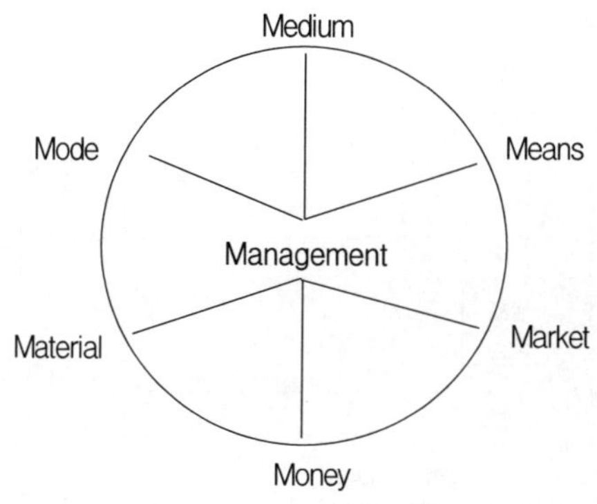

위의 7가지 요소가 조화를 잘 이룰 때 좋은 문화콘텐츠가 탄생할 수 있다.

아이디어를 검토·분석(Analysis)하여 평가(Appraisal)한 다음, 문화콘텐츠를 생산하는 행동(Action)에 들어가게 되는데, 이 과정에는 많은 자본과 인력이 투입된다. 이들 요소들의 조화에는 항상 '선택'이라는 중요한 행위가 있게 마련이다. '선택'은 곧 의사 결정을 의미한다. 아이디어 창출에서부터 문화

1) Douglas M. Eisenhart, *Publishing in the Information Age : a new management framework for the digital era*, 1994. P. 44 재구성.

콘텐츠 개발 전 과정을 의사결정 과정이라고 말할 정도로 '선택'이 매우 중요하다.

적용 행위는 'plan → do → see', 즉 전달자에서부터 수용자에 이르기까지 실행 계획(action plan)에 따라 '하나의 긴 파이프라인(pipe line)'을 통과하는 활동이다. 다음 그림을 살펴보도록 하자.

[그림 4-2] **문화콘텐츠 개발 상황도**

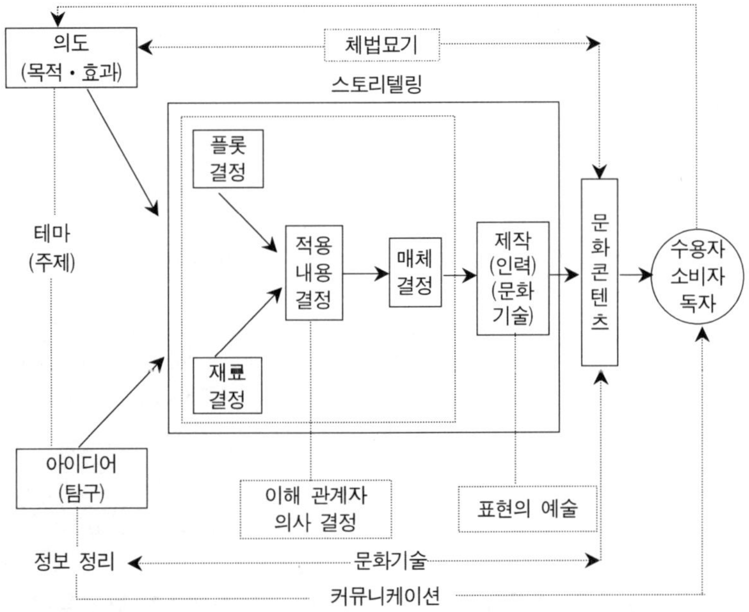

의도 (목적·효과)
체법묘기
스토리텔링
플롯 결정
재료 결정
적용 내용 결정
매체 결정
제작 (인력) (문화 기술)
문화콘텐츠
수용자 소비자 독자
테마 (주제)
아이디어 (탐구)
이해 관계자 의사 결정
표현의 예술
정보 정리
문화기술
커뮤니케이션

문화콘텐츠는 커뮤니케이션의 산물이다. 따라서 적용 과정에서 명료성(clarity)과 일관성(consistency), 적기 적시성(timing and timeliness), 분배성(distribution), 통일성과 수용성(uniformity and acceptance) 등을 염두에 두어야 한다.

먼저 문화콘텐츠의 핵심 내용인 '아이디어'가 뛰어나야 한다. 수익창출을 기대할 수 있는 가치 있는 아이디어라고 평가되면, 기술 등 여러 수단을 동원하여 제작에 들어가고 또 이를 널리 알리기 위해 마케팅 활동에 임하게 된다. 이러한 적용 활동은 좋은 아이디어를 바탕으로 문화콘텐츠를 생산하고 마케팅 하는 일련의 '문화적 실천 행위'라고 할 수 있다.

실천은 개발 주체인 '나'가 하게 된다. 따라서 '나'의 정신적, 신체적 상태가 작업수행에 지장이 없어야 한다. 아이디어의 구체화 작업에 들어가기 전 반드시 '나'의 상태를 체크해야 한다. 건강을 비롯한 자기관리, 인맥관리, 강점과 약점 등을 잘 정리해 점검, 보완해 두는 것이 바람직하다. 특히 자기의 강점과 도움을 줄 수 있는 인맥을 잘 정리해 이를 효과적으로 활용할 수 있는 방안을 생각해 두는 것도 좋다.

그 다음, 자기 일에 대한 집념과 자긍심이 뒷받침되어야 한다. 경사이신(敬事以信, 믿음을 갖고 일을 공경한다)이라는 말이 있듯이 열성과 확신을 갖고 자기 일에 매진하는 자세가 중요하다. 아울러 자기 개성과 국가관, 공동체 의식 등이 콘텐츠에 반영된다는 점을 고려하여 공동체 발전에 도움을 줄 수 있는 건전한 가치관도 요구된다.

상상력을 바탕으로 하는 모든 작품들은 견딤(인내)을 요구한다. 특히 현대사회에서의 문화콘텐츠 생산 작업에는 세상의 패러다임과 소비자의 기대지평, 엄청난 제작비용 등 예측하기 어려운 위험이 항상 도사리고 있다. 따라서 철저한 계산 아래 어려움을 각오하고 주어진 일을 즐겁게 하는 인내력과 창의적 아이디어가 있어야 한다.

'아이디어가 1%, 실천이 99%'이라는 말이 있다. 사람들의 머릿속에는 만 가지 아이디어, 천 가지 기획이 하루에도 몇 번씩 왔다 갔다 한다. 하지만 중요한 것은 성공을 거두기 위해서는 직접 행동으로 옮겨야 한다는 것이다.[2] 좋은 아이디어를 선택한 다음에 결과가 나올 때까지 끈기 있게 밀어붙일 수 있는 힘이 있어야 무엇이든 해 낼 수 있다. 기획력의 핵심은 '마인드와 실행력'이라고 할 수 있다.

2) 진희정, 『CEO처럼 기획하라』, 마젤란. 2008. P. 89.

먼저 아이디어를 제시했을 때, 그와 관련된 주변 환경들의 성격을 잘 파악해야 한다. 같은 아이디어라 하더라도 어느 한 개인 또는 조직에 따라서 평가가 각기 다르기 때문이다. 아이디어 제공자는 특히 이 점에 유의해야 한다. 관련되는 주변 환경점검이 가장 중요하다.

문화콘텐츠 개발 환경은 매우 다양하다. 좋은 아이디어에 걸맞게 바람직한 환경, 자신의 포부나 열정을 담을 수 있는 환경이 주어지길 누구나 소망한다. 명시적으로든 묵시적으로든 대체로 이익창출과 나아가 가치 극대화를 목표로 한다.

아이디어에 대해 높은 평가와 함께 문화콘텐츠 생산 의지가 드러날 때 본격적으로 스토리 집필에 이어 이를 구체화시킬 수 있는 수단(기술 등)과 조력자를 물색하게 된다. 아이디어의 성격이나 여러 관련요인을 고려하여 언제, 어떻게, 어떤 매체에 담을 것인가 하고 의사를 결정하는 과정이 중요하다. 그 후 매체의 성격에 맞게 스토리텔링 작업에 들어가게 된다. 모든 활동은 수용자를 고려하여 마케팅 활동과 연계되어 있다.

하나의 건물이 돌, 철근, 모래 등 여러 가지 건축 자재들의 특성을 잘 이해하는 각 분야 전문가들이 모여 자기만의 노하우와 지식과 경험 등을 동원하여 조합해서 세운 공동작업의 산물인 것처럼 문화콘텐츠도 각계 전문가들이 모여 이루어 내는 공동작업의 결과물이다.

적용 활동은 사람의 행위이기에 기술적 측면도 강하지만 대부분은 인간관계에서의 이해당사자 간의 의사결정과 관련이 깊다. 아이디어가 제작되어 상품화, 마케팅 성공에 이어질 수 있도록 추진 방향과 타이밍을 확실하게 하고 강한 추진력을 겸비한 리더십과 함께 세상의 흐름을 예리하게 바라볼 수 있는 안목을 지녀야 한다. 따라서 문화콘텐츠 개발자는 항상 '나'의 삶이 더 생산적이 될 수 있도록 심신(心身) 양면에 걸쳐 능력배양에 심혈을 기울여야 한다.

2. 문화콘텐츠 개발과정

모든 일은 철저하게 계획대로 실행되어야 한다. 개발하고자 하는 프로젝트에 도움이 되는 것이라면 비록 작더라도 세심하게 챙겨 관리하고 프로젝트가 성공을 거둘 수 있도록 모든 노력을 기울여야 한다.

(1) 문화콘텐츠 개발과정

문화콘텐츠 개발과정은 크게 5단계로 나누어 볼 수 있다. '아이디어 창출과 평가 단계', '의사결정 단계', '제작 단계', '마케팅 등 영업 단계', '수용자의 피드백' 단계로 나누어 볼 수 있다.

[그림 4-3] **문화콘텐츠 개발과정**

아이디어 창출과 평가 단계
↓
의사결정 단계
↓
제작 단계
↓
마케팅 등 영업 단계
↓
수용자의 피드 백 단계

문화콘텐츠 개발은 아이디어로부터 출발한다. 아이디어를 바탕으로 한 간략한 시놉시스(Synopsis)를 놓고, 투자자를 비롯하여 관련자들이 평가하게 된다. 아이디어 평가 과정은 사활이 결정되는 매우 중요한 의사결정 과정이다.

의사결정 과정에는 매우 복합적인 요소들이 개입된다. 문화콘텐츠 가치를 정량화하여 측정할 수는 없지만 직감적인 판단과 여러 경로를 통해 수집된 각종 정보들을 참조하여 상품으로서의 가치가 크게 돋보일 경우나 투자 회수가 월등하게 높다는 확신이 설 때 문화콘텐츠 제작으로 구체화 작업에 들어가게 된다.

이어 본격적인 스토리텔링 작업과 시놉시스 형태로 테스트를 통해 구체화시켜 본다. 아울러 수용자의 반응도 조사하여 수요를 예측하고, 또 본격 제작 단계에서 이를 취사선택하여 반영한다. 이것이 문화콘텐츠 개발의 일반적인 큰 흐름이다.

먼저 '체법묘기'의 원리에 의거해서 스토리에 가장 적합하다고 판단되는 매체를 선정하게 된다. 그 다음, 누구를 수용자로 할 것인지 주타킷을 설정한다. 또 제작 소요시간과 예상 출시일 등 다방면에 걸쳐 확인하는 절차를 밟게 된다.

먼저 어떠한 문화콘텐츠를 제작할 것인가를 정해야 한다.

대상은 국제용인가, 국내용인가? 일본용, 중국용, 미국용 아니면 국내용인가도 결정하여야 한다. 또 성인용인가 청소년용인가, 아동용인가? 지적재산권 여부는? 등 여러 항목에 걸쳐 점검하고 문화콘텐츠 개발계획을 확고하게 정한 후 구체적인 행동에 들어가게 된다.

제작과정에는 많은 인력과 다양한 문화기술이 동원된다. 따라서 본격 제작단계에 돌입하기 전에 철저하게 준비해야 한다. 예산을 비롯하여 참여할 인력들을 각 분야별로 접촉하여 확보해 두어야 한다. 이러한 일련의 과정은 매우 복잡하다. 항상 탄력 있게 진행할 수 있도록 여유를 충분히 확보해 두어야 한다.

마케팅 등 영업 활동은 제작에 들어가는 것과 동시에 시작된다. 세상의 이목(耳目)을 집중시켜야 성공할 수 있다. 인터넷 사이트 구축은 필수다. 유념해야 할 점은 국내에도 외국인이 매우 많다는 점을 염두에 두고 외국인도

쉽게 등록할 수 있는 사이트를 구축해야 한다. 특히 국제용인 경우, 영어나 일본어, 중국어로 된 인터넷 사이트는 해당 국가의 문화에 어울리게 구축해야 한다.

수용자의 피드 백 단계는 철저하게 정리해야 한다. 초기 반응을 면밀하게 체크, 분석하여야 한다. 반응이 매우 좋을 경우, 그 후속편이나 또는 매체를 달리한 동소체(同素體) 개발에 임할 수 있게 된다.

(2) 아이디어의 평가

① 아이디어의 평가 요소

아이디어는 문화콘텐츠 개발의 핵심 요소이다. 하지만 모든 아이디어가 문화콘텐츠로 개발되어 세상에 빛을 보는 것이 아니다. 수많은 아이디어 중에서 문화콘텐츠로 개발하여 성공할 가능성이 짙은 것만 선택된다. 이를 판단의 기준으로 하여 아이디어를 평가할 때에는 다음 네 가지 요소를 반드시 체크해 보아야 한다.

첫째는 가치성이다.

아이디어의 생명은 가치에 있다. 차별성과 독창성을 겸비한 유용한 아이디어여야 한다.

둘째는 적합성이다.

아무리 뛰어난 아이디어라 하더라도 회사의 비전과 전략에 적합하지 않으면 선택되지 않는다. 여러 사람들이 좋다고 생각하는 아이디어는 누군가에 의해 활용되기 마련이다. 따라서 좋은 아이디어를 선택하지 않을 경우, 누락시키거나 아니면 관련 있는 곳에 대여해 주거나 적당한 방법으로 계약하여 또 다른 활용방법을 모색하면 된다.

셋째는 제작 능력이다.

문화콘텐츠를 개발하고자 하는 회사에서 아이디어를 충분히 살릴 만한 능력이 있어야 한다. 여기서 제작 능력은 인적, 물적, 기술적 능력 모두를 아우르는 말이다.

넷째는 마케팅 능력이다.

문화콘텐츠의 성패는 마케팅에 달려 있다. 따라서 가치 있는 아이디어에 걸맞게 수용자를 흡인시킬 수 있는 마케팅 능력이 있어야 한다.

② 아이디어 필터링 작업

아이디어는 일차적으로 유용성(有用性) 여부를 기준으로 하여 부적절하고 취약한 아이디어는 걸러내야 한다. 상업화 가능성이 없거나 적은 것이나 타이밍(timing)으로 보아 이미 지났거나 너무 빠른 아이디어도 좋지 않다. 희망이 없는 아이디어는 가능한 한 신속하게 제거하는 것이 시간 낭비를 줄일 수 있다.

이처럼 상품화가 가능하지 않은 아이디어와 상품화할 아이디어를 걸러내고 선별하는 과정을 필터링(Filtering)한다고 한다. 하버드 경영대학원에서는 이를 아이디어 깔때기(idea funnel)[3]라는 개념을 사용하여 설명한다.

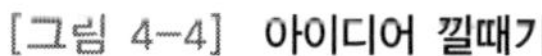
[그림 4-4] 아이디어 깔때기

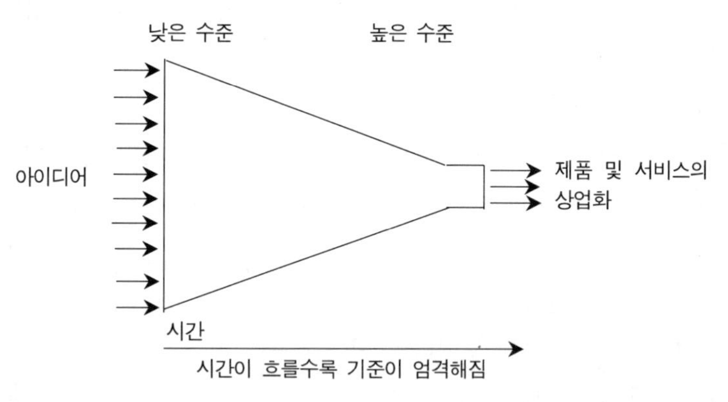

3) 하버드경영대학원 지음, 현대경제연구원 옮김, 『Harvard Business Essential(창의와 혁신의 핵심전략)』, 청림출판. 2004. pp. 105~108 참조.

깔때기는 넓은 입구를 가지고 있으며, 그 입구로 대략적인 평가를 거친 미개발 단계의 아이디어들이 들어간다. 깔때기가 좁아질수록 깔때기를 통과하기 위한 기준도 점점 엄격해진다. 여기를 통과하려면 '땜질(tinkering)'과 실험, 시장조사, 프로토타입 설정 등의 과정을 거쳐야 한다. 이런 선별 과정 속에서 다른 아이디어들보다 오래 살아남는 아이디어들도 있지만, 결국 깔때기를 완전히 통과해서 상업화되는 아이디어는 극히 일부에 불과하다.

문화콘텐츠를 개발하고자 할 때 시나리오뿐만 아니라 다양한 아이디어를 제공하는 이들도 많다. 그 중에는 실제보다 부풀려진 아이디어도 있고, 아이디어는 좋은 데 설명이 부족하거나 약간의 땜질만 하면 좋은 아이디어도 얼마든지 있다. 결국 개발자의 안목과 아이디어의 필터링 능력에 따라 상품화 가능한 아이디어와 그렇지 못한 아이디어로 나누어진다.

하나의 아이디어가 문화콘텐츠라는 상품으로 세상에 탄생하기란 결코 쉬운 일이 아니다. 더욱이 수용자들로부터 수준 높은 작품으로 평가받아 큰 성공을 거두기란 매우 어렵다. 아이디어 제공자뿐만 아니라 스토리텔러, 제작에 동원되는 다양한 기술을 소유한 참여자들과 마케팅 전문가 등 많은 이해관계자들의 협조가 필요한 작업이 문화콘텐츠 개발 작업이다.

(3) 기획과 실행계획의 수립

① 기획(企劃, planning)에 대한 이해

'기획'은 본질상 과학적·논리적인 과정을 통해서 문제를 해결하려는 노력이다. 넓은 의미로 계획을 수립하고 집행한 후에 평가하는 단계, 즉 전과정을 포함한다. 그래서 기획 행위를 'plan-do-see'로 나타내기도 한다.

'기획'할 때에는 전체를 조감할 수 있는 안목이 필요하다. 계획 작성, 목표 설정, 집행, 최종안 선택 등 일련의 과정을 한 눈에 파악할 수 있어야 한다. 아울러 전과정을 항상 신중하게 대비해야 한다.

'기획'을 통해서 가치를 형성하고, 또 수단을 설정하게 되며 아이디어의 실현을 구체화시키게 된다. 일반적으로 '기획'은 주어진 환경과 기획 대상, 그리고 기획을 실현시킬 수 있는 조직, 즉 기획기구와 기획 형태에 의해 이루어진다.

* 기획 = 주어진 환경 × 기획의 대상 × 기획기구 × 기획의 형태

이처럼 '기획'은 계획을 수립하여 그것을 시행하고 그 결과를 평가하여 차기계획에 반영하는 하나의 순환 과정(cycle)을 형성하게 된다.

② 기획의 과정

기획은 일반적으로 '목표의 설정'에 이어 '상황의 분석', 그리고 '대안의 탐색과 평가'에 이어 '최종안의 선택'으로 완성된다.

'목표의 설정'은 먼저 달성하려고 하는 궁극적인 목표를 설정하고 이를 구체화하는 일이다. 목표를 설정하기 위해서는 달성하고자 하는 최종상태에 대한 합의가 선결조건이다. 그 다음 세부목표까지 설정하게 되는데, 목표의 실천과정에서 실효성 있게 달성도를 평가하려면 측정 가능한 형태로 제시하는 것이 좋다. 주의할 점은 대체로 다음과 같다.

- 목표는 구체적이고 실제적이어야 한다.
- 표방한 목표와 실제목표 사이에 괴리가 있어서는 안 된다.
- 해결해야 할 문제, 즉 지향하는 미래 상태와 직접적으로 관련이 있어야 한다.
- 인적 · 물적 자원 등에 비추어 실현 가능한 것이어야 한다. 특히 상황과 여건 등 환경변화에 대응하는 것이 중요하다.
- 검토 결과에 비추어 수정 가능하게 융통성이 있어야 한다.

'상황의 분석'은 현재 및 장래 상황을 파악하여 목표달성에 예상되는 장애요인과 문제점을 규명해야 한다. '현재 우리가 가지고 있는 것(what we have now)'과 '우리가 원하는 것(what we want)' 간의 간격을 측정해야 확실한 과제

내용을 결정할 수 있다. 현재 상태뿐만 아니라 앞으로 예상되는 상태에 관한 예측도 병행해야 한다. 특히 문제의 원인과 현황변동에 관련되는 요인, 즉 변수들을 밝혀내야만 한다. 상황분석 방법에는 여러 가지가 있다.

- 이미 공개된 정보인 통계집, 간행물이나 연구문헌 등에서 과거의 추이와 현황, 미래전망에 대한 지식과 통계, 연구결과 등을 참조한다.
- 현장조사에는 면접이나 인터뷰, 관찰, 설문지 등을 이용한다.
- 미래상황분석에는 예상되는 장래에 대한 추정작업이 필요하다.
- 미래예측방법에는 법칙이나 논리적 사유에 의한 연역적인 방법, 주관적, 질적 방법인 델파이(Delphi) 기법, 추세분석 등 통계적 기법을 이용한 계량적 예측 등 다양하다.

'기획 전제'는 계획을 수립하는 과정에서 토대로 삼아야 할 주요 가정이나 전망을 뜻하는데, 이는 계획 추진에 결정적인 영향을 미치게 된다. '상황분석'이 현실적 여건 하에서 이루어지는 것이라면 '기획 전제'는 미래에 관한 예측 또는 전망이라고 할 수 있다.

'대안의 탐색과 평가'는 목표에 비추어 상황이 분석되고 기획전제가 설정되면 여러 가지 행동노선을 탐색하게 되고 또 그들을 상호비교·평가하게 된다. '대안 탐색'은 문제의 해결 또는 발전목표를 달성하기 위해 선택 가능한 대안들이 어떤 것들인지 광범위하게 탐색하여 최선의 방안을 추출하는 일이다. 원안대로 확정되면 좋겠지만 그렇지 못할 경우, 대안 탐색은 필수불가결한 일일 수도 있다. 새로운 대안을 창출할 때는 기획자의 창의성이나 집단적 사고, 전문가의 조언 등의 도움을 받을 수 있다.

'대안 평가'는 보다 냉철하게 이루어져야 한다. 기획이 미래를 향한 의사결정인 만큼 그 대안은 각종 영향력을 비교해 볼 때 보다 향상된 것이면 더욱더 좋다. 따라서 경제적 측면에서 보다 나은 편익과 목표달성도가 중심이 되어야 한다.

단 하나 부정적 측면이라면 대안평가시 비용이 추가로 투입되는 점이라고 할 수 있다. 대안을 비교평가할 때 개괄적인 방법으로 할 때는 '결정적인 요소(crucial factor)'들을 중점적으로 비교평가하고, 대안간의 차이점을 평가기준으로 삼으며, 한계적 분석(marginal analysis)에 의존한다.

'최종안의 선택'에는 개인적인 직감이나 선호경향, 즉 주관적 가치판단이 개입될 수밖에 없다. 최선의 대안을 추구하는 것은 당연하다. 하지만 최적의 결정이 가능할 지는 항상 의문의 여지가 있다.

먼저 기획 전반에 걸쳐 불확실한 것에 대한 조절이 필요하다. 이를 위해 미리 탄력성을 확보해 두어야 한다. 통계적 확률을 이용하거나 신뢰할 수 없는 자료를 색출하고, 불완전한 자료는 보완해야 한다.

선택에서도 검증이 있어야 한다. 분석 및 근거를 재검토해야 한다. 또 직접 이해관계가 있는 사람이나 집단 또는 그 분야의 전문가들에게 제시하여 선택의 타당성을 검증하여 동의를 확보한 후 시험적으로 시행해 보는 것이 좋다. 이는 결정 및 계획의 타당성 확인과 시행 착오 방지에 매우 효과적이다.

③ 효과적인 기획서 작성

아이디어 분석(analysis)과 평가(appraisal)를 통과하게 되면, 컨셉을 정한 후, 제품화하기 위한 목적과 목표, 실행계획(action plan) 등을 담은 기획서를 작성하게 된다. 기획서의 내용은 한 마디로 제작할 문화콘텐츠를 문자로 표현한 것이라고 할 수 있다.

기획서는 흔히 내부용과 외부용을 만들게 된다. 내부용은 글자 그대로 컨셉, 목적과 목표, 실행계획 등 핵심만을 담은 기획서이다. 화려하고 장황한 설명보다는 간명하게 표현하는 것이 좋다. 따라서 한 장이나 두 장 정도면 된다.[4] 분량이 너무 많게 되면 작성하는데 시간과 비용이 많이 소요되기 때문이다.

실행계획은 콘텐츠 개발팀 구성원들이 '하나의 목표' 아래 단결하여 목적

4) 스에요시 타카오, 장관진 옮김, 『기획자가 알아야 할 마케팅 실무』, 멘토르. 2007. pp. 21~23.

달성을 한다는 데 중점을 두고 수립한다. 따라서 구체적인 계획뿐만 아니라 팀원들이 사명의식을 갖고 서로 협력, 단결할 수 있는 구호성의 언명(言明), 즉 임무 선언(Mission Statements)까지 삽입하여 작성하는 게 좋다. '임무 선언'은 글자 그대로 한 조직이 해야 할 임무에 대한 내용으로, 조직원들을 결속시키고 격려하는 역할을 한다.

그 다음 구체적인 목표와 성과지표 및 세부목표 등을 중심으로 작성한다. '목표'는 달성하고자 하는 것, 성취하고자 하는 의도, 바람직한 미래 상태를 '구체적으로 제시해 보인 것'이다. 따라서 성취 지향적이어야 하고, 구체적이고 객관적이어야 한다. 아울러 달성 가능한 것이어야 하며, 목표달성을 위해 우선순위도 책정해 두는 것이 좋다.

'성과지표'는 목표를 향해 나아가는 것, 목표를 통해 기대되는 것으로, 목표와 밀접하게 연관되고 명확해야 한다. 약간의 탄력성을 확보하되 모호하거나 오류가 있어선 안 된다. 또 단순하고 유용해야 하며 비용이 적게 들고 다른 성과지표와 비교가 가능해야 한다. 마지막으로, '세부목표'를 보다 구체화함으로써 최종적으로 목표를 달성할 수 있다는 것을 보여 주어야 한다.

외부용은 주주 등 투자자를 위한 기획서로 흔히 파워포인트ppt.로 작성하여 프리젠테이션하는 것이 일반적이다. 이는 투자자에게 신뢰를 심어줄 뿐만 아니라 홍보 효과도 있는 만큼 정성을 기울여 작성해야 한다. 아울러 발표자는 커뮤니케이션 스킬도 갖추고 신뢰를 얻을 수 있는 인상이 좋다. 프리젠터에 따라 결정된다고 생각하면 된다. 구체적인 내용도 중요하지만 프리젠터가 주는 면면이 투자자의 동의를 획득하는 데 가장 큰 역할을 한다.

문화콘텐츠 기획은 전략이다. 참고로, 프리젠터로서 미디어(매체) 홍보와 효과적인 프리젠테이션을 위해 '미디어 트레이닝(Media Training)'[5]을 권한다.

---

5) '미디어 트레이닝 프로그램'은 미국에서는 포춘지 선정 100대 기업 내 90%의 주요 임원들이 받고 있는 트레이닝이다. 국내에서도 다수의 외국계 기업과 대기업의 CEO, 의사 등 전문가들이 전략적 리더가 되기 위해 필수적으로 사전에 트레이닝을 받는다.
보통 미디어 트레이닝은 PR 및 대변인 훈련의 개념, 핵심 메시지 개발법, 핵심 메시지 전달법(브릿징 기술 활용), TV 인터뷰 실습, 답변하기 어려운 기자들의 질문 유형, 성공을 위한 핵심사항 등을 중심으

핵심 메시지의 중요성과 핵심 메시지의 전달법에 대해 능숙한 사람만이 자신과 조직의 입장을 성공적으로 대변하기 때문이다. 이는 공적인 자리에서 프리젠테이션하거나 인터뷰에 응해야 할 때, 관련 이슈대응 핵심 메시지 개발, 핵심 메시지 전달을 위한 브릿징 스킬 훈련, 예상질문에 대한 답변 훈련 등 준비된 자세와 시간투자가 전적으로 필요하다. 사전에 이러한 훈련을 함으로써 기획을 성공적으로 마무리지을 확률이 높다.

(4) SWOT(시장기회) 분석

문화콘텐츠 프로젝트를 추진할 때는 철저하게 분석하고 검토한 다음, 기획하고 수립된 전략에 따라 융통성 있게 진행시켜야 한다. 옛날부터 전략수립은 매우 소중하게 여겼다.

> 지천지지 승내가전(知天知地 勝乃可全)
> 하늘을 알고 땅을 알면 승리하거나 몸을 온전하게 보존할 수 있다.
>
> 지피지기 백전불태(知彼知己 百戰不殆) —손자
> 상대를 알고 자신을 알면 백번 싸워도 결코 위태롭지 않다.

① SWOT 분석의 의미

SWOT는 다음 단어들의 머리글자의 합성어이다.

S : Strength(강점)　　W : Weakness(약점)
O : Opportunities(기회)　　T : Threats(위협)

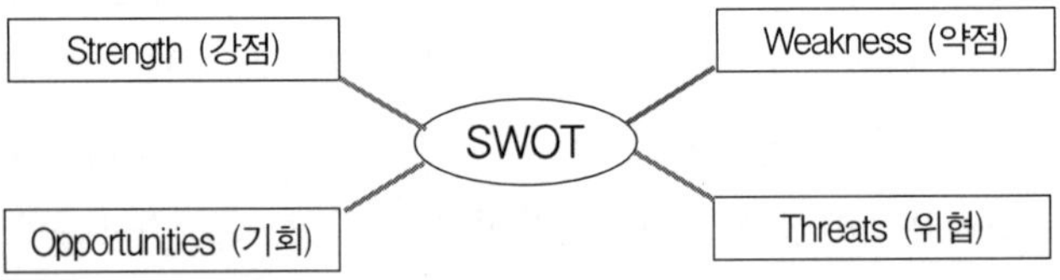

로 진행된다. 트레이닝 참가자는 1차 인터뷰 후 촬영된 TV 화면 속에 비친 자신의 모습과 메시지 전달 방식에 대한 코치들의 피드백을 기반으로 이를 개선하며, 2차 인터뷰를 진행하면서 자신의 발전된 모습을 접하게 된다. 핵심 메시지의 중요성과 핵심 메시지의 전달법에 대해 능숙한 사람만이 자신과 조직의 입장을 성공적으로 대변하게 된다. http://junycap.egloos.com/541643

오늘날 전략수립의 필수기법으로 SWOT분석이 널리 활용되는 비교적 많이 알려진 고전적 기법이다. 어떤 전략이나 대안, 사업 등이 있을 때 이를 그것의 외부적 환경(external audit), 내부적 환경(internal audit) 등에 비추어 보아 강점, 약점, 기회, 위협 요소들이 무엇인지 전부 찾아내려는 기법이다. 따라서 기획뿐만 아니라 마케팅에서도 널리 사용되는데, 기획과 마케팅에 있어 그 방향과 강도를 결정짓는 선행요건이라고 할 수 있다. 바로 시장기회분석의 결과에 따라 전략모드가 달라진다고 할 수 있다.

이 기법은 매우 단순한 점검표(list)에 의한 접근방법이라고 할 수 있다. 많은 생각이나 아이디어들을 SWOT라는 몇 개의 특수한 항목 아래 정렬시킴으로써 일부 생각이나 아이디어들이 손실되지 않도록 하기 위해 고안된 분석방법이다.

강점(strengths)과 약점(weakness)은 내부적으로 바라본 후의 판단과 관련이 있고, 기회(opportunities)와 위협(threats)은 외부 환경에서의 어떤 경향이나 흐름, 발전 가능성 등을 바라본 후의 판단과 관련이 있다. 또 강점과 약점이 현재의 상황을 주로 대상으로 한다면 기회와 위협은 멀고 가까운 미래에 대한 판단을 대상으로 한다고도 볼 수 있다.

이처럼 'SWOT 분석'은 일정 시점에서 주요 환경요인을 '기회'와 '위협'으로 분류하고 이들을 전략적 관점에서 조직의 강점·약점과 결합시켜 효과적인 전략을 수립하는 단순하면서도 유용한 기법이다. 사실상 다른 기법들을 사용해서 얻어진 결과들은 모두 이 'SWOT 분석'으로 통합이나 흡수될 수 있다고도 하겠다.

② SWOT 분석을 위한 매트릭스(matrix)

이 기법은 말이나 문장으로 기술하여도 좋으나, 전체를 보다 명료하게 살펴보기 위해 전략도출 매트릭스를 활용하는 것이 좋다.

[표 4-1] SWOT 분석을 위한 매트릭스

내적요소 외적요소	강 점(S) 5~10개 강점 나열함	약 점(W) 5~10개 약점 나열함
기 회(O)	SO 전략	WO 전략
5~10개의 외적인 기회 나열함	강점을 가지고 기회를 살리는 전략	약점을 보완하면서 기회를 살리는 전략
위 협(T)	ST 전략	WT 전략
5~10개의 외적인 위협 나열함	강점은 극대화, 위협을 회피, 최소화하는 전략	약점 보강, 보완하면서 위협을 약화, 회피, 최소화하는 전략

- SO전략(강점-기회 전략)
  - 외부환경과 내부환경이 모두 양호하여 강점을 적극 활용하여 시장의 기회를 살리는 전략-수세적 공세전략
- ST전략(강점-위협 전략)
  - 외부환경은 기회보다는 위협이 더 큰 대신 내부환경이 모두 양호하여 시장의 위협을 회피하거나 최소화하기 위해 강점을 더욱 강화하여 위협을 약화시키는 전략-공세적 방어전략
- WO전략(약점-기회 전략)
  - 외부환경은 위협보다는 기회가 더 큰 대신 내부환경이 강점보다는 약점이 더 우세하여 약점을 보완, 극복하거나 제거함으로써 시장의 기회를 활용하는 전략-적극적 공세전략
- WT전략(약점-위협 전략)
  - 기회보다는 위협요인이 더 크고, 강점보다는 약점이 우세한 경우, 시장의 위협을 약화, 회피하고 약점을 보강, 최소화하거나 없애는 전략-적극적 방어전략
- O·T·S·W 공존 전략(혼합 전략)
  - 기회와 위협, 강점과 약점이 모두 존재하여 강점으로는 기회를 극대

화하고 위협을 약화시키는 한편, 약점은 보강하여 위협의 피해를 최소화시키는 공세와 방어를 혼합한 전략

기획주체가 외부환경을 SWOT 분석 매트릭스에 의해 탐색하고 분석할 때 가장 큰 매력(attractiveness)은 '기회'다. 왜냐 하면 '기회'는 상대적으로 경쟁적 우위를 확보할 수 있을 뿐만 아니라 내재적인 매력과 외부적인 환경 사이에서 성공할 확률(success probability)이 그만큼 높기 때문이다. 반면 가장 심각하게 고려해야 하는 위협은 발생가능성과 심각성이 두드러질 때라고 할 수 있다. 이처럼 문화콘텐츠 개발자는 외부환경을 분석함에 있어 기회를 잘 포착하고, 위협요인에 대해서는 냉철하게 검토해야 한다.

한편, 내부환경의 강약점 분석에서는 무엇보다도 외부적으로 주어진 매력적인 기회를 놓치지 않고 활용할 수 있을 때가 가장 좋다. 아울러 강점과 약점은 자체의 평가이기 때문에 다양한 해석을 할 수도 있다는 점을 이해해야 한다.

SWOT 분석에 따른 전략모드를 유형별로 도표화하면 다음과 같다.

[표 4-2] **전략모드의 유형**

SWOT		전략모드
외부환경	내부환경	
O>T	S>W	적극적 공세전략
O>T	S<W	수세적 공세전략
O<T	S>W	공세적 방어전략
O<T	S<W	적극적 방어전략
O, T, S, W 공존		혼합전략

③ SWOT 운용기술

SWOT분석은 기본적으로 브레인스토밍(brain-storming) 방법으로 진행하는 것이 좋다.

강점(strength)과 약점(weakness)의 내부환경(internal audit)을 진단할 때는 당장 문제가 되고 있는 현안 문제를 시야가 좁아 제대로 인식하지 못하고 있을 수도 있다. 또 관리자들과 일선 실무자들 간의 괴리, 즉 바라보는 안목에서도 차이가 있을 수 있다는 점을 감안해야 한다.

또 집단 분석시에는 목소리가 큰 한두 사람에 의해 좌우되는 경향도 있을 수 있으므로 개개인의 생각들을 전부 종이에 써서 익명(匿名)으로 그것들을 pool에 넣도록 하는 것도 좋은 방법이다.

그런 다음, 집단 차원에서 pool에 들어 있는 것들을 꺼내어 SWOT 매트릭스의 각각 밑에 모으고 중복되는 것을 지우면 된다.

또 하나의 방법은 집단을 4개의 작은 집단으로 나눈 다음, 4개의 집단에게 SWOT의 하나씩을 주어 생각하게 하고, 다음으로 다른 집단들에게 더 생각나는 것이 있으면 추가해서 적도록 하는 방법이다.

문화콘텐츠 산업은 그 어느 산업보다도 고비용, 고위험 산업이다. '잘 아는 돌다리도 두들기며 건넌다.'는 말이 있듯이 매사에 유의해서 철저하게 분석하고 준비해야 한다.

(5) 문화콘텐츠 성공요인

모든 아이디어는 제품화되어 세상에서 크게 환영받기를 기대한다. 아이디어를 바탕으로 한 신상품의 성공과 실패 배후에는 우연과 필연 등 여러 요인이 작용하는데, 대체로 다음과 같이 요약해 볼 수 있다.

성공요인은 다음과 같다.

- 수용자 욕구 충족 상품
- 제품의 기술적 우월성
- 부가가치 창출이 큰 경우
- 자사의 강점과 조화된 제품
- 경쟁 정도가 작은 상품

- 효과적인 제품 개발 조직
- 최고 경영자의 지원
- 신제품 개발 부서간의 원활한 의사소통

한편, 실패요인으로는 다음의 경우를 지적해 볼 수 있다.

- 수용자의 차별화된 욕구충족 제공 실패
- 표적 시장 선정 실패
- 잘못된 포지셔닝
- 출시 시기의 실패
- 수요 예측의 실패
- 광고, 마케팅, 유통자원 부족
- 기술력 부족과 개발의 진부화
- 신제품 개발 부서간의 불충분한 의사소통

이외에도 문화콘텐츠 개발의 성공과 실패 요인은 많다. 눈에 보이지 않는 여러 요인들이 콘텐츠 개발과정에 작용한다. 하나의 아이디어가 제품화되어 문화시장에서 성공하기란 결코 쉬운 일이 아니다. 그래서 빛을 발하지 못하고 사장(死藏)되는 아이디어도 많다. 따라서 여러 방면에 걸쳐 전략과 전술을 겸비하고 분석과 확인 과정을 거쳐야 한다.

3. 정보 분석과 관리

현대인들은 무엇에 대해 알고자 할 때는 인터넷을 검색한다. Googling을 할 것인가 Yahooing을 할 것인가? 또 자신만의 필요한 정보는 컴퓨터에 갈무리해 두기도 한다.

아이디어를 바탕으로 프로젝트를 수행할 때는 절대적으로 보안이 필요하다. 팀 내에서 외부로 전해져도 괜찮다는 사안 이외에는 비밀이 절대 밖으로 새나가서는 안 된다. 따라서 한 마음 한 뜻으로 모인 단단한 팀워크가 필요하다. 모든 팀원은 수행하고자 하는 프로젝트에 조금이나마 도움이 되는 정보는 모두 수집하여 프로젝트가 성공을 거둘 수 있도록 최선의 노력을 기울여야 한다. 이런 뜻에서 정보를 다루는 기법을 간략하게 소개한다.

(1) 정보에 대한 이해

'정보'는 인간이 살아가는데 필요한 지식이며 삶의 원천이라고 할 수 있다. 더욱이 오늘날 정보의 양적 팽창이 두드러진 상황 속에서 정보는 말로 표현할 수 없을 정도로 매우 중요하다.

'정보'는 '알리는 행위(行爲, telling)'와 '알려지는 사실(事實, being told)'로 규정되기도 하는데, 그 사전적 의미를 찾아보면, '정보란 사물의 내용이나 형편에 관한 소식 또는 자료', '군사 안보 분야에서 어떤 방면의 정황이나 그에 대한 지식이나 보고'라고 규정되어 있다.[6] '정보'에 대한 전문가들의 의견을 정리해 보면,

• 정보란, 일련의 행위를 시작하기 전에 알아야 할 사전 지식이다.

6) 위키백과사전. http://ko.wikipedia.org/

- 정보는 어떤 형태 또는 사건에 대해 불확실성을 감소시키는 유형무형의 실체이다.
- 정보는 어떤 목적을 달성하기 위한 정책 수립의 기본 지식, 즉 문제해결에 필요한 지식이다.
- 정보란 특정의 상황에 있어 그 가치가 평가된 데이터이다.
- 정보는 하나의 재화 또는 상품이다. 정보란 유용한 지식이다.

등등 '정보'에 대한 정의도 많다.

문화콘텐츠 개발에 있어 '정보'는 아이디어를 비롯하여 개발계획 수립에서부터 필요한 문제해결의 지식이며 불확실성을 감소시켜 주는 매우 유용한 것으로, 위의 정의들을 모두 포괄한다고 할 수 있다.

문화콘텐츠 개발에서 자료가 부족하거나 부적합하게 되면 개발작업에 애로점이 많다. 이에 효과적으로 대응하기 위해 정보 수집과 분석에 심혈을 기울이게 된다. 개발에 도움이 되는 모든 정보, 즉 정치, 경제, 산업, 사회, 과학 정보에 이어 경쟁사의 정보까지 확보해 두는 것이 좋다.

문화콘텐츠 개발자는 정보를 역동적으로 잘 처리해야 한다. 따라서 정보를 수집할 수 있는 능력과 정보를 범주에 따라 묶을 수 있는 능력, 정보를 단위화하고 계열화할 수 있는 능력, 정보를 목적과 상황에 맞게 사용할 수 있는 전략적 능력 등을 구비해야 한다.

현대는 '정보 전쟁'이라고 할 만큼 정보 싸움이 치열하다. 하나의 아이디어가 문화상품으로 떳떳하게 시장에 선보이기까지에는 우여곡절(迂餘曲折)이 매우 많다. 따라서 관련정보에 항상 주의를 기울여야 한다. 한 편의 문화콘텐츠가 탄생하기까지에는 수많은 정보들이 활용된다. 세계 문화콘텐츠의 흐름과 시대 조류(潮流), 주변 환경에 대한 이해, 참여자에 대한 정보, 경쟁사의 동향, 유통시스템의 변화 등 다양한 정보를 참조하게 된다. 아울러 정보의 생산과 관리를 보다 효율적인 방법으로 체계화하여 추진하는 일도 매우 중요하다.

① 정보의 기능[7)]

문화콘텐츠는 정보의 집합체다. 그 자체가 정보덩어리이다. 따라서 문화콘텐츠 개발과정에서의 여러 정보들은 매우 광범위하게 그 영향을 미친다. 이를 기능에 따라 대체로 네 가지 역할로 요약해 볼 수 있다.

첫째, 개발환경을 진단하게 한다.

문화콘텐츠 개발은 위험(risk)을 항상 안고 있다. 개발을 마무리 지을 때까지에는 예기치 못한 불안 요소들이 매우 많다. 이때 주어진 정보들을 적절하게 활용하여 개발 작업이 효과적으로 이루어지게 해준다.

둘째, 계획 수립과 조정에 기여한다.

정보는 계획수립에서부터 실제 제작 작업과정, 마케팅 활동에 이르기까지 광범위하게 활용된다. 경쟁사의 동향, 문화기술의 변화, 마케팅 환경의 변화, 수용자 반응 등 여러 측면에 효과적으로 대응하고 이를 잘 조정하기 위해서는 정확하고 상세한 정보가 필요하다.

셋째, 개발 계획에 있어 방향을 제시한다.

이이디어를 비탕으로 문화콘텐츠 개발을 계획하는 순간부터 정보를 많이 활용하게 된다. 이를 소홀하게 취급하였다가는 자칫 다른 사람들에게 아이디어만 제공하는 결과를 초래하기도 한다. 또 정보는 여러 가지 방안을 놓고 선택해야 하는 경우, 그 장단점을 분석하고 최선의 선택을 할 수 있도록 도와준다.

넷째, 개발 작업에 기여한다.

문화콘텐츠 개발작업의 처음에서부터 마지막까지 전과정에 걸쳐 정보를 활용하게 된다. 이렇게 정보를 활용함으로써 올바른 판단을 할 수 있어 그 성과를 극대화할 수 있게 된다. 또 개발과 관련된 여러 법규 등에 대한 정보도 제시해 줌으로써 작업을 원활하게 할 수 있도록 해 준다.

7) 강원준, 『국가정보의 이해』, 서석. 2005. pp. 19~23.

② 정보의 여러 가지 특성

정보의 궁극적인 효용은 의사결정에 앞서 적절한 시기에 궁금증을 해소시켜 주어 의사결정에 도움을 준다는 점이다. 정보가 유용한 것으로 활용되기 위해서는 다음과 같은 특성을 갖추어야 한다.

첫째, 가치성이다. 정보의 생명은 가치에 있다. 따라서 정보의 유용성(有用性)에 항상 관심을 기울여야 한다.

둘째, 적시성(適時性)이다. 정보는 정보 사용자가 필요로 할 때 그때그때 제공되어야 한다. 이것이 정보의 최우선 조건이다.

셋째, 정확성이다. 정보의 내용이 사실과 부합해야 한다. 100% 정확할 수는 없을지라도 항상 100% 정확성을 유지한다는 목표 아래 냉정하게 관련 자료들을 점검하고 상황을 면밀하게 파악해야 한다. 아울러 부족한 부분이 나타나면 언제든지 확인하여 보완해 나가야 한다.

넷째, 완전성이다. 불완전하더라도 항상 완전하게 한다는 자세로 최대한 관련 사항들을 총망라하여 하나의 완전한 정보가 되도록 한다. 아울러 파악하기 쉽도록 6하 원칙(5W1H)에 맞게 구성하는 것이 좋다.

③ 정보 가치의 변화

과학기술의 발달로 정보의 양적 증가와 함께 질적 수준도 매우 높아졌다. 따라서 항상 정보의 양과 질에 촉각을 곤두세워야 한다.

정보 가치는 크게 세 가지로 나눌 수 있다.

첫째는 정보의 상업적 가치다. 매체 기술 발달과 함께 전반적으로 미디어 의존도가 점차 높아질수록 정보의 상업적 가치는 두드러진다. 특히 문화기술의 경우 하루가 다르게 발전하고 있다. 콘텐츠 개발자는 최신 정보와 그 가치분석에 관심을 기울여야 한다.

둘째는 개인적 가치이다. 정보는 어느 한 개인의 자산 성격을 갖게 된다. 개인만이 갖고 있는 개인적 정보와 특정 기업 정보는 외부에 노출되지 않도록 항시 보안과 통제를 철저하게 하여 기밀성을 유지해야 한다.

셋째는 공공적 가치다. 정보는 본질적으로 공공적 가치를 내재하고 있다. 공공적 가치는 소극적 가치와 적극적 가치로 나누기도 한다.

이와 같은 정보의 가치는 고정불변이 아니다. 세상 만사가 다 변하듯이 정보가치 역시 빠르게 변하고 있다. 하나의 정보가 또 다른 정보들을 생산해 내기도 하고 새로운 정보가 나타나 기존 정보가 유명무실(有名無實)해 지는 경우도 많다. 아무리 뛰어난 정보라고 하더라도 시간이 흐름에 따라 대체로 그 가치가 희석되기 쉽다. 항시 정보의 변수(變數), 대상이 되는 모든 현상의 변화를 계속 살피고 정보를 보완해 감으로써 정보가치의 하락을 예방할 수 있다.

(2) 정보수집과 정리

인간은 본능적으로 생존을 위해 가급적 많은 정보를 수집하려는 습성과 이를 체계적으로 분류하려는 습성을 동시에 갖고 있다고 한다.

[표 4-3] **정보의 종류와 주요 내용**

구분	정보의 종류	세부 내용
일반 정보	고객에 관한 정보	선전, PR 등
	고객에게 전달되어야 할 정보	제품의 소개, 서비스
	제품에 관한 정보	상품의 안정성과 신뢰성에 관한 정보
	제품에 부속되는 정보	제품 설명서, 사용법, 보관법 등
전문 정보	기술 정보	연구개발, 기술도입, 생산관리, 기술이전, 기술 투자, 신제품 개발에 관한 정보
	규격 정보	사내외 규격, 지침서 등
	환경 정보	정보시책, 행정 방침, 기술변화 추이, 인구 및 사회적 동향, 기업환경정보
	경영 정보	판매, 마케팅, 재무, 생산, 기업진단 등
	기타 정보	기업관련 정보, 법규 정보 등

이 같은 정보자료는 크게 인적자원과 자연자원으로 나눌 수 있다. 문화콘텐츠 개발과 관련된 인적, 물적, 자연자원을 최대한 수집하여 분석하고, 또 이를 관리해야 한다. 일반적으로 기업에서 요구되는 정보는 위에 제시한 내용(표 4-3)과 유사하다.

이 외에도 정보는 매우 많은데, 문화콘텐츠 개발시 이들을 변형하여 적절하게 활용하면 된다.

① 정보수집

정보수집은 크게 '공적 시스템'에 의해서 수집하는 경우와 '사적 시스템'에 의존하여 수집하는 방법으로 나눌 수 있다.

'공적 시스템'이란, 공식적으로 구조화된 시스템, 즉 조직이 운영하는 것으로, 그 조직에서 정보를 얻을 수 있도록 승인받은 사람이면 누구나 활용할 수 정보시스템이다. 이 같은 공개적인 수집활동은 수많은 정보 속에서 필요한 자료를 신속하게 찾아낼 수 있는 고도의 전문지식과 숙련된 경험이 필요하다.

'사적 시스템'은, 비공식적 · 비구조화된 정보시스템으로, 개인들이 조직 내에서 또는 조직 밖에서 자기의 공식적인 지위에 관계없이 개인 자신의 친분에 따라 필요한 때 수시로 정보를 획득하는 경우이다. 따라서 정보의 흐름은 전화나 대화, 게시판에 게시된 내용 등의 형태를 띠고 있다.

정보를 수집하는 방법에 따라 '공개출처정보', '인간정보'로 크게 나누어 볼 수 있다. '공개출처정보[8]'는 글자 그대로 신문이나 방송, 잡지, 인터넷 등 이미 공개된 자료에서 필요한 것을 수집한 정보이다. 오늘날 정보의 시대라고 할 만큼 수많은 지식과 정보들이 넘쳐나고 있다. 여기서 좋은 정보를 위험 부담 없이 수집할 수 있는데, 중요한 것은 '정보의 홍수' 속에서 필요한 정보들을 어떻게 선별하느냐가 관건이다.

8) '공개출처정보(OSINT)'는 흔히 'OSINT(오신트)'라고 하는데, 이는 영어 Open Source Intelligence의 합성어이다.

'인간정보[9]'는 사람이 직접 수집하고 생산하는 정보로, 가장 전통적인 정보 수집 방법이다. 이는 상대방의 의도와 계획을 파악하는데 매우 쉽다. 또 가치 있는 정보를 수집하기 쉽고, 위협적인 요소에 매우 효율적이며 현안문제에 탄력적으로 대처하기 용이할 뿐만 아니라 비용이 적게 든다. 단 하나 정보의 신뢰성, 인간의 배신행위와 정보수집자의 위험성이 높은 것이 단점으로 지적된다.

정보수집 활동은 크게 '공개적인 수집활동(overt collection)'과 '비밀 수집활동(covert collection)'으로 나누어 볼 수 있다.

'공개적인 수집활동'은 관련기관이나 각 단체, 협회 등으로부터 공식적으로 자료를 입수하거나 또는 제보를 받는 방법이 있을 수 있다. 특히 인터넷 홈페이지를 통해 제보를 받을 수도 있다.

공개 출처정보 수집도 공개적인 정보수집 활동의 기본이라고 할 수 있다. 관련되는 신문이나 잡지, 학술지, 간행물, 출판물, 방송, 인터넷 등을 통해 수집할 수 있다.

[표 4-4] **정보의 유형별 분류**

유 형 별	종 류
학술 잡지	학회지, 협회지, 뉴스지, 상업잡지, 기관지 등
기술보고서	PB 리포트, AD 리포트 등
도 서	인문서, 교과서, 전문도서, 참고도서 등
회의자료	회의록, 회의 프로그램, 강연회 등
특허자료	특허명세서, 특허공보, 초록집, 색인지, 분류자료 등
규격자료	KS 규격, JIS 규격, ISO 규격 등
카탈로그	기업별 카탈로그, 상품 명세서 등
방 송	정보의 안내, 소개 등
인터넷	모든 정보 총망라

9) '인간정보(HUMINT)'는 흔히 'HUMINT(휴민트)'라고 하는데, 이는 영어 Human Intelligence의 합성어이다.

정보수집자는 이 같은 공개 자료들을 면밀하게 검토함으로써 관련되는 정보를 획득할 수 있다. 오늘날 매체정보 분석은 그 중요성과 비중이 날로 증대되고 있는 실정이다. 특히 보안체계가 엄격한 정보목표에 대해서는 공개출처 정보수집과 이에 대한 정밀한 분석에 많은 노력을 기울이고 있다.

이와 같은 공개적인 정보수집 활동은 비용이 크게 절감될 수 있다. 정보활동은 곧 돈이라는 말이 있듯이 인원과 예산을 크게 절감할 수 있다. 또 정보수집활동의 불법성이나 위험성을 경감시킨다. 특히 다양한 출처의 정보를 제공해 줌으로써 판단의 실수를 막고 정보를 객관적으로 판단하게 해 주며 정보의 사각지대 발생을 예방할 수 있다.

정보수집활동은 대체로 비밀을 기본으로 한다. 공개적인 수집 활동시에도 수집된 정보에 대해서는 비밀을 유지한다. 이 같은 정보수집활동에는 사람이 사람을 수단으로 하여 정보활동을 하는 것을 말한다. 이 방법은 가장 오래된 방법이다. 사람을 상대로 정보 수집을 할 때에는 정보수집자가 떳떳하게 공식적인 직함을 소유하고 있는 경우도 있고, 그렇지 못한 경우도 있다. 다양한 계층 속에서 협조자를 물색(spotting)하고 접촉함으로써 나름대로 필요로 하는 정보를 수집하게 된다. 정보수집망을 스스로 만들어 보고 면담, 유출 등 독특한 방법을 동원하여 정보를 수집한다. 이처럼 정보수집활동은 원칙적으로 비밀리에 이루어진다.

② 정보 정리

관련 정보수집은 문화콘텐츠 개발과정에서 매우 중요하다. '정보전쟁'이라고 할만큼 치열하다고 하겠다. 국내 정보는 물론이고 해외 정보까지 수집하여 정리, 분석해 보고 개발 작업을 진행하는 것이 좋다.

정보 정리는 먼저 공개출처 정보와 인간정보로 대별한 후, 앞서 언급한 '체법묘기(體法妙氣)'의 원리에 따라 분류하는 것이 효과적이다. 매체의 성격, 그 내용, 유형, 정밀도 등에 따라 여러 방법으로 나눌 수 있다.

문화콘텐츠 개발에 필요한 항목을 체크리스트 형태로 작성한 후 그 내용과 출처를 기입한다. 정보의 정밀도, 정보의 신뢰도를 등급별로 서열화해 놓는 방법도 추후 정보 분석에 많은 도움이 될 수 있다.

특히, 시장분석이나 경쟁사, 고객에 대한 정보는 마케팅 등에 매우 유용하게 활용되므로 철저하게 관리해야 한다.

시장분석은 대체로 시장 규모, 성장률, 기술 동향, 시장 내 경쟁상품/콘텐츠, 다른 산업과의 연관 관계, 가격 민감성, 계절성, 담합, 시장진입 및 탈퇴의 용이성, 기술정도, 자금투자 동향 등에 대해 Profile을 작성해 보관해 두어야 한다.

경쟁사에 대해서도 기업 조직, 사훈, 연구개발, 매출액, 제품, 규격, 가격, 프로모션, 인터넷 웹사이트, 예산 등에 대해 면밀히 분석하고, 고객에 대해서는 라이프스타일, 나이, 성별, 소득, 교육, 정치성향, 직업, 지역, 구매행동 등에 대해 프로필을 작성해 두어야 한다.

(3) 정보 분석에 대한 이해

① 정보 분석의 의의

'정보 분석'은 수집된 자료나 정보를 바탕으로 문화콘텐츠 개발에 미치는 영향과 그에 대한 대책 등을 추출해 내어 콘텐츠 개발에 활용토록 하는 일련의 작업이다. 즉 수집된 자료와 정보를 세분화하고 이를 확인, 해석, 평가, 종합, 분석하여 문화콘텐츠 개발에 효과적으로 사용할 수 있도록 가공하는 작업이라고 할 수 있다. 따라서 수집된 정보는 철저하게 분석하여 옥석(玉石)을 구분하고 적재적소(適材適所)에 활용해야 한다.

정보 분석은 얼마나 정확한 판단을 해내느냐에 따라 그 효과가 다르다. 현재의 상황을 파악하고 그 의미를 해석하는 것뿐만 아니라 미래를 예측하고 그에 대한 대책을 마련하게 하는 데 그 의의가 있으므로 매우 어렵고 중요한 업무이다. 따라서 과학적이고 다양한 방법의 여러 기법을 동원하여 분석해 내기도 한다. 따라서 뛰어난 추리력과 판단력이 요구된다고 하겠다.

② 정보 분석의 원리

수집된 정보는 문화콘텐츠 개발에 도움을 줄 수 있는 것으로서, 일차적으로, '사실여부와 관련성, 적합성, 신뢰성, 시의성, 융통성' 등을 검토한다.

- 상대방의 기만술책이 개입되지는 않았는가?
- 정보수집자나 협조자의 과장이나 허위는 없는가?
- 가장 최신 것으로 수집되었는가?
- 수집할 수 있는 모든 것이 전부 수집되었는가?
- 추가적으로 더 필요한 사항은 없는가? 등을 면밀히 검토한다.

정보 분석은 대체로 '분석의 목적과 방향 설정', '가설 설정과 검증', '가설 평가와 선택', '해석과 판단'의 순서로 이루어진다.

'분석의 목적과 방향 설정'은 정보 사용의 목적을 염두에 두고, 어떠한 방향으로 정보를 분석하여 결정할 것인가를 미리 정해 두는 과정이다. 따라서 비록 같은 정보라도 그 목적과 방향에 따라서 다르게 활용될 수 있다.

'가설 설정과 검증'은 수집된 정보를 바탕으로 그것이 의미하는 바를 여러 가지 가정을 세워 보고 거기에 준해서 관련 자료들을 추가로 수집하여 확인한 다음, 검증작업을 실시하는 일이다.

'가설 평가와 선택'은 가설의 타당성을 일일이 평가해 보고 그 중에서 가장 합리적인 가설을 선택하는 것이다. 한 마디로 결론을 이끌어내는 일이다. 가설이 확고한 경우를 제외하고 모호한 경우에는 대개 가능성이 짙은 2~3개를 선택하기도 한다.

'해석과 판단'은 도출된 결론을 두고 그것이 미칠 영향과 전망을 추리하고 대안을 모색하는 것을 말한다.

분석 방법에는 '자료형 분석기법'과 '개념형 분석기법'으로 나누어 볼 수 있다.

'자료형 분석기법'은 당면한 문제에 대한 정보를 수집한 다음, '체법묘기(體法妙氣)'에 따라 일차적으로 분류한다. 그 과정에서 가설을 수립한 후, 자료에 담긴 의도를 유추해 보는 방법이다.

'개념형 분석기법'은 먼저 가설을 설정하고 그 가설을 뒷받침해 주는 정보를 수집하여 분석하는 방법이다.

정보 분석은 예리한 감각과 지적 능력으로 지나치거나 소홀하기 쉬운 작은 단서를 찾는 데서 출발한다. 크고 작은 단서들을 모아서 서로 결합하여 하나의 밑그림을 그려보게 되는데, 이 과정에서 부족한 부분은 유추해서 채워 넣게 된다. 때로 정보의 성격에 따라 과학적인 이론을 적용해서 분석하기도 한다. 그렇게 함으로써 정보 사용자가 현실을 정확하게 바라볼 수 있도록 한다.

분석에 있어 가설을 검증하는 방법으로는 '질적 분석(質的分析)'과 '양적 분석(量的分析)'으로 나누어 볼 수 있다.

'질적 분석'은 분석자의 직관과 경험, 전문 지식을 바탕으로 하나의 현상을 내부로부터 이해하는 접근방법이다. 여기에는 '분기분석기법', '브레인스토밍', '핵심판단 추출기법', '인과분석기법', '역할연기법', '사례연구기법', '유추법', '발상전환법' 등 여러 가지 기법이 있다.

'양적 분석'은 하나의 현상을 수량화하거나 통계화하여 과학적으로 설명하거나 예측하는 방법이다. 흔히 '계량 분석'이라고도 하는데, OR분석이 주로 사용된다. OR은 Operation Research의 약자인데, 과학적 · 수학적 방법을 적용하여 해결하고자 하는 문제의 답을 추출하는 방법이다. 한편, 미래예측 기법인 '델파이 기법'도 많이 활용된다.

(4) 정보 관리

① 관리정보 체제의 운영적 요소

아무리 좋은 고급정보라도 관리를 소홀히 하게 되면 정보로서의 가치를 상실하고 만다. 정보 수집과 분석도 중요하지만 이에 못지않게 더욱더 중요한 것은 효용가치가 높은 정보들을 잘 관리하는 일이다.

관리정보 체제의 물리적 구성요소로는 컴퓨터의 하드웨어, 소프트웨어, 파일, 각종 매뉴얼이나 지침서 등의 절차 및 운영요원을 들 수 있다. 자료처리 기능으로는 업무수행절차, 과거 파일의 유지, 보고서와 기타 산출물의 생산, 활용자들과의 상호작용 등이다.

한편, 사용자를 위한 산출물의 종류로는 업무처리문서, 인간과 기계의 대화, 사전에 계획된 보고서, 사전에 계획된 질문에 대한 응답, 부정기적 보고서와 질문에 대한 응답 등을 들 수 있다.

② 관리정보체제의 구조

'관리정보체제'는 관리활동과 이를 원만하게 수행하기 위한 조직의 기능에 바탕을 두고 이루어진다.

관리활동에 토대를 둔 관리정보체제로는 '운영통제', '관리통제', '전략계획'을 들 수 있다. 이들은 모두 정보를 보다 철저하게 관리하여 효과적으로 활용하기 위한 방편이다. 각 파트마다 세부적인 하위항목을 두어 철저한 시스템 하에서 관리하게 된다.

'운영통제'는 각 운영활동들이 효과적이며 능률적으로 수행하도록 보장하는 과정이다. '관리통제'의 정보는 성과를 측정하고, 통제행동을 결정하며, 새로운 의사결정 규칙을 형성하고, 자원을 배분하기 위해 필요하다. 여기에는 관리통제를 위한 데이터베이스, 관리활동을 지원하기 위한 처리절차 등을 필요로 한다. '전략계획'은 하나의 조직이 그의 목표를 달성하기 위한 전략수단을 개발하는 것을 의미한다.

관리기능에 바탕을 둔 관리정보체제는 한 조직이 수행하는 기능에 토대를 둔 여러 하위체제들로 이루어져 있다. 관리정보체제의 구조는 실제로 작업수행을 위해 통합적으로 운영된다. 그래야 상호유기적으로 결합, 보완하여 전체로서의 조직활동을 원활하게 수행할 수 있게 된다. 또 관리에 필요한 각종 프로그램을 활용하여 정보를 보다 효율적으로 사용할 수 있도록 관리를 철저하게 하게 된다.

4. 미래예측 기법

미래예측은 인간의 삶 중에서 매우 중요한 부분을 차지한다. 옛날 사람들은 하늘의 별자리를 보거나 바람의 방향이나 구름의 이동 상황을 보고서 내일의 날씨를 예측했다. 또 음양오행(陰陽五行)을 이용하여 불안한 미래에 대한 판단의 자료로 삼기도 하였다. 역사적으로 볼 때, 제왕들은 항상 예언가를 가까이 두고 크고 작은 정책에 대해 자문을 구하기도 하였다. 동양의 대표적 문화콘텐츠인 '삼국지연의'의 제갈량도 전투를 앞두고 언제나 마음을 모아 미래를 예측해 대비하였다. 우리는 미래에 관심을 둘 수밖에 없다.

컴퓨터, 반도체 불모지였던 우리 나라가 오늘날 IT강국으로 불리는 것 중의 하나는 30여년전 삼성그룹 경영진의 반도체에 대한 투자에 있다고 본다. 미래는 암흑이다. 내일도 예측하기 힘들 정도로 급변하는 흐름 속에서 몇십 년 앞을 내다보고 사운을 걸어 전적으로 투자한다는 것은 특별한 혜안이 있을 때만 가능하다고 본다. 또 어떤 이는 새로 출시되는 자동차만 보아도 그 브랜드가 단명으로 끝날 것인지 아니면 크게 성공할 것인지를 판단하기도 한다. 이런 경우는 생이지지(生而知之)가 아니고선 힘든 일이다.

(1) 미래예측의 개요

오늘날 미래예측에 대한 다양한 기법들이 연구되어 산업 전반에서 걸쳐 활용되고 있다. 더욱이 막대한 비용과 많은 인력을 투입하여 제작되는 문화콘텐츠 개발의 경우, 미래예측만큼 중요한 것이 없다.

① 미래의 종류

우리가 예측하고자 하는 미래는 여러 가지로 나눌 수 있겠으나 Dunn은 이를 다음과 같은 세 가지 유형으로 나누고 있다.[10] '잠재적 미래'와 '가능한 미래' 및 '규범적 미래'가 그것이다.[11]

- '잠재적 미래(potential future)'는 반드시 발생하는 미래가 아니라 발생할 가능성이 있는 미래를 말한다. 따라서 잠재적 미래는 그것이 실제로 발생할 때까지는 확실하지 않으며 많은 잠재적 미래가 있을 수 있다. '대체적 미래(alternative future)'라고도 하는데, 이는 실제로 발생하게 되는 미래의 사회상태가 아니라 단순히 발생 가능한 미래의 사회 상태를 말한다.
- '가능한 미래(plausible future)'는 자연과 사회에 관한 어떤 인과관계를 상정하는 경우 결정권자가 아무런 조치도 취하지 않으면 반드시 다가오리라고 생각되는 미래를 가능한 미래라 한다. 방향전환을 시도하지 않으면 자연적인 인과법칙 의하여 자연히 이룩하게 될 그런 가능한 미래 상태를 말한다.
- '규범적 미래(normative future)'는 분석가가 생각하는 미래의 필요성, 가치, 기회와 일치하는 잠재적이고도 가능한 미래이다.[12] 미래에 있어서의 욕구나 가치 등에 의해 그렇게 되어야 할 것으로 주장하는 잠재적이고 개연적인 미래를 말한다.

이러한 세 가지 미래유형은 대체로 다음과 갖은 표현양식을 갖게 된다.

- 잠재적 미래 : ~한 일이 일어날지도 모른다.
- 가능한 미래 : ~한 일이 일어날 것이다.
- 규범적 미래 : ~한 일이 일어나야만 한다.

② 예측의 목적

미래예측은 그것이 어떤 판단에 기초하고 있든 간에 몇 가지 중요한 목적을 가진다.[13] 우선 가장 중요한 것은 세상의 흐름에 의해 생겨나게 될 미래

10) W. N. Dunn, *Public Policy Analysis : An Introduction* (Englewood Cliffs: Prentice-Hall, 1981). pp. 97~139.
11) 이대희 역, 『정책분석론』, 대영문화사. 1990. pp. 207~208.
12) 유훈, 『정책학원론』, 법문사. 1995. P. 242.

의 변화와 그 결과에 관한 정보를 마련하는 것이다. 예측의 주목적은 인적, 물적 환경을 이해하고 이를 적절하게 활용하는데 있다. 과거의 문화콘텐츠의 흐름과 그 결과를 이해함으로써 앞으로 개발하고자 하는 문화콘텐츠의 방향과 정책 등 결정력을 보다 높일 수 있게 된다. 이런 면에 있어서 미래는 과거에 의해 결정된다고 할 수가 있을 것이다. 그러나 보다 중요한 것은 예측은 과거에 어떠한 일이 일어났었는가와는 상관없이 보다 능동적으로 미래를 이해하고 형상화하고자 하는 것이다.

미래예측의 필요성은 재론의 여지가 거의 없다. 우리가 선택하는 문화콘텐츠 개발방향이 가져올 미래의 성과도 사태의 영향을 받는다. 우리가 문화콘텐츠 개발 과정에 있어서도 명시적 또는 묵시적으로 미래에 대한 가정을 세운다. 예측은 이러한 가정을 정확히 수립하고 명시화함으로써 콘텐츠 개발의 질적 수준 향상과 성공에 이바지하게 된다.

③ 미래예측방법

미래를 예측하는 방법은 크게 '투사(透寫, projection, 귀납법), 예견(豫見, 연역법), 추측(推測, 직관)' 등으로 나누어 볼 수 있다.

'투사'는 현재까지의 역사적인 경향을 장래와 연결하여 미래를 예측하는 것이다. 이는 미래에 대해 결정론적인 주장을 하며 방법론적 진술이나 유사한 사례를 기초로 이루어진다. 과거의 경험이나 기록, 사례, 문헌조사에 의존하는 귀납적 논리이다.

'예견(이론)'은 명백한 이론적인(인과 관계) 가정을 통하여 예측이 이루어지는 연역적 기법이다. 예견의 본질은 어떤 하나의 관계에 내재하고 있을 것으로 믿어지는 원인과 결과를 구체화시켜 주는 것이며, 유사한 과정이나 관계를 가지고 있는 유추를 탐색하는 것이다.

'추측(推測)'은 미래 상태에 대한 주관적인 판단에 의해 이루어지는 것으로

13) 이대희 역, 앞의 책. pp. 206~207.

직관적인 진술의 형태를 취하게 되며, 기획집단에 의한 내재적인 통찰력, 창의력 및 암묵지 등에 크게 의존한다.

오늘날은 이를 달리 하여 미래예측방법을 '기술적 예측방법'과 '계량적 예측방법', '질적 예측방법'의 세 유형으로 나눈다.

'기술적 예측방법'은 예측자의 가치판단이 개입되지 않은 상태에서 지식이나 추세변동의 경향을 바탕으로 하여 미래상황 전개를 확률적으로 추정하는 것이다. 한편, 규범적 미래예측은 어떤 조직의 목적에 맞추어 미래상황을 추정하는 법이다.

'계량적 예측방법'은 이론적인 모형이나 수리통계의 예측모형에 과거자료들을 넣어 추정하고, 이를 이용하여 미래상황을 예측하는 방법이다.

'질적 예측방법'은 주로 전문가들의 지식과 경험, 통찰력에 기초를 둔 것으로 주관적 판단에 의해 미래의 특정사건이나 상황을 예측하는 방법이다.

그러면 어떠한 예측방법을 사용하여 미래를 선택할 것인가가 문제이다. 미래예측 방법의 선택에 따라 예측 결과가 다르게 나타나기 마련이다. 따라서 예측방법에 따라 문화콘텐츠 개발 계획에 직·간접적으로 영향을 미치게 된다.

예측방법에 영향을 미치는 요소로는 계획이 단기, 중기, 장기에 따라 다른 '계획의 설계'와 '자료의 유형', '모형의 유형'과 '비용', '정확성'과 '응용성의 용이성' 등이 있다.

(2) 미래예측의 계량적 방법

미래 예측의 계량적(통계적) 방법에는 여러 방법이 있으나 흔히 '추세분석(trend analysis)'이 주로 활용된다.

'추세분석'은 시계열 자료들을 분류하고 그 운동(진행)방향을 탐색하는 기법들이다. 과거의 자료들이 시현해 주고 있는 운동 과정에 대한 통계적인 분석은 하나의 시계열에 있어서 과거와 현재의 이들 운동과정에 관한 양태를 결정해 주고, 미래의 어떤 시점에 있어서의 운동양태를 이해할 수 있도록 해 주는 실마리를 제공해 준다. 이러한 미래의 운동양태에 대한 실마리는 정책 결정자들의 계획과 통제를 위하여 필수불가결한 정보인 것이다.

시계열분석에 있어서는 시계열상에 나타나는 변동 상황을 성질이 다른 몇 가지 변동의 합성으로 보고, 이들 각종의 변동을 분해, 유리시켜서 그 각각을 측정하는 방법을 취하는 것이 보통이다. 그리고 시계열상에 나타나는 구성요소로서는 추세변동(trend or secular trend), 계절변동(seasonal variation or movement), 순환변동(circular variation or movement) 및 불규칙변동(irregular variation or movement) 등 네 가지를 들 수 있다.

추세변동은 장기간에 걸친 지속적인 변동을 표시하는데, 순환변동, 계절변동, 불규칙변동들은 파동요소들을 표시한다. 특히 순환변동은 1년 이상을 기간으로 하여 확장과 축소의 형태로 표시하지만 일방적인 경향을 보여주지는 않는다. 계절변동은 규칙적으로 반복하는 변동으로서 1년이나 그 이하의 기간이 주기이다. 불규칙변동은 글자 그대로 아무런 규칙성이 없는 우연적 변화를 말한다.

경험적 자료를 사용한 추세분석은 장기간에 걸쳐서 우리가 관심을 가지고 있는 현상이 장래에 어떠한 경향으로 발전할 것인가 하는 경향선추정(curve cutting)의 문제로 전환시킬 수 있다.[14)]

앞으로 10여 년간은 세계 경제가 어렵다고 한다. 경제적 어려움은 인간의 도덕가치도 떨어뜨릴 것은 자명한 일이다. 문화콘텐츠 개발자는 세상의 큰 흐름과 그에 따른 다양한 상황들을 예측해 보아야 한다.

(3) 미래예측의 질적 방법

새로운 과정이나 절차가 도입되거나 새로운 생산제품이 채택된 경우에 어떤 특정분야에서 장차 새로운 발견이나 개발이 이루어질지를 알고자 할

14) 강신택 외, 『정책학개론』, 법문사. 1983. pp. 250~251.

경우에는 주로 질적인 예측방법을 사용한다. 많은 전문가들의 도움을 받아 예측하는데, 이 과정에서 전문가들이 미래에 대한 그들의 주관적인 판단을 잘 나타낼 수 있도록 도와주는 절차이다. 이 방법에는 '델파이 기법'이 대표적이다.

델파이(Delphi) 기법

델파이 기법[15)]은 1950년대에 Santa Monica의 RAND 연구소에서 국방에 응용하기 위해 개발되었다. 어떤 질문에 대한 답변이 판단작용을 크게 요하는 경우 한 사람의 전문가가 아니라 예측대상 분야와 관련되는 전문가집단이 예측을 위하여 동원되는데 그 특징이 있다. 따라서 전문가 사이에 어느 정도의 공감대를 형성하고자 하는데 그 목적이 있었다.

델파이 기법의 종류로는 일반적으로 수량적 델파이(numeric Delphi), 역사적 델파이(historic Delphi), 정책 델파이(policy Delphi)의 세 종류가 있다. 수량적 델파이는 어떤 이슈에 대한 수량적인 예측을 최소한의 범위까지 구체적으로 파악하는 것을 목적으로 하고, 역사적 델파이는 정치, 경제, 사회, 문화 각 분야의 역사적 인물을 연구하는 전문가들로, 과거 정책에 대한 재조명과 함께 유사한 문제에 대한 조언을 구하는 것을 목적으로 한다. 정책 델파이는 일반적인 델파이 기법을 적용하여 정책대안 개발과 정책대안의 결과를 예측하는 것을 목적으로 한다.

델파이 방법의 가장 중요한 특색은 한 사람의 전문가가 아니라 예측대상 분야와 관련되고 있는 전문가 집단이 예측을 위하여 동원된다는데 있다. 일단의 전문가들의 의견을 체계적으로 추출하게 되면 개개인들이 가지고 있는 편견들을 불식시킬 수 있게 되고 그 집단내의 개개 전문가들이 가지고 있는 지식이 집단 내 타인들의 무지를 상호보완 해줄 수 있는 이점이 있다.

---

15) '델파이'라는 용어는 그리스 신화의 태양신인 아폴로가 미래를 통찰하고 신탁을 하였다는 '델피의 신전'에서 유래하였다. 델파이 기법은 전통적인 회의식기법이 대체로 갈등이 심하고 토의 분위기에 영향을 받아 각자의 주관적 판단을 흐리게 된다는 비판 위에서 대두되었다.

델파이 기법은 대체로 '사전준비 단계, 설문조사 단계, 평가 및 정리 단계'로 이루어진다. 각 단계별 주요 절차를 보면 다음과 같다.

[표 4-5] **델파이 기법의 일반적 절차**

단 계	절 차
사전준비 단계	• 이슈의 명료화 • 전문가 선정 • 설문조사 설계
설문조사 단계	• 1차 설문조사 실시 및 설문결과 분석 • 2차 설문서 개발 • 2차 설문조사 실시 및 설문결과 분석 • 3차 설문서 개발 • 3차 설문조사 실시 및 설문결과 분석 ※ 필요시 다음 설문조사 실시 (설문서 개발 → 설문조사 → 설문결과 분석)
평가 및 정리 단계	• 결과의 정리 및 평가 • 최종보고서 작성

미래예측을 위하여 전문가 집단을 활용하게 될 경우,

첫째, 그 집단내의 개개 전문가가 활용하게 될 정보의 양은 증가되어 최소한 일개 전문가가 활용할 수 있는 정보의 양보다 증가될 가능성이 크다.

둘째, 예측하고자 하는 분야에 대해서 고려할 수 있는 요인들의 수가 증대되어 최소한 한 개인이 고려하는 요인들의 수보다 더 크게 될 것이다.

셋째, 한 집단은 한 개인의 경우보다 위험대처 성향이 높으며 따라서 미래예측에 있어서 일개 전문가로서는 감히 취할 수 없는 위험부담도 보다 과감히 대처해 나갈 가능성이 커질 수 있다.

또, 미래예측에 전문가 집단을 이용함으로써 단점도 있다.[16)]

첫째, 어느 한 전문가에게 이용 가능한 잘못된 정보보다 더 많은 잘못된

16) 강신택 외, 앞의 책. pp. 259~260.

정보가 전문가 집단에게 이용될 가능성이 있다.

둘째, 한 전문가의 입장에서 볼 때 다수 의견이 분명히 잘못된 의견이라고 판단될 때에도 그 집단이 개인에게 사회적 압력을 가할 우려가 있다.

셋째, 한 두 사람의 강한 성격의 소유자가 그 집단의 결론에 큰 영향을 미칠 수도 있다.

델파이 방법에서 사용하는 미래예측의 절차는 보통 다음과 같은 독특한 의견취합 방법을 사용한다.

첫째, 누가 어떤 의견을 제시했는지 모르도록 한다. 그래서 의견의 제시는 면대면의 토의가 아니라 서면으로 제시한다.

둘째, 제시된 의견들은 다른 모든 사람들에게 제공된다. 다른 사람들의 의견을 검토하고 각자는 다시 자신의 의견을 제시한다. 의견들을 회람시키는 것을 몇 차례(rounds) 되풀이한다.

셋째, 몇 차례 회람 후에 결국은 전문가들이 합의하는 아이디어를 만들어 내도록 유도한다.[17)]

델파이 기법은 1960년대 중반부터 산업계의 기술발전을 예측하는데 광범하게 활용되기 시작하였다. 그 후 미래예측뿐만 아니라 조직의 목표설정 및 정책수립에 이르기까지 적용 영역이 확대되었으며, 정부나 기업, 학술 연구 등에서 가장 대표적인 예측방법으로 널리 활용되고 있다.

＊미래를 예언하는 바른 방법은 그것을 만들어 가는 일이다.
(The best way to predict the future is to create it.)

17) 정정길, 『정책결정론』, 대명출판사. 1988. P. 414.

5. 이해 관계자 분석과 의사결정

한 편의 문화콘텐츠 개발에는 이해 관계자들이 많다. 이들의 의견을 잘 조정하여 올바른 의사결정이 이루어지도록 하는 일이 매우 중요하다. 특히 염두에 두어야 할 일이 이해 관계자 분석(Stakeholder Analysis)[18]이다. 그 다음, 콘텐츠 개발이 순조롭게 이루어지도록 의사결정을 하는 일이다.

(1) 이해 관계자의 종류

인간의 모든 활동에는 '이해 관계자'들이 있기 마련이다. 문화콘텐츠 개발에서 '이해 관계자'란 아이디어를 구체화시키려고 할 때 영향을 받거나 또 거기에 이해 관계가 있을 법한 개인이나 집단 또는 조직체라고 할 수 있다. 따라서 아이디어를 구체화시키는 작업에 들어가기 전에 이들을 철저하게 점검해 놓아야 한다. 여기에는 어느 한 개인이나 공식적 · 비공식적 그룹(group) 혹은 제도(Institution) 등을 아울러서 '이해 관계자'로 취급해야 할 것이다.

아이디어를 바탕으로 문화콘텐츠를 생산함에 있어서 영향력을 미치는 힘(power) 또는 권력을 크게 4가지 범주로 나누어 볼 수 있다.

첫째, 재원(resources)의 힘

문화콘텐츠 개발에는 막대한 비용이 투입된다. 따라서 자금을 투입하는 자의 힘은 매우 막강하다. 개인이라면 투자자, 기업체라면 주주, 은행이나 채권자 등 재원을 지원하는 곳으로 그 영향력이 직접적으로 미친다.

둘째, 정치 · 사회적 영향력

이는 정치적 · 사회적 권력(power)을 가진 곳을 말한다. 정치적인 힘을 발휘

18) 신문주, 『행정기획실무』, 중앙공무원교육원. 2001. 참조하여 재구성.

할 수 있거나 언론이나 공중·사회·정치·환경·종교 등 다양한 이익단체, 지역사회 등 사회적 영향력을 행사할 수 있는 곳이라고 할 수 있다.

셋째, 생산을 통제하는 힘

문화콘텐츠 생산에 영향력을 발휘할 수 있는 그룹을 말한다. 흔히 원작자 등 지적재산권자, 직원, 특정분야 전문가, 노동조합이나 용역업체, 파트너와 공급자 등이 이에 해당한다.

[그림 4-5] **이해 관계자 지도**

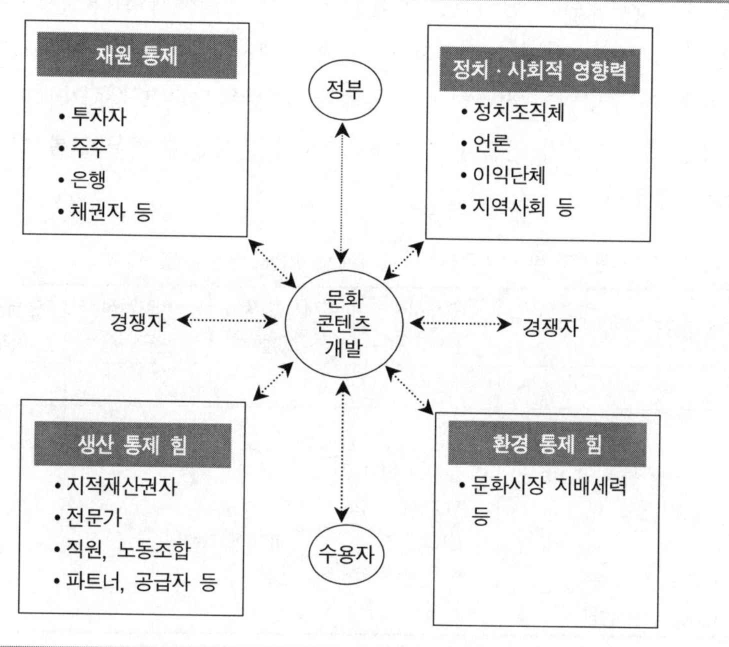

넷째, 환경을 통제하는 힘

문화시장 지배력을 가진 개인이나 그룹을 지칭한다고 할 수 있다.

이외에도 '이해 관계자'는 여러 곳에 숨어 있을 수 있다. 하나의 문화콘텐츠는 이처럼 얽히고설킨 인간의 그물망 속에서 탄생하게 된다.

(2) 이해 관계자 분석

먼저 '이해 관계자'들을 모두 찾아낸다. 그 다음 위의 '이해 관계자' 지도에 따라 분류해 본다. 같은 부류에 속하더라도 그 영향력에 따라 순위를 정해 나열해 본다. 아울러 영향력을 레벨별로 나누어 본다. 그 영향력도 정도에 따라 순위를 정해 본다. 특별히 관리해야 하는 '이해 관계자'에 대해서는 별도 분석에 들어간다.

'이해 관계자'들을 분석할 때에는 '다수의 이해 관계자, 다수의 분석대상 업무, 다수에 대한 판단 기준'을 갖고 작업을 진행하게 된다. 문화콘텐츠를 개발하려고 하는 팀이나 조직에게 '이해 관계자'들이 미치는 영향력 요소들(strengths)이 무엇인지 정리하여 기록해 두는 것이 많은 도움이 된다. 어떤 표가 가장 효과적일지 나름대로 '이해 관계자 분석결과 기록표'를 그려 의도대로 작성한다.

[표 4-6] **이해 관계자 분석 기록표** (예시) 이해 관계자 명칭 :

현재 중요도	미래 중요도	현재시점 판단기준	현재시점 평가 결과들	미래시점 판단기준	현재평가 vs 미래평가
※ 중요도 기재(숫자) 1. 극히 중요 2. 중 요 3. 어느 정도 중요 4. 중요하지 않음	※ 현재의 평가 결과 기재(알파벳) VG : 매우 좋음 G : 좋음 OK : 만족 VP : 매우 빈약 P : 빈약 DK : 모름				

- '이해 관계자'들이 우리에게서 무엇을 기대하는가?
- 우리가 하는 일에 대해 그들은 어떤 기준들을 사용하는가?
- '이해 관계자'들이 미래에 요구하거나 기대하는 것은 무엇인가? 등

여러 요인들을 냉철하게 분석하여 작성한다.

(3) 의사결정의 개요

인간이 생활을 영위해 나가는 과정은 의사결정(Decision Making) 과정의 연속이라고 해도 과언이 아니다. 이는 한 개인 뿐만 아니라 가정 같은 소집단 또는 그 범위를 넓혀 회사, 사회, 국가적인 차원에서도 마찬가지이다. 복잡다단한 현대사회에서 의사결정은 항상 부딪히는 문제이며 동시에 매우 중요한 의미를 지니고 있다.

문화콘텐츠는 아이디어를 바탕으로 하고 공동작업에 의한 상승작용을 기대하며 개발하게 된다. 개발과정에서 수시로 부딪히는 것이 커뮤니케이션에 의한 의사결정 순간이다.

① 의사결정문제

항상 최선의 의사결정을 하는 것은 불가능하다. 하지만 최고의 의사결정 가능성을 높이고 위험(risk)을 줄여야 한다.

의사결정문제는 크게 세 가지로 압축할 수 있다.

- 대안 : '할 것이냐? 말 것이냐? 혹은 무엇을 할 것인가?'에 대해 항상 고민한다. 만일 선택할 수 있는 것이 하나밖에 없다면? 등
- 개량화, 객관화 : 의사결정자의 주관적인 판단에 좌우되는 것이 바람직한가? 아니면 대부분의 사람들이 유사한 결정을 할 수 있도록 체계적인 것이 올바른가? 의사결정자의 주관적인 요소들을 최대한 배제할 수 있다면? 의사결정자가 교체되어도 동일한 의사결정을 할 수 있는 프로세스를 제공할 수 있다 등.
- 확률, 모형 : 의사결정을 해야 하는 대상이 언제나 동일한 상황일 수는 없다. 현실은 복잡하고 불명확하다. 따라서 그 확률과 모형을 생각한다.

② 의사결정의 개요

선택 가능한 여러 대안(alternative)들 중에서 미리 정한 기준(criteria)에 가장 잘 맞는 하나의 대안을 선택하는 것이라고 할 수 있다.

E. F. Harrison은 의사결정에 대해 많은 학자들이 다양한 정의를 내리고 있음을 기술하면서 몇 사람의 정의를 예시하였는데[19] H.A. Simon은 인간의 의사결정 행위를 관리(managing) 과정과 동일하게 보고 목표의 설정, 그 목표를 달성하기 위한 대안의 발견, 그들 대안 중에서 선택행위 등의 3단계로 구성된다고 하였다. 또 '의사결정이란 의사결정자가 어떤 일에 대해서 찬성을 표시하는 일련의 행동을 시작하였음을 의미한다. 그러나 의사결정은 의사결정자가 특정한 상황 하에서 대체적인 행동방안을 숙고한 뒤에 그가 해야 할 일을 판단하는 것이라고 이해되고 있는 것이 보통이다.'라고 고찰하였다.

A. Schull은 의사결정은 개인적 또는 사회적 현상을 포함하여 어떤 요망되는 상태로 이끌어가려는 의도 하에서 실제적 또는 관념적 가치기준을 근거로 하여 하나 또는 수개의 대안 중에서 하나의 행동방안을 선택하는 기준이라고 하였다.

③ 의사결정의 종류

의사결정은 크게 직관적 의사결정, 계획적 의사결정, 분석적 의사결정으로 나누어 볼 수 있다.

첫째, '직관적(intuitive) 의사결정'은 대안들과 그들의 상대적인 평가에 대해 생각 없이 직관적으로 행하는 의사결정을 말한다.

둘째, '계획적(programmed) 의사결정'은 주어진 지침에 따라 행하는 의사결정이다.

셋째, '분석적(analytical) 의사결정'은 의식적이며 체계적인 노력을 수반하는 의사결정이다.

이처럼 의사결정은 '무엇을 어떻게 해야 할지 모를 때에 하는 것(what they do when they do not know what to do)'이다.

19) E. Frank Harrison, *The Managerial Decision-Making Process*, Boston : moughton Mifflin Company, 1975. pp. 3~4.

④ 의사결정 분석의 프로세스

의사결정의 프로세스(process)는 '할 수 있는 것(대안), 알고 있는 것(지식) 그리고 원하는 것(목적)'을 논리적으로 결합하는데 초점을 둔다. 대안(alternatives)은 의사결정자가 목적 달성을 위하여 취할 수 있는 행동 또는 전략으로 구체적인 행위(action)이며, 지식은 확률을 이용하여 가능한 한 정확히 표현하고, 목적은 선호를 사용하여 표현한다.

의사결정분석 프로세스는 '요리에 대하여 전혀 아는 바가 없는 사람이라도 요리책을 충실히 따라가기만 하면 훌륭한 요리를 만들 수 있는 것'처럼 '모형화 단계 → 평가단계 → 수행단계'로 진행하게 된다.

좋은 의사결정은 선택된 대안의 여러 발생 가능한 결과를 연구한 후에 더 좋은 방향의 행동을 주의 깊게 선택하는 최종 결정이다. 따라서 의사결정 자체에 있는 것이 아니라 의사결정 프로세스 즉, 논리에 근거를 두며 사용 가능한 정보 및 실현 가능한 대안들을 광범위하게 탐색하여 고려하고, 계량적 접근법을 통하여 결론에 도달하는 것이다. 의사결정이 어려운 이유는 '불확실성, 다목적, 복잡성, 불안과 합의' 등 여러 요인들을 들 수 있다.

⑤ 의사결정 환경과 행태

의사결정은 그 기준과 관점에 따라 여러 갈래로 분류할 수 있다.

환경을 기준으로 하는 경우, 의사결정은 크게 '확실(certainty) 상황', '불확실(uncertainty) 상황', '상충 상황' 아래서 이루어지게 된다.

'확실 상황'은 의사결정자가 모든 대안에 대하여 선택의 성과를 확실하게 파악하는 경우이다. 각각의 대안에 따른 결과에 대한 정보를 포함하여 의사결정에 필요한 모든 정보를 갖고 있는 상태이다. 미래에 관한 정보가 확실하게 알려졌을 때이다. 이때는 최대의 성과를 달성할 수 있는 대안을 선택해야 한다.

'불확실 상황'은 미래에 관한 정보가 불확실하지만 결과에 대한 발생확률이 추정될 수 있는 경우이다. 이러한 상황에서는 가능한 기대효과를 최대화한다. 대안에 따라 결과에 대한 정보가 확률로서 주어지는 경우인 '위험 상황'과 각각의 정보를 하나의 추정치로서 명확하게 나타내는 것이 곤란한 경우인 '불명확 상황', 의사결정과정에서 필요로 하는 정보가 확률적으로나 언어로서 제공되지 않는 경우인 '불확실 상황'으로 나누어 볼 수 있다. 미래에 나타날 결과에 대한 발생확률조차도 파악하기 어려운 상황이다. 우리가 직면하게 되는 대부분의 의사결정 문제는 불확실한 상황 속에서 다루어지고 있기 때문에 합리적인 의사결정기준의 선택이 있어야 한다.

'상충(경쟁) 상황'은 대안 선택에 따른 경쟁자의 대응을 염두에 두고 평가하는 경우이다. '경쟁하는 상황'은 미래에 나타날 현상이 자연환경에 의해서 결정되는 것이 아니라 어떤 경쟁대상의 의지에 의해서 좌우되는 경우이다.

의사결정 행태를 기준으로 분류해 보면, 정형적(routine) 또는 규범적(normative) 결정과 비정형적 또는 서술적(descriptive) 결정으로 나눌 수 있다.

'정형적 결정'은 대부분의 의사결정이 정형화되어 있어서 일정한 이론과 규칙에 따라 반복적인 문제 해결이 가능하다. 반대로 '비정형적 결정'은 정형화된 의사결정 수단이 아직 개발되지 못하고 있는 복잡한 문제를 해결하는 것으로서 직관적인 판단력과 경험에 의한 시행착오법이 활용된다.

오늘날 의사결정 행위에 있어서도 부분 최적화를 위한 각종 기법과 컴퓨터에 의한 시뮬레이션 등이 활용되고 있어서 의사결정의 정형화를 위한 노력이 계속되고 있다.

이상에서 살펴보았듯이 의사결정은 고려될 수 있는 여러 개의 대안 중에서 최선의 대안을 선택하는 활동이라고 정의할 수 있을 것이다.

현대의 의사결정은 관리기술을 토대로 하나의 종합과학적 성격을 띤 선택이론으로 '관리과정에서 발생하는 각종 선택행위'라고 할 수 있을 것이다. 특히, 문화콘텐츠의 경우 그 특성상 오직 참신한 아이디어 하나로 불확실한 상황 속에서 은밀하게 의사결정을 해야 하는 경우가 많다. 보다 넓고 크게 바라보는 안목과 함께 정보수집과 관리, 정보 분석, 미래에 대한 예측이 크게 요구된다고 하겠다.

(4) 의사결정의 원리[20]

① 의사결정에서 다루어야 할 요인

의사결정에서 다루어야 할 요인은 다음과 같다.

- 목적 : 바라는 결과
- 통제변인 : 행동수단
- 비통제변인 : 환경
- 위의 3변인간의 관계

'의사결정'은 하나 이상의 목적(바라는 성과)을 달성하기 위하여 하나 이상의 행동방침(수단)을 선택하는 일이다. 따라서 '목적'을 확실하게 아는 것이 중요하다. '목적을 아는' 데에는 대체로 3가지로 나누어 볼 수 있다.

먼저, 자기 자신의 목적을 이해한다.

그 다음, 상대방(남)의 목적을 이해해야 한다.

마지막으로 자기목적과 상대의 목적간의 상호관계를 이해한다.

하지만, 모든 것을 다 알 수는 없다. 목적에 초점을 두고 생각하다 보면 다 알 수는 없어도 더 많이 그리고 더 잘 알 수는 있다.

나의 문제 해결은 모두 나만이 아니라 남에게도 영향을 미치기 마련이다. 특히 어떤 제안 자체나 제안이 있을 때 일정한 반응을 일으킨다. 다른 사람의 반응은 그 제안이 그들의 목적 추구에 미치는 영향에 따라 다르게 나타난다. 남에게 미치는 영향을 예측하려면 남의 목적을 이해하여야 한다.

나의 행동이 상대편의 행동결과에 영향을 미치면서 그것이 상대편의 행동결과의 가치를 감소시킬 때 양자 간에는 갈등이 생긴다. 이것은 대체로 희소성(稀少性) 때문에 생기기도 하고, 서로간의 감정을 상하게 함으로써 발생하기도 한다. 이 같은 갈등을 다루는 방법에는 '해결', '타협', '해소'의 세 가지가 있다.

---

20) Russell L. Ackoff, 이문용 역, 『의사결정의 예술』, 계명대학교출판부. 1986. 참조.

'해결(solution)'은 서로 경쟁관계에 있건 아니건 간에 어느 한쪽이 자기가 원하는 바를 얻는 방법을 찾는 것이다. 사태를 있는 그대로 인정하고 그 상태에서 할 수 있는 최선의 안(案)을 찾는 것이다. 여기서 '갈등을 푼다'는 것은 갈등에서 이기는 것이 된다.

'타협(resolution)'은 사태를 쌍방이 서로 용납하고 이해(득실)를 분배하는 길을 찾는 것이다. 손해와 이익이 공평하다고 느낄 때 이루어진다. 협상, 홍정, 중재 등이 타협의 일반적인 과정이다.

'해소(dissolution)'는 갈등을 빚는 조건을 변화시켜야 한다. 갈등 당사자를 변화시키거나 환경을 바꾸거나 상대방을 바꾸어야 한다. 갈등 당사자를 변화시키려면 계획과정에 상대방을 참여시키는 것이 한 방법이다. 참여는 최종 목적에 관심을 가지게 하는 과정이다. 환경을 바꾸는 것은 경쟁자와의 관계를 단절하거나 갈등의 원천인 희소를 제거하거나 자기에게 부과된 목적을 바꾸는 것 등이 된다.

한편, 갈등은 경쟁자의 수단과 목적의 선택을 변화시킴으로써 해소될 수도 있고, 쌍방 모두에게 손실을 끼치지 않을 수도 있으며, 때로 쌍방 모두 득(得)을 보는 경우도 있다. 그러므로 미리 짐작하고 타협이나 해소의 노력을 기울여야 한다.

② 전략과 전술의 필요성

'개인적 의사결정'이든 '집단적 의사결정'이든 남(타인, 경쟁자)을 의식하면서 의사결정을 할 때에는 전략과 전술이 요구된다. 한 마디로 상황에 따라 탄력 있게 적절하게 대응하는 것이 필요하다.

'개인적 의사결정'은 한 개인이 행동방안과 대안을 선택・결정하는 것이며, '집단적 의사결정'은 결정의 내용과 관련된 사람과 전문가들을 참여시켜 결정하는 것을 말한다. '개인적 결정'은 신속한 결정을 요하는 경우, 별다른 논쟁이 없는 경우에 행해지며, '집단적 결정'은 구성원에게 참여감을 부여하고 그들의 능력을 향상시키고자 하는 경우, 또는 문제가 고도의 기술성과 전문성이 요구되는 경우에 조직의 구성원이나 전문가와 함께 집단토의를 거쳐 결정하게 되는 것이다.

전자는 주로 상급자의 위치에 처한 개인이 독자적으로 대안을 선택하고 결정하는 것을 말하고, 후자는 여러 사람들이 협조하거나 타협하면서 상호작용을 통하여 어떤 정책을 형성해 나가는 방법이다. 민주적인 조직일수록 집단적 의사결정이 더욱 강조된다[21].

이럴 경우, 개인적 의사결정 상황이든 집단적 의사결정 상황이든 나름대로 전략과 전술을 미리 수립해 보는 것이 좋다. 앞서 밝힌 상대방의 목적을 염두에 두고 여러 상황들을 설정한 뒤 각각의 상황에 대처하는 전략과 전술을 면밀하게 작성하고 미리 연습해 보는 것도 좋다. 현대의 의사결정은 복잡한 경우가 많다. 준비를 주도면밀하게 할 때 염두에 둔 목적을 달성할 수 있다.

③ 의사결정자를 위한 제언

의사결정은 한 개인의 삶 뿐만 아니라 사업의 성패나 조직의 사활이 걸릴 정도로 매우 중요하다. 의사결정자는 그만큼 큰 임무와 책임을 지닌다. 좋은 의사결정자가 되기 위해서는 다음 사항에 유의해야 한다.

- 주어진 제약된 시간, 돈, 인적 자원을 이용하여 가장 좋은 정보를 얻는다.
- 의사결정 기저(상황 등의 관련 요인)에 관한 자세한 문서를 준비한다.
- 다양한 사람들과 당신의 정보와 권고에 대해 의견을 나눈다.
- 미래 시간에 불특정 사건이 일어난 후, 가능한 한 의사결정을 고치기 위한 기회를 이용한다.
- 의사결정시 저항에 대처하려면 의사결정자는 능력 있고 의사소통에 유능하며 타인에 대한 관심과 용기를 가져야 한다.

또 사회적 역할과 기대도 반드시 고려해야 한다.

21) 박호숙, 『행정학요론』, 대영문화사. 2000. P. 91.

'나는 역할을 연기한다. 고로 나는 존재한다.'라고 할 수 있을 정도로 사회적 위치와 역할에 대한 기대도 염두에 두어야 한다. 사회생활을 하면서 누구나 일정한 사회적 위치를 갖게 된다. 아울러 그 위치에 대한 사회적 기대, 즉 역할을 담당하게 되는데, 그 기대를 저버리지 않는 것이 좋다.

④ 효과적인 의사결정을 위한 피터 드러커의 견해

피터 드러커(Peter Drucker)는 효과적인 의사결정에 대해 '의사결정의 요체는 측정 기준과 평가 기준을 정립하는 데 있다. 구체적 방법을 확정적으로 결론내리는 것이 의사결정이 아니다. 효과적인 의사결정은 이 결정을 통해서 어떤 지표가 개선되기를 바라는가를 특화해서 규정하는 것이다.'라고 독특하게 설명하고 있다.

첫째, '팩트(facts)'를 먼저 찾는 것은 불가능하다.

의사결정은 팩트에서 시작하는 게 아니라 '의견'에서 시작한다. 의식하든 그렇지 않든 어떤 것에 대한 의견을 미리 형성한 다음 그에 '알맞는' 팩트를 찾아서 자기 주장을 뒷받침한다.

둘째, 측정 기준, 평가 기준을 정립하는 것이 핵심이다.

의사결정은 객관적 사실로부터 이성적인 경로를 거쳐 이뤄지기 힘들다. 실제 의사결정은 다음과 같이 이루어진다.

- 의견이라는 가설에서 출발
- 현실 속에서 테스트
- 결과를 피드백 해서 의사결정을 재수정

그러므로 정말로 결정해야 할 것은 확정적인 결론이 아니다. 그 의사결정이 실제 얼마나 효과를 발휘하는지를 정확하게 판단할 수 있는 평가 기준이다.

• 이 의사결정을 통해서 어떤 부분이 변화되길 원하는 것인가?
• 이 의사결정의 효과를 확인하려면 어떤 부분을 살펴봐야 하는가?

측정 기준을 찾고 정립하는 데 심혈을 기울일 때 제대로 된 의사결정이 가능하다. 측정 기준 정립이 효과적인 의사결정의 핵심인 또 한가지 이유는 80 : 20 원칙이 여러 부문에서 확인되고 있기 때문이다. 결과의 80%를 좌우하는 핵심 20%가 어디에 있으며 이를 어떻게 측정할 것인가를 정립하는 것이야말로 가장 중요한 의사결정이다.

셋째, 의견 차이는 좋은 것이다.

효과적인 의사결정에서 또 한 가지 중요한 점은 의견 불일치이다. 많은 논의를 거친 끝에 의견이 합치되고 그것을 결론으로 하는 것이 좋은 의사결정이 아니다. 다양한 의견이 분분하게 쏟아져 나오는 것이 훨씬 더 바람직하다.

다양한 의견이 쏟아져 나와야 대안을 마련할 수 있다. 결정된 내용이 실제 효과가 없을 때를 대비한 차선책과 대안이 미리 준비가 되어 있는 것이 중요하다.

넷째, 정말 필요한 의사결정인가?

마지막으로 효과적인 의사결정에 있어서 생각해 볼 점은 그 의사결정이 정말로 꼭 필요한 것인가이다. 아무런 결정을 하지 않는 것이 가장 좋은 의사결정일 수도 있다. 의사결정은 리스크를 안는 것이다. 의사결정은 '수술'과 같다. 수술처럼 쇼크의 위험을 안으면서 시스템에 개입하는 과정이다. 의사결정권자는 집도의가 불필요한 수술을 가급적 피하려 하는 것처럼 불필요한 의사결정을 피해야 한다. 그대로 두면 더 악화될 것이 분명한 문제에 대해 의사결정이라는 리스크를 안게 된다.

6. 공동작업의 실천원리

(1) 공동작업의 원리

① 공동작업의 의미와 원리

'공동작업'은 글자 그대로 여러 명이 함께 하는 작업이다. 조직의 목적 달성을 위해 하나의 목표 아래 작업 능률을 최대한 증진시키기 위해 전문분야별로 일을 나누어 하는 것을 말한다.

한 사람이 수행할 수 있는 일은 혼자서 작업하는 것이 훨씬 수월할 것이다. 그런데 문화콘텐츠처럼 매우 복잡하여 1인이 작업하기 어려운 경우에는 하나의 목표 아래 여럿이서 일을 분담하여 추진하는 것이 효율적이다.

어촌에는 대나리 그물이 있다. 여럿이서 이 그물을 지고 바다에 들어가 넓게 펼치고 서서히 좁혀 들어오면 그물 안에 많은 물고기들이 사로잡힌다. 누구 하나라도 어설프게 잡으면 안 된다. 만일 한두 사람이 그물을 서투르게 잡으면 약삭빠르거나 큰 고기들은 그 틈새로 도망가 버린다. 콘텐츠 작업이 꼭 대나리 그물로 물고기 잡기와 같다. 여럿이서 합심하여 목적을 달성하는 공동작업이다.

이처럼 공동작업은 협동을 위한 협동(Co-op Co-op) 작업이다. 각 분야별로 해당 프로젝트를 분담하여 주어진 작업을 수행하는 것과 분담되어 수행된 프로젝트를 하나로 모아 결합하는 과정으로 이루어진다고 볼 수 있다.

'공동작업'은 그 특성상 몇 가지 원리가 작용한다.[22)]

첫째, '긍정적인 상호의존'이다.

'긍정적인 상호의존'이란 '다른 사람의 성과가 나에게 도움이 되고 나의

---

22) 협동학습연구회, 『협동학습2』, 김현섭, '협동학습의 6가지 열쇠', 2006. pp. 25~36.

성과가 다른 사람에게도 도움이 되게 하여 각자가 서로 의지하는 관계로 만드는 것'이다. 공동의 목표를 이루기 위해 함께 노력하는 것이므로 서로 협동하는 노력이 수반되어야 한다. 그렇게 함으로써 자연스러운 공동체 의식을 가지게 하고 나의 일이 남에게 도움이 되면서 남의 일이 나에게 도움이 된다는 사실, 거기서 자신에 대한 긍정적인 책임감과 자신감을 갖게 만들어 준다. '하나는 전체를 위하여 전체는 하나를 위하여' 활동할 수 있도록 하는 것이다.

둘째, '개인적인 책임'이다.

개인에 대한 구체적인 역할을 제시하고 개인적인 책임(개별적인 책무성)을 확실하게 하는 것이 옳다. 개인의 역할 기여도를 충분히 반영하는 것도 중요하지만 개인의 의무와 그에 상응하는 책임은 분명하게 밝혀 두어야 한다.

셋째, '동등한 참여'이다.

'동등한 참여'란 모두가 동등한 위치에서 참여하여 협동하는 정신을 발휘해야 한다는 것을 의미한다. 그렇지 못할 경우 함께 작업한다는 인식으로 유도해야 한다. 비록 한 장면에서 큰 역할은 아니더라도 함께 함으로써 그 장면이 완성된다는 사실이 중요하다. 예를 들어, 탁자 위에 놓인 꽃병 하나도 그 역할이 매우 중요하다. 꽃병 같은 소도구가 적절한 위치에 존재하고 있음으로써 그 장면이 살아나기 때문이다.

넷째, '동시다발적인 상호작용'이다.

공동작업은 '동시다발적인 상호작용'을 기본으로 한다. 여러 명이 참여하여 함께 하는 작업이기에 상호작용성이 매우 강하다. 따라서 참여자 전원이 공동 목표를 향해 제 역할을 충실하게 해 나갈 때 작업이 순조롭게 진행된다. 공동작업의 목표는 목적달성에 있다. 다 함께 목표달성을 위해 노력할 때 좋은 결과물이 탄생될 수 있다.

② '공동작업'의 실천

'공동작업'은 결코 쉬운 일이 아니다. 충분한 시간 속에 치열한 고민과 검토, 적용과 피드 백을 필요로 하는 작업이다. '공동작업'을 추진하려고 하는 자, 즉 공동작업 매니저(manager)는 작업내용을 완전하게 숙지하고 있어야 하고, 또 각 분야에 적합한 인적 네트워크를 갖고 있어야 한다.

공동작업 실천에는 무엇보다도 커뮤니케이션이 가장 중요하다. 충분한 커뮤니케이션 없이 분야별 작업내용이 선정되자마자 작업에 임하게 되는 경우는 나중에 다시 작업해야 하는 불상사가 발생하기도 한다. 팀원간 또는 팀별 커뮤니케이션 시간을 수시로 확보하여 작업에 임하는 것이 좋다.

특히 문화콘텐츠 종사자들 대부분은 탄력성 있는 시간을 선호하는 경향이 짙다. 규칙성을 중시하는 제조업 분야와는 의식구조가 다른 경우가 많다. 작업 진행에 차질이 생기지 않도록 적절하게 활용하는 물미가 필요하다.

이의 실천 방법에 대해 살펴보면 다음과 같다.

첫째, '무엇(what)'을 '어떻게(how)'할 것인가를 심사숙고한다.

'무엇'은 공동작업을 하려는 내용이다. 작업 전체일 수도 있고, 그 일부분일 수도 있다. 가장 먼저 '무엇'을 작업하려는지부터 선정해야 한다.

'어떻게(how)'는 공동작업으로 선정된 내용들에 대해 작업일정, 참여자 등을 정하는 일이다. 작업 내용을 일정에 맞추어 어떻게 나누어서 누구에게 맞길 것인가를 정하는 것이다. 각자에게 맡겨진 일과 참여자의 성향과 전문지식, 경험 등 여러 측면에서 합치되어야 한다.

둘째, 작업할 내용을 하나의 '열(列)'로 세운 다음, 분야별로 분류한다. 이때에는 작업의 효율적 진행을 위한 것에 초점을 두고 순서와 각 분야를 정한다. 각 분야별 작업지도(work map)를 갖추고 있으면 매우 편리하다.

셋째, 작업할 내용을 개별화한다.

일방적인 개별화보다는 각 개인의 성향과 전문지식, 경험 등을 고려하여 개별적으로 나눈다.

넷째, 참여자를 선정한다.

함께 작업할 참여자 선정이 공동작업의 첫출발에 해당한다. 물론 작업내용에 부합되는 가장 적절한 사람이어야 한다. 개인차가 있겠지만 최선이 아니면 차선이라도 선정해야 한다. 하지만 상호 부담이 가는 선정이 되게 되면, 원활하게 작업을 진행시킬 수가 없게 된다. 참여자 선정이 가장 어려운 작업이다.

다섯째, 필요하다면 각 전문분야별로 소모임이나 팀을 따로 구성할 수도 있다. 작업내용을 감안하여 작업의 능률을 향상시키기 위해 작은 모둠을 구성하는 일도 고려해 볼 만하다.

③ 공동작업 실천을 위한 몇 가지 제언

공동작업을 성공적으로 진행하기 위해서는 다음 몇 가지를 주의 깊게 고려해야 한다.

첫째, 공동작업에 대한 확고한 신념이 필요하다.

특히, 공동작업 진행자(manager)는 참여자의 역할이 비록 작더라도 목표달성에 반드시 필요한 부분이라면 동등하게 예우해야 한다. 참여자가 있음으로 해서 자기가 존재한다는 확고한 인식을 가질 필요가 있다.

둘째, 철저한 사전준비가 있어야 한다.

작업 도중 잦은 스토리 변경은 참여자의 의욕을 떨어뜨리기 쉽다. 만일 잦은 변경이 예상되면 계약할 때 미리 그 조항을 서면으로 작성해 두는 것이 작업진행에 좋다.

셋째, 주어진 시간을 철저하게 지켜야 한다.

문화콘텐츠는 타이밍의 예술이라고 할 수 있을 정도로 시간이 매우 중요하다. 가능하면 주어진 시간 내에 해결할 수 있는 과제로 함께 작업해 나가야 한다.

넷째, 효과적으로 통제할 수 있어야 한다.

여러 명이 함께 동시다발적으로 작업하게 되는 경우, 자칫 혼란을 초래할 수 있다. 작업 매니저는 이들의 상호관계를 관찰하고 적절하게 개입하여 작업이 주어진 일정에 따라 순조롭게 진행되도록 통제할 수 있어야 한다. 그렇게 할 때 목표에 도달할 수 있다.

다섯째, 적절한 경쟁 요소를 도입하여 활용하는 것도 좋다.

공동작업을 보다 원활하게 하기 위해 적절하게 경쟁을 도입하면 효율성도 높이고 협동을 보다 강화시킬 수 있다. 작업효율은 자극과 반응의 코드에 좌우되는 경우가 많다. 적절한 자극은 작업에 활력을 불어넣기도 한다.

여섯째, 사회적 기술이 요구된다.

'사회적 기술'은 서로 배려해 가며 대인관계를 맺어나가는 기술이다. 협동하려는 마음과 원활한 커뮤니케이션은 공동작업의 기본이다. 협조심이 없는 상태에서는 작업 도중 문제가 발생할 수 있다. 또 협동심만으로는 작업을 원활하게 할 수 없다. 작업상 연계되는 부분이 있는 경우 그 사람을 배려하는 마음도 있어야 한다.

끝으로 공동작업은 필요할 때만 이루어진다. 따라서 평소 호흡이 잘 맞는 인맥을 폭넓게 확보해 두는 것이 좋다.

또 아웃소싱(out-sourcing) 형태의 공동작업에서는 계약 조항에 품질과 참여자, 주어진 시간, 관련기술, 위반시의 책임소재 등 여러 항목에 걸쳐 철저하게 작성하고 위의 원리를 적절하게 응용해서 활용하면 된다.

(2) 인간관계의 중요성

① 인간관계의 의미

인간 활동은 타인과의 관계망(關係網) 속에서 이루어진다. '관계'란 사람 사이의 서로 관련된 도전과 반응이며 동시에 상호작용에 관한 자각이다. 이는 상호의존이나 상호원조, 상호만족을 기초로 한다.

모든 일은 '인간관계(人間關係, human relation)'에서 출발한다. 흔히 가장 쉽고도 가장 어려운 것이 인간관계라고 한다. 그만큼 인간관계가 중요하다. '관계'가 없으면 자기는 존재하지 않는다. 산다는 것은 곧 '관계를 맺는다'는 것이며 생활 바로 그 자체이다. 따라서 모든 인간관계는 대체로 다음과 같은 구도에서 실행된다고 볼 수 있다.

- 인간 대 인간의 관계이다. 혹은 인간간의 상호작용이며 상호영향이다.
- 인간 개인에 대한 관심과 그의 개별성이나 주체성을 인정하는 것에서부터 출발한다.
- 동시에 개인은 타인과 더불어서 집단과 조직과 사회(전체)를 이루고 있다.
- 따라서 개인은 전체의 일부이며 구성요소이다.
- 개인은 하나의 전체이며 매우 역동적인 측면을 가지고 있다.

② 인간관계의 세 가지 측면

'인간관계'란 고도의 사기를 통해서 자발적으로 집단목표지향적인 협동체계의 확립을 위한 수단이자 기술을 의미하기도 한다.

학문으로서 '인간관계'이론은 첫째 동기부여, 둘째 개인의 차이, 셋째 상호이해, 넷째 인간의 존엄을 기본 개념(내용)으로 하고 있다. 이는 여러 인간행동과 욕구 및 심리상태와 변화과정 등을 상세하고 과학적으로 분석·연구하는 기술적인 학문으로, 특히 '인간관계과학'이라고 한다.

'인간관계'는 일반적으로 세 가지 측면에서 바라볼 수 있다.

첫째는, 인간 대 인간의 심리적 관계이다. 이는 일반적으로 개인적으로 목적의식 없이 이루어지는 일정 형태의 심리적 작용이다. 여기에는 특정한 가치판단이 개입되어 있지 않다.

둘째, 대인 관계이다. 인간의 언행과 태도에 중점을 두는 관계이다. 그래서 개인의 교양수준이나 대인적 교섭태도를 중시한다. 모든 개인에게 있어서 타인은 자기를 비추어주는 거울이다. 타인에게 관심을 가지고 상대에게 따뜻하게 해줄 때 관계를 맺고 유지하게 된다. 어떤 형태로든 관계를 지속시키려면 서로가 만족하고 있어야 한다.

셋째는 인화(人和)이다. 이는 목적의식이 있는 집단에서 인간 상호간에 이룩되는 양호한 심리상태를 말한다. 여기에는 대인관계에서 특정 개인의 탁월한 리더십과 능력을 바탕으로 효율과 능률의 극대화를 기하는 것이 포함되어 있다.

어떤 작업을 하기 위해서는 상호 친밀한 인간관계를 유지해야 한다. 따라서 서로 배려해 가며 다른 사람이 불편하지 않도록 대인 관계를 맺어나가는 사회적 기술이 매우 중요하다.

③ 인간관계에 있어서 유용한 기술

인간관계의 기본은 '나'와 '그것'의 관계가 아닌 '나'와 '너'의 참만남의 관계이다. 따라서 '나'를 알고 상대를 이해하는 것이 중요하다. 먼저 '나'의 마음자세와 행동부터 가다듬어 보자.

첫째, 나 자신을 알자.

자신을 안다는 것은 철학적인 뜻을 품고 있어 매우 어렵다. 단 있는 그대로의 자기를 알아야 한다. 항상 세상의 중심에 내가 서 있다. 내가 행복하면 세상이 아름다워지고 내가 불행하게 되면 온 세상이 문제와 비극으로 가득하게 된다. 결국 '나'의 행복을 위한다는 것을 깊이 인식하는 게 좋다. 인간관계에서 이것이 기본이다.

둘째, 선입견이나 편견으로부터 탈피하자.

마음속에 각인된 선입견과 편견은 인간관계의 가장 큰 걸림돌이다. 수시로 점검하여 이것부터 타파한다는 마음을 견지하고, 항상 '있는 그대로의 것', 현실적이고 실재적인 그 자체를 보도록 한다.

셋째, 객관적이면서도 섬세하게 관찰하고 세밀하게 배려하도록 한다.

'끌리는 사람은 1%가 다르다.'는 말이 있다. 상대를 객관적이고 보다 세밀하게 관찰하여 배려하는 마음을 가져야 한다. 또 나름대로 경청하는 자세와 적절한 반응체계를 구축하고, 강점(장점)을 찾아내 격려해 준다. 하지만 너무 잦은 칭찬은 역효과를 불러일으킬 수 있다는 점을 유의해야 한다.

넷째, 항상 시간적으로 현재를 중시한다.

그때 그때 주어진 하나하나의 내용들을 실행하며 살아가면 인간관계가 지금보다 더욱 진전되고 확장되어질 것 같은 믿음을 가진다.

④ 문화콘텐츠 개발과정에서의 인간관계

문화콘텐츠 개발 작업에는 그 특성상 독특한 개성의 소유자들이 다수 참여하게 된다. 나름대로의 독특한 아이디어와 전문적인 경험과 지식을 겸비한 이들이 역량을 모아 하나의 문화콘텐츠를 제작하게 된다.

하지만 공동작업을 수행하다 보면 혼자서 모든 것을 하고자 하는 사람, 무조건 시시콜콜히 묻는 사람, 조용히 그저 열심히 일하는 사람 등 매우 다양한 사람들이 참여하게 된다. 그 중에서도 가장 훌륭한 커뮤니케이션은 팀장 내지 리더의 마음을 읽고 미리 상의하는 일이다. 사소한 것 같지만 작업 진행에 많은 영향을 미칠 뿐만 아니라 신뢰에도 막대한 영향을 미친다. 그러한 만큼 그 어느 분야보다도 인간관계가 매우 중요하다.

첫째, 목적지향적이어야 한다.

계획이나 시뮬레이션을 통해 인지하게 된 문화콘텐츠를 제작하기 위해 각자의 역할에 절대적으로 충실해야 한다. 그러기 위해서 리더(연출, 감독)의 역할이 매우 중요하다. 아울러 참여자들도 하나의 목적을 위해 각자의 열정을 전부 투입하는 자세를 지녀야 한다. 이렇게 협조적인 자세와 역동적인 상호작용을 유발시키는 관계가 가장 바람직한 인간관계를 형성하게 한다.

둘째, 각자의 권위를 최대한 존중해야 한다.

각 분야의 전문가인 만큼 전문적인 식견(識見)은 최대한 존중되어야 한다. 그렇게 할 때만이 원만한 커뮤니케이션이 이루어질 수 있다. 갈등의 소지가 있을 부분은 예상하여 미리 체크리스트를 만들고, 상호간의 정서적인 교환으로 합리적으로 해결한다.

셋째, 진실성과 일치성이 담겨야 한다.

발화나 수용의 태도에 있어서 진실성과 일치성이 담겨 있을 때 원만한 인간관계를 형성할 수 있다. 있는 그대로 말하고 수용하는 자세, 현실에 그대로 선택되고 적용될 수 있는 것을 중심으로 대화하는 것이 좋다.

넷째, 따뜻한 말과 유머는 청량제 구실을 한다.

고도의 정신적, 신체적 활동을 요구하는 작업과정일수록 따스한 말 한 마디와 유머를 요구한다. 따라서 문화콘텐츠 개발자는 유머 생산자가 된다는 자세로 임하는 것이 좋다. 따스한 말과 유머는 인간관계를 원활하게 하는 가장 좋은 청량제이다.

이상에서 볼 때 문화콘텐츠 개발 참여자들 간의 인간관계의 본질은 하나의 목적 아래 개성적이고 전문적인 만남으로, 상호작용에 의한 정서적인 교환, 협조적 태도를 바탕으로 한 역동적인 인간관계라고 할 수 있다.

(3) 피드 백의 중요성

작업과정에서 피드 백(feed back)만큼 중요한 것이 없다. 일단 작업에 대한 동기가 부여되고 활동에 들어가게 되면 어떤 형태이든 행동의 결과가 나타나기 마련이다.

인간의 활동에 동기를 부여하는 유인(誘因)의 대부분은 그 사람 자신의 행동의 결과로부터 비롯된다. 행동의 방향이 잘 잡혀 있으면 목표에 도달하는 행동을 유지하는 데 매우 유용하다. 이렇게 유기체의 반응 결과로서 일어나는 정보를 '피드 백'이라 한다.[23)]

'피드 백'에는 두 가지가 있다. 그 하나는 내재적(內在的) 피드 백으로서 움직임 그 자체의 자연스러운 결과를 말한다. 이는 유기체의 반응으로 인해 자연적으로 일어나는 것으로 환경으로부터의 외부적 또는 인공적 단서에 의한 것은 아니다. 일반적으로 내재적 피드 백은 항상 자기 자신의 내부에 있다. 이를 잘 활용하면 작업효율을 증대시킬 수 있다. 하지만 정상적인 피드 백을 왜곡시키게 되면 작업에 중대한 방해 요인으로 작용할 가능성이 크기 마련이다. 대부분의 경우, 동기부여가 적어 피드 백이 적거나 왜곡된 상황이라면 새롭게 작업하는 게 더 나을 수도 있다.

---

23) 피츠 · 포스너 지음, 이연숙 옮김, 『작업심리』, 동국출판사. 1991. P. 55.

다른 하나는 유기체에 있어서 외적으로부터 얻게 되는 부가적(附加的) 피드백이다. 이 경우 외적 정보원의 움직임의 결과에 대해 피드 백을 제공하고 있는 것이다. 작업 도중 외부로부터 피드 백을 증가시키는 것은 작업 효율을 고양시킬 수 있다. 열심히 작업하는 사람들에게 일종의 동기부여가 추가되는 경우에 해당한다고 하겠다.

피드 백은 대체로 다음과 같은 기능을 한다. 다른 자극으로부터 일어나는 정보처럼 처리될 수도 있고, 매우 강한 동기부여를 제공하여 작업에 대한 의지를 더욱더 강화시킬 수도 있다. 이는 현재의 상황과 목표 사이를 연결해 주기 때문이다. 이처럼 피드 백은 동기부여의 유력한 원천으로 작용하기 때문에 적용행위에 있어서는 매우 중요하고 필요한 하나의 조건이 된다.

문화콘텐츠 적용활동은 많은 스트레스를 수반하다. 스트레스는 환경이 개인에게 부과하는 어떤 특정한 요구라고 할 수 있다. 스트레스라는 상황 속에서 최선을 다한다고 생각하면 된다. 이 경우는 대체로 다음의 경우를 생각해 볼 수 있다.

첫째, 한 개인의 과도한 정보 입력이나 작업의 스트레스에 순응하는 방식이다. 주어진 정보 이외 의욕이 넘쳐 추가로 반응하는 경우 작업을 빨리 끝낼 수도 있지만 주변과의 연계성에 문제가 발생할 소지가 있다. 그 반대도 물론 스트레스를 받게 된다.

둘째, 환경상의 스트레스에 반응하는 방식을 들 수 있다. 수시로 열리는 팀 미팅이나 끊임없이 이어지는 회의에 반응하는 방식에 따라 스트레스의 강도가 결정된다.

셋째, 모두 성공 가능하다 또는 바람직하다고 생각하는 것에 대한 스트레스를 들 수 있다. 이는 한 개인의 심리적 압박감으로 다가오기 마련이다. 항상 스스로를 잘 단련하여 적절하게 대처하는 것이 현명하다고 하겠다.

피드 백은 문화콘텐츠 작업효율을 적절하게 살릴 수 있는 매우 중요한 강화 인자라고 할 수 있다. 스트레스를 감소시켜 잠재성을 이끌어 낼 수 있을 뿐만 아니라 작업효율도 크게 증대시킬 수 있다.

7. 스토리텔링(storytelling)

(1) 스토리텔링의 개요

우리는 기억하고 있다. 어린 시절 할아버지, 할머니로부터 들었던 신기하면서도 가슴 졸이게 했던 그 이야기를. 그처럼 문화콘텐츠 스토리도 호기심과 흥미와 재미로 수용자에게 다가가야 한다고 본다.

탐구활동을 통해 획득한 아이디어를 바탕으로 하나의 이야기를 구상하는 것이 문화콘텐츠 작업의 시작이다. 구상된 스토리를 어떻게 표현할 것인가가 가장 큰 과제이다.

① 스토리텔링의 개념과 특성

'스토리(story)'는 이야기다. 사전적 의미로 보면, 이야기(story)는 '어떤 사물이나 사실, 현상에 대하여 중심이 되는 일정한 줄거리를 가지고 하는 말이나 글이다[24]. 흔히 모든 이야기를 아울러 스토리라고 통칭하지만, 문화콘텐츠 스토리는 단순한 이야기가 아니다.

문화콘텐츠는 다양한 미디어를 통해 이야기를 전달한다. 매체에 따라 이야기를 풀어내는 도구와 방식이 다르다. 따라서 스토리도 매체에 따라 다르게 불린다. 영화 스토리를 '시나리오' 또는 '내러티브'라 하고, 게임의 경우는 '게임시나리오'라고도 한다.

'스토리텔링(storytelling)'은 '스토리(story)'와 '텔링(telling)'의 합성어다. 축자적으로 보면, '이야기를 들려주는 것'이란 의미다. 스토리를 어떻게 수용자에게 텔링할 것인가 하는 것이 스토리텔링이다. 이처럼 스토리텔링은 이야기를 전달하는 표현 방법에 초점이 모아진다. 전달방법이 고려되지 않은 마음

---

24) Daum 백과사전 참조.

속의 이야기 태(胎)가 '스토리'라면, 전달방법을 생각한 것, 즉 '매체(미디어)'를 고려하여 수용자가 사실적으로 느낄 수 있도록 표현하는 것이 '스토리텔링'이라고 할 수 있다.

이 같은 이야기의 패러다임을 정리해 보면 대체로 다음과 같다.

[표 4-7] **이야기 패러다임의 변화**[25)]

전 통	근대/현대	포스트모던/21세기 초
구어문화	문자문화	멀티미디어/유비쿼터스 문화
공동체에 모여 이야기하기	개인적 수동적 글 읽기	뉴미디어에 의한 커뮤니케이션, 가상현실 창조. 구어전통을 재생
서사가 도덕적 – 종교적 울타리 안에서 이루어짐	서사가 세속적 현실에 토대를 줌	지구촌화된 일상적 현실, 종교–예술의 번성
이야기가 상대적으로 신화/종교적 뿌리에 제한됨	다양한 이야기 소재가 사용됨	무제한적 이야기 소재
영웅적 주제	낭만적 주제 또는 영웅으로서의 시민이 주제	아이러니한 주제, 영웅에 대한 거부와 갈망, 신의 하강 고대
순환, 반복적 이야기 구조, 음악적 · 시적 특성의 사용	선형적, 논리적 이야기 구조(예 : 탐정소설)	붕괴, 해체, 다양한 실험의 구조
문화 속에 이야기가 보존	이야기는 문화적 차이를 보여줌. 낯선 문화를 위험하고 원시적인 것으로 규정	타문화의 이야기에 심취하거나 타문화에 동화됨, 정체성 확보노력
개인이나 가족의 문제를 공동체와 공유함	문제적 스토리를 공유함	문제적 스토리를 대중적으로 폭로함 : 유언, 생존자 증언, 쇼맨십, 개인화(캡슐화)
문제적 이야기가 도덕적-종교적 언어로 이해됨	문제적 이야기가 비판적 언어로 파악됨	선택과 결합에 의한 통합적 의미 창출, 다양한 의미 조작과 창출
이야기의 형식과 내용이 공동체적 관점에서 이해됨	이야기의 형식과 내용이 개인적 관점에서 이해됨	이야기의 형식과 내용에 대한 준거가 없음

25) 변학수, 『문학치료』, 학지사. 2005. P. 182에서 인용하여 재구성.

스토리텔링의 원조는 역시 어린 시절 할아버지, 할머니로부터 다정다감한 분위기 속에서 들었던 '옛날, 옛날에~' 이야기이다. 이때는 화자와 청자 사이에는 친근한 상호작용이 이루어졌다.

그 다음 '문자'가 등장하자 이를 도구로 하여 스토리를 종이에 기록하게 되었다. 인류 역사의 새로운 장을 연 문자시대이다. 흔히 스토리하면 문학, 특히 소설을 연상하게 된다. 소설은 작가가 상상한 내용을 문자로 기록한 것이다. 작가가 구상한 스토리를 문자로 표현하고 '책' 이라는 매체에 실어 독자에게 전달한다. 오늘날은 매우 다양한 매체에 이야기를 실어 전달한다.

'스토리텔링'은 스토리의 3요소, 즉 '인물, 배경, 사건'을 기본 요건으로 하고, 시·공간적 배경 위에서 설정된 플롯에 따라 인물과 인물이 펼치는 갈등을 중심으로 전개된다. 따라서 일반적으로 '스토리텔링'은 문학, 특히 소설에서 나온 용어로 서사성(이야기 구조)을 갖춘 형식으로 표현해 내는 기법이라고 한다.

최혜실 교수는 '스토리텔링'에 대해 '문학, 만화, 애니메이션, 영화, 게임, 광고, 디자인, 홈쇼핑, 테마파크, 스포츠 등의 이야기 장르를 아우르는 상위 범주라고 정의하였고, 이인화 교수는 사건에 대한 진술이 지배적인 담화양식이며, 스토리, 담화, 이야기가 담화[26]로 변하는 과정의 세 가지 의미를 모두 포괄하는 개념이라고 정의하였다

스토리텔링에 대해 보다 확실하게 규명해 둘 필요가 있다. 중요한 것은 서양의 시민계급과 함께 등장한 소설이라는 장르다. 소설을 뜻하는 노벨(novel)이라는 말은 뉴스라는 말에서 비롯되었는데 정보의 교환가치 위에서 성립되었다. 시민사회에서 문학적 언어, 즉 소설의 이야기는 정보교환의 수단으로 쓰였다. 이때부터 스토리는 상업적 냄새가 짙게 풍기게 된 것이다.

---

26) 채트먼은 서사물을 구조주의에 입각해서 이야기와 담화로 구분하였다. 이야기란 사건들 및 존재하는 것을 말하며 담화란 표현, 내용이 전달되는 수단이다. 즉, 이야기는 묘사되는 '무엇'을 말하며, 담화란 '어떻게'를 말한다. 하나의 이야기, 즉 '무엇'을 소설로도 나타낼 수 있고, 또 영화, 드라마, 만화, 뮤지컬 등 다양한 방법으로 표현될 수 있다. 이렇게 이야기 전달되는 수단을 담화라고 표현하였다. 시모어 채트먼, 김경수 역, 『영화와 소설의 서사구조』, 민음사. 1997. pp. 20~21.

곧 이야기를 사고파는 교환가치의 시대를 연 것이다. 시는 근본적으로 교환하는 언어가 아니다. 창조로서의 언어이다. 하지만 산문은 교환의 언어다.[27]

오늘날 소설을 비롯하여 문화콘텐츠의 중심에 위치한 드라마 대본이나 영화, 게임 시나리오 모두 스토리를 전달한다. 수용자를 감동시켜 이윤을 창출하려고 많은 노력을 기울인다. 따라서 문화콘텐츠의 스토리텔링은 교환가치를 위한, 즉 이익 획득을 위한 스토리 전달기법이라고 할 수 있다. 정리하면, 이익창출을 위해 매체의 특성과 수용자의 성향 등 제반 여건을 고려하여 스토리를 전개하는 기법이 스토리텔링이다. 즉 이익획득을 위해 스토리를 수용자에게 체법묘기의 원리에 준해 전달하는 방식이다.

스토리텔링은 매체의 특성에 따라 그 방법이 각기 다르다.

'영화'는 '극장'에서 '상영'되는 것을 전제로 스토리를 언어나 문자보다는 영상과 음향으로 스크린을 통해 관객에게 전달되는 '영상미디어'다. 관객은 일정한 비용을 지불하고 '2시간 정도의 러닝타임'에 일방적으로 전달되는 정보를 수용하게 된다. 이른바 영상시대의 스토리텔링의 전형이라고 할 수 있다.

소설은 작가 혼자만의 일이다. 혼자 생각한 바를 자기 나름대로의 독특한 문체를 사용하여 혼자 쓰고 이를 독자에게 선보이는 장르이다. 하지만 드라마나 영화는 하나의 시나리오를 바탕으로 연출, 배우 등 많은 사람들의 공동작업으로 이루어진다. 작가가 대본을 잘 써 놓았다고 하드라도 배우나 연출이 받쳐주지 않으면 소용없다. 따라서 집필 당시부터 작가는 관련되는 여러 사람들을 염두에 두고 집필하게 된다. 아울러 많은 기계적 장치와 소도구들도 동원되므로 신경 써야 할 일이 매우 많다.

---

27) 이어령, 『이어령전집7 '고전을 어떻게 읽을 것인가'』, 갑인출판사. 1978. P. 315.

게임 산업에서는 게임의 개발단계 중 시나리오 전 단계, 즉 주제와 소재, 캐릭터, 배경, 사건을 가지고 이야기를 구성하여 서사화시키는 단계로 보고 있다. 이러한 게임의 스토리텔링은 스토리 창작의 개념과 유사하지만, 이야기 구성 단계에서 스토리를 이어가는 주인공이 작가의 손을 떠나 있다는 것이 다르다. 즉 게임의 주인공은 게임을 직접하는 수요자를 염두에 두고 상호작용적인 기획을 해야 한다. 게임의 이러한 측면은 인터렉티브 스토리텔링을 가능하게 하는 특수성을 가지고 있다.[28)]

잘 짜여진 좋은 스토리의 요건을 보면 다음과 같다.[29)]

1. 관객이 감정이입을 할 수 있는 '누군가(somebody)'에 관한 스토리이다.
2. 그 누군가는 '어떤 일(something)'을 하려고 대단히 노력한다.
3. 그 어떤 일은 성취하기가 '어렵다(difficult).' 그러나 불가능한 것은 아니다.
4. 그 스토리는 최대한의 '정서적 임팩트(emotional impact)'와 '관객의 참여(audience participation)'를 끌어낼 수 있는 방식으로 전개되어야 한다.
5. 그 스토리는 '만족스러운 엔딩(satisfactory ending)'으로 맺어져야 한다(그렇다고 해서 반드시 해피엔딩이어야 한다는 뜻은 아니다.)

한편, 미국의 스토리텔링 그룹 맨 오브 액션(Man of Action)의 스토리텔링 공식을 살펴보면 다음과 같다.[30)]

- 컨셉을 정확히 잡은 뒤 그것을 구체화할 등장인물과 공간을 만든다.
- 캐릭터가 가장 중요하다. 등장인물이 가진 캐릭터와 그로 인한 갈등이 보편적인 공감을 얻어야 한다. 대사가 아닌 액션(행동)을 통해 주인공의 캐릭터를 이해할 수 있어야 한다.
- 주인공과 적(antagonist)이 질투나 좌절 같은 감정을 공유하게 하라. 착한 자와 나쁜 자 구도보다 더 깊은 관계를 만들어야 한다.
- 좋은 이야기는 재미(위로)와 각성(깨달음)을 함께 준다.

28) 이재홍, 『게임 시나리오 작법론』, 정일. 2004. P. 36.
29) 데이비드 하워드 · 에드워드 마블리 공저, 심산 옮김, 『시나리오 가이드』, 한겨레신문사. 2002. P. 45.
30) 조선일보, '문화콘텐츠 전쟁, 승리자들에게 듣는다(1)', 2008. 9. 22.

• 파생 상품 등 2차 비즈니스를 염두에 두어라. 그러나 어디까지나 작품이 먼저다.

앞서 언급하였듯이 '스토리텔링'의 목적은 이익창출에 있다. 매체에 따라 서사적 기법을 적절하게 활용하여 생명력을 불어넣고 인간의 감성을 자극함으로써 수용자에게 진한 감동을 주어 목적을 달성(상품 구매)하는 데 있다고 하겠다. 따라서 컨셉(concept)을 확실하게 잡고 매체의 특성에 맞게 수용자를 흡인시킬 수 있도록 여러 테크닉을 활용하여 효과적으로 표현해야 한다.

② 컨셉 설정과 공유개념

컨셉(Concept) 매트릭스(Matrix)

한 편의 문화콘텐츠가 수용자에게 어필(appeal)하기 위해서는 경쟁상품과는 전혀 다른 자기만의 특성이 있어야 한다. 이렇게 다른 상품과는 뚜렷하게 구별되는 독특한 개성을 컨셉(concept)이라고 한다.

컨셉은 문화콘텐츠에 있어서 본질이자 속성인 동시에 곧 생명이라고 할 수 있다. 개성이 뚜렷한 컨셉이 없다면 수용자들의 관심을 유발시키지 못하고 문화시장에서 곧 사라지고 만다. 따라서 콘텐츠 기획에서부터 스토리텔링, 제작, 마케팅 등 전분야 걸쳐 깊게 투영되는 가장 핵심적인 요소 중의 하나가 컨셉이다.

좋은 컨셉 설정을 위해 일본의 HR인스티튜트는 컨셉이 어떤 아이디어 요소로 만들어지는지를 나무 모양(이를 컨셉트리concept tree라고 한다.)으로 정리하였다.[31] '컨셉 매트릭스(Concept Matrix)'는 컨셉 트리를 더욱더 발전시킨 것으로, '요소 정리 → 고객관점 → 본질 숙성 → 핵심 메시지'의 4단계로 응축한 것이다. 이 같은 단계를 거쳐 제작된 상품은 그 특성을 명확하게 해서 수용자에게 다가감으로써 신뢰감과 친근감을 보다 더 확고하게 심을 수 있다고 말한다.

---

31) HR인스티튜트 지음, 양영철 옮김, 『좋은 컨셉은 어떻게 만들어지는가』, 거름. 2003.

탁정언은 『기획의 99%는 컨셉이다』라는 저서에서, 컨셉 설정의 7가지 조건을 제시하고 있다.[32]

첫째, 독특한가(Unique)

둘째, 차별화했는가(Differential)

셋째, 연관성이 있는가(Relevance)

넷째, 고객 지향적인가(Consumer oriented)

다섯째, 조건에 맞는가(Condition)

여섯째, 즉시 반응이 오는가(Reaction)

일곱째, 시나리오가 있는가(Scenario)

또, 컨셉 설정의 체계를 '목표와 실체 → 상황 분석 → 문제 요인 및 기회요인 분석 → 컨셉 워드 설정 → 컨셉 시나리오 작성'의 5단계로 나누어 설명했다.

이 같은 과정을 거쳐 보다 차별화되고 개성이 뚜렷한 컨셉이 설정될 때, 스토리텔링을 비롯하여 마케팅에 이르기까지 문화시장에 그 정체성을 확실하게 자리매김할 수 있게 된다. 컨셉 설정의 여러 조건 중에서 특히 유의해야 할 점은 수용자의 정서 간 교류를 염두에 두고 설정해야 한다. 아무리 잘 만들어진 콘텐츠라고 하더라도 수용자와의 관계 형성에 실패해서는 안 된다. 따라서 컨셉 설정시 유의해야 할 점은 수용자의 니즈(needs)에 부응하여 보다 확고한 컨셉을 정착시키는 일이라고 하겠다.

공유개념(Consensus)

박목월 시인의 동시는 '산새알 물새알'인가 '물새알 산새알'인가?

또 정비석의 '산정무한'에 등장하는 '마의태자 무덤 뒤에는 왜 자작나무숲'이 존재하는 것일까?

---

32) 탁정언, 『기획의 99%는 컨셉이다』, 원앤원북스. 2005.

이 같은 물음을 던진 까닭은 어떤 사물이든 사건이든 그곳에는 그러한 일이 발생할 수밖에 없는 이유가 존재한다. '언제 어디서 어떤 사건이 있었다.'는 것은 그럴 수밖에 없는 환경과 상황이 주어졌기 때문이다.

이처럼 스토리텔러는 사건을 구성할 때 캐릭터의 행위에 적합한 환경과 상황을 올바르게 설계해야 한다. 따라서 스토리텔러는 상상력 이외 많은 경험과 지식을 습득해야 모든 것이 잘 어우러진 제대로 된 이야기를 전개해 나갈 수 있다. 그래야 수용자가 이해하고 더 나아가 감동하게 된다. 이처럼 수용자가 이해하고 감동할 수 있도록 정서공유를 바탕으로 모든 사건, 환경, 상황 등을 설정하는 것을 '공유개념(Consensus)[33)]'이라고 지칭하고자 한다.

스토리텔러는 대체로 미리 이야기의 얼개를 짜 놓은 뒤 그것을 등대 삼아 사건을 서술해 간다. 그런데 하나의 사건을 제대로 전개해 나가기 위해서는 주인공의 행위와 이에 걸맞은 환경과 상황, 즉 배경을 사건의 성격에 맞게 설정해야 한다. 그러기 위해서는 인간의 행동에 대한 이해와 함께 시간과 공간, 동식물들의 존재 방식 등 그 모든 것을 수용자가 이해할 수 있도록 장치를 마련해 놓아야 한다. 이렇게 스토리 전개에 있어 주인공과 주변 인물들, 그리고 사건과 배경 등을 조화롭게 설정해야 한다.

'산새알 물새알'인가, '물새알 산새알'인가? 이는 생명 탄생의 기원을 생각해 보면 '물새알 산새알'이라는 것을 알 수 있다. 또 마의태자 무덤 뒤에는 왜 하필 자작나무 숲이 있을까? 전설에 의하면 깊은 산속에 외롭게 있는 마의태자를 위해 자작나무를 심었다고 하는데, 하필 왜 자작나무일까? '산정무한'의 작가는 알고 있었다. 이는 당대의 사람들이 태자와 어울리는 공주를 염두에 두고 태자의 무덤 뒤에 나무의 공주라고 일컬어지는 자작나무를 심어 놓았던 것이다.

이처럼 어떤 사건이나 장면 하나하나에는 반드시 그럴 수밖에 없는 이유

33) Harvard Business School의 Gerald Zaltman는 '공유개념도'를 개발하여 이를 마케팅에 적극적으로 활용하여 큰 성과를 거두었다.

가 존재한다. 온화한 지역에 거주하는 동식물들과 험악한 지형에 살아가는 동식물들은 다르기 마련이다. 캐릭터의 형상이나 시간과 공간, 풀 한 포기, 바위 하나라도 그냥 있는 것이 아니라 반드시 그럴 만한 이유가 있다.

또 모든 것은 변한다. 고정된 것은 아무것도 없다. 주인공의 얼굴 모습이나 마음도 수시로 변하고 시간을 비롯하여 그 주변상황과 환경도 때때로 변한다. 따라서 캐릭터를 중심으로 하여 항상 변화하는 그 모든 것들을 고려해서 스토리 전개와 시간과 공간, 자연의 형상 등을 어울리게 잘 설계해야 한다.

스토리는 인간의 심리에 바탕을 둔 모든 정보들의 유기적인 집합이다. 따라서 스토리텔링할 때에는 반드시 공유개념을 염두에 두고 전개해 나가야 한다. 매우 정교하고 탄탄한 스토리는 사건의 흐름뿐만 아니라 캐릭터 형상, 행위, 사물, 시간과 공간, 주변 인물, 숫자 등등 그 모든 것이 인간의 심리와 삶의 방식, 그와 관련된 지식과 상징 의미 등이 매우 정교하게 조화를 이루어 잘 구성되어 있다.

주변에서 쉽게 접할 수 있는 유명한 일본 만화나 애니메이션을 분석해 보면 쉽게 알 수 있다. 유명한 '은하철도 999'의 '999'의 상징 의미는 무엇이며 그 틀(frame)은 작가가 어디에서 가져왔을까? 이를 알고 나면 일본 인문학의 깊이에 절로 감탄이 나온다.

스토리텔링에 있어 공유개념은 크게 둘로 나눌 수 있다. 하나는 인간의 심리에 바탕을 둔 '정서공유'이고, 다른 하나는 환경과 상황을 중심으로 한 '배경공유'이다.

'정서공유'는 인간의 보편적인 심리에 바탕을 둔 것으로, 스토리의 전체를 관통한다. 예를 들어, 안방드라마에 있어 정서공유의 한 단면을 살펴보면, 먼저, 여성의 심층적 심리에 기대어 스트레스 해소, 소비가치 증진, 유행에 민감 등의 터전 위에 '사랑과 결혼－불륜과 갈등－이혼과 새 삶－자녀 문제, 새로운 상대 출현 등' 여성의 장점을 부각시키면서 여성들의 공감을 유발시키고 있다. 이처럼 인간의 보편적인 마음에 초점을 두고 수용자와 정서를 공유하고자 하는 것이 정서공유이다.

'배경공유'는 캐릭터의 행위를 뒷받침해 주는 모든 배경적인 요소들이다. 주인공이 그때 그곳에서 그럴 수밖에 없다는 환경과 상황을 제공해 준다. 시간과 공간뿐만 아니라 동식물, 소리나 조명, 숫자나 매우 작은 소도구들까지 모두 배경공유에 해당한다. 배경공유는 정서공유에 비해 더욱더 복잡하고 난해하다. 하지만 콘텐츠 수용자들은 대체로 정서에 기대어 콘텐츠를 향유하기에 뚜렷하게 인식하지 못할 뿐이다. 하지만 스토리텔러는 배경공유를 보다 더 철저하게 설계하여야 수용자의 감동을 획득할 수 있다.

[그림 4-6] **스토리텔링과 공유개념**

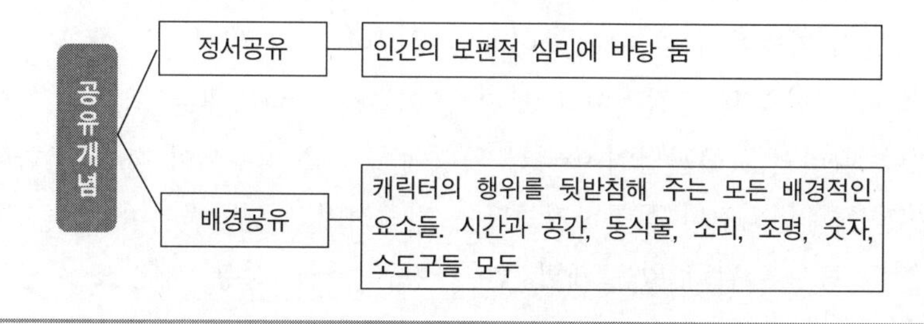

인간은 시간과 공간의 함수 위에 존재한다. 만일, 스토리텔러가 시간과 공간에 대한 개념이 서 있다면, 캐릭터의 행위에 따라 시간과 공간을 사건과 일치시키는 것은 쉬운 일이다. 하지만 우리는 지금까지 서양교육을 문명교육으로 생각하여 전통교육을 철저하게 무시한 교육을 받아왔다. 그래서 밤낮의 시간 개념도 아는 이가 적다. 몇 시부터 밤이고 몇 시부터 낮인가? 더욱이 공간에 대한 깊은 지식은 문화지리학을 학습한 자 이외에는 거의 도외시하고 있는 실정이다.

예를 들어보자. 인간의 본능(本能)에 바탕을 둔 도전콘텐츠 분야에서 전쟁이나 폭력을 중심으로 한 스토리 구성의 경우, 시간의 공유를 생각해 보자.

먼저, 인간의 본능이 매우 쉽게 분출할 수 있는 계절은 여름이다. 따라서 계절적으로는 여름이 적당하다. 요일로는 불(화, 火)의 날이자 전쟁의 신(神)이 발동한다는 화요일(Tuesday)을 설정하는 것이 좋다. 그리고 하루 중의 시간으로는 귀신이 활동하기 시작하는 자시(子時), 즉 밤 11시에서 새벽1시 사이가 적절할 것이다. 여기에 더하여 초자연적인 힘에 대한 믿음이나 색채, 의례적 커뮤니케이션과 경험의 매개로서의 소리나 숫자[34], 신화와 전설 등이 주는 상징성 등 인간의 보편성을 고려하여 표현하는 것이다.[35]

공간 설정도 전쟁의 경우, 넓은 평야보다는 험악한 산악지대가 적당하고, 주변의 나무나 풀 등 식물들도 잎사귀가 넓은 것보다는 가시가 많고 잎사귀가 좁고 날카로운 것들로 설정하는 것이 바람직하다고 본다.

공유개념을 설정하고자 할 때에는 반드시 명심해야 할 점이 있다. 많은 수용자들의 기억이 원형(archetype)이라는 사실이다. 그 원형은 다양한 경험에 공통적으로 반영된 본질적이고 보편적인 특징을 나타내는 의미로 정의될 수 있다. 따라서 고정관념이 아니라 원형에 초점을 맞추어야 한다. 문학에서의 원형은 세련되거나 독특하기보다는 원시적이고 일반적이며 보편적이고 본질적인 특성을 담고 있는 개념, 인물, 행위, 사물, 상황, 사건 또는 환경을 의미한다.[36]

스토리텔러는 공유개념을 바탕으로 '공유개념도(Consensus map)'를 미리 작성해 놓고 스토리를 전개해 나가는 것이 효과적이다. '공유개념도'는 수용자들이 마음 속으로 생각한 바를 스토리텔러가 표현한 것으로 사고의 묶음이라고 할 수 있다.[37]

---

34) 숫자의 상징적 의미에 대해서는 '탐구의 원리'에서 정리한 바 있다.

35) 도널드 브라운(Donald Brown)의 <인간의 보편성>을 참조해도 된다. 스티븐 핑커 지음, 김한영 번역, 『빈 서판(Blank Slate)』, 사이언스북스. 2004. pp. 761~767. 참조.

36) 제럴드 잘트먼 지음, 노규형 옮김, 『How Customers Think』, 2004. 북21. pp. 328~331 재구성.

37) 제럴드 잘트먼 지음, 노규형 옮김, 앞의 책. pp. 232~240 발췌.

[그림 4-7] '긍지'라는 공유개념에 대한 하위공유개념도

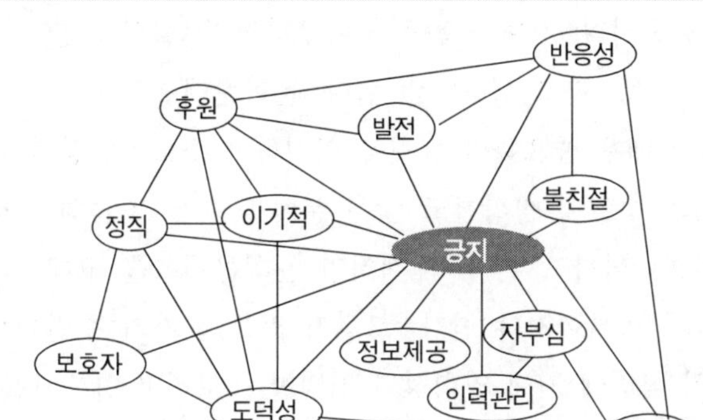

출처 : 마음시장연구소 (하버드대 경영대학원)

이는 서로 다른 사람이나 특정집단의 사람들이 유사한 방식으로 활용하고 있는 정신모형으로, 수용자들의 무의식적 마음을 들여다볼 수 있는 매우 유용한 도구이다. 젤트만 교수는 영화 대본 작성시 이를 적극적으로 활용하여 큰 성과를 거두었다고 한다.

이처럼 스토리텔링할 때는 수용자와 정서공유를 염두에 두고, 캐릭터의 행위와 시간과 공간의 일치 등 삶의 방식에 따른 보편성과 관련된 제반 요소들을 감안해서 스토리를 전개하는 것이 좋다.

일찍이 아리스토텔레스(Aristotle)는 『시학(詩學)』에서 '시간, 공간, 배경'을 제시하며 삼일치(三一致)를 언급한 바 있다. 수용자의 감동을 창출하기 위해 캐릭터를 중심으로 시간과 공간, 배경을 일치시키는 것은 오늘날도 여전히 유용하다.

스토리텔링을 할 때 수용자를 흡인시키기 위한 가장 강력한 방법 중의 하나는 '첫 만남'을 감탄을 자아낼 수 있게 멋지게 표현하는 일이다. 첫만남의 순간을 '진실의 순간(MOT, Moment Of Truth)[38)]'이라고 한다. 사람끼리의 만남

38) 진실의 순간(MOT, Moment Of Truth) : 스페인의 투우 용어인 'Moment De La Verdad'를 영어로 옮긴 것

에도 첫인상이 매우 중요하다. 마찬가지로 문화콘텐츠와 수용자 간의 첫 만남은 대단히 중요하다. 기대와 욕구가 어우러진 '진실의 순간'은 문화콘텐츠의 모든 것을 결정한다고 생각하면 된다. 문화콘텐츠의 브랜드, 타이틀에서부터 첫 장면이 매우 중요하다는 것을 인식하고 스토리텔링에 임해야 한다.

스토리텔러는 수없이 상상하고 많은 분야를 두루 학습해야 하며 경험도 풍부하게 쌓아야 한다고 본다. 세계적인 문화콘텐츠를 고대하려면 교육이 매우 심도 있게 이루어져야 한다. 그렇지 않으면 자기 주변에서 일어나는 얄팍한 인간의 심리에 기댄 일회성의 평범한 스토리만 탄생시킬 뿐이다. 수많은 수용자를 감동시키는 위대한 스토리는 캐릭터를 중심으로 그 모든 것이 매우 정교하게 구성되어 있다는 사실을 기억해야 한다.

오늘날 '스토리텔링'은 매체에 따른 전달방법상의 기술을 비롯하여 소설, 영화, 게임 등 문화상품 생산과 마케팅 일체를 포함한다. 또 문화상품 뿐만 아니라 더 나아가 제품 개발기획에서부터 생산, 마케팅, 수용자(소비자)에 이르기까지 비즈니스 전영역으로 확대 재생산되고 있는 실정이다. 수용자(소비자)를 유혹하여 제품을 구매하기 위해 독특한 이야기 구조와 플롯을 동원하고, 나름대로의 특유한 기술을 적용하여 수용자를 유혹하고 있다.

따라서 '스토리텔링'은 '문화콘텐츠' 뿐만 아니라 산업 전반에 걸쳐 그 중요성이 증대되고 있다. 문학에서 출발한 '스토리텔링'이 영화, 드라마, 애니메이션, 캐릭터, 게임, 광고(CF), 음악, 모바일, 예술과 공연, 엔터테인먼트 등 문화산업 전반으로 확대되어 활용되고 있다. 좋은 스토리가 바탕이 된 '문화콘텐츠', OSMU 전략에 따라 여러 동소체(同素體)로 그 향유계층을 크게 확대시켜 나감으로써 고부가가치를 창출해 내고 있다.

오늘날 스토리텔링은 문화콘텐츠 산업에 있어서 보다 많은 자본획득을

인데, 스웨덴의 마케팅 학자인 리챠드 노만(R. Norman)이 서비스 품질관리에 처음으로 사용하였다. 투우사가 투우경기의 마지막에 긴 창으로 소의 급소를 찌르는 순간에서 유래하였는데, '피하려 해도 피할 수 없는 순간' 또는 '실패가 허용되지 않는 매우 중요한 순간'이다. 결정적 순간, 인상에 남는 순간, 만족과 불만족을 가르는 15초의 순간을 말한다. 즉, 고객과의 접점에서 고객은 짧은 시간 내에 제공된 서비스에 대한 판단과 평가를 내리고 만족과 불만족을 느끼게 됨을 의미한다.

위해 스토리 전달에 최첨단 문화기술을 적용하는 등 다양한 표현력을 발휘함으로써 최근 크게 부각되고 있는 실정이다.

③ **스토리텔링 플로우(flow)**

스토리텔링의 목표는 수용자의 감동창출이다. 비록 뛰어난 아이디어가 있다고 하더라도 수용자가 감동하지 않으면 사장(死藏)되고 만다. 따라서 스토리텔러는 아이디어와 함께 스토리를 잘 구성해 내야 한다.

먼저 스토리텔러라면 전세계인을 감동시킨 문화콘텐츠 중에서 자기 취향에 맞는 것을 선택하여 집중적으로 분석하고 연구해야 한다. 만일 신화를 바탕으로 한 판타지 영화나 애니메이션에 관심이 있다면 '은하철도 999'에서부터 최근의 '반지의 제왕'과 '해리포터' 등에 이르기까지 철저하게 분석해 그 틀을 연구해 볼 필요가 있다.

감동창출에는 많은 요인들이 작용하지만 가장 큰 비중을 차지하는 것은 역시 스토리 전개에 있다. 유명한 문화콘텐츠들을 분석해 보면, 수용자가 호기심으로 다가갈 수 있는 캐릭터들과 함께 장면 하나하나에 몰입할 수밖에 없는 사건의 속도와 장면전환이 매우 정교하게 짜여져 있다는 것을 알 수 있다.

먼저 스토리 구조에서 자주 인용되는 프라이타크의 피라밋(Freytag's pyramid)에서 보여준 5단계는 다음과 같다.

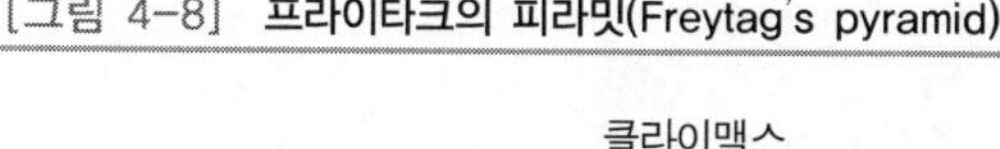
[그림 4-8] 프라이타크의 피라밋(Freytag's pyramid)

오늘날 이야기 플롯(Plot)에 여러 양상을 기술할 때 흔히 인용되는 구스타프 프라이타크의 '제시 → 분규 → 클라이맥스 → 역전 → 카타스트로프'의 5단계는 비극의 구조이다.

한편, 러시아의 민담 연구가 프로프(V. Propp)는 민담을 분석해 본 결과, 다른 복수(複數)의 이야기에서 행위(act)의 기능을 31가지로 세분화하기도 했다.[39] 그는 등장인물들의 수많은 행위를 기능의 관점에서 소수의 유형으로 환원시켰는데, 그 기능 목록은 다음과 같다.

<최초의 상황>

1. 떠남 : 가족의 구성원 중 한 사람이 집을 떠난다.
2. 금지 : 주인공에게 금지 사항이 부과된다.
3. 깨뜨림 : 금지 사항을 깨뜨린다.
4. 조사 : 반대자가 확인을 시도한다.
5. 정보 입수 : 반대자가 희생자에 대한 정보를 받는다.
6. 함정 : 반대자가 희생자의 것을 소유하기 위해 그를 속이려고 한다.
7. 속아 넘어가기 : 희생자가 속임수에 빠져 적을 돕게 된다.

<전개>

8. 가해 : 반대자가 가족 중의 한 사람에게 피해나 상처를 준다.
9. 중재 : 불행이나 결핍이 알려지고, 주인공은 부탁이나 명령에 따라 떠난다.
10. 반응의 시작 : 주인공이 반응하기로 결정하거나 동의한다.
11. 출발 : 주인공이 집을 떠난다.

<사건>

12. 증여자의 첫째 기능 : 증여자가 주인공을 시험한다.
13. 주인공의 반응 : 주인공이 미래의 증여자의 행동에 반응한다.
14. 마법적 수단의 획득 : 주인공이 마법적 수단을 소유하게 된다.
15. 공간상의 이동 : 주인공이 탐색의 대상이 있는 곳으로 이동한다.
16. 싸움 : 주인공과 반대자가 직접 싸운다.
17. 표식 : 주인공이 표식을 받는다.
18. 승리 : 반대자가 패배한다.

---

39) 블라디미르 프로프, 유영대 옮김, 『민담형태론』, 새문사. 2000.

19. 불행이나 결핍의 해소 : 최초의 불행이나 결핍이 해소된다.
20. 귀환 : 주인공이 돌아온다.
21. 박해 : 주인공이 박해를 당한다.
22. 구원 : 주인공이 박해에서 구원된다.
23. 익명의 귀환 : 주인공이 알려지지 않은 상태로 집이나 다른 고장으로 돌아온다.
24. 부당한 요구 : 가짜 주인공이 부당한 요구를 한다.
25. 어려운 과제 : 주인공에게 어려운 과제가 제시된다.
26. 완수 : 과제를 완수한다.
27. 신분 확인 : 주인공의 신분이 확인된다.
28. 폭로 : 가짜 주인공이나 반대자의 정체가 폭로된다.
29. 변신 : 주인공이 새로운 모습으로 바뀌게 된다.
30. 처벌 : 반대자가 벌을 받는다.
31. 결혼 : 주인공이 결혼하고 왕위에 오른다.

이 같은 프로프의 이야기 구조분석(structural analysis)은 이야기에 관한 한 기원이라고 할 만하다. 그는 또 민담에 나오는 수많은 인물들도 단 7가지의 '인물'로 축소시켰다. 인물들은 일정한 기능을 수행하는 행동영역에 따라 '악한, 증여자, 원조자, 찾는 인물, 위임자, 주인공, 거짓 주인공'으로 분류하였다.

1. 악한 : 손해, 탐문, 정보 획득, 결투
2. 증여자 : 마술적인 힘을 지닌 물건을 주인공에게 줌
3. 원조자 : 주인공의 이동, 결핍의 해소, 구출, 임무의 성공, 현시에서 주인공을 도와줌
4. 찾는 인물 : 주인공에게 과업을 요구, 결핍의 대상, 거짓 주인공의 발견, 주인공의 인지, 악한의 처벌, 결혼
5. 위임자 : 위임
6. 주인공 : 출발, 시련의 수락, 원조자를 받아들임, 결투, 성공, 귀환, 결혼
7. 거짓 주인공 : 출발, 원조자에 대한 부정적인 반응, 자신이 주인공이라는 거짓 주장

프로프의 연구를 보완하여 기호학으로 발전시킨 이는 그레마스(A. J. Greimas)이다. 그는 먼저 최초 상황과 최후 상황을 설정한 후, 그 사이에 자격 시련과 결정 시련, 그리고 영광 시련을 두는 구조로 재배치하였다.[40)]

- 최초 상황
  결핍
  위임/위임의 수락
  계약
- 변형
  1. 자격 시련
     주인공의 출발
     시련의 지정/시련의 수락
     원조자를 받아들임
  2. 결정 시련
     대상이 있는 곳으로 이동
     결투/표지/승리
     주인공에 대한 공격/주인공의 구출
  3. 영광 시련
     주인공이 익명으로 도착함/거짓 주인공들의 거짓 주장
     어려운 임무의 지정/임무의 완수
     참 주인공의 인지와 거짓 주인공의 정체 폭로
     거짓 주인공의 처벌/참 주인공에 대한 보상
- 최후 상황
  결핍의 해소

또 신화학자인 조셉 캠벨(Joseph Campbell)은 그의 저서 『천의 얼굴을 가진 영웅(The Hero With A Thousand Faces)』의 '제1부 영웅의 모험'에서 영웅 여정(Hero's Journey)을 '출발 → 입문 → 귀환으로 설정한 뒤 그 패턴을 다음과 같이 17가지로 정리했다.[41)]

40) 박인철, 『파리학파의 기호학』, 민음사. 2003. pp. 154~155.

1. 분리 혹은 출발
   ① '영웅에의 소명' 혹은 영웅 소명의 표적
   ② '소명의 거부' 혹은 신으로부터의 우매한 도주
   ③ '초자연적인 조력', 즉 모험 도전자에 대한 뜻밖의 도움
   ④ '첫 관문의 통과'
   ⑤ '고래의 배' 혹은 밤의 영역으로의 이행

2. 시련과 입문의 성공
   ① '시련의 길' 혹은 신들의 위험한 측면
   ② '여신과의 만남' 혹은 다시 찾은 유아기의 행복
   ③ '유혹자로서의 여성', 오이디푸스 고뇌의 체득
   ④ '아버지와의 화해'
   ⑤ '신격화'
   ⑥ 홍익(弘益)

3. 회귀와 사회와의 재통합
   ① '회귀의 거부' 혹은 버림받은 세계
   ② '불가사의한 도주' 혹은 프로메테우스의 도주
   ③ '외부로부터의 원조'
   ④ '회귀 관문의 통과', 혹은 일상의 세계로의 회귀
   ⑤ '두 세계의 주인', 혹은 두 개의 스승
   ⑥ '살기 위한 자유', 즉 궁극적인 홍익의 성질과 기능

또 크리스토퍼 보글러(Christopher Vogler)는 저서 『신화, 영웅, 그리고 시나리오 쓰기(The Writer's Journey : Mythic Structure for Writers)』에서 캠벨의 이론을 더욱 더 발전시켜 영웅 스토리 12단계를 제시했다.[42)]

① 일상 세계
② 모험에의 소명
③ 소명의 거부
④ 정신적 스승과의 만남

41) 조셉 캠벨 지음, 이윤기 옮김, 『천의 얼굴을 가진 영웅』, 민음사. 1999. pp. 51~52.
42) 크리스토퍼 보글러 지음, 함춘성 옮김, 『신화, 영웅, 그리고 시나리오 쓰기』, 무우수. 2005.

⑤ 첫 관문의 통과
⑥ 시험, 협력자, 적대자
⑦ 동굴 가장 깊은 곳으로의 접근
⑧ 시련
⑨ 보상(검을 손에 쥠)
⑩ 귀환의 길
⑪ 부활
⑫ 영약을 가지고 귀환

스튜어트 보이틸라(Stuart Voytilla)는 『영화와 신화』에서 조지프 캠벨이 제시한 '영웅의 여정' 패러다임에 따라, 50편의 영화에 담긴 신화적 구조를 탐구했다. 액션 어드벤처, 공포, 스릴러, 전쟁, 로맨스, 공상과학 판타지 등 각 장르별로 다섯 편의 영화를 선정해, 12가지 여정의 틀에 맞추어 풀어낸다. 주요 장면들에는 특정 신이나 시퀀스의 시작점을 알리는 시간이 표시되어 있는데, 영화 분석의 12가지 틀은 다음과 같다.[43)]

① 보통세상 : 관객들이 영웅을 만나고, 영웅의 야망과 한계를 알게 되고, 영웅을 받아들이고 동일시함으로써 영웅과의 유대감을 형성한다.
② 모험에의 소명 : 영웅은 떠밀려서 탐색의 여행에 오르거나, 또는 문제를 해결하라는 도전에 직면한다.
③ 소명의 거부 : 영웅은 망설이거나 공포를 드러낸다.
④ 조언자와의 만남 : 영웅은 확신, 경험, 지혜의 원천과 접촉한다.
⑤ 관문 통과 : 영웅은 모험을 받아들이겠다고 천명하고 '특별한 세상'으로 들어간다.
⑥ 시험, 협력자, 적 : '특별한 세상'에서는 뭔가 특별한가를 발견하도록 영웅을 이끌어주는 상황과 사람들.
⑦ 접근 : 실패하고 좌절한 세력들 또는 죽음의 세력들과 맞서 싸우게 되는, 핵심이 되는 전투를 준비하는 단계.
⑧ 시련 : 이야기의 가장 핵심이 되는 위기로 영웅이 최대의 공포와 맞서고 죽음을 맛본다.

43) 스튜어트 보이틸라 지음, 김경식 옮김, 『영화와 신화』, 을유문화사. 2005. P. 514.

⑨ 보상 : 영웅이 다시 태어나서, 공포와 죽음을 극복한 데에 대한 보상을 만끽하는 순간이다.

⑩ 귀환 : 영웅은 모험이 끝났음을 천명하고 '특별한 세상'을 떠나거나, '특별한 세상'에서 벗어나려다가 추격을 당한다.

⑪ 부활 : 고향으로 돌아오는 관문에서 영웅을 정화하고 속죄와 변신을 겪게 하는 클라이맥스를 이루는 시험.

⑫ 묘약과의 귀환 : 영웅이 귀환하여 그가 여정에서 얻은 것을 나누고, 이로써 친구들과 가족, 공동체 그리고 세계가 득을 본다.

이상의 여러 연구·분석으로 보아, 인류의 보고인 신화적 유형이 다양한 형식으로 영화를 비롯하여 문화콘텐츠 전반에 걸쳐 적용될 수 있음을 알 수 있다.

필자는 판자지 영화나 무협영화에서 흔히 보여주는 구조를 바탕으로 문화콘텐츠의 특성과 수용자의 심리를 고려하여 스토리텔링에 있어 스토리라인(story line)을 4스텝(step) 33이벤트(event, 작은 사건)로 구성하는 것이 바람직하다고 본다. 이는 4단계에 걸쳐 33개의 작은 사건들로, 사건의 응축과 펼침의 반복을 통해 감각을 동력으로 인간의 정서에 호소하여 궁극적으로 수용자로 하여금 경탄의 단계에 다다르게 하기 위한 것이다.

4스텝(step)은 한 편의 영화(120분)를 기준으로 할 때, '처음(30분) → 중간(60분) → 끝(20분) → 새로운 시작(10분)'이다. 다음 그림을 보기로 하자.

[그림 4-9] **4스텝 33이벤트**

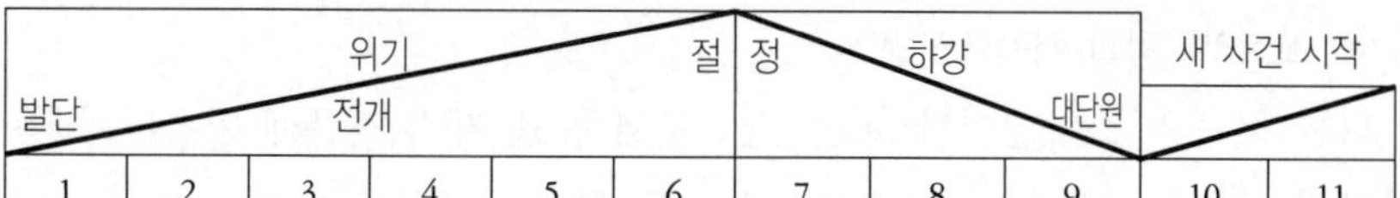

발단 위기 전개 절						정 하강 대단원			새 사건 시작	
1	2	3	4	5	6	7	8	9	10	11
사건3	사건3	사건3	사건3	사건3	사건3	사건3	사건3	사건3	사건3	사건3
처음			중간			끝			새로운 시작	
30분			60분			20분			10분	
스토리 라인										

스토리는 대체로 '처음, 중간, 끝'의 3부분으로 이루어지는데, '새로운 시작' 부분을 설정한 것은 수용자로 하여금 이어지는 이야기에 대한 호기심 유발과 함께 후속편에 대한 기대를 모으기 위한 것이다.

또 각 단계마다 작은 사건 3개로 구성하여 11단계의 사건들을 모두 합하면 33장면이 된다. 스토리의 전체 흐름은 주인공과 적대자의 하늘·땅·바다에서의 (기록)도전 경쟁에 이어, 추후 영역쟁탈 싸움과정과 주인공의 영광 획득(클라이맥스), 나아가 사건의 대단원, 그리고 또 다른 새로운 사건발생으로 한 편의 콘텐츠가 마무리되게 구성함으로써 전체적으로 33개의 사건으로 구성되게 된다.

비록 작은 사건들일지라도 각 단계에 따라 양과 질, 농도가 다를 수밖에 없다. 처음 부분과 중간, 끝 부분은 각 단계의 특성을 살려 그 넓이와 깊이, 타이밍 면에서 큰 차이를 두는 것이 상식이다.

4스텝(step) 33이벤트(event) 프레임(틀) 속에 사건 변화의 모체(母體), 인물과 인물간의 결집이나 분화의 동력, 융화와 결색(結索)의 탄력 등을 철저하게 고려하여 사건을 구성함으로써 보다 탄탄한 스토리 구조를 갖출 수 있게 된다. 그렇게 구성하여 보여줌으로써 사건의 급박한 흐름에 수용자는 그대로 몰입되고, 나아가 새로운 사건을 기대하게 하는 효과를 거둘 수 있을 뿐만 아니라 추후 기대하는 후속편이나 동소체 전략에도 매우 유리하리라고 생각한다.

④ 스토리텔링과 차용개작법

다른 작품의 스타일이나 표현기법, 문체 등을 자기 작품에 차용(借用)하여 나타내는 스토리텔링이 '차용개작법(借用改作法)'이다. 이 기법은 크게 '패러디(parody)'와 '패스티쉬(pastiche)'로 나눌 수 있다.

'패러디(parody)'는 그리스 어 'parodeia(다른 노래에 병행하는 노래)'에서 유래된 것으로, '익살·풍자 효과를 위하여 원작의 표현이나 문체를 자기 작품에 차용하는 표현법'이다. 『옥스포드 사전』에 의하면, '남의 작품을 우스꽝스럽게 보이도록 모방하는 한 작가의 어구 표현과 사고의 특징적 경향의 작법'이라고 정의한다. 이는 단순 모방 차원이 아니고, 패러디 대상 작품과 패러디한 작품이 모두 새로운 의미를 갖기 때문에 표절과 구분된다. 패러디의 힘과 재미는 반전(反轉)과 전복(顚覆)을 통한 새로운 의미의 창출로써 허(虛)를 찌르는 풍자(諷刺)와 짜릿하고도 통쾌한 웃음이 있다.[44] 패러디는 다른 작품이나 장르를 빈정대거나 비꼬면서 모방하여 그 작품이나 장르의 약점을 부각시키는 경향이 있다. 현대의 패러디는 문학 차원을 넘어 만화·애니메이션·개그·광고·영화·드라마 등 문화콘텐츠 전반에 걸쳐서 각광받고 있다.

'패스티쉬(pastiche)'는 다른 작품의 다양한 스타일을 모방하는 것으로 개작이나 혼성모방을 의미하는 '무표정한 패러디'이다. 한 마디로 표피적(表皮的) 모방이면서 다양하게 원전을 차용하는 '짜집기'라고 할 수 있다.

이 외에 오마주(hommage)와 리메이크(remake) 등이 있다.

'오마주'는 원래 '존경'이란 뜻의 프랑스어로 영화 등 영상예술에서 특정 작품의 장면 등을 차용함으로써 해당 작가에 대한 존경을 표시하는 행위를 뜻한다. 후배 감독이 자신에게 영향을 미쳤던 선배 감독의 특정 작품에 대해 존경의 의미를 표하기 위해 그 감독의 영향이 미쳤음을 영화에서 표현한다. 특정 장면을 그대로 삽입하거나 유사한 분위기를 차용하는 등 여러 가지 방법이 있다. 오마주는 기존 영화에서 몇 장면을 모방해 풍자적으로 비꼬는 패러디와는 전혀 다르다.

'스타워즈'의 의상이나 검투 장면 등은 일본의 구로자와 아키라 감독에 대한 오마주라고 볼 수 있다. 비단 영화뿐만 아니라 음악이나 다른 분야에서도 이루어지고 있다. 바이올리스트 기돈 크레이머가 아르헨티나 출신 탱고 작곡가인 피아졸라에 바치는 'Homage a Piazola'가 좋은 예이다.[45]

44) 이명섭 편저, 『세계문학비평용어사전』, 을유문화사. 1985. pp. 173~175.

45) 다음백과사전 http://enc.daum.net/dic100/contents.do?query1=rkb04a1050

'리메이크'는 예전에 이미 발표되었던 영화나 음악, 드라마 등을 시대의 흐름에 맞추어 새롭게 다시 만드는 것을 말한다. 이때 전체적인 줄거리나 제목 따위는 이전에 발표되었던 것을 그대로 사용한다. 우리 나라의 '춘향전(春香傳)'은 여러 번 영화화되었던 작품이다. 처음 영화화되었던 춘향전을 베이스(base)로 하여 많은 감독들이 새롭게 만들어 흥행에 성공하기도 한다.

또 작품을 두고도 핵심내용을 정반대의 구조로 표현하는 경우도 있다. 예를 들어, 1836년 덴마크의 작가 한스 크리스티안 안데르센이 쓴 동화 '인어공주(Den lille havfrue)'는 비극적으로 결말을 맞이한다. 즉 왕자의 사랑을 받지 못한 인어공주가 몇 조각의 물방울이 되어 사라진다. 그런데 헐리우드판 '인어공주'는 왕자의 사랑을 받아 사람으로 재탄생한다. 관객의 요구에 철저하게 영합하여 현실 도피적인 안식처를 제공함으로써 이익을 창출하고, 나아가 현실에 대한 문제의식을 마비시킨다고 한다. 이같은 헐리우드 스토리 구조를 두고 식자들은 '상업주의의 전형'이라고 말한다.

이같은 현상에 대해 램지(Ashraf Ramzy)는 2002년 스토리 컨퍼런스에서 미국 스토리가 전세계적으로 유행하는 것에 대해 유럽과 미국의 스토리 구조상의 차이점을 분석했다.[46)]

[표 4-8] **유럽과 미국의 스토리 비교**

구 분	유럽의 스토리	미국의 스토리
주인공의 성격	저주받은 탄생	재능과 기회를 부여받은 탄생
	사회 규범상 가장 흉악한 범죄를 저지름	범죄로부터 자유로움
	공동체에 발생한 재난의 원인	공동체의 재난을 해결함
	추락을 통해 질서가 회복됨	주인공의 개입을 통해 질서가 회복됨

46) Ashraf Ramzy, "The American Story", Narrativity : Strategy & Story(Palm Springs Story conference 2002), 임동욱, "소비자 중심 4C 모델을 기반으로 한 에듀테인먼트 콘텐츠 분석 방법론 제안 : KBS '상상플러스'를 중심으로"(한국외국어대학교대학원 석사학위논문, 2007)에서 재인용.

주인공의 여정	행복에서 불행으로	불행에서 행복으로
	상승 이후 하강	하강 이후 상승
	비극적 결말	해피 엔딩
스토리 구조	회귀적	진보적
	인과적	목적론적
	이원론적	삼원론적
	카타르시스적	속죄적

또 일본의 미야자키 하야오 감독은 현대판 인어공주 '벼랑위의 포뇨'를 애니메이션으로 발표했다. 자연과 인간이 어우러져 함께 살아가는 감독의 오랜 이상향과 꿈과 희망, 사랑이 넘쳐나는 스토리 역시 여전하다. 동그랗고 오동통한 배와 조그마한 입술에 붉은 색 머리가 특징인 방년 4세 포뇨가 엄격한 아버지의 감시를 뚫고 인간 세상으로 가출을 했다가 남자아이 소스케를 만나고 인간이 되고 싶어 한다. 이는 일본을 배경으로 한 것으로 전세계 팬들이 공감할 만한 스토리를 갖추었다는 평을 듣고 있다.

한국문화콘텐츠의 세계정복을 위해 우리의 전통문화 속에서 또는 세계의 유수한 작품들에서 좋은 아이디어를 착상하여 전세계인이 감동할 수 있는 문화콘텐츠가 생산되기를 기대해 본다.

⑤ 디지털 스토리텔링(Digital Storytelling)

현대는 디지털 시대다. '스토리텔링'에도 디지털 기술이 도입되어 '디지털 스토리텔링' 시대가 열렸다. 상호작용과 유연성을 특징으로 하는 디지털 기술 환경, 즉 컴퓨터 상에서 일어나는 '디지털 스토리텔링'은 텍스트뿐만 아니라 이미지, 음향 등에서 특히 돋보이는데 컴퓨터 게임 뿐만 아니라 애니메이션, 영화, 음악, 모바일, 비디오 등에서 다양하게 활용되고 있다.

'디지털 스토리텔링'이라는 용어는 1995년 미국 콜로라도에서 열린 '디지털 스토리텔링 페스티벌'을 계기로 사람들에게 널리 알려지기 시작했는데,

디지털 콘텐츠 산업, 특히 게임(Game) 장르 중 롤 플레잉(Role playing)이나 어드벤처(Adventure) 게임에서 스토리가 필수요소로 관련되기에 이에 대한 연구가 활발하게 진행되면서 통용되기 시작했다. 하지만 오늘날 컴퓨터를 비롯한 디지털 기술이 거의 모든 콘텐츠 표현수단으로 활용되므로 '디지털 스토리텔링'과 '스토리텔링'이 혼용되어 쓰이고 있다.

미국의 디지털스토리텔링센터의 공동창립자인 조셉 램버트(Joseph Lambert)는 '디지털 스토리텔링'은 오래된 이야기 기술을 새로운 미디어에 끌어들여 변화하고 있는 현재의 삶에 맞게 가치 있는 이야기들로 맞춰가고자 하는 생각이라고 하였다.

한국의 디지털스토리텔링학회에서는 스토리텔링을 '사건에 대한 진술이 지배적인 담화 양식으로 사건 진술의 내용을 스토리라 하고 사건 진술의 형식을 담화라 할 때 스토리텔링은 스토리, 담화, 이야기가 담화로 변하는 과정의 세 가지 의미를 모두 포괄하는 개념이다.'라고 정의하고 있다. 이러한 개념은 특히 영화, 애니메이션의 스토리텔링 과정을 중심으로 두고 있다. 이인화 교수는 스토리가 표현되는 매체로 디지털 기술을 이용하는 것이면 모두 디지털 스토리텔링이라고 보기 때문에 디지털 기술이 사용되는 영화, 애니메이션도 디지털 스토리텔링에 하나로 포함시키고 있다.[47)]

이처럼 '디지털 스토리텔링'은 디지털 기술을 매체 환경이나 표현수단으로 활용하여 이루어지는 '스토리텔링'으로, 텍스트뿐만 아니라 이미지, 음악, 애니메이션, 비디오, 게임 등에 적절하게 활용되고 있다.

디지털 콘텐츠는 첨단 IT 기술을 사용하여 부호, 문자, 음성, 음향, 영상 등을 디지털 포맷으로 가공, 처리하여 정보통신망, 디지털방송망, 디지털 저장매체 등을 이용하여 활용하는 정보다. 기존의 오프라인에서 제공되어 왔던 정보들이 시각정보 및 청각정보 처리기술, 미디어 변환기술 등의 제작기술과 DB기술, DRM(Digital Right Management) 등의 불법복제 방지를 위한 보호·

47) 이인화 외, 『디지털 스토리텔링』, 황금가지. 2003. P. 13.

유통기술, 서버기술·클라이언트 기술 등 네트워크 서비스 기술과 상호작용 기술, 통신·방송 등 전달매체 기술 등과 접목되면서 탄생된다.[48]

(2) 매체이동과 감동창출

① 스토리텔링과 매체이동

매체이동, 장르에서 장르로 건너는 일은 결코 쉬운 일이 아니다. 소설이 독자로부터 환영받지 못하자 방송 드라마나 써 볼까 하고 입버릇처럼 쉽게 내뱉을 일이 결코 아니다. 스토리텔러가 매체를 건너는 일은 대개 3년 정도 소요된다고 한다. 더더욱 영상매체 스토리텔러들은 경쟁도 매우 극심하고 비정한 프로의 세계다. 독특한 재미와 감동을 자아내어 시청자들을 흡인시킬 수 있도록 각고의 노력을 기울일 때 가능하다고 하겠다.

매체이동의 초점은 경제성과 표현성에 있다. 경제적으로 이익이 기대될 때 바람직하게 잘 이루어진다. 그 다음 매체에 적합하게 수용자를 창출할 수 있도록 표현기량을 발휘해야 한다. 그래서 수용자의 반응이 뜨거운 문화콘텐츠는 이윤을 극대화하기 위해 OSMU 전략에 따라 '동소체(同素體)'를 개발하게 된다. '소설'을 '영화'로, '만화'를 '애니메이션'이나 '캐릭터'로 매체를 이동해서 '동소체'를 개발하게 된다. 최근에는 이같은 '크로스 오버(Cross Over)'가 성행하고 있다.

이 때 스토리텔러는 각색(脚色)을 하게 된다. 원작에 담긴 독특한 소재와 주제들을 살려 새로운 매체에 맞게 다시 쓰는 일이다. 표현상 원작을 바탕으로 한다지만 원작의 스토리, 구성, 대사, 주제 등을 재해석하고 재창조하는 작업이다. 따라서 각색도 창작이다.

각색을 준비할 때에는 먼저 자신의 취향과 기호에 맞는지 냉철하게 생각해 봐야 한다. 그 다음 관련되는 제작 여건들도 살펴보게 되는데, 이 과정에도 '체법묘기(體法妙氣)'의 원리를 고려해야 한다.

---

48) 김재하, 『디지털 콘텐츠 분석과 전략』, 라이트북닷컴. 2006. P. 30.

먼저 원작의 내용과 표현, 성격이 적용하려는 새 매체(미디어)의 특성과 스타일에 어느 정도 부합되는지 분석할 필요가 있다. 매체가 바뀐다고 해서 스토리의 본질이 없어지는 것은 아니다. 문자매체가 상상력에 기대어 의미를 추론하는 것이라면, 영상은 대상을 직접적이고 즉물적으로 보여준다. 이처럼 문학인 소설과 영상물인 영화나 게임 시나리오는 공통된 뼈대를 지닐 수 있다. 단 하나 영상매체에서는 다른 형식으로 스토리가 전달될 뿐이다. 글 중심의 소설과 말과 행동을 중시하는 시나리오는 그 표현기법 면에서 확연하게 다르다. 특히 게임 시나리오의 경우는 상대방의 심리와 행동까지 염두에 두어야 한다.

원작보다 더 감동과 재미를 창출할 수 있도록 어떻게 매체이동을 할 것인가를 심도 있게 고려해야 한다. 간혹 제작자들의 각색에 대한 인식 부족으로 시간(타이밍)을 짧게 설정하는 경우가 있다. 반드시 각색도 창작이라는 사실을 주지시켜 좋은 작품이 탄생할 수 있는 시간과 여력을 확보해 두어야 한다.

② 수용자를 만족시키는 작업

인간은 감정의 동물입니다. 다양한 여러 사건과 사물로부터 다양한 정서를 분출시키는 동물이다. 앞서 살펴본 다양한 감정들, 즉 기쁨과 슬픔, 두려움과 놀라움, 행복과 우울, 분노, 메스꺼움… 등 다양한 감정을 느끼고 또 이를 표출한다.

감동과 재미는 모든 문화콘텐츠 상품의 생명이다. 감동과 재미 없는 콘텐츠는 의미가 없다. 따라서 감동과 재미를 유발시킬 수 있는 방법을 잘 알고 효과적으로 적용해야 한다.

대상에 대해 일어나는 감정은 사람과 시공간에 따라 각각 다르게 나타난다. 사람마다 시간과 공간을 각기 다르게 인식할 뿐만 아니라 대상에 대해 느끼는 안전감이나 불안감 등도 다르다. 이처럼 감정의 흐름이 각기 다른 것은 타고난 유전적 형질이나 문화적 환경, 개인적인 특수한 경험 등 여러 요인에 의해 대상을 인지하고 수용하는 능력이 각기 다르기 때문이다.

콘텐츠의 장면 하나하나는 대체로 수용자의 감각과 정서에 직접적인 영향을 미친다. 고요하고 평화로운 그림에 잔잔한 음악이 흐르는 장면이 있는가 하면, 도저히 상상할 수 없는 끔찍한 일어나 갑작스런 돌출 모습, 또는 거대한 그리고 갑자기 다가와 놀라움을 주는 장면, 현란한 몸짓과 언어로 수용자의 마음과 시선을 집중시키는 일 등 여러 다양한 기법과 조작에 의해 수만은 감정이 표출된다.

시나리오 작가가 설명의 필요를 느낄 때 반드시 염두에 두어야 할 몇 가지 원칙들이 있다.[49]

1. 필수적이지 않은 설명 혹은 스토리가 진행되어감에 따라 자연스럽게 명확해지는 설명은 없애버려라.
2. 설명이 반드시 필요하다면 그것을 갈등이 있는(가능하다면 유머도 있는) 장명 속에 배치하라.
3. 설명의 제시는 가능한 한 뒤로 미뤄라. 드라마틱한 임팩트가 최고조에 달한 순간이 가장 좋다.
4. 설명이 필요한 순간마다 국자로 퍼주지 말고 한 방울씩 떨어뜨려줘라.

19세기 말, 카르로 고지(Carlo Gozzi) & 조르주 폴티(Georges Polti)는 약 천 편의 유명한 희곡과 2백여 편의 소설과 설화를 읽고 분석하여 극적(드라마틱한) 상황 36가지를 만들어 냈다.[50]

<고지 폴티의 36설>

1. 탄원　2. 구제　3. 복수　4. 육친간의 복수　5. 도주
6. 재난　7. 참혹 혹은 불운　8. 반항　9. 대담한 기획
10. 유괴　11. 미스터리　12. 획득　13. 육친간의 증오
14. 육친간의 싸움　15. 살인적 간통　16. 발광
17. 얕은 생각　18. 모르고 저지른 애욕의 죄

49) 데이비드 하워드 · 에드워드 마블리 공저, 심산 옮김, 『시나리오 가이드』, 한겨레신문사. 2002. P. 105.
50) 장기오, 『TV 드라마 바로보기, 바로쓰기』, 커뮤니케이션북스. 1997. pp. 311~312.

19. 모르고 육친을 죽임
20. 이상을 향한 자기희생
21. 육친을 위한 자기희생
22. 애욕을 위한 모든 희생
23. 사랑하는 자를 위한 희생
24. 강자와 약자의 싸움
25. 간통
26. 애욕의 죄
27. 사랑하는 자의 불명예 발견
28. 사랑의 장애
29. 적에 대한 애착
30. 야망
31. 신과의 대결
32. 잘못된 질투
33. 잘못된 판단
34. 회한
35. 잊은 자의 발견
36. 사랑하는 자를 잊음

흔히 시인이 되려면 시 200편을 무조건 외우고, 소설가가 되려면 소설 100편을 정독하라는 말은 독서를 통해서 수용자에게 감동과 재미를 주는 방법을 스스로 터득하라는 뜻도 담겨 있다고 하겠다.

로널드 B. 토비아스는 저서 『인간의 마음을 사로잡는 스무 가지 플롯』[51]에서 플롯은 작품의 빛깔이자 생명이다. 똑같은 이야깃거리라 할지라도 플롯에 따라 작품의 빛깔과 완성도는 천차만별로 갈라진다. 소설, 시나리오, 희곡, 텔레비전 드라마, 그리고 각종 이벤트에 이르기까지 수많은 작품들을 통해 플롯의 본질을 분석하여 가장 중요한 플롯 스무 가지를 선정하여 다음과 같이 제시했다.

1. 추구 – 돈키호테는 사랑을 얻을 것인가
2. 모험 – 초점을 여행에 맞추어라
3. 추적 – 도망자의 길은 좁을수록 좋다
4. 구출 – 흑백논리도 설득력이 있다
5. 탈출 – 두 번 실패한 다음에 성공하라
6. 복수 – 범죄를 목격하게 만들면 효과가 커진다
7. 수수께끼 – 가장 중요한 단서는 감추지 않는다
8. 라이벌 – 경쟁자는 상대방을 이용한다
9. 희생자 – 주인공의 정서적 수준을 낮게 하라
10. 유혹 – 복잡한 인물이 유혹에 빠진다

51) 로널드 B. 토비아스 지음, 김석만 옮김, 『인간의 마음을 사로잡는 스무 가지 플롯』, 풀빛. 1997.

11. 변신 – 변하는 인물에는 미스터리가 있다
12. 변모 – 변화의 책임을 누가 질 것인가
13. 성숙 – 서리를 맞아야 맛이 깊어진다
14. 사랑 – 시련이 클수록 꽃이 화려하다
15. 금지된 사랑 – 빗나간 열정은 죽음으로 빚을 갚는다
16. 희생 – 운명의 열쇠가 도덕적 난관을 만든다
17. 발견 – 사소한 일에도 인생의 의미가 담겨 있다
18. 사소한 성격 결함이 몰락을 부른다
19. 늦게 시작하고 일찍 끝을 맺는다
20. 마지막

어떻게 하면 스토리텔러로서 관객의 영혼을 매혹시킬 수 있을까? 탐구 활동 시 마음속에 미리 생각해 두었던 재미나 감동적인 요소의 설계에 따라 적절하게 응용하여 적용해야 한다.

먼저, 드라마의 기본 원칙인 '시작, 중반, 결말'을 관객에게 초점을 맞추어 '유인 → 기대 → 만족'으로 바꿔나간다. 유인은 관객의 주의를 끌어당기는 일이다. 일단 관객의 흥미를 끌어당기게 되면 매력있는 스토리를 꾸미는데 상당히 접근한 것이다. '기대'에서는 스토리에서 긴장감을 좀더 주어 재미있는 일이 일어나게 하고, '만족'에서는 생성된 긴장을 풀고, 통일되고 완전한 스토리를 감상했다는 만족감을 수용자가 갖도록 구성한다.[52)]

그 다음, 상상할 수 없을 정도의 엄청난 장면제시로 독자를 놀라게 한다. 평상심으로는 도저히 상상할 수 없는 거대하거나 끔찍한 모습으로 다가가 일순간 수용자를 놀라게 하고 고저(高低)와 강약(强弱), 완급(緩急)과 명암(明暗) 등을 적절하게 겸한다. 이렇게 수용자가 스토리에 몰입하는 끈을 마지막까지 놓지 않도록 하는 방법이어야 한다. 일단 일렁이는 파도를 연상하여 '파선법(波線法)'이라고 이름 붙여 본다.

52) 닐 D.힉스 지음, 이일범 편역, 『헐리우드 영화 각본술』, 신아사. 2002. pp. 21~25. 요약.

마지막으로, '낯설게 하기' 기법의 적극적 활용이다. 익숙하지 않게 문화적 관습과 예절에서 크게 벗어나게 제시한다. 수용자와의 일종의 '거리두기'이다. 지금까지 한 번도 시도해 본 적 없는, 새로운 경험에 의한 자극이나 낯선 것과의 만남, 재생하지 않은 미지의 세계일 때 긴장이나 감동, 충격은 더욱더 클 것이다. 또 시간과 공간의 흐름을 전혀 예상할 수 없도록 재구성함으로써 감동을 창출할 수도 있다.

이외 여러 방법이 동원될 수 있다. 수용자의 마음을 사로잡아 욕구 충족과 함께 카타르시스를 맛보게 해야 한다. 감정의 숨김과 드러냄, 장면의 수직과 수평상의 변형, 무게와 부피의 의외성, 장소의 협소함과 광대함, 물체의 정지와 움직임, 의미의 복선과 돌출, 빛과 어둠 처리의 극단성, 현실과 가상현실 등 그 상대적 속성을 효과적으로 잘 처리할 때 긴장과 갈등을 유발할 가능성이 많다고 하겠다.

③ 스토리텔러가 고려해야 할 점

앞서 살펴보았듯이, 스토리텔러에게는 사람의 마음을 읽고, 사람들을 모아야 하는 의무감이 있다. 아무리 잘 만들어진 콘텐츠라고 하더라도 사람들이 와서 구매하지 않으면 쓸모가 없게 된다. 따라서 항상 수용자들의 마음을 읽는데 온힘을 기울여야 한다.

흔히 사람을 움직이는 5가지의 변수로, '이익, 재미, 관계, 습관, 신념이나 소명의식'을 든다. 사람은 이기적인 동물이다. 자기에게 '이익'이 된다고 생각하면 움직이게 마련이다. 이익이 많으면 많을수록 좋다. 수용자에게 어떤 '이익'을 주고 있는지 스토리텔러는 곰곰이 생각해 볼 일이다.

그 다음은 '재미'이다. 문화콘텐츠의 생명은 수용자에게 '재미'를 주는 데 있다고 해도 과언이 아니다. 수용자에게 어떠한 재미를 주는지 생각해 보아야 한다.

세 번째는 '관계'이다. 관계에도 여러 가지가 있다. 혈연관계가 있는가 하면 지연, 학연, 조직이나 공동체 등 사회적 관계도 있다. 수용자와 어떠한 관계로 만나게 되는지 염두에 두어야 한다. 특히 인터넷이 발달한 요즘, 홈페이지 등을 통해 수용자들과의 관계를 어떻게 형성하고 있는지 냉철하게 분석해 보아야 한다.

네 번째는 '습관'이다. 사람은 습관의 동물이라는 말처럼 우리의 일상 생활은 거의 습관의 연속이다. 무의식 중에 습관대로 사고하고 행동하는 경향이 짙다. 따라서 '자기'와 수용자들의 습관을 면밀하게 관찰해 보는 노력을 기울여야 한다.

마지막으로, 신념이나 소명의식이다. 사람들의 신념이나 소명의식은 그 사람의 자아나 존재의의라 할 정도로 변하기 어렵다. 보다 차원 높은 가치관으로 수용자의 의식구조를 관찰하는 것을 잊지 말아야 한다.

오늘날 문화콘텐츠의 세계는 철저한 승부 세계이다. 뛰어난 스토리로 독특한 매력을 자아내고 강한 호소력으로 수용자를 창출해야 한다. 따라서 스토리텔러의 역할은 매우 막중하다. 이에 스토리텔링을 할 경우 다음의 몇 가지는 기본적으로 반드시 고려해야 한다.

첫째, 먼저 자기관리와 프로의식이 철저해야 한다. 특히 건강, 생활 등에서 부담 없이 창작에 임할 수 있는 환경을 조성하고, 홍익인간, 휴머니즘을 바탕으로 한 자기 나름대로의 가치관을 뚜렷하게 세우며 철저한 사명감과 프로의식으로 무장해야 한다.

둘째, 인간을 이해하고 시대의 흐름을 읽어야 한다. 창작, 생산, 마케팅 등 모두 사람의 일이다. 특히 소설 이외 드라마, 영화, 게임 등은 공동작업의 산물이다. 따라서 인간관계를 중시하고 항상 인간과 사회의 움직임, 세계 문화콘텐츠의 흐름을 예의주시하는 자세가 요구된다.

셋째, 매체(미디어)를 이해하고, 공동체 발전에 기여한다는 소명의식을 가져야 한다. 매체가 대중문화에 미치는 영향은 실로 엄청나다. 따라서 인류 행복과 공동체의 발전에 기여한다는 소명의식을 갖고 스토리텔링해야 한다. 표현의 자유가 있다 하더라도 의도적인 선동이나 명예훼손, 폭력, 음란 등은 지양해야 한다고 본다. 특히 눈앞의 이익에 어두워 인간본능에 기댄 폭력이나 음란 중심의 콘텐츠는 인간의 마음을 황폐화시킬 뿐이다. '헤라클레스의 선택[53)]'을 염두에 두는 것이 좋다.

넷째, 마케팅 등 자본획득을 염두에 두어야 한다. 문화콘텐츠 생산에는 많은 인력과 엄청난 비용이 투입된다. 따라서 문화시장에서 우수한 문화상품으로 인정받고 이윤을 창출할 수 있어야 한다.

다섯째, 독창성을 확보하고, 스토리텔링 기법을 숙지해야 한다. 모든 문화콘텐츠는 인생과 자연을 기본적으로 다룬다. 따라서 상상력과 경험, 지식을 풍부하게 하여 수용자(시청자, 관객)가 감탄할 수 있도록 아이디어와 스토리 구성 테크닉을 익혀야 한다. 흔히 얕은 물에는 큰 배를 띄울 수 없다고 한다. 부단한 노력으로 전문지식과 노하우를 축적하여 승부 세계에 독창적으로 임해야 한다.

스토리텔러는 현재 뿐만 아니라 인류의 미래에 대해서도 관심을 기울여야 한다.

현대의 가장 큰 특징은 거칠 것 없이 달려가는 과학기술이다. 이제 어느 한 개인의 능력으로는 통제하기 힘든 상황에까지 이르렀다. 앞으로 인간의 지적 능력이 가속도를 더해 더욱더 향상될 때, 과연 인간 삶의 모습은 어떠할까? 앤디 워쇼스키, 래리 워쇼스키 감독의 영화 '매트릭스(The Matrix)'가 연상된다. 인간의 지적 능력을 초월하는 인공물(人工物)이 지배하는 사회의 모습을 상상만 해도 가슴이 졸여온다.

그 뿐만이 아니다. 인공물 자체에 인공생명이 담겨 초지적 능력을 지닌 인공물로 만들어진다. 또 계속 이어지는 인공물 창조의 작업, 그리고 그러한 인공물과의 계속된 상호작용(interaction)을 통하여 또 다른 동행 지적 대리인(tandem intelligent agents)의 산출……. 인공물 자체도 아니고 인간도 아닌 반인

53) 그리스 신화 중 영웅인 헤라클레스가 키타론 산에서 자기 앞날을 생각하며 고민하고 있을 때, 미덕(美德)과 쾌락이 여자 모습을 하고 나타나 각기 그를 유혹했는데, 그는 안이(安易)와 향락을 버리고 미덕을 따르며 노력의 길을 택하기로 결심했다. 이것을 '헤라클레스의 선택'이라고 한다.

간 반기계의 지능적 대리인을 생성하여 낼 때 인간은 어떠한 모습으로 존재하게 될 것인지 상상을 초월한다. 인간은 기계가 되고 기계는 인간이 된다![54] 곰곰이 생각해 보면 그것이 인간이 궁극적으로 그리던 미래의 유토피아인가? 다시 반문하지 않을 수 없다. 하지만 과학기술의 추세는 어느덧 인공지능이 내재된 로봇 시대에 성큼 다가와 있다.

콘텐츠는 인간이 만든 인공물이다. 인간의 몸(body)과 마음(mind)과 환경의 산출물(產出物)이다. 몸과 동떨어진, 환경을 벗어난, 마음과 괴리된 콘텐츠는 있을 수 없다.

스토리텔링(Storytelling)도 이 셋을 떠나서는 존재하지 않는다. 이에 우리는 먼저 몸의 중요성을 생각해야 하고, 나아가 마음을 보다 깊이 있게 연구해야 하며, 우리를 둘러싼 사회문화적 환경도 고려하여 스토리텔링해야 한다.

인류는 먼 옛날부터 몸에 대해 연구를 거듭해 왔다. 동물로서 생명유지의 기본인 몸과 환경에 대한 연구는 끝이 없다. 또 마음 연구도 꾸준하게 이어지고 있다. 가장 두드러진 것은 인지과학이다. 뉴욕 타임스의 칼럼니스트 David Brook(2008. 5)은 '인지시대(The Cognitive Age)'의 도래를 천명한 바 있다.[55] 바야흐로 인간 본래의 모습에 과학기술이 덧붙여진 인간의 마음을 심사숙고해서 연구해야 하는 단계에 이르렀다.

앞으로 스토리텔링도 이익추구만을 노려 수용자의 낌새를 파악하여 일방적으로 전달하던 방식에서 벗어나 인간의 마음을 읽고, 보다 나은 세상을 위해 급변하는 사회문화적 환경, 즉 인간과 인간, 인간과 사회문화 등 외적 환경과 그 맥락을 고려하여야 한다. 따라서 스토리텔러는 냉철한 이성으로 살아있는 다양한 지식들과 많은 경험(learning by doing)을 충분히 쌓아야 한다.

54) http://www.gimmyoung.com/bookinfo/bookinfo.html?number=168

55) http://www.nytimes.com/2008/05/02/opinion/02brooks.html?em&ex=1209873600&en=58bbd827c1545adc&ei=5087

♣ 학습과제

아래 내용을 참조하여, 스토리텔링 작업을 해 보자.

<조건>

- 법률콘텐츠 '심청전'
  - 가공의 판사, 변호사, 배심원 등장도 가능함.
- 아쿠타가와 류노스께의 소설과 구로자와 아키라 감독의 영화 '나생문(羅生門)'을 감상하고, 『심청전』을 소재와 구조를 변형하여 rewriting해 보자.

심청전[56)]

변호사 김익현

[줄거리] 자신의 목숨까지 바쳐가며 아버지의 눈을 뜨게 하려고 했던 심청이의 갸륵한 효심이 읽는 이의 눈물을 자아내게 하는 이 소설은 오늘날 실정법에 근거할 때 아래와 같은 문제의 소지를 안고 있다.

- 장사꾼들이 자신의 목적을 달성하기 위해 재물을 대가로 지불하고 어린 심청이가 스스로 바다에 빠지게 한 부분.
- 상식적으로는 납득하기 어려운 부처님의 힘을 내세워 공양미 300석을 바치게 한 화주승의 언행.
- 만일 심청이가 공양미 300석을 받은 후 바다에 뛰어들겠다는 약속을 어기고 도주했다면 어떻게 될까?

[법적 문제의 소지가 있는 부분]

- 심청이를 바다에 빠지게 한 장사꾼들에게 영리목적 유인죄를 적용할 수 있는가?
- 심청이 스스로 바다에 뛰어들게 한 장사꾼들에게 자살교사죄를 적용할 수 있는가?
- 공양미 300석을 바치게 한 화주승의 언행은 죄가 되지 않을까?

---

56) '심청전' 텍스트는 무료법률상담 인터넷 사이트에서 인용하였다. 법률적 진단을 해주신 김익현 변호사님께 고마움을 전한다.

- 심청이가 공양미 300석만 받고 만약 도주했다면 장사꾼들은 공양미 300석을 돌려받을 수 있나?
- 도주한 심청이에게 형법상 사기죄가 적용되지는 않을까?

[법적 문제의 검토]

- 심청이를 바다에 빠지게 한 장사꾼들에게 영리목적 유인죄를 적용할 수 있는가?

우리 형법은 추행, 간음, 영리의 목적으로 사람을 약취, 유인하는 자를 처벌하고 있다. 장사꾼들은 자신들의 안전한 무역을 위해 15세 처녀를 재물로 바치고자 했으므로 '영리의 목적'이 있다고 할 수 있다. 그렇다면 장사꾼들의 그러한 행위가 약취와 허위의 사실로 사람을 속이거나 감미로운 말로 사람의 판단을 그르치게 하는 유인에 해당될까? 그렇지는 않는다. 왜냐면 심청이 스스로 바다에 재물로 바쳐진다는 사실을 이미 알고 있었기 때문에 형법상의 영리목적 유인죄는 성립되지 않는다.

- 심청이 스스로 바다에 뛰어들게 한 장사꾼들에게 자살교사죄를 적용할 수 있는가?

형법상 자살은 범죄가 되지 않지만 이를 돕거나 지시하는 행위는 자살교사죄의 적용을 받는다. 우리 나라 형법은 자살하는 행위 자체는 범죄로 보지 않지만 자살하려는 사람을 돕거나 그 사람이 자살하도록 지시하는 등의 행위는 처벌하고 있다. 장사꾼들이 심청이가 인당수에 뛰어들어 자살하도록 했으므로 자살교사죄가 일단 적용된다. 그렇지만 심청이가 죽지 않고 살아서 돌아왔기 때문에 자살교사죄가 아니라 자살교사미수죄가 적용될 것이다.

- 공양미 300석을 바치게 한 화주승의 언행은 죄가 되지 않을까?

몽운사 화주승은 과학적으로 증명할 수 없는 부처님의 힘을 내세워 심봉사가 생전에 눈을 뜰 수 있을 거라는 말로 심청이의 죽음을 자초하게 한 인물이다. 화주승이 공양미 300석을 받아낼 목적으로 심봉사나 심청이를 속이기 위한 거짓말을 했다면 엄연히 화주승에게 사기죄를 적용할 수 있다. 그러나 종교에 대한 진정한 믿음과 심봉사를 위한 순수한 생각에서 그런 이야기를 했다면 그 이야기를 믿은 사람의 문제일 뿐 화주승에게는 아무런 죄도 적용시킬 수 없다.

- 심청이가 공양미 300석만 받고 만약 도주했다면 장사꾼들은 공양미 300석을 을 돌려받을 수 있나?

우리 민법은 다른 사람의 목숨을 금전 등으로 사고 파는 것과 같은 행위를 불법행위로 규정하고 있다. 또한 일정한 대가를 지불 받고서 약속한 불법행위에 대해서는 이를 이행하지 않아도 전혀 문제삼지 않는다. 예를 들어 매혈, 장기매매 등이 비슷한 경우라 하겠다. 자살교사죄에 해당할 수도 있는 불법행위에 근거한 대가로 공양미 300석을 받은 것이므로 심청이는 그것을 돌려주지 않아도 된다. 다시 말해서 심청이가 공양미 300석만 받고 도주했다 하더라도 장사꾼들은 심청이에 대해서 아무런 법적 조치를 취할 수 없다.

- 도주한 심청이에게 형법상 사기죄가 적용되지는 않을까?

만일 심청이가 애초에 바다신의 제물이 될 생각이 없으면서 장사꾼들을 속여 공양미 300석만 받아냈다면 물론 사기죄가 성립될 것이다. 하지만 불법한 행위를 근거로 받은 대가이므로 민법상 그 대가를 돌려주지 않아도 되는 것처럼 형법상으로도 처벌하지 않고 있다. 그러나 민사상 의무와 형사상 처벌은 별개의 문제이므로 민사상 공양미를 반환할 의무는 없어도 사기죄로 처벌해야 한다는 견해도 있지만 아직 판례는 없다. 지금까지 대법원 판례를 보면 불법행위에 수반된 횡령과 배임에 대해서는 아무런 죄가 되지 않는다고 판시하고 있다

8. 문화기술(CT)

(1) 문화기술[57]의 중요성

문화의 시대를 맞아, 세계 경제는 문화와 기술이 결합된 창조문화 경제시대로 전환될 것으로 보인다. 따라서 문화와 예술 같은 지적자본에 기술이 융합된 '문화기술(文化技術, Culture Technology, CT)'이 크게 부상하면서 삶의 전반에 걸쳐 그 역할이 더욱더 증대되고 있는 실정이다. 상상력과 창의력을 기반으로 한 영화나 게임, 애니메이션 등 '문화상품(콘텐츠)' 전반의 창작과 기획, 제작과 표현, 유통 등에 활용되거나, 관련된 서비스에 사용되는 기술인 문화기술이 향후 각국의 산업발전 뿐만 아니라 삶의 영역에서 큰 비중을 차지할 것으로 보인다.

문화기술은 과학적인 기술 및 인문사회학, 디자인, 예술분야의 지식과 감성적 요소를 포함하여 문화적 삶의 질을 향상시키는 총체적 기술로서, 인간에게 행복(정신적)을 느끼게 하는 문화상품의 창작・기획, 제작・표현, 유통・서비스에 관여하는 매우 유용한 기술이다.

따라서 세계 각국은 문화콘텐츠산업뿐만 아니라 산업 전분야에 걸쳐 국가발전의 핵심요소로 '문화기술'을 지목하고 경쟁 없는 신시장(Blue Ocean) 창출을 위해 총력을 기울이고 있는 실정이다.

선진국들은 오래 전부터 정부차원의 연구기관을 설립하여, 문화기술 분야 융합연구 등 새로운 기술개발과 제품생산을 꾸준하게 진행하고 있다. 정부연구소를 비롯하여 대학과 산업으로 이어지는 창작과 연구 및 기술 파이프라인(pipe-line)을 활성화하고 있다. 이처럼 세계 각국은 각종 콘텐츠 산업 및 관련기술(CT) 개발에 국가적 역량을 집중하고 있다.

57) 문화체육관광부, "문화기술(CT) R&D 기본계획 2012". 2008. 참조.

(2) 문화기술의 발전 전망

문화기술은 콘텐츠산업의 다양한 분야에 활용되어 산업적 가치가 확대되고 있다. 멀티 코어 등 최신 요소기술을 활용한 극사실적 게임 기술개발에 활용될 뿐만 아니라, 영화나 드라마 등 영상콘텐츠에 있어 3차원 CG나 디지털크리쳐, 3D 몰입형 디지털 시네마 기술 등에 적극적으로 활용되고 있다.

또 혼합현실 기반 체험형 콘텐츠 서비스와 훈련시뮬레이터, 테마파크, 가상제조 등에 점차 그 활용범위가 크게 확대되고 있으며, 스포츠 전분야를 비롯하여 U-러닝 분야에서도 활발하게 기술개발이 이루어지고 있다.

한편, 공연분야에서는 공연자와의 상호작용 촉진 기술개발과, 파노라마식 무대배경막(cyclorama) 기술, 광학 움직임 추적(optical motion tracking) 기술 등이 연구 개발되고 있으며, 디지털스토리텔링에서는 전용도구(소프트웨어)들을 연구·개발 중에 있으나 더욱더 활발한 기술개발이 요구되고 있다. 또 창작 및 전시분야에서의 기술 활용은 아직 초보적인 수준에 머물러 있는 추세인데, 과감한 투자에 이은 기술선도가 기대되는 분야이다.

콘텐츠 유통·보호 분야에서는 DRM의 상호호환성을 제공하기 위한 표준화를 진행 중에 있고, 장애인 교육과 훈련, 노인을 위한 기술개발 및 제품개발에도 투자가 증가하고 있으며, 문화유산 전반에 대한 디지털화와 문화유산 복원 활용기술에 집중하고 있는 실정이다.

우리 나라 CT 분야 장르별 기술수준은 선진국에 비해 대체로 많이 미흡한 실정이다. 최고 기술국인 미국의 70~85% 수준으로 평가되고 있는데, 우수한 콘텐츠 제작을 위한 핵심기술의 수입의존도가 점차 높아져 기술도입비용 지출도 더욱더 확대되고 있는 실정이다. 이에 정부에서는 세계 5대 콘텐츠 강국 실현을 위해 콘텐츠산업 육성 로드맵을 수립하고 핵심분야별 중점추진 과제를 발굴하여 선택과 집중에 의한 콘텐츠 산업 육성에 온 힘을 기울이고 있는 실정이다.

미래의 기술 트렌드는 창조적 융합기술로 대표되는데, 문화기술이 주도하리라고 본다. 오감체험형, 고품질의 실감형, 몰입형, 양방형, 가상현실/증강현실/혼합현실 기반, SNS(Social Network Service) 기반, 언제 어디서나 체험하고 즐길 수 있는 개인 맞춤형 콘텐츠 등을 구현할 수 있는 기술로 진화하리라고 본다. 각 장르별 기술발전 전망을 보면 대체로 다음과 같다.

[표 4-9] CT 각 장르별 기술발전 전망

구 분	기술발전 전망
게 임	온라인 게임 혁명에 이어, 미래 키워드는 메타버스, 지능형 체험, 3D 극사실
영상·뉴미디어	입체영상과 체감영상기술로의 진보에 이은 사실화, 오감체험 지향 콘텐츠 활성화 기대
가상현실	고품질의 시제품과 기술 출시에 이어 혼합현실(MR), 가상 세계 기술의 일상성이 증대되어 체험투어나 테마파크 등 산업적인 성장 기대
창작·공연·전시	현실 문화공연과 접목되어 스토리텔링과 문화공연의 디지털화가 이루어지고, 지능형 스토리텔링 활성화와 살아있는 디지로그형 공연전시의 활성화 기대
융·복합	콘텐츠 특화, 특히 스포츠와 u-러닝, 의료시뮬레이션 등의 창의적 콘텐츠 활성화가 기대되는데, 전반적으로 '감성과 체감, 실감'의 융·복합 콘텐츠 활성화 기대
공공 문화서비스	소외계층을 위한 라이프케어 콘텐츠, 체험형 문화콘텐츠 개발 및 문화유산 보존과 복원의 고도의 디지털화 기대

해외에서 개최된 문화박람회를 견학해 보면, 한국문화부스에서 만나는 것은 한국문화콘텐츠보다 한국의 '문화기술'이 멋진 볼거리를 제공해 준다. IT 기술이 문화에 접목되어 뛰어난 면모를 발휘하고 있다. 문화보다는 기술이 현란하다.

오늘날 디지털문화기술의 수용양상은 크게 세 가지로 나누어진다고 볼 수 있다.

하나는 문화콘텐츠의 내용을 보다 더 쉽게 보다 더 풍요롭게 하는 기술이다. 창작수단의 혁신 및 확장[58]의 한 도구로서 새로운 형식과 기능을 만들어 내는 것이다. 초기의 컴퓨터 그래픽에 이어 최근의 인터렉티브 스토리텔

58) "과학기술 예술과 만나다.", 성완경, '과학기술과 시각예술', 한국과학문화재단, 2006.

링 기술에 이르기까지 매우 다양하다.

다른 하나는 기술로서의 문화기술이다. 한 마디로 오감체험형, 시뮬레이션 등을 위한 디지털 기술인데 문화콘텐츠 개발 작업에 사용하면 매우 유용한 기술이다. 이를 사용하려면 하드웨어와 그에 따르는 소프트웨어를 구입해야 하는 상황에 이르게 된다.

마지막 하나는 일반 시민들도 자유롭게 사용할 수 있는 생활 속의 문화기술이다. 특히 '감성과 체감, 실감'을 기반으로 한 건강과 여가 생활, 평생학습을 위한 라이프케어 콘텐츠를 비롯하여 e-스포츠, u-러닝콘텐츠가 융・복합되어 나타날 것이다.

'문화기술'은 머지않아 전문가의 영역을 넘어 일반시민들에게 성큼 다가올 것으로 보인다.

오늘도 기술 혁명, 혁신이 이어지고 있다. 세계적 변화의 중심에는 테크놀로지적인 변화가 있다. 기술 혁명이 수많은 정보들을 보다 쉽게 활용하게 할 것이고, 문화콘텐츠 개발도 더욱더 촉진시킬 것으로 보인다. 머지않아, 음향을 비롯하여 후각을 자극하는 냄새(향기), 촉각이나 미각까지 감지하는 '4차원(4D) 효과'를 입힌 문화콘텐츠들이 속속 등장할 것으로 보인다. 이에 적극적으로 대처하기 위해 항상 그 변화 추세를 살피고, 좁게는 어느 한 개인, 넓게는 인류의 평화와 행복에 어떠한 영향을 미치는지 예리하게 주시할 필요가 있다.

9. 문화콘텐츠 브랜드

(1) 브랜드의 일반적 특성

① 브랜드(Brand)[59]란 무엇인가?

현대는 브랜드 시대라고 할 정도로 어느 한 개인 뿐만 아니라 조직이나 집단, 회사의 이름 및 상품 등 브랜드 이미지가 매우 중요한 요소로 인식되고 있다.

브랜드는 일반적으로 마케팅 등 상품 판매와 밀접하게 연관되어 있다. 그래서 브랜드를 '판매자가 자신의 상품이나 서비스를 다른 경쟁자와 구별해서 표시하기 위해 사용하는 명칭, 용어, 상징, 디자인 혹은 그의 결합체'라고 미국마케팅학회(AMA)에서는 정의하고 있다. 이렇게 자사의 상품과 다른 상품을 구별하고 차별화하기 위한 중요한 수단으로 브랜드가 사용되었다.

이처럼, 브랜드는 상품의 특징 및 사용경험 등을 통하여 상품을 인식하는 수단이 된다. 한편 개인적으로는 퍼스널 브랜드라 하여 자기의 신분상의 특성이나 개성 등을 브랜드화하여 표현하는 수단으로 사용된다.

브랜드는 상표보다 상위개념이다. 우리나라 상표법에서 '상표는 기업이 판매 또는 제공하는 상품에 관하여 다른 경쟁 기업의 상품과 구별하기 위해서 사용되는 문자, 기호, 도형 또는 이들의 조합'이라고 정의한 것과 비교하여, 브랜드는 브랜드 네임, 디자인, 슬로건, 징글스, 칼라, 문화 등을 모두 포괄하는 개념으로 사용된다.

이처럼 브랜드는 제품의 얼굴로서, 판매자의 제품이나 서비스를 경쟁사의

59) '브랜드(brand)'란 용어는 과거 노르웨이 등지에서 행해졌던 소나 말 등의 가축에 불로 달군 쇠로 낙인을 찍어 출처를 표시하는 'Brandr'에서 유래되었다고 하는 설과 16세기 초 위스키 제조업자들이 위스키에 이름을 찍어 싼 타사 제품으로 둔갑하는 것을 방지하고자 한 것에서 시작되었다는 유래가 있다.

것과 식별하고 차별화시키기 위해 사용하는 이름과 상징물의 결합체라고 할 수 있다. 좁은 의미의 브랜드는 상품(product)에 기초한 단순한 상표명과 상표표식 등 외형적 차이로 한정되는 반면, 넓은 의미로는 가치(value) 즉, 상품특성, 품질, 포장, 이미지 등 상품의 내면적 독특한 차이까지도 포함한다.

브랜드는 대체로 브랜드가 존재함으로써 발생되는 본원적 기능과 그에 부수하여 발생되는 파생적 기능으로 나누어진다.

브랜드의 본원적 기능은 브랜드의 역사적 발전 과정과 매우 밀접하게 연관된 기능이다. 브랜드의 생산자, 가공자, 회사 등의 신분 또는 지역을 밝히는 출처기능과 경쟁 브랜드들과의 혼돈과 난립을 막아 주는 구별기능, 소비자들의 믿음을 심어 주는 신용기능, 브랜드를 경제적 척도로 평가하여 재무적 가치로서의 기능으로 보는 자산기능 등을 들 수 있다.

브랜드의 파생적 기능은 본원적 기능과 소비자의 심리적 기능이 결합되어 나타난 기능으로 볼 수 있다. 생산자가 생산하는 것은 상품이지만 실제로 소비자가 사는 것은 브랜드이다. 즉 브랜드를 통하여 상품이나 서비스의 재인과 회상을 강화시키는 인지도 강화기능과 함께 소비자들에게 재구매 의사를 강화시키는 충성도 강화기능, 그리고 전략적 차별화를 강화하는 차별화 기능, 광고적 효과를 기대하는 표현 전략으로서의 기능, 브랜드를 통한 소비자들의 사회적 위상을 표현하는 소비자 위상 효과 기능 등을 들 수 있다. 이상으로 보아, 브랜드의 기본 기능은 '구별'이고, 그 다음은 수용자에게 '남기는 것'이라고 할 수 있다.

브랜드는 대체로 브랜드 네임, 슬로건, 디자인, 웹, 징글스, 문화 등 여러 가지 요소들로 구성된다. 이렇게 많은 요소들 중에서 가장 중요한 것은 역시 브랜드 네임이다. 브랜드 네임은 소비자와의 첫 인상을 결정지을 뿐만 아니라, 소비자와의 커뮤니케이션 과정에서 브랜드 인지 및 기억의 수단이 된다. 또 마케팅 전략의 효율성을 높여 주고, 법적 보호를 통한 안정적인 자산 축적의 기능도 담당한다.

② 브랜드 네이밍의 중요성

첫째, 모든 상품은 가장 먼저 브랜드 네임으로 소비자와 의사소통한다. 소비자들은 브랜드 네임으로 모든 상품을 이해하고 판단하므로, 브랜드 네이밍을 잘 해야 한다.

둘째, 좋은 브랜드 네임은 소비자의 인지도를 향상시켜 마케팅 예산을 크게 절감시켜 준다. 소비자들의 눈과 입, 그리고 귀가 되어 상품의 이미지를 각인시켜 줌으로써 상품신용 획득과 함께 그 자체만으로도 높은 광고 효과를 가져온다. 따라서 브랜드 네임은 기업이나 상품의 마케팅 활동에 매우 중요한 역할을 담당하므로, 기업에서는 브랜드 네임에 전략적으로 접근하게 된다.

셋째, 브랜드 네임은 경쟁 브랜드들과의 차별성을 갖게 해 준다. 브랜드는 생산자가 자기 상품을 타인의 상품과 식별하게 하고, 자기 상품의 우수성 내지 특이성을 수요자에게 인식시킨다. 따라서 기업의 경쟁력은 브랜드의 차별성에 있다. 다른 경쟁 브랜드들과 확연하게 구별되는 독특한 개성과 차별성을 지닌 브랜드가 필요하다. 이처럼 좋은 브랜드 네임은 마케팅 전략 수립 및 상품 판매 등에서도 매우 유리한 단서를 제공해 준다.

넷째, 브랜드 네임은 그 자체만으로도 재산적 가치가 있다. 브랜드는 상품의 신용을 축적하는 근본적인 원인이 된다. 상품의 출처를 명확하게 할 뿐만 아니라 품질을 보증하는 구실도 한다. 그렇게 함으로써 소비자의 상품 신용 증가와 함께 브랜드의 가치도 올라가며 브랜드 가치가 올라감으로써 소비자에게 인지도가 높은 브랜드가 되어 자연적으로 상품 판매도 증가하는 상승효과를 가져온다. 따라서 브랜드의 가치는 감성적인 사회적 가치로, 그 나름대로 재산과 똑같은 가치를 갖게 된다.

다섯째, 브랜드 네임은 법적 등록을 통해 안정적인 영업 권리를 획득할 수 있다. 특허청에 상표 등록을 함으로써 상표권 및 지적재산권을 미리 확보하여 금전적, 정신적 손실을 미연에 방지할 수 있을 뿐만 아니라, 자기만의 독특한 브랜드 네임을 안정적으로 사용할 수 있음으로 해서 높은 브랜드 자산을 형성할 수 있게 된다.

이처럼 브랜드 네임은 기업과 상품의 성패를 가름할 정도로 매우 중요하다. 또 일단 결정하게 되면 사람의 이름처럼 쉽게 바꿀 수 없다. 따라서 심혈을 기울여 브랜드 네이밍 작업에 임해야 한다.

③ 브랜드 이미지

모든 이미지는 인간의 무한한 상상력을 자극하여 그에 상응하는 효과를 자아낸다. 대체로 시각적 이미지는 유추적 사유를 불러일으키고, 청각적 이미지는 분석적이고 디지털한 사유를 지향한다.[60] 따라서 이미지는 감각적인 것뿐만 아니라 인간의 모든 것을 표현한다고 할 수 있다.

브랜드 이미지란 소비자가 브랜드에 대해 갖고 있는 생각, 느낌, 태도 등 지식들의 집합으로서 브랜드에 대해 소비자들로부터 지각되고 있는 양상 혹은 인상을 말한다. 이는 소비자가 브랜드명을 들었을 때 가장 먼저 연상되는 것으로, 브랜드에 관한 여러 가지 정보들이 소비자의 뇌리에 한번 각인(imprint)되고 나면 쉽게 잊혀 지지 않아 상품 구매에 결정적인 역할을 한다.

이처럼 브랜드 이미지가 소비자에게 미치는 영향은 매우 크다. 이를 바탕으로 브랜드의 행위적 요소를 흔히 브랜드 파워(brand power)라고 한다.

브랜드 이미지를 인간의 욕구와 관련지어 살펴보면 다음과 같다.

첫째, 소비자의 기능적 욕구를 담고 있다.

상표 이미지로 상품의 속성이나 편익을 강조함으로써 소비자 욕구를 충족시키고 나아가 상표 이미지를 더 튼튼하게 구축하게 한다.

둘째, 소비자의 상징적 욕구를 담고 있다.

소비자들이 특정 브랜드 상품을 소유함으로써 자아 표현에 이어 사회적 위치, 집단에 대한 소속감을 얻고자 하는 욕구를 충족시킨다. 이는 체면이나

60) 유평근 · 진형준 지음, 『이미지』, 살림. 2001. pp. 28~30 참조.

타인을 의식하는 의존적 문화에서 강하게 나타난다.

셋째, 소비자의 경험적 욕구를 담아 안정감과 즐거움을 준다.

소비자가 특정 브랜드 상표를 사용함으로써 얻을 수 있는 심리적 안정과 함께 기쁨과 즐거움, 환상과 재미 등의 욕구를 충족시켜 준다.

(2) 문화콘텐츠 브랜드

① 문화콘텐츠 브랜드 특성

문화콘텐츠 브랜드는 일반 상품과는 달리 독특한 면이 매우 많다. 일단 수용자들의 관심을 불러일으켜 성공을 거두게 되면 그 문화콘텐츠는 브랜드의 집합체라고 할 수 있을 정도로 매우 작은 소도구까지 브랜드화할 수 있지만, 그렇지 못한 경우에는 유명무실해지고 만다. 문화콘텐츠 브랜드의 특성을 간략하게 살펴보면 다음과 같다.

첫째, 문화콘텐츠 생산지나 콘텐츠 연출자도 하나의 브랜드다.

헐리우드나 디즈니랜드는 그 자체가 이미 하나의 브랜드다. 콘텐츠 생산지 자체가 하나의 브랜드로 소비자의 관심을 불러일으킨다. 미국의 스티븐 스필버그나 중국의 오우삼처럼 크게 히트한 문화콘텐츠를 연출한 감독들도 그 자체가 하나의 브랜드 구실을 톡톡히 한다.

둘째, 캐릭터 설정이 브랜드를 좌우한다.

개성이 뚜렷한 독특한 캐릭터 설정이 브랜드화의 지름길이다. 영화라면 주인공, 애니메이션이나 게임이라면 캐릭터를 스타로 육성하고 이를 브랜딩(branding)하는 것이 효과적이다. 전제 조건은 문화콘텐츠의 흥행 여부에 있다. 큰 성공을 거두지 못하더라도 정체성이 뚜렷한 독특한 캐릭터라면 그 속성을 깊숙하게 파악하여 수용자들의 뇌리에 집중적으로 꾸준하게 각인시키다 보면 강력한 브랜드로 설 수 있게 된다. 예를 들어 'X맨', '스파이더맨'으로 유명한 미국의 마블 그룹은 독특한 캐릭터 5000여개로 다양한 장르의 문화콘텐츠를 생산하여 전세계 수용자들의 사랑을 독차지하고 있다. 이처럼 독특한 캐릭터를 설정하는 일이 브랜딩의 첫걸음이다.

셋째, 특정 브랜드 하나에 파생 상품들이 매우 많다.

일단 문화콘텐츠가 히트하게 되면 하나의 브랜드에 관련된 많은 동소체들이 개발될 수 있다. 하나의 브랜드 아래 캐릭터의 외양에서부터 움직임이나 삶의 방식, 패션을 비롯하여 액세서리, 인형, 신발, 안경에 이르기까지 수용자들에게 기쁨과 즐거움을 선사할 수 있는 아이템들이 매우 다양하다.

② 한국문화콘텐츠 브랜드

굳이 한국문화콘텐츠 브랜드라고 명명한 까닭은 우리나라만의 독특한 정서가 담긴 세계적인 브랜드를 갈망하기 때문이다. 비록 문화콘텐츠 개발 자체가 시장경제 논리 속에서 문화를 이용한 상품 경제활동일지라도, 그 상품 속에는 분명 우리 민족의 문화 창조 능력이 담겨 있다고 할 수 있다.

세계 속에서 인정받는 한국문화콘텐츠가 탄생하기 위해서는 지금처럼 서양 따라하기 방식으로는 도저히 불가능하다고 할 수 있다. 더욱이 문화콘텐츠 브랜드는 국가 이미지와도 직결된다고 볼 수 있다. 따라서 문화콘텐츠 내용뿐만 아니라 브랜드에도 우리 민족의 정신을 강하게 담아야 한다. 민족문화의 정체성이 없는 국가에서 생산되는 문화콘텐츠는 강대국의 콘텐츠를 흉내 낸 모조품으로 인식될 가능성이 짙기 때문이다.

'홍익인간'을 생각해 볼 수도 있다. 우리 민족만의 문화적 독창성이 농후한 문화콘텐츠와 그 브랜드, 캐릭터는 경제적 이익 창출뿐만 아니라 세계 속의 한국문화의 우수성을 널리 알릴 수 있고, 나아가 그 누구도 도저히 흉내 낼 수 없는 영원한 한국문화콘텐츠로서 그 위상을 드높일 것이다.

③ 브랜드의 세계화 전략

세계적 브랜드는 문화콘텐츠 종사자들의 최대의 소망이라고 할 수 있다. 브랜드의 세계화에는 원칙적으로 두 가지를 들 수 있다. 하나는 성공을 위한 전략적 접근이고 다른 하나는 보다 강력한 브랜드로 육성하기 위한 브랜드 경영이라고 할 수 있다.

첫째, 전략적 접근이다.

세계 문화시장은 국내와는 여러 면에서 다르다. 먼저 전세계적이기에 그 범위가 넓을 뿐만 아니라 경쟁자와 경쟁수도 매우 많다. 또 각기 문화적 환경이 상이하므로 수용자의 수준도 제각각이다. 우리 나라의 경우 문화콘텐츠 강국에 비해 열세에 있는 것은 기정 사실이다. 따라서 약자의 입장에서는 틈새를 침투하는 전략을 구사할 수밖에 없는 실정이다.

먼저 수용자의 성향과 시장 상황을 철저히 분석·세분화(segment)하여 선택한 다음, 집중(focus)하는 전략이 필요하다. 브랜드 특성을 최대한 부각시키고 브랜드가 확고하게 자리매김(positioning)할 수 있도록 계획을 세워 장기적으로 꾸준하게 관리해야 한다.

둘째, 브랜드 매니지먼트(brand management)[61]이다.

앞서 살펴보았듯이, 브랜드에는 그 나름대로의 가치가 있다. 브랜드 경영은 브랜드 가치를 더욱더 향상시키기 위한 차원에서 이루어진다. 따라서 강력한 브랜드로 육성하는 일은 브랜드 경영의 목표라고 할 수 있다.

브랜드 가치는 크게 브랜드의 이름과 상징, 나아가 이미지로 형성된 자산으로 마케팅에서 독특하게 발생하는 효과인 브랜드 에쿼티(Brand Equity)와 경쟁 브랜드와의 차별성에서 형성되는 브랜드 로얄티(Brand Loyalty)의 통합으로 이루어진다고 볼 수 있다.

브랜드 에쿼티는 브랜드 로얄티의 상위개념으로, 문화콘텐츠 제작자와 수용자에게 콘텐츠의 가치를 증가시키는 핵심요소이다. 브랜드 에쿼티는 미래의 브랜드에 발생할 수 있는 것 사이의 징검다리 구실을 한다고 볼 수 있다. 이는 동일한 제품과 서비스일지라도 동일한 브랜드 아이덴티티를 보유할 수 없기 때문에 브랜드 네임과 그 외 다른 브랜드 요소들이 관여하여 다른 결과를 가져오게 되는 것이다.

---

61) 케빈 레인 켈러 지음, 이상민 역, 『브랜드 매니지먼트』, 비즈니스북스. 2007.

브랜드 로얄티는 브랜드 자산을 창출하는 기본적인 요소로 수용자의 욕구와 신뢰, 경쟁 브랜드와의 차별성에서 형성되는데, 수용자의 관점에서는 인지도와 연상에 의해 형성된다고 할 수 있다.

강력한 브랜드만이 경쟁이 치열한 글로벌 시장에서 살아남을 수 있다. Keller's는 강력한 브랜드를 구축하는 것은 연속적인 4단계로 이뤄지는데, 각각의 단계는 이전 단계가 성공적일 때 이어진다고 설명한다. 수용자들은 특정 브랜드를 대할 때 '아이덴티티, 의미, 반응, 관계'로 이뤄지는 '브랜딩 사다리' 4단계를 밟게 된다. 예를 들어, 아이덴티티가 제대로 창출되지 않으면 의미가 정립될 수 없고, 당연히 뒤의 경우도 마찬가지다. 이를 구체적으로 질문과 내용의 형식으로 다음 그림과 같이 표현했다.

[그림 4-10] Keller's 'The Four Steps of A Strong Brand'

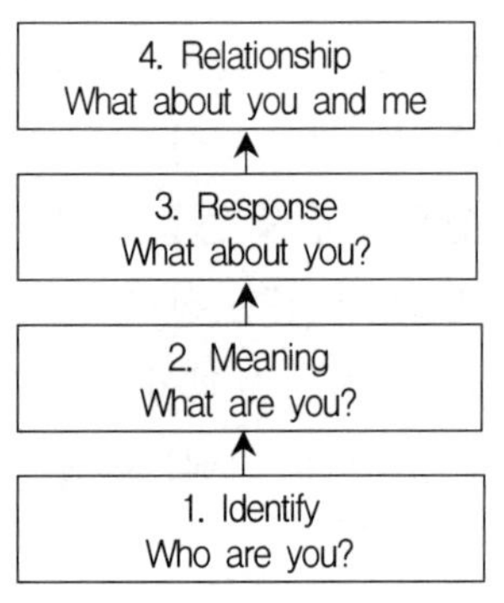

첫째, 당신은 누구십니까?(브랜드 아이덴티티)

둘째, 당신은 무엇입니까?(브랜드 의미)

셋째, 당신은 어떻습니까? 내가 당신에 대해 어떻게 생각하거나 느낍니까?(브랜드 반응)

넷째, 당신과 나는 어떻습니까? 나는 당신과 어떤 종류의 연상과 어느 수준의 관계를 나누고 싶어 합니까?(브랜드 관계)

이 같은 질문을 통해 강력한 브랜드 구축의 4단계를 정리하면 다음과 같다.

첫째, 수용자와 브랜드를 동일시하고 특정 제품이나 수용자의 필요에 따라 브랜드를 수용자의 마음속에 확립시킨다.

둘째, 다수의 유·무형 브랜드 연상과 특별한 속성을 전략적으로 연결하여 소비자들의 마음속에 브랜드 의미의 전체상을 각인시킨다.

셋째, 브랜드 동일시와 브랜드 의미에 대한 수용자의 적절한 반응을 이끌어 낸다.

넷째, 수용자와 브랜드 간의 강력하고 적극적인 충성 관계를 창출하기 위해 브랜드 반응을 전환한다.

또 강력한 브랜드를 구축하기 위한 요소로, 브랜드 '아이덴티티의 현저함(Salience)', 제품 실체(Performance), 이미지(Imagery), 이성적 평가(Judgments), 감성(Feelings), 브랜드와 고객 간의 장기적 관계(Resonance) 등을 제시하고 있다.

하나의 브랜드를 강력하게 구축하는 길은 매우 험난하고 인내를 필요로 한다. 면밀한 계획을 세워 전략적으로 온갖 정성을 기울여 노력하고 인내하면서 기다릴 줄 아는 지혜가 필요하다고 하겠다.

10. 전략적 개발과 상황분석

문화콘텐츠 개발은 고비용, 고위험으로 압축된다. 따라서 아이디어 뿐만 아니라 상황분석에도 매우 철저해야 한다.

아이디어를 바탕으로 한 문화콘텐츠 개발의 목적을 확인하고, 목표와 핵심적인 세부목표를 설정한 다음, 외부 환경과 내부 환경을 분석해 본다. 목표와 핵심적인 세부목표를 전략과 전술에 따라 확인한 다음, 최종 목표와 방향을 확고하게 설정하게 된다. 여기에서는 앞서 소개한 'SWOT' 분석 이외 '갭 분석기법'과 '경쟁적 우위기법', '포트폴리오 모형'에 대해 살펴보기로 한다.

(1) 갭 분석(gap analysis)기법

미래의 목표치와 예상치의 차이를 분석해 봄으로써 목표와 방향 또는 전략적 과제를 도출하는 방법을 말한다. '갭 분석'은 목표 상태와 현재의 상태, 예상되는 미래의 상태로 이루어진다고 할 수 있다.

- 현재 어떤 위치(어디에)에 있는가?
- 미래의 특정한 시기에 어디에 있기를 바라는가?
- 현행 전략을 밀고 나갈 때, 미래의 특정한 시기에 어디에 있게 될 것인가?

'갭(gap)'은 '목표치와 예상치의 차이' 또는 '목표치와 기대치의 차이'이다. 따라서 목표 상태와 현재의 상태를 확실하게 한 다음, 미래의 상태를 예상해야 한다.

예를 들어, 문화콘텐츠 개발에서 3년의 기획범위를 가정하면, 갭은 3년 후의 목표 이윤과 예상 이윤의 차이가 된다. 이 경우 목표 또는 전략적 과제는 '어떻게 그 갭을 줄이느냐'하는 것이 된다.

[그림 4-11] **갭 분석(Gap analysis)**

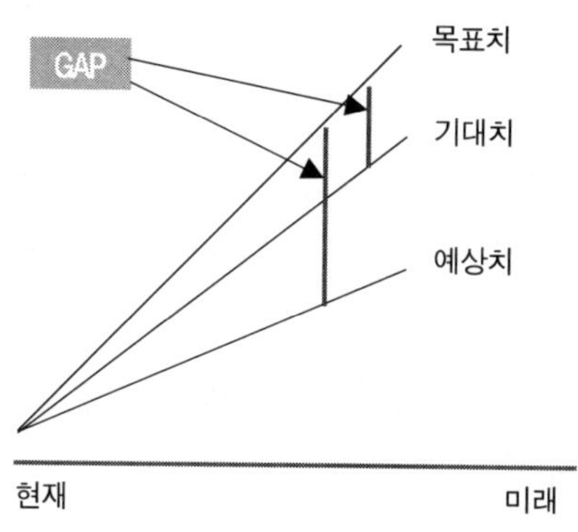

갭 분석을 함에 있어서 현재의 아이디어를 바탕으로 콘텐츠를 제작할 때 미래의 특정한 시점에서 어디에 위치하게 하느냐 하는 명확한 인식이 요구된다. '우리가 바라는 상태(목표치)'와 현행 여건에서 '우리가 기대하는 상태(예상치)' 사이의 차이(Gap)는 비록 그것이 양적인 것이 아니고 질적인 것이라고 해도 전략적 과제를 명확하게 할 수 있을 것이다.

갭(Gap)은 예상치를 높이려는 전략이나 목표치를 낮추려는 전략의 상호간 합의에 의해 좁혀질 수 있다. 만일 갭이 너무 커서 좁히기가 어려울 때 갭을 좁히려는 창의적인 해결방법이 개발되어야 한다.

예를 들어 문화콘텐츠 개발 과정의 능률을 개선하고 지나친 욕심(과욕)을 줄이고, 또 다른 자금 조달 방법, 즉 투자자도 물색해 보는 등 여러 해결방안을 생각해 볼 수 있다. 또 개발과정 뿐만 아니라 수요자의 피드 백에도 관심을 기울여야 한다.

(2) 경쟁적 우위(competitive advantage) 분석

이 기법은 외부 환경과 내부 환경을 종합적으로 분석하는 접근방법으로, '전략의 주요 특징이 어떠해야 하는지'를 일목요연하게 보여주는 기법이다.

초기에는 이윤 창출에 관심을 집중시키다가 드러내놓고 표현하지 않지만 그 저변에는 '지속적인 경쟁적 우위'에 초점이 주어진다.

① 다섯 가지 힘(Five forces)

'경쟁적 우위 분석 기법'의 출발점은 산업구조인데, Porter는 이를 '다섯 가지 힘(Five forces)'으로 표현하였다. 산업구조의 5가지 세력, 즉 '산업경쟁자들(industry competitors), 잠재적 진입자들(potential entrants), 대체자들(substitutes), 공급자들(suppliers), 구매자들(buyers)'이 산업구조에 작용한다고 본다.[62] 이를 그림으로 나타내면 다음과 같다.

[그림 4-12] 산업구조의 다섯 가지 힘

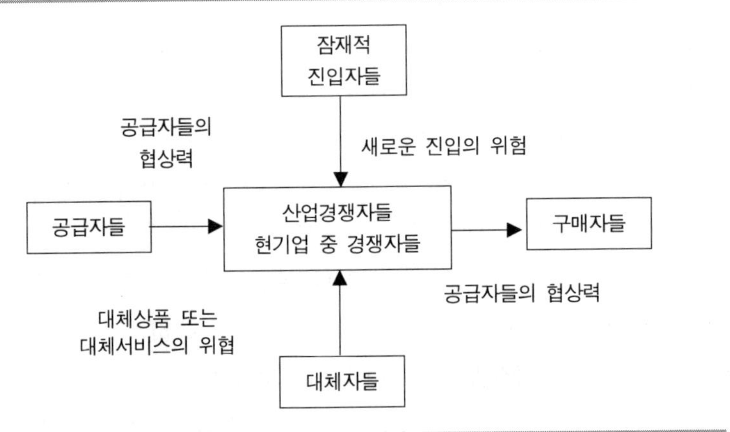

위의 그림으로 보아 문화콘텐츠 개발을 둘러싸고 있는 외부적 환경과 관련된 전략적 과제를 발굴하는데 매우 유용한 기법이라고 할 수 있다.

② 경쟁적 우위유지 전략들(Generic strategies)

다섯 가지의 세력의 역학관계에서 문화콘텐츠 개발팀이 경쟁적 우위를

62) 노시평, 『정책학』, 학현사. 2001. P. 119.

계속 유지하기 위해서는 가격선도(cost leadership) 전략, 차별화(differentiation) 전략, 특화(focus) 전략들이 있을 수 세 가지 전략이 있다.

'가격선도'나 '차별화 전략'은 경쟁자들과 구별되는 특이한 문화콘텐츠나 서비스를 개발하는 전략이라고 할 수 있다. 기본적으로 서비스 또는 상품 제공자는 경쟁자보다 낮은 가격에 생산할 수 있거나, 경쟁자들과는 구별되는 특이한 방법으로 제작할 수 있거나 경쟁자들 것보다 더 매력 있는 서비스나 상품으로 생산할 수 있어야 한다.

'특화 전략'은 시장이나 상품을 분할하여 그 중 일부에 노력을 집중(focus)하는 전략이라고 할 수 있다. 따라서 가격선도와 차별화의 어느 쪽을 더 강조하느냐에 따라 다시 여러 가지 세부 전략으로 나누어진다.

문화콘텐츠는 문화상품이다. 따라서 차별화 전략이 경쟁적 우위를 확보하거나 계속 유지할 수 있는 가장 손쉬운 방법이라고 할 수 있다. 그 외 특화 전략이나 가격선도 전략도 고려해 볼 만하다.

(3) 포트폴리오 모형(portfolio models)

'포트폴리오 모형'은 어떤 사업 부서를 유지, 철수 또는 새로 구축할 것인가에 대한 의사결정을 내리기 위해 현 사업부서의 위치와 성과를 분석하고 평가하는 데 사용되고 있는 분석방법이다.

이 모형을 문화콘텐츠 개발에 적용할 경우, 전략사업들의 구성문제 뿐만 아니라 OSMU 방식에 따라 여러 개의 동소체(同素體)를 생산하여 유통시키고 있을 경우, 그 구성의 최적성(最適性) 여부를 판단하기 위해서 적용할 수 있는 도구라고 할 수 있다.

① 운용 원리

이 모형의 기초는 X축과 Y축으로 구성된 매트이다. 각 축은 하나의 인자(因子, factor)로 정의된다. 전략사업이나 상품을 두 가지 인자를 기준으로 하여 검토한 후 매트 위의 해당하는 지점에 점(點)으로 표시하는 것이다.

② 가장 널리 알려진 포트폴리오 모형

포트폴리오 모형은 외부적 환경분석과 내부적 환경분석을 종합해 주는 기법이다. 유명한 모형은 미국 GE(General Electric)가 만든 기획 격자(Planning Grid)이다. 이 기획 격자의 두 축을 구성하는 X축을 구성하는 '산업의 매력성(industry attractiveness)'과 Y축을 구성하는 '사업의 강점(business strength)'이다. 각각의 인자는 각각 3단계로 나뉘어져서 모두 9칸으로 구성된다.

[그림 4-13] GE 사의 기획격자

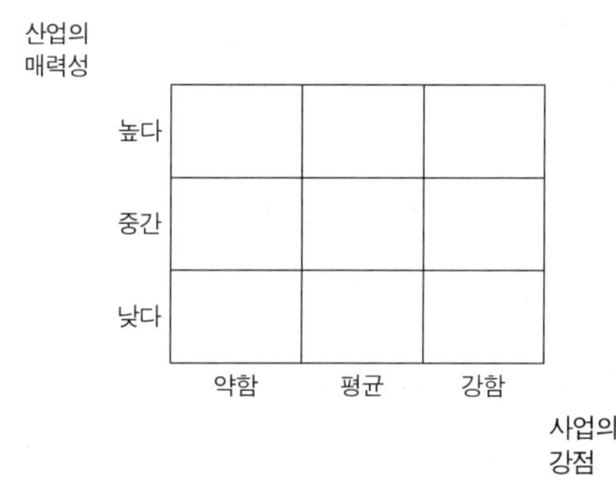

'산업의 매력성'은 시장의 크기, 성장률, 진입 장벽, 자본 소요, 경쟁 수준, 계절성, 경기 순환성 같은 기준들을 종합하여 평가하고, '사업의 강점'은 가격과 품질 경쟁력, 시장에 대한 지식, 기술적 능력, 관리능력 등을 반영한다. 외부의 매력성과 내부적 강점이 서로 조화되지 않을 때, 그 업종에서 손을 떼거나 약점 부분을 강화함으로써 부조화 문제를 해결할 수도 있다. 초점은 현재 능력(present capability)과 장래에 수용자들이 선호할 것으로 예상되는 문화콘텐츠 간의 부조화로 모아지는데, 그 갭(gap)을 확인하고, 수용자의 눈높이와 시대의 흐름을 고려하여 전략적 대안 마련이 중요한 과제이다.

11. 외부적 환경 분석

어떤 활동을 할 때 일단 주어진 환경을 분석하는 것은 당연하다. 이렇게 주어진 환경을 분석하는 접근법에는 크게 '외부적 환경 분석'과 '내부적 환경 분석' 기법이 있다.

'외부적 환경분석'은 대체로 다음 질문에 대한 답하는 형식이다.

- 세계가(환경이) 어떻게 변화할 것인가?
- 그것이 인간, 특히 우리에게 어떤 의미를 줄 것인가?
- 우리의 목표에 유리하게 작용할 것인가, 불리하게 작용할 것인가?
- 거기에 적응할 수 있는 대안은 무엇이겠는가? 등

그럼, '외부적 환경 분석'에 대한 다양한 기법들을 살펴보기로 한다.

(1) STEP(PEST) 기법

'STEP 기법'은 사회적(Social), 기술적(Technological), 경제적(Economic), 정치적(Political)이란 영어의 머리글자를 모아 만든 어휘다. 이 기법은 하나하나 목록을 만들어 가는 기법으로, 다음 순서에 따라 접근하는 것이 효과적이다.

- 4가지 구성요소들 각각을 차례대로 꺼낸다. (문화적 요인은 사회적 요인에 포함시킨다.)
- 우리의 조직에 영향을 줄 수 있을 것으로 보이는 흐름이나 경향들을 확인한다.
- 어떤 흐름이나 경향들이 가장 강력한 영향을 줄 것인지 탐색한다.
- 현재의 전략을 그대로 계속 고수해 갈 경우 그 흐름이나 경향들이 어떤 모습으로 영향을 미치게 될 것인지를 숙고해 보는 것이다. 다음 그림은 STEP 분석의 4가지 구성요소들과 주요 영역들을 보인 것이다.

[그림 4-14] STEP 모형

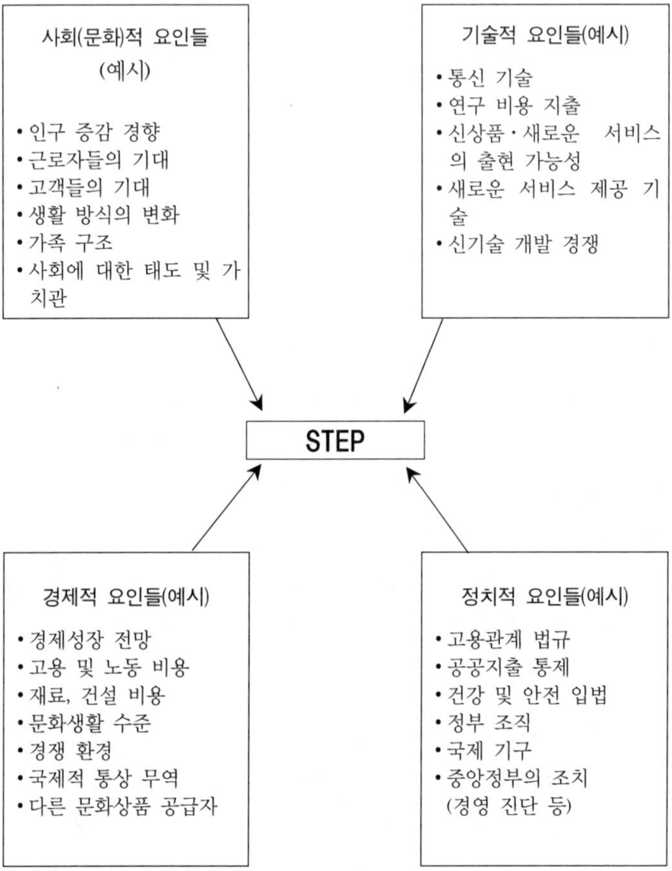

사회(문화)적 요인들(예시)
- 인구 증감 경향
- 근로자들의 기대
- 고객들의 기대
- 생활 방식의 변화
- 가족 구조
- 사회에 대한 태도 및 가치관

기술적 요인들(예시)
- 통신 기술
- 연구 비용 지출
- 신상품 · 새로운 서비스의 출현 가능성
- 새로운 서비스 제공 기술
- 신기술 개발 경쟁

STEP

경제적 요인들(예시)
- 경제성장 전망
- 고용 및 노동 비용
- 재료, 건설 비용
- 문화생활 수준
- 경쟁 환경
- 국제적 통상 무역
- 다른 문화상품 공급자

정치적 요인들(예시)
- 고용관계 법규
- 공공지출 통제
- 건강 및 안전 입법
- 정부 조직
- 국제 기구
- 중앙정부의 조치 (경영 진단 등)

이 그림처럼 STEP 분석의 첫걸음은 주어진 상황과 요인을 면밀히 검토하여 자신의 조직과 상황에 가장 알맞다고 생각되는 리스트를 만들어 내는 일이라 할 수 있다.

일단 중립적인 위치에서 객관적 시각으로 파악해 본 다음, 나름대로 판단해 보는 것이 좋다.

(2) 시계열 분석(Time Series Analysis)

이 기법은 수용자의 성향과 행동에 대한 분석이라고 할 수 있다. 국민들의(또는 시민들의) 수요가 과거에 어떻게 움직여 왔는지 살펴보고, 앞으로 또 어떻게 변화할 것인가를 짐작해 보는 기법이다.

그 방법은 데이터를 점으로 찍어 표시해 보면 직선이나 곡선의 형태로 나타날 것이므로 여기에 대해 나름대로 정치, 사회적인 흐름을 감안하여 유추해 본다. 과거의 자료들에 대한 철저한 통계적 분석을 해 보면, 미래에도 거의 흡사하게 되풀이될 가능성이 큰 유형들을 탐지할 수도 있다. 예를 들면 월별 또는 분기별 계절적 유형, 규칙적인 주기, 대략 2~3년 주기, 사례들 중 어떤 것들은 마치 과거 사례의 갱신판인 것처럼 현재가 과거 특정 시점에서 일어났던 것에 크게 의존하고 있는 경우가 있다.

이 통계는 마케팅에도 충분히 활용할 수 있다. 인간은 자연의 흐름에 따라 그 생활방식이 반복적으로 이루어지기 때문이다.

(3) 시장조사(Marketing Research)

'시장조사기법'은 외부환경과 내부 환경을 분석하는데 널리 통용되는 기법이다. 외부환경을 분석하는데 주의를 기울여야할 부문은, 제공하고자 하는 문화콘텐츠 수요의 전체 동향, 통계 작업을 통해 파악된 문화콘텐츠 수용자들의 움직임, 문화콘텐츠의 흐름으로 보아 어떤 면이 중요도가 커지고 있고 어떤 면이 적어지고 있는지, 개발할 문화콘텐츠를 대신할 수 있는 다른 대체수단에 대한 여론과 그 동향, 경쟁자들의 행동과 그에 대한 다른 상대방들의 태도 등이다.

그리고 내부 환경을 분석할 때에는, 제공하고자 하는 문화콘텐츠 서비스에 관한 여론, 수용자들의 성향, 문화콘텐츠 서비스를 그것의 대체수단과 비교하여 어떻게 보고 있는지, 수용자들이 제공하고자 하는 문화콘텐츠에 대해 어느 정도 인지하고 있는지의 여부 등에 중점을 두어야 한다.

흔히 '시장조사'라고 하면 여론조사와 같이 전문회사에 의뢰하기도 한다. 여기서는 주변에서 쉽게 할 수 있는 방법에 대해 알아보고자 한다.

① 통계간행물

다양한 분야에서 아주 많은 통계들이 정부와 협회, 민간 기업들에 의하여 정기적으로 발간되고 있다. 상업적 혹은 준상업적 조직들 중 어떤 조직들은 미래에 대비하여 주요 변수들을 예측하기도 한다. 문화콘텐츠의 경우, 문화체육관광부에서 매년 전년도의 「문화백서」를 발간하는 등 각 매체마다 그 나름대로 통계자료집을 발간하고 있다. 이같은 통계간행물들을 통하여 시장의 흐름을 파악할 수 있다.

② 도서관이나 인터넷 등 정보서비스를 이용한 자료검색

도서관은 손쉽게 관련 자료를 수집할 수 있는 곳이다. 전국에서 발행되는 신문, 중앙지와 지역지 등과 잡지, 팜플렛이나 서적 등으로부터 자료를 수집하기도 한다.

또 인터넷을 통해서도 관심 분야에 대한 자료를 손쉽게 수집할 수 있는데, 구글과 야후 같이 자료검색 전문 포털사이트도 있다.

③ 전문가 인터뷰

때론 관련분야의 전문가로부터 정보를 입수하는 방법도 좋다. 섭외만 잘하면 저비용으로 고급정보를 획득할 수도 있다.

④ 정규 사회조사를 하는 경우 일부 문항 삽입 활용

시장조사기관인 리서치회사를 통해 자료수집을 하는 경우 고비용이 투입된다. 대체로 질문당 또는 인터뷰 당 조사비용이 책정되어 있어 많은 정보를 수집하기 위해서는 고비용을 감수해야 한다. 그래서 비용을 절약하기 위해 일부 문항을 삽입하여 얻어진 정보를 활용하기도 한다.

(4) 포커스 그룹(Focus Groups)

미래에 대한 계획을 세울 때 외부적 환경을 고려할 필요가 있는데, 이러한 외부적 환경에 대한 분석은 폭이 넓어야 하고(broad), 객관성(objectivity)이 있어야 한다. '포커스 그룹'은 조사 대상이 되는 사람들의 의견, 전문가들의 범위를 확대함으로써 정보를 폭 넓게 확보할 수 있다.

'포커스 그룹'은 효과적인 인적 구성과 이의 효율적인 활용으로 운용된다. 인적 구성은 정책을 둘러싼 다양한 집단 중에 조직이 처한 특수한 환경이나 여건에 비추어 보아 가장 효과적인 '포커스 그룹'을 설정하는 것이고, 효과적인 활용은 집단간 합리적 토론을 유도하는 것을 의미한다. 집단간 합리적 토론을 유도하기 위해 짜여진 의사일정과 의제를 갖는 형식을 취하되 질문에 응답할 충분한 시간을 주는 형태가 바람직하다.

포커스(Focus)라는 단어 자체가 그 구성원들이 어떤 공통적인 이해나 관심사를 가지고 있어야 함을 암시해 준다. 이 관심사 또는 이해(interests)는 특정한 전문가적 지식, 특정한 공통 경험, 특정한 주제에 있어서의 공통적인 이해나 관심사, 조직 내에서의 공통적인 이해나 관심사 등으로 나누어 볼 수 있다.

① 특수한 전문가 집단

이 집단의 한 예로 문화콘텐츠 전문가들을 들 수도 있다. 매우 광범위하지만 어느 한 분야를 지정하여 학술적 연구자나 실무자로서 전문가들을 통해 문화콘텐츠 경향에 대해 자문을 얻기 위해서는 이들을 초빙하여 의견을 경청하는 것도 바람직하다.

② 공통적인 경험을 가진 사람들

예를 들면, 특정한 유형의 압력단체가 벌이는 반대운동에 부딪혀 본 사람들, 또는 어떻게 하면 민간으로부터의 기부금품 모집을 늘릴 수 있을까 하고 고민해 본 적이 있는 사람들을 들 수 있을 것이다.

③ 특정한 주제에 있어서의 공통적 이해・관심사

예를 들어, 환경을 테마로 한 문화콘텐츠라면 환경운동단체의 대표자들, 혹은 어린이 보호를 위해 헌신하고 있는 자원봉사조직들이 그 좋은 예에 해당될 수 있을 것이다.

④ 조직 내에서의 공통적인 이해・관심사

문화콘텐츠 생산과 관련된 전체 근로자, 고객 혹은 조직의 주요 이해관계자들의 대표자들을 들 수 있다. 앞서 언급한 '이해 관계자'를 참조하여 이를 적절하게 활용한다.

(5) 시나리오(Scenarios) 기법[63)]

시나리오 기법은 '만약에 이렇게 된다면 어떻게 하겠느냐'하고 생각하도록 훈련하는 기법이다. '만약에 지구상에서 석유가 없어진다면, 석유회사는 어떻게 살아가야 하는가?' 또는 '유가가 갑자기 10배로 오른다면 어떤 상황이 전개될 것인가?' 하는 물음에 답을 찾는 과정에서 시나리오 경영기법이 발전했다.

Leemhuis는 시나리오를 다음과 같이 정의하고 있다.[64)]

> "오늘의 세계를 출발점으로 하여 내일의 사업환경에 관해 시종일관 풀어가는 이야기……이상적으로 말하면 시나리오는 정치적, 경제적, 사회적, 기술적 발전이 내부적으로(internally) 일관성 있게, 질서 있게 전개되어 가는 미래의 모습을 묘사한 것이어야 한다."

한정화 교수는 "환경 변화가 빠른 불확실성의 시대에 어떻게 살아남느냐 하는 것은 오늘날 기업의 가장 큰 고민거리다. 이러한 고민을 해결하기 위해 해외 선진 기업은 물론 국내 대기업이 미래를 예측해 기업의 전략과 방

---

63) http://blog.naver.com/yerrpark/150015553841 참조.

64) Leemhuis, *Using scenrios to develop strategies at Shell*, 1990.

향을 설정하고 리스크를 관리하는 총체적인 시나리오를 작성하는 시나리오 경영을 실행하고 있다."고 하고 있다.

시나리오 기법은 대체로 세 가지 방법으로 사용될 수 있다.

- 외부적 환경이 이러저러하게 발전될 경우, 그 결과 우리의 조직이 직면하게 될 문제 또는 이슈(issues)들이 무엇일지 명확히 하고자 할 경우
- 여러 대안들(options)을 평가해 보기 위한 보조도구로서 사용될 수 있는데, 이 경우에는 우리의 조직이 미래에 처할 수 있는 상황을 다양하게 그린 다음, 그 그림들에 대비시켜서 여러 전략들을 평가해 볼 수 있게 된다.
- 우리가 미래에 시행할 대안을 구축하여 평가를 시행해 보기 위한 경우

시나리오를 만들어 본다는 것은 미래의 모습을 몇 개 다양하게, 그러나 내부적으로 일관된 흐름을 유지하면서 그려보는 것이다. 오늘날 가장 큰 난제는 불확실성이 높은 상태에서 문화콘텐츠의 운명을 좌우하는 전략적 의사결정을 해야 하는 것이다. 또한 돌발적인 환경 변화로 인해 예기치 못한 위기상황이 초래될 경우에 대한 대응시스템을 구축해야 한다. 그래서 의사결정의 위험이 높은 상황에서 효과적 위험관리를 하기 위한 수단으로 시나리오 기법이 활용되고 있다.

① 생각할 수 없는 것을 생각하라.

시나리오를 작성하는 팀은 데이터베이스에 기반한 철저한 분석과 함께 과감한 상상력을 활용해야 한다. 시나리오는 고정관념이나 선입견의 벽을 깰 수 있도록 하기 위한 것이다. 또한 미래의 한 시점에 대한 구체적인 정황을 설정해 놓고 현재를 바라보기 위한 것이다. 그래서 시나리오를 '미래에서 현재를 생각하는 사고'라고도 한다. 미래에 관한 정신적 지도(Mental map)를 제공하여 환경을 탐색하고 해석하는 준거의 틀을 제공한다.

② 사실과 인지의 세계를 다루어라.

시나리오는 미래의 상황 예측이 어려워 보이지만 실제적으로는 소수 핵

심동인(Key driver)의 상호작용 결과로 나타나는 것을 가정한다. 따라서 핵심동인의 추세영향분석과 상호영향분석을 바탕으로 미래의 상황을 상정한다. 이를 위해 데이터베이스를 구축해 분석하고, 이를 바탕으로 논리적 일관성을 갖고 미래 상황을 엮어내야 한다.

시나리오는 2개의 세계를 다룬다. 사실의 세계와 인지의 세계다. 시나리오는 사실을 탐색하고 의사결정자의 머릿속에 있는 인지체계를 목표로 한다. 시나리오가 제대로 기능을 발휘하면 찬사와 함께 전략적 통찰력을 이끌어내는 창조적인 경험을 제공한다. 제대로 된 시나리오는 의사결정자의 정신적 틀의 변화를 가져옴으로써 환경변화에 대한 반응성을 높여줄 수 있다.

가장 일반적인 방법은 미래에 대한 3~4개의 상황을 가정하고, 각 상황별로 대응전략을 세우는 것이다. 3가지 정도로 할 때는 현상연장 시나리오, 낙관적 시나리오, 비관적 시나리오를 상정한다. 현상연장 시나리오는 현재의 추세가 지속된다는 가정에서 만들어지고, 낙관적 시나리오는 핵심변수가 유리하게 전개될 것을 가정한 경우다. 비관적 시나리오는 반대의 상황을 가정하는 것이다. 최근에는 현상연장 시나리오는 제외하고 낙관적, 비관적 2가지만 대비시키는 경향이 있다.

기본 축을 중심으로 2×2 매트릭스를 만들면 4개의 시나리오가 만들어진다. 핵심동인이나 결정적 불확실성을 양분화해 4가지의 대안적 상황을 가정하는 것이다. 이 방법은 미래 상황을 4가지 범주로 나누어 생각할 수 있도록 해줌으로써 변화에 대한 차별적 전략대안을 준비할 수 있도록 해준다. 핵심변수가 더 늘어나면 경우의 수가 기하급수적으로 많아진다. 3가지 변수를 사용하면 9가지 경우, 4가지 변수를 사용하면 16가지 경우가 만들어진다. 그러나 5개 이상이 되면 대안 사이에 차별성이 모호하게 되어 오히려 인지적 혼란을 초래한다. 또한 변수가 동시 발생하기 어려운 경우도 나타날 수 있어 일관성 테스트를 통해 3~4개 이하로 줄이는 과정을 거친다.

③ 시나리오 결과보다 작성 과정이 중요

시나리오는 필요에 따라 장기적이고 전체적인 그림을 그려보는 포괄적 시나리오나 특정지역이나 산업을 중심으로 한 집중적 시나리오를 작성한다. 또 특정 프로젝트를 중심으로 시나리오를 만들어보는 경우를 프로젝트 시나리오라고 한다. 어떠한 사건이 발생할 경우 핵심 이해관계자에게 어떠한 영향을 미치게 되겠는가, 누가 승자가 되고 패자가 되겠는가에 관한 시나리오(Winner-loser), 도전－반응 시나리오를 작성하기도 한다.

시나리오의 작성은 먼저 의사결정의 내용 또는 시나리오 작성의 목적을 명확히 정의하고 의사결정에 필요한 핵심요소를 파악하는 단계에서 시작된다. 그 다음 의사결정 요소에 영향을 미치는 환경요인을 분석하고 이 가운데 핵심동인을 추출해낸다. 핵심동인이 각각 다르게 변화할 수 있는 경우를 가정하고 이를 조합해 대안적 시나리오를 작성하고, 시나리오별로 대응전략을 개발한다. 최종적으로 대응전략에 따른 성과를 평가한 후 최선의 대응전략을 수립한다. 이것이 일반적인 과정이지만 상황이나 목적에 따라 다른 프로세스나 방법의 적용도 가능하다.

④ 리스크를 깊게 생각하지 마라

당면 이슈나 사업에 국한해 시나리오를 작성하는 접근방법을 '인사이드 아웃'이라고 하고, 보다 일반적이고 전체적인 그림을 그려본 뒤 현실적 상황을 비춰보는 것을 '아웃사이드 인'이라고 한다. 전자는 단기간에 작성이 가능하고 비용이 적게 들지만 넓게 볼 수 있는 기회가 제한된다. 후자는 장기적인 관점에서 크게 볼 수 있지만 시간과 비용이 많이 소요된다. 장기발전 전략을 수립하기 위한 경우 아웃사이드 인이 적절하고 특정 사업의 성패 가능성을 점검해보기 위한 경우 인사이드 아웃 방법이 적절하다. 경우에 따라 2가지 방법을 동시에 적용할 수도 있다.

시나리오는 논리적인 인과관계를 중심으로 서술적으로 작성하는 정성적 접근과 모델을 만들어 계량화하는 정량적 접근을 할 수 있다. 전자의 경우는 브레인스토밍이나 인과지도(Causal loop), 로직 트리(Logic tree) 방법을 주로 활용하고, 후자는 시뮬레이션 기법을 많이 활용한다. 각각의 장단점이 있기에 필요에 따라 선택적으로 활용하게 되는데, 2가지 방법을 병행하는 경우도 많다.

시나리오가 만들어지면 검증과정을 거쳐야 하는데 일단 논리적이어야 한다. 내적 일관성을 유지해야 하며 새롭고 독창적인 관점을 제공해야 한다. 또한 중요한 변수를 빠뜨리지는 않았는지, 발상의 전환을 가져올 수 있는지 등에 관한 점검이 필요하다. 좋은 시나리오는 논리적 설득력이 있으면서 신선한 도전의식을 심어줄 수 있어야만 조직 구성원의 지각에 영향을 미치고 정신적 모델을 풍부하게 만들며 관련 현안을 논의하고 실행하는 데 많은 도움이 된다.

높은 불확실성은 대응능력이 결여된 기업에게는 위협이 되지만 그 반대의 경우에는 기회가 된다. 시나리오를 활용하면 불확실성과 위험에 대한 대응능력을 높일 수 있다. 또 환경의 돌발적인 변화로 인해 야기된 위기 상황에 대한 효과적 대처가 가능하다.

반면 시나리오 계획법이 갖는 단점도 있다. 우선 작성하는 데 상당한 시간과 비용이 필요하기 때문에 결과물이 비용 대비 정말 가치 있는 것인가에 대한 내부적 비판이 나올 수 있다. 또한 불확실성과 위험에 대해 깊이 생각하다 보면 지나치게 비관적인 전망에 빠지는 경향도 있다. 자신의 추론에 의존하다 보면 주관적 사고에 빠져 유연성을 저해할 수도 있다.

현재 정치, 경제, 기술 환경은 그 어느 때보다 불확실성과 위험성이 도사리고 있다. 국내 현실도 불확실성으로 인해 의사결정의 어려움이 가중되고 있다. 시나리오가 이 모든 문제를 해결해 줄 수는 없지만 불확실과 위험성의 범위, 경우의 수를 제공해줌으로써 기업이나 문화콘텐츠 개발의 대응 역량을 강화시켜줄 수 있다. 경영자의 불안감과 의사결정의 위험을 줄일 뿐만 아니라 전략적 사고의 유연성을 높이기 위해 시나리오 경영에 대한 체계적인 학습이 필요한 때다.

12. 내부적 환경 분석[65)]

(1) 벤치마킹(Benchmarking)

벤치마킹은 조직의 행위나 성과를 다른 조직의 행위나 성과와 비교하기 위한 체계적인 노력이라고 할 수 있다. 특히, 어디서, 어떤 지점에서 우리의 행위나 성과를 개선할 수 있으며 개선해야 하는지를 명확히 하기 위하여 최상의 행위나 성과를 지닌 조직과 비교하는데 중점을 둔다.

벤치마킹의 유형들은 아래 그림과 같이 두 가지 차원에서 생각해 볼 수 있다. 수평축(X축)은 벤치마킹 상대방이 누가 되어야 하느냐에 관계되어 있고, 수직축(Y축)은 비교·평가되어야 하는 대상물, 즉 행위나 성과의 측면과 관계되어 있다.

[그림 4-15] 벤치마킹 격자

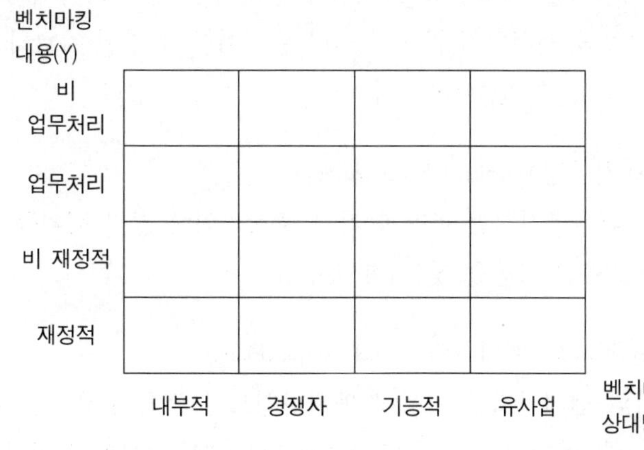

65) 중앙공무원교육원 발간 '행정기획실무'(2001)에 바탕을 두고 재구성하였다.

벤치마킹의 상대방에 따라 벤치마킹을 유형화하면 다음과 같다.

① 내부적 벤치마킹(Internal Benchmarking)

여러 가지 점에서 내부적 벤치마킹은 가장 솔직하고 정직한 방법이다. 만일 어떤 조직 내에서 똑같은 유형의 행위나 일들이 서로 다른 여러 사람 또는 집단들에 의하여 행해지고 있다면, 집단 또는 개인들의 행위나 일, 성과는 서로 비교해 볼 수 있게 된다.

이것은 관련된 집단이나 개인들에게는 위협적인 것으로 보일 수도 있겠지만, 그 목적은 다른 집단 또는 개인들의 경험으로부터 배운다는 의미에서 건설적인 목적이 되어야 한다. 즉 비밀주의 등에 빠질 수 있는 치열한 경쟁보다는 건전한 경쟁정신과 건설적인 토론을 가져오기 위한 프로젝트 관리방식이 중요하다.

② 경쟁자들과의 벤치마킹(Competitors Benchmarking)

경쟁자들과의 벤치마킹은 만일 어떤 조직이 경쟁적 우위를 확고히 다지기 위하여 노력하고 있는 상황일 경우에 많은 잠재적인 장점이 있게 마련이다.

이 경우에 나타나는 애로사항은 경쟁자가 자기를 따라 잡을까봐 벤치마킹에 필요한 자료를 제시하지 않으려 한다는 점이다. 발간된 자료나 간접적, 추측에 의하여 얻을 수 있는 자료에 한정되는 경향이 있다.

③ 기능적 벤치마킹(Functional Benchmarking)

다른 사업영역에 종사하는 조직과 자기 조직과의 동질적 행위를 찾아 그것을 비교함으로써 시사점을 찾는 방법이다.

④ 유사한 조직과의 벤치마킹(Parallel Benchmarking)

유사한 조직의 벤치마킹은 기능적 벤치마킹보다 정확성 측면은 좀 떨어지는 경향이 있다. 여기서 비슷한 조직(Parallel Organization)이란 우리의 조직과는 얼마간 공통적인 일반적 특성을 갖는 조직을 말한다.

(2) BCG 매트릭스[66)]

'BCG 매트릭스'는 보스턴컨설팅그룹(Boston Consulting Group)에 의해 1970년 대초 개발된 것으로, 기업의 경영전략 수립에 있어 하나의 기본적인 분석 도구로 활용되는 사업 포트폴리오(Business Portfolio) 분석기법이다. BCG매트릭스는 자금의 투입, 산출 측면에서 사업(전략사업 단위)이 현재 처해 있는 상황을 파악하여 상황에 알맞는 처방을 내리기 위한 분석도구이다.

사업단위를 평가하는 기준으로 시장성장률과 상대적 시장점유율의 변수를 사용한다.

[그림 4-16] BCG 매트릭스

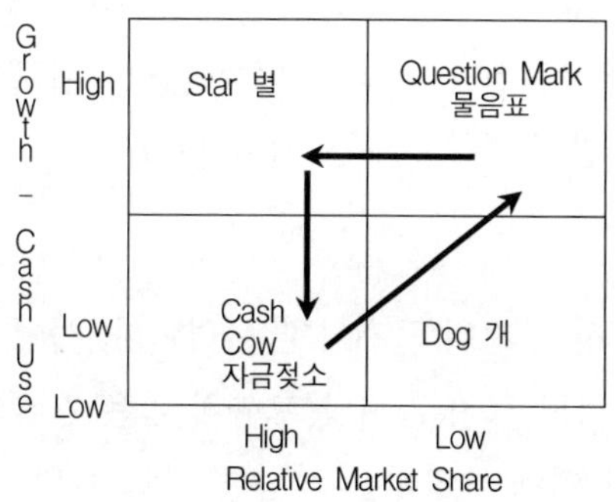

① 물음표(question mark)

시장성장률(market growth, cash use)은 높으나 상대적 시장점유율(relative market share)이 낮은 사업으로서 문제아라고도 한다. 즉 시장의 전망은 좋으나 상대적으로 시장지위가 취약하기 때문에 규모가 크고 원가 측면에서 우위에 있는 경쟁자에 대항하여 성공적으로 사업을 영위할 수 있을지가 의문시되는 사업이라는 점에서 물음표 혹은 문제아로 명명된다.

66) http://blog.daum.net/thdwo1/4339006

② 별(star)

시장성장률도 높으면서 시장에서 강력한 지위를 구축하고 있는 사업분야이다. 이 사업은 많은 수익이 발생하지만 높은 시장성장률의 이점을 충분히 활용하고 시장 지위를 유지하기 위해 많은 자금투자가 소요되기 때문에 현금흐름 측면에서는 대체로 균형을 유지하거나 추가적인 자금투입이 요구된다. 그리고 점차 시장성장률이 낮아지면 자금젖소가 된다.

③ 자금젖소(cash cow)

성장률이 낮은 시장에서 선도적인 지위를 구축하고 있는 사업을 말한다. 시장 내에서 선도 기업으로서 많은 이익을 창출할 수 있는 반면 시장성장률이 낮기 때문에 새로운 투자의 필요성이 크지 않다. 그러므로 이 사업에서는 많은 잉여자금이 창출된다. 이러한 잉여자금은 새로이 별로 부각되는 사업이나 물음표형 사업의 주요 투자재원이 된다.

④ 개(dog)

저성장 분야에서 시장 지위도 취약한 사업이다. 이에 해당하는 사업은 사업활동에서 얻은 이익도 크지 않지만 그다지 많은 자금의 소요를 필요로 하지는 않는다. 따라서 이에 해당하는 사업중 비교적 괜찮은 사업의 경우에는 전체 기업성과에 어느 정도 기여할 수 있다.

[표 4-19] **BCG 모델별 처방**

사업단위	특 징	유형별 전략
Question Mark	고성장 시장에서 낮은 시장점유율을 얻고 있는 사업단위 : 현금소비	투자/수확/철수
Star	고성장 시장에서 높은 시장점유율을 얻고 있는 사업단위 : 현금소비	구축
Cash Cow	저성장 시장에서 높은 시장점유율을 얻고 있는 사업단위 : 현금 창출	유지/수확
Dog	저성장 시장에서 낮은 시장점유율을 얻고 있는 사업단위 : 현금을 거의 창출하지 못함.	수확/철수

http://cafe.daum.net/31friends/2eIZ/28

(3) 상품 수명주기 분석법(Product Life Cycle)

어떤 상품이든 생물의 성장과정처럼 수명주기(life cycle)를 갖는다. 상품도 시장에 처음으로 진입하여 판매량이 급성장하다가 성숙기를 거쳐 사라지게 된다. 대체로 도입기에서 성장기, 성숙기를 거쳐 쇠퇴기에 이르게 된다.

[그림 4-17] **상품 수명주기의 행태**

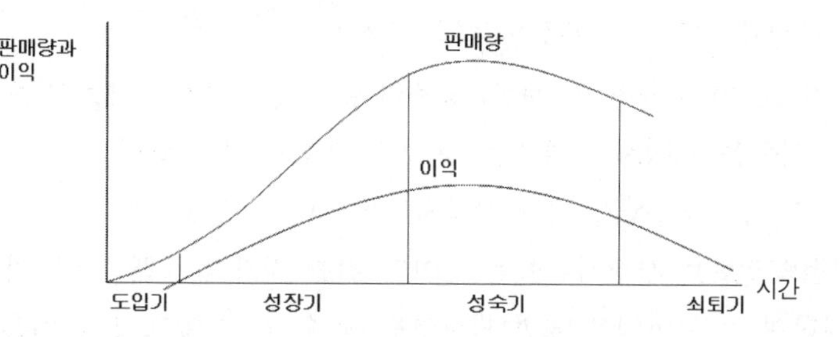

전형적인 상품 수명주기는 S자의 형태를 가진다. 상품은 판매량에 따라 도입기 → 성장기 → 성숙기 → 쇠퇴기의 4단계를 거치며 상품단위당 평균 이익은 상품 수명주기 단계가 진행됨에 따라 증가하다가 점차 감소한다. 각 국면의 시간 길이는 상품과 시장의 성격에 따라 다르다. 또 적절한 마케팅 활동을 통해서 길어질 수도 있다.

상품 수명주기 분석은 대체로 다음과 같은 경우에 유용하다.

- 상품이나 서비스를 다양하게 제공하는 경우
- 그 상품이나 서비스에 관한 의사결정 권한을 포괄적으로 갖고 있는 경우

상품수명주기 단계별 특성을 보면 대체로 다음과 같다.

<도입기>

- 완만한 매출증가 → 낮은 신상품에 대한 인지도, 기존상품의 소비습관 때문, 높은 유통개척비용과 광고 및 판촉비용의 지출로 인한 손실이 발생하거나 이익이 매우 낮음
- 표적시장 : 의견 선도층과 혁신소비자 층

• 마케팅믹스 전략 : 기본형의 상품, 일반적으로 고가격전략과 원가가산법의 사용, 상대적으로 높은 광고비와 판매 촉진비 투입

<성장기>

• 신상품이 목표시장 내 고객들을 만족시키면서, 판매가 급속하게 증가하는 성장형 단계
• 혁신 소비자층과 조기 수용자층(early adopters) 등의 호의적 구전(word of mouth)이 시장확대에 매우 중요한 역할 수행

성장기에서의 상품전략으로는, 상품의 질을 향상시키고 새로운 속성을 부가하며, 새로운 표적시장 개발을 통한 고객층의 범위 확대, 그리고 고객의 선택적 수요를 자극하기 위한 상품차별화 전략이 필요하다.

가격전략으로는 시장점유율을 높이기 위한 저가격 정책 도입, 기존 가격을 유지하여 높은 이익을 실현하는 것을 들 수 있다. 광고 및 판매촉진 전략에는 정보제공형 광고에서 상품선호형 광고로 전환, 판매촉진비는 도입기와 동일하거나 약간 높은 수준으로 설정하는 것이 있고, 유통경로 전략은 급속한 시장의 성장에 맞추어 가능한 한 유통 지점을 확대하는 것이 있다.

<성숙기>

• 상품의 매출성장률이 지속적으로 둔화되기 시작하는 단계 → 판매량의 절대적 크기는 증가하지만 증가율은 감소, 가장 높은 매출 실현, 취약한 경쟁상품들의 도태로 인해 시장의 경쟁구조가 재조정된다.
• 성숙기 상품에 대한 방어전략으로는 시장개발과 상품개선, 마케팅믹스의 수정으로 다양한 서비스를 제공한다.

<쇠퇴기>

• 상품의 절대적 판매량이 감소하는 단계→ 속도는 상품에 따라 느릴 수도 급격할 수도 있음
• 쇠퇴기의 원인→ 시장수요의 포화, 신기술의 출현, 사회적 가치의 변화, 고객욕구의 변화 등 많은 기업들이 시장에서 철수하며 시장에 남아있는 기업들은 경쟁력이 취약한 상품을 제거하는 등 상품의 수를 축소

• 쇠퇴기에서 상품 보유시 기업에게 미치는 부정적인 영향
 – 기업 평판에 부정적인 영향
 – 투입되는 판매원과 광고비 등은 비용낭비
 쇠퇴기 상품에 대해서는 유지, 수확, 철수 전략 중 하나를 선택한다.

(4) 가치사슬(Value Chain) 분석

'가치 사슬'이라는 개념은 Porter가 '경쟁적 우위(competitive advantage)[67]'라는 저서에서 소개한 것이다.

'사슬'은 그 의미 그대로 모든 활동들은 서로 연계되어 있다는 의미다.

어떤 기업의 활동들은 크게 기본활동과 지원활동으로 나눌 수 있다. 기본활동은 상품을 생산하고 그것들을 고객(수용자)에게 제공하는 것과 직접 관련된 활동들이고, 지원활동은 생산과정을 지원하는 활동이다. 이렇게 기업이나 팀의 활동에 도움을 준다는 관점에서 출발한다.

가치 사슬 모형(value chain model)은 기업에서 경쟁전략을 세우기 위해, 자신의 경쟁적 지위를 파악하고 이를 향상시킬 수 있는 지점을 찾기 위해 사용할 수 있는 모형이다. 각 단계에서 가치를 높이는 활동을 어떻게 수행할 것인지 비즈니스 과정이 어떻게 개선될 수 있는지를 조사하여야 한다.

직무상의 책임보다는 '성공적으로 가치를 부가해 주는 활동들'에 관심을 집중시킨다. 따라서 하나의 활동이 최종 수용자에게 어떻게 가치를 부가시켜 주는가를 고려해야 한다. 물론 각각의 활동에 비용(cost)과 가치(value)를 연계시키는 것이 가능하다면 가장 이상적일 것이다. 하지만 실제로는 매우 어려운 만큼 활동의 강점부분과 약점부분을 확인하고 해결해야 할 현안들을 제기하는데 도움을 주고 있다.

주로 적용되는 측면들을 살펴보면 다음과 같다.

• 들어오는 물자의 관리 활동

67) Porter, *Competitive Advantage : Creating and Sustaining Superior performance*, 1985.

- 시설 가동 활동
- 나가는 상품 관리 활동
- 마케팅과 판매에 관련된 제반 활동
- 서비스 활동

위의 활동들은 여러 개의 세부 활동으로 나누어질 수 있다.

문화콘텐츠 개발 작업에서도 가치사슬 사고가 적용될 수 있다. 특히 수익이나 부가가치 창출을 매기는 것도 가능할 수 있겠지만, 질적(質的)인 방식으로 표현하는 것이 좋다고 본다. 권은경은 '기존영화산업과 디지털 시네마의 가치사슬 비교'[68]를 통해 디지털 제작과 배급, 상영, 소비자 간의 기대효과를 살펴보기도 했다. 가치 대비 비용을 질적으로 평가하는 것은 주관성이 깊게 개입되지마는 많은 견해들을 수합하여 적용하기에 충분하다고 본다.

(5) 7-S 틀(7-S Framework) 분석기법

'7-S 틀'은 McKinsey가 창안한 일종의 체크리스트이다. 어떤 전략을 성공적으로 구사하고자 할 때에는 다음의 7가지 요소들이 조화를 이루어야 한다는 것이다.

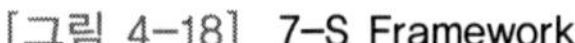

[그림 4-18] 7-S Framework

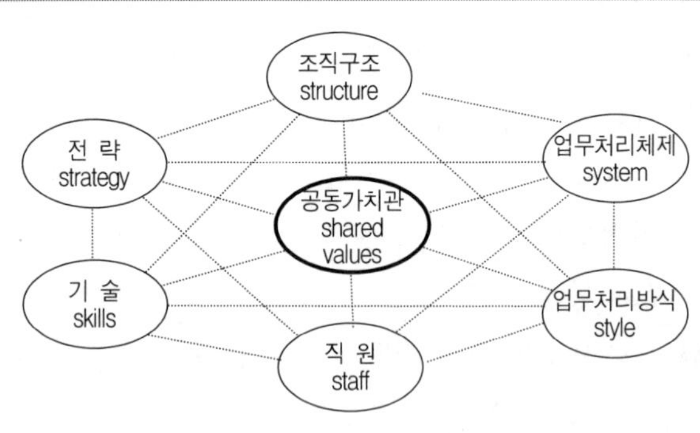

68) 권은경, '가치사슬에 따른 디지털 영화산업의 분석', 정보통신정책 제17권21호, 정보통신정책연구원.

① 공동 가치관(shared values)

한 조직이 표방하고 있는 가치관을 의미한다. 내적, 외적으로 표방하는 가치에 상호 부합되어야 한다. '무엇을' 표방하고 있는지 파악하고, 혹시 부정적 요소들은 내포되어 있는지 알아본다. 어떤 일이든지 건전한 가치관 아래 함께 하는 정신이 매우 중요하다.

② 기술(skills)

여기서의 '기술'은 사람과 관련된(human) 모든 측면을 의미한다. 전문성과 경험, 관리기술, 역량(力量, capability) 등 모두를 포함한다. 따라서 조직으로서의 존재할 수 있는 그 모든 것을 뜻하기에 중심에 위치해 있다.

③ 조직 구조(structure)

조직 구조는 판매될 상품이나 서비스에 따라 각기 다르다. 따라서 가장 효율적인 조직이어야 제 기능을 최대한 발휘될 수 있다. 조직을 점검하다 보면 불편하거나 중첩된, 또는 부족한 면이 나타날 것이다. 조직의 권력 실세부터 아래 권력을 위임받거나 업무에 책임을 지는 위치, 또는 고객과 공급자들 간의 원활한 거래와 소통을 위한 구조가 효율적인지 확인해 보는 것이 중요하다.

④ 업무처리 체제(system)

조직의 업무처리 과정(work processes)이 잘 조직되어 있는지, 업무가 자연스럽게 잘 흘러가는지, 수입과 지출, 인적 · 물적 자원의 이동이 효율적인지 확인해 보아야 한다. 상품 생산과 고객에 대한 서비스가 원활하게 잘 이루어지는지 살펴보는 것이 좋다.

⑤ 직원들(staff)

조직 구성원들은 위 아래 소통이 잘 되는지, 인구 통계학적으로 볼 때 구성원 하나하나가 적절하게 잘 어울리는지 등에 관심을 기울여 보아야 한다.

특히 그들의 경험, 훈련과 교육, 인간성 유형, 각자의 가치관 등을 면밀하게 분석해 보아야 한다.

⑥ 업무처리 방식(style)

관리층의 행태를 잘 살펴보아야 한다. 평가시스템이나 보상 시스템 등에서 보여 주는 업무 행태가 어떠한지 면밀하게 보아야 한다. 특히 어떤 스타일들이 조직 내에서 승진을 하는지 구성원들의 인식이나 태도를 살펴볼 필요가 있다.

⑦ 전략(strategy)

그 조직의 현재 목표는 무엇인가? 어떤 방향으로 움직여 가고 있는가? 또 어떤 영역에 관심을 갖고 확장시켜 나가며, 축소시켜 나가는가? 어떤 기술과 행동, 행태를 권장하고 있는지 확인해 본다.

문화콘텐츠 개발과 관련지어 보면, 현재 개발 팀이나 조직의 상황을 분석, 진단하는 경우에는 매우 적절하다. 서로 모순되거나 조화되지 않는 부문, 그럴 가능성이 내재해 있는 곳을 체크해 보는 것이 좋다. 특히 구성원들은 인사(승진이나 보상 등)에 민감하므로 팀이나 조직에서 모순이나 불합리한 면은 없는지 확인해 보는 것이 좋다.

또 현재의 조직구조와 조직이 나아갈 변화 방향 사이에 모순되거나 상충되는 부분은 없는지 점검해 본다. 아울러 구성원들의 기술과 경험이 조직의 발전과 어떻게 융화되어 가는지 살펴보는 것도 좋다. 취약점들이나 부족한 부분, 개선되어야 할 점이 나타나면 알려 주는 것이 그 조직의 발전에 많은 도움이 된다.

또 7-S 틀은 새로운 사업 시행과정에서 평가도구로 활용되기도 한다. 조직이 새로운 사업이나 새로운 전략을 추진하고자 할 때 이 틀을 적용하여 점검해 보는 것도 좋다. 여러 측면에 걸쳐 확인해 보고 난 뒤 세부 시행계획(action plan)을 짜는 것도 바람직하다.

13. 마케팅 기법

'마케팅(marketing)'은 한 마디로, 고객의 수요를 파악하여, 고객이 원하는 상품을, 고객이 잘 지각하도록 시장[69]에 선보여서, 고객이 구매하도록 만드는 제반 활동이다. 소비자의 수요를 파악하지 않고서는 어떠한 상품 생산도 마케팅 활동도 시행할 수 없다.

따라서 구체적인 목표를 달성하기 위해서는 전략적 사고로 게임 플랜(game plan)을 수립해야 한다. 즉 성공적인 마케팅을 위해 목표고객과 차별화 등 많은 요인들을 고려해서 계획을 세워야 한다. 마케팅은 오늘날 모든 기업의 중심에 위치해 있는 매우 중요한 활동이다.

문화콘텐츠는 상품이다. 고객 없는 문화콘텐츠는 유명무실하다. 오늘날 치열한 문화콘텐츠 경쟁에서 마케팅 활동은 필수적이다. 따라서 마케팅 활동에 심혈을 기울이게 된다.

문화콘텐츠 기획 단계에서부터 항상 마케팅을 염두에 두고 출발한다. 수용자와 문화시장을 염두에 두고서 투자자를 비롯하여 감독, 작가, 국내외 마케팅 담당자 등 관련자들이 참여하여 개발할 문화콘텐츠와 수용자와의 '공유개념도'를 연결시켜 가면서 심사숙고하게 된다. 성공의 밑그림이 그려진다고 판단될 때, 참여자들의 의사결정 후 본격적인 마케팅 활동 계획을 수립하게 된다.

시대의 흐름을 통찰하고, 수용자들의 삶의 패턴을 파악해 가면서 1차, 2차 등 여러 차례에 걸쳐 시장조사와 분석을 하게 된다. 앞서 살펴본 시장기회

---

69) '시장'은 특정제품의 현재 또는 잠재적 구매자라고 할 수 있다. Kotler는 제품에 관심 있는 사람으로 구성되는 시장을 잠재시장, 충분한 구매력이 있는 사람만으로 이루어진 시장을 개척가능시장, 고객으로서 자격을 갖춘 사람들로 구성된 시장을 유효개척가능시장, 전략 주체가 목표고객으로 추구하려는 사람으로 형성된 시장을 충족대상시장으로 분류했다.

분석인 SWOT 분석은 필수이다.

전달할 테마와 수용자와의 공유관계, 국내용과 국제용, 제작일정 등 기획서를 앞에 두고 콘텐츠 마케팅과 관련지어 내외상황 환경 분석에 들어가게 된다. 환경 분석은 내부 환경과 외부 환경으로 나눈다. 전략주체가 지닌 조직 환경의 '강약점 분석'으로 내부 환경을 분석하며, 외부 환경은 '기회와 위협 분석'으로 분석하게 된다. 이는 시장정보를 수집하고 트렌드를 파악하며 강점과 약점을 분석하여 마케팅 전략을 세우는 가장 기본적인 마케팅 기법이다.

마케팅전략 기획서는 일반적으로 다음과 같이 구성된다.

[표 4-11] **마케팅 전략 기획서 내용구성**

1	마케팅 환경분석	외적환경, 내적환경, 요약분석
2	마케팅 상황분석	시장분석, 소비자(고객)분석, 유통분석, 가격분석, 촉진분석, 디자인 분석, 요약분석
3	문제점 및 기회발견	SWOT분석, 요약분석(기회발견)
4	마케팅 전략	마케팅목표(고객점유율), 고객세분화, 세분고객분석, 세분고객별 공략, 제품전략, 가격전략, 촉진전략, 유통전략, 제품포지션 전략, 제품컨셉 전략, 요약전략
5	커뮤니케이션 전략	광고전략, 판촉전략, 홍보전략, 인적판매, 요약전략
6	연간매출계획	
7	마케팅 예산계획	
8	연간손익계획	

* 상기 순서는 기업의과 상품의 특성, 상황에 따라 변경될 수 있다.

소비자를 유혹하는 설득 커뮤니케이션에서는 AIDMA를 든다. 소비자의 심리를 고려한 것인데 다음과 같은 단계를 거친다.

Attention → Interest → Desire → Memory → Action
(주의) (관심) (욕망) (기억) (행동)

위의 각 단계가 잘 연결되도록 수용자(소비자)에게 정보를 제공하고 구매 의욕을 환기시키는 작업이 필요하다. 아울러 어떤 방법으로 무엇을 사용하여 마케팅을 성공적으로 수행할 것인가를 항상 생각해야 한다.

여기서는 먼저 동양의 생활 정서에 바탕을 둔 '경사자집(經史子集)' 마케팅 전략에 대해 살펴보고, 앞서 소개한 SWOT 기법 이외 여러 마케팅 전략들을 소개하기로 한다.

(1) 경사자집(經史子集) 전략

인간은 봄, 여름, 가을, 겨울 사계절의 순환에 따라 자연에 순응해 가며 삶을 영위해 왔다. 계절의 변화에 따라 사고의 패턴과 생활 방식을 달리 하며 자연의 흐름에 맞게 살아왔다.

'경사자집(經史子集)'은 옛날부터 내려오는 동양의 도서분류법이다. '경(經)'은 논어, 맹자, 역경 등 경전을 일컫고, '사(史)'는 역사서를 말한다. '자(子)'는 철학서적을 말하며, '집(集)'은 문집을 줄여서 한 말이다.

우리 선조들은 '경사자집'을 계절의 특성에 맞추어 독서하는 경향이 짙었다. 오늘날 현대인들도 이 원리에서 크게 벗어나지 않는다. 이를 문화콘텐츠와 연결지어 보면 다음과 같다. 한 마디로 문화콘텐츠의 내용에 따라 계절을 고려해서 시장에 출시해야 한다.

[표 4-12] **경사자집과 문화콘텐츠**

계절	콘텐츠의 내용과 종류
봄	문집(文集), 탄생 · 젊음 · 희망 · 긴장 해소 · 휴식 · 평화 · 개혁 · 개척 · 위인(영웅)콘텐츠
여름	역사서, 성장 · 전쟁 · 공포(귀신) · 정열 · 야만 · 스포츠 · 멜로(애정)콘텐츠
가을	철학서, 결실 · 풍요 · 추억 · 슬픔 · 우울 · 건강 · 광명 · 향수(그리움)콘텐츠
겨울	경전, 죽음 · 위엄 · 죄악 · 정보(지식)콘텐츠

'봄'은 따스한 바람과 함께 새싹이 돋고 꽃이 피는 계절이다. 만물이 생성되고 삶에 희망을 주는 약동의 계절이다. 다산(多産)과 창조의 계절이다. 따라

서 전통적으로 위인들의 이야기를 담은 문집(文集)들을 많이 읽었다. 오늘날의 시각으로 볼 때 유관순 등 위인의 일대기를 담은 위인콘텐츠를 비롯하여 희망과 순수한 사랑, 평화와 휴식, 개혁과 개척의 콘텐츠가 유리한 계절이다.

'여름'은 더위와 함께 만물이 무성한 시기로, 닫혀진 욕망의 겉옷을 활짝 벗는 본능의 계절이다. 이때는 주로 역사서를 읽는다. 인간의 투쟁 본능이 그대로 드러나는 삼국지 등 전쟁 스토리나 정열과 야만의 콘텐츠, 격렬한 스포츠 경기, 무더위를 식혀주는 공포물이 주류를 이룬다. 또 억제할 수 없는 인간의 무한한 성욕이 그대로 노출된 멜로물도 여름 콘텐츠이다.

'가을'은 마음껏 뽐내던 기운을 접고 내일을 준비하기 위한 계절이다. 사람은 여름 후유증에 시달리며 쓸쓸한 마음을 가슴에 안는다. 이때는 자신을 성찰하는 철학서적 등 삶의 의미를 되새기는 텍스트들을 읽는다. 지나간 아름다운 시절에 대한 추억, 우울·향수 등과 풍요와 광명의 내용은 가을 콘텐츠이다.

'겨울'은 찬바람과 함께 모진 계절이다. 인간의 감정은 을씨년스럽기만 하다. 따라서 사람들은 외출을 자제하고 따스한 서재에서 내실을 튼튼하게 다지는 논어 등 경전류를 주로 공부했다. 오늘날 정보(지식)콘텐츠를 비롯하여 권위나 위엄, 죄악 중심의 콘텐츠는 겨울 문화상품이라고 할 수 있다.

이로 볼 때, 인간의 삶도 경사자집, 즉 계절의 순환에 따른 성향을 크게 벗어나지 않는다. 이 전략은 계절, 즉 시기(타이밍)에 초점을 둔 가장 기본적인 전략으로, 오늘날 문화콘텐츠 마케팅에서도 활용할 기법이다.

(2) STP 전략

문화콘텐츠 마케팅이 성공을 거두기 위해서는 누구를 목표고객으로 할 것인가와 어떤 가치로 차별화해서 대응할 것인지를 결정해야 한다. 이에 관해 널리 알려진 전략으로 STP 전략이 있다. STP 전략은 시장 세분화(Segmentation), 시장 표적화(Targeting), 그리고 포지셔닝(Positioning)이다.

'시장 세분화'는 전체 시장을 동질적인 하위 시장으로 보다 세분화하여 이들 각각에 알맞은 별도의 상품이나 마케팅을 적용하는 것을 말한다. 한마디로 수요자의 취향과 욕구에 맞춰 차별적 마케팅 전략을 수립하기 위해 시장을 세분화하는 것이다. 시장을 세분화하는 기준으로는 흔히 지리적, 인구 통계적, 사회·경제적 자료, 소비자 행동, 이용 빈도, 충실도 등에 의해 세분화하기도 한다.

시장은 대개 3~5개 정도로 나누는 것이 좋다. 세분시장 각각은 다른 시장에 비교하여 시장과 소비자의 구매행동 패턴면에서 다른 특성을 보일 때 구매력을 측정하기 쉽다. 아울러, 마케팅 노력에 반응을 충분히 보이는 시장일수록 좋다.

시장조사는 전문업체를 이용하는 것이 바람직하다. 그렇지 않는 경우, 기획자나 마케팅 담당자가 시장을 파악하고 분석할 때는 시장 조사 전문가에 비해 많은 시간과 부대비용이 소요되기도 한다.

'시장 표적화'는 세분시장 중에서 하나 혹은 여러 곳을 선정하여 마케팅을 집중하게 되는데, 이 과정을 시장 표적화라고 한다. 한정된 마케팅 자원으로 목표에 집중하여 그 효과를 극대화하는 데는 가장 효율적인 방법이다. 이를 위해서는 먼저 선정된 세분시장이 개척하기에 적정한 규모로 성장성이 뛰어나야 하며, 수익성 면에서도 매력이 있고, 장기적인 목표에도 부합되는지 여부를 반드시 고려해야 한다.

'포지셔닝'은 진입할 표적시장을 선정하였다면 시장 내에서 자사 상품인 콘텐츠의 위치를 정립시켜야 한다. 이것은 소비자의 마음속에 자사 콘텐츠를 구매하는 동기를 형성시키기 위한 것으로 소비자와 커뮤니케이션하기 위한 것이기도 하다.

일반적으로 소비자가 콘텐츠를 구매하는 기준은 제품, 시장, 회사에 대한 정보에 근거를 두고 있기 때문에 소비자와 커뮤니케이션을 통해 콘텐츠에 대한 긍정적 이미지를 확고히 구축해야 한다.

그 다음 경쟁 상품과 차별화를 꾀하는 일이 중요하다. 자사의 콘텐츠가 소비자의 마음속에 자사 제품과 경쟁 제품간 차별적인 이미지를 구축해야 한다. 그리고 브랜드 인지도를 고려해야 하는데, 고객이 알아주고, 품질을 높이 평가하며, 긍정적 이미지를 연상하고, 타인에게도 추천할 수 있는 상품이면 일단 성공적이라고 할 수 있다. 이것은 차후에 수립되는 광고전략과도 연계되어 소비자에게 메시지로 전달되는 것이다. 이는 수용자의 냉철한 평가를 거쳐 선택되어진다는 점에 유의해야 한다.

이와 같이 STP는 시장을 나누고 목표시장을 선정하며, 목표 시장 내에서 자사의 콘텐츠를 어떻게 위치시켜 소비자와 커뮤니케이션할 것인가를 결정하는 것이다.

STP 개념은 마케팅 분야의 최고권위자인 필립 코틀러에 의해 제기되었다.[70] 필립 코틀러는 마케팅 경영관리 과정을 다음의 5단계 과정으로 설명했다.

R → STP → MM → I → C

R = 조사(research) - 시장 조사 등
STP = 시장세분화(Segmentation). 표적시장설정(Targeting), 포지셔닝(Positioning)
MM = 마케팅 믹스(4P 즉, Product, Price, Place, Promotion)
I = 실행(Implementation)
C = 통제(Control) - 피드 백을 얻고, 결과를 평가하며, STP 전략이나 마케팅믹스 전술을 수정 또는 개선

그의 설명에 따르면, 효과적인 마케팅은 조사로부터 출발한다. 시장을 조사하면 각기 다른 욕구를 가진 소비자들로 구성된, 서로 다른 세분시장들(S)이 드러난다. 자신들이 경쟁자보다 탁월하게 충족시킬 수 있는 세분시장을 설정(T)하는 것이 현명하다. 각 표적시장별로 상품을 포지셔닝(P)하여, 자사 상품이 경쟁상품과 어떻게 다른가 하는 것을 알려야 한다.

---

70) http://blog.empas.com/unintc/read.html?a=17124129

STP는 전략적 마케팅의 본질이다. STP를 바탕으로 하여 제품, 가격, 유통, 촉진 결정들의 혼합으로 구성된 전술적 마케팅 믹스[71]인 MM을 개발한다. 그런 뒤 마케팅 믹스를 실행(I)한다. 마지막으로 통제 측정치(C)를 사용하여, 결과를 모니터하여 평가하고, STP전략과 MM 전술을 개선한다.

STP는 과거와 달리 경쟁제품이 많고 신속하게 진입할 수 있는 시대가 됨에 따라, 개별 고객을 찾고, 그들과의 장기적 관계를 유지할 수 있도록 고급 데이터베이스 마케팅을 활용하는 것이 좋다.

(3) 포지셔닝(Positioning) 전략

문화 마케팅 시장은 매우 치열하다. 따라서 경쟁관계에 있는 문화상품과의 차별화 전략이 반드시 필요하다. 이는 문화콘텐츠의 컨셉과도 깊게 연관되어 있는데, 타사 문화콘텐츠와의 차이를 확실하게 구별할 수 있도록 하는 전략이다. 앞서 소개한 STP 전략과 연계시켜 파악하면 된다.

'포지셔닝(Positioning) 전략'은 소비자의 머릿속에 제일 먼저 떠오르게 만드는 것으로 기억의 사다리 맨 위에 올려놓는 것(Top of mind)을 말한다.

[그림 4-19] Top of mind

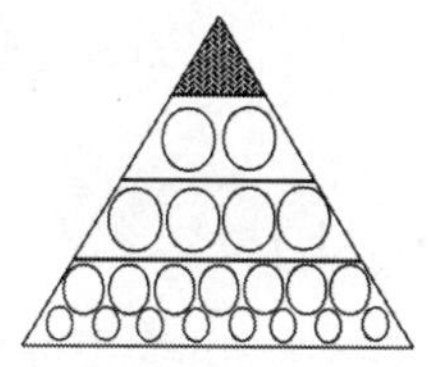

기억의 사다리

포지셔닝의 절차에는 4단계가 있다.

첫째, 소비자에 대한 분석이다.

71) Marketing mix : 기업이 마케팅 목표에 따라 설정한 시장표적에 마케팅 활동을 집중시키기 위해 사용하는 모든 투입변수 등을 해당기업의 환경과 상황에 맞게 하여 마케팅 효과가 최대화되도록 배합하는 마케팅 전략.

소비자가 원하는 것, 현상품의 만족도, 소비자의 욕구 등 소비자의 전반적인 모든 것을 분석하는 것이다.

둘째, 경쟁상품(사)에 대한 파악이다.

시각의 다각도와 다양화로 경쟁상품에 대해 파악하고 전략을 수립하는 것이다.

셋째, 경쟁상품(사)의 포지션 상황파악이다.

경쟁상품(사)을 정하고 전략을 수립하였을 경우, 시장 소비자의 머릿속에 어떻게 들어갈 것인지, 틈새시장은 어디인지 파악하고 차별화 방안을 마련하며 기억의 사다리 어느 정도에 올리는 것을 목표로 할 것인지 등을 설정하는 것이다.

넷째, 자사상품에 대한 포지셔닝이다.

경쟁상품(사)과의 어떠한 차별화가 있는지, 틈새시장은 어디이며 우리가 어떻게 소비자를 만족시킬 수 있는지 등으로 포지셔닝을 하게 된다.

또, 포지셔닝 방법에는 4가지가 있다.

첫째, 속성에 의한 포지셔닝이다.

제품의 편익이나 효과, 특징 등으로 포지셔닝 하는 것이다.

둘째, 사용 상황에 의한 포지셔닝이다.

그 시기의 트렌드나 상품을 사용하는 상황 등을 고려하여 포지셔닝하는 것이다.

셋째, 사용자에 의한 포지셔닝이다.

고가의 상품을 이용하거나 특정 소비층의 소비자(팬, 매니아)를 겨냥하는 포지셔닝으로 남과 다른 특별한 무언가가 있다는 것으로 소비자에게 의미를 부여해 주는 것이다.

넷째, 경쟁상품에 의한 포지셔닝이다.

우리나라의 경우 법적으로 비교 광고가 금지되어 있지만, 서로의 상품을 비방하거나 1위의 제품을 따라하는 경우가 있다.

포지셔닝 전략에는 여러 가지가 있는데, 가장 정통적인 방법인 '진공전략' 이다. 이는 다른 문화상품과의 명확한 차별화를 위해 공백 지대를 찾아내어 그 부분을 공략하는 전략이다. 이는 다른 상품과의 전략적 공존관계를 만드는 것이라고 할 수 있다.

차별화 전략 이외 경쟁사의 강력한 상품과 유사한 것을 출시하여 경쟁상품을 무력화시키는 협공전략, 또 틈새시장을 공략하는 틈새전략, 저렴한 가격으로 상품과 서비스를 제공하는 원가우위전략 등이 있다.

(4) 4P 전략

문화상품 판매방법의 하나로 마케팅의 4P를 고려하는 경우도 있다. '4P'는 상품(Product), 가격(Price), 유통(Place), 판촉(Promotion)이다. 이 4가지 요소를 합리적으로 잘 결합시켜 마케팅 전략을 수립하는 것을 '마케팅 믹스'라고 한다.

① 상품(Product) 전략

상품으로 소비자 수요를 창출하는 방법으로, 소비자 만족 상품 생산방법(히트상품 개발)을 고려하는 것이다. 여기에는 디자인과 브랜드 등 상품 전반에 걸쳐 새롭게 개발해야 한다.

② 가격(Price) 전략

가격은 상품 이미지와 관련되는 매우 중요한 문제이다. 상품의 원가와 소비자의 적정가격을 포착하여 적정가격 설정을 위한 전략이다. 이는 소비자의 예상가격에 상응하는 가격이 가격 전략의 기본이다.

③ 유통(Place) 전략

이는 시장전략으로, 문화콘텐츠의 경우 유통 네트워크 확보가 가장 중요하다.

④ 판매촉진(Promotion) 전략

판매촉진을 위한 프리젠테이션과 홍보, 광고나 시사회 등과 같은 이벤트 개최 등이 모두 이에 해당한다.

문화콘텐츠의 경우, OSMU에 의한 동소체 개발로 부가가치를 창출할 수 있기에 상품의 지속적인 라이프 사이클을 위해 꾸준하게 판촉 활동을 할 필요가 있다.

4P전략은 흔히 통용되는 전략으로, 어떤 상품이든 가장 먼저 고려해 보게 되는 사항이다. 여기서 조금 더 발전하여 여러 항목들을 추가하여 전략을 세우는 경우도 있다.

(5) ZMET 기법[72)]

ZMET(Zaltman Metaphor Elicitation Technique, 지멧)은 Harvard Business School의 Gerald Zaltman에 의해 개발된 효과적인 마케팅을 위한 조사기법으로, 소비자가 가져온 그림 속에 감춰진 은유를 독특한 인터뷰를 통해 추출하여 분석함으로써 마케팅 주제에 대한 소비자들의 잠재 니즈를 추출하는 기법이다.

마케팅은 소비자의 마음이라는 시장(mind of market)을 누가 먼저, 얼마나 많이 장악하느냐에 달려 있다. 잘트먼은 기존의 마케팅 활동에서 신제품 개발과 커뮤니케이션 등을 시행함에 있어 수용자의 잠재 니즈(needs)를 포착하는데 성공하지 못하는 경우가 많다면서 소비자를 바라보는 시각이 잘못되었다고 진단한다.

- 소비자들은 합리적으로만 생각하지 않는다. 따라서 통계수치와 방정식으로 사람들의 행동을 추론하는 것은 오류이다.
- 소비자들은 자신의 생각과 행동을 설명하지 못한다. 따라서 마케터가 예상하는 소비자의 생각을 확인하는 표층적인 수준에 그친다.

72) (주)리서치 앤 리서치(R&R) http://w3.randr.co.kr/company/?viewpage=1 잘트먼 교수의 『How Customers Think』, 노규형 역, 21세기북스. 2004. 참조.

- 소비자의 마음, 뇌, 행동으로 나타나는 신체, 주변 문화와 사회에 각각 따로 접근해서는 소비자를 충분히 이해하지 못한다.
- 소비자들의 기억은 경험을 정확하게 반영하지 못한다. 기억은 경험과 사회적 환경에 의해 왜곡되어 오류를 발생시킨다.
- 소비자들은 자신의 생각을 언어로 표현하지 못한다.
- 마케터가 아무리 광고홍보를 통해 메시지를 주입하려 해도 소비자는 살아온 환경이나 기억, 광고를 보는 당시의 심리상태 등으로 인해 은유적으로 메시지를 처리하여 자기만의 고유한 의미를 만들어 낸다. 그리고 그 결과는 마케터가 원하는 방향과는 다른 경우가 많다.

소비자의 심리를 좀더 깊게 연구하여 확보한 통찰력은 마케팅 성공에 있어 단초를 제공해줄 수 있다. 이러한 통찰력의 신뢰성은 소비자 내면심리에 대한 자연스럽고 심층적인 탐구를 전제로 한다.

ZMET은 소비자 자신도 모르는 자신의 니즈(what people don't know they know), 소비자의 비의도적인 인지장벽을 완화할 수 있는 수단으로 그림, 스토리, 은유 등을 활용하기 때문에 상대적으로 잠재 니즈를 파악하는데 강점이 있다. 또 그룹 토론(Group discussion)이 아닌 일대일 심층 면접(in-depth interview)의 한 종류라고 할 수 있다.

ZMET은 주어진 주제에 대해 소비자가 가져온 그림을 매개로 하여 당해 집단이 공유하고 있는 심리구조를 도출하여 마케팅 전략의 통찰력을 확보하는 것을 목표로 한다. 주된 적용영역은, 신상품 개발, 컨셉 도출, 커뮤니케이션, 광고 평가, CI/PI 등에 적용될 수 있다.

ZMET 보고서는 크게 다음과 같이 구성된다.

- 공유개념도(Consensus map) 분석 : map을 구성하고 있는 개념과 링크에 대해 설명한 부분으로서, 소비자가 가져온 그림과 진술을 중심으로 map의 내용분석
- 합성 이미지(Digital image) 분석 : 소비자가 가져온 그림을 가지고 직접

만든 한 장의 그림인 꼴라쥬를 소비자의 진술을 토대로 분석

- 동영상 은유(Vignette) 분석 : 소비자가 주제에 대해 표현한 스토리 분석을 통해 주제에 대해 소비자가 사용한 은유와 그 함의를 분석
- 심층은유(Deep metaphor) 분석 : 인터뷰 내용에 대한 분석을 기반으로 주제에 대한 소비자의 프레임을 분석하여 핵심은유를 도출하고, 전략화함
- 전략적 제안 : 상기한 분석결과를 토대로 하여 조사목적에 부합한 제안 제시

잘트먼 교수는 이러한 공유개념도(Consensus map)가 소비자의 심리구조(mental model)를 표상해 준다고 하면서, 이러한 심리구조는 마케터의 신제품 개발이나 커뮤니케이션 등의 외부정보를 필터링하는 역할을 담당한다고 하였다. 따라서 이러한 소비자의 심리구조를 이해하지 못한 마케팅 활동은 의도한 효과를 거두지 못할 가능성이 높아진다고 한다.

[그림 4-20] **공유개념도(Consensus map)**

소비자를 최우선시하는 기업에 대한 소비자의 구성개념

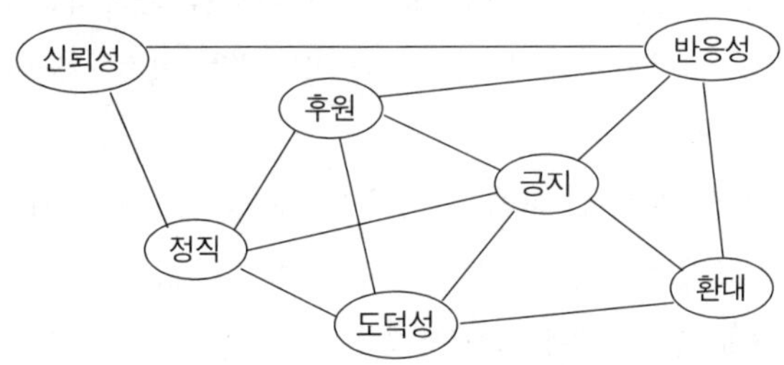

출처 : 마음시장연구소(하버드대경영대학원)[73)]

ZMET은 이러한 심층은유 분석과 함께, 공유개념도(consensus map)의 도출 및 분석 등을 활용함으로써 소비자의 주제에 대한 사고를 폭넓고 깊게 추출하는데 강점이 있다.

73) 제럴드 잘트먼, 노규형 역, 앞의 책, 21세기북스. 2004. P. 237.

(6) PPL(Product Placement) 기법

PPL(Product Placement)은 영화나 드라마 화면에 기업의 상품을 배치해 관객들의 무의식 속에 그 이미지를 자연스럽게 심는 간접광고를 통한 마케팅 기법이다.

영상매체 속에서 기업의 상품을 배치하여 관객이나 소비자들의 무의식 속에 상품을 광고하는 것, 이러한 PPL은 자연스럽게 제품을 노출시켜 시청자 기억 속에 자리잡게 하여 제품의 구매에 영향을 줄 뿐 아니라, 제작비 절감으로 보다 좋은 영상매체를 제작할 수 있게 해준다.

상품 제조회사가 일반 극장에 상영되는 극영화 속에 자사의 특정제품을 결합시켜 광고효과를 얻는 것, 주로 영화나 드라마의 소품으로 등장하는데, 이러한 소품을 특정 회사의 제품으로 대체함으로써 회사 측에서는 브랜드의 이미지를 높일 수 있다.

영화사 측에서는 영화 제작에 들어가는 협찬금이나 협찬상품을 제공받을 수 있을 뿐만 아니라 유명한 경우, 제작비에 충당할 정도로 많은 지원을 받기도 한다.

광고 형태는 브랜드명이나 협찬업체의 이미지 등을 노출시켜 관객이나 시청자들이 무의식중에 해당업체의 제품에 대해 호의적인 이미지를 가질 수 있도록 하는 형태를 취한다.

이는 영화의 현실감과 소비자 인지도 상승 및 브랜드의 실제 효과를 함께 얻을 수 있는 장점이 있는 반면, 특정 상품을 의도적으로 부각시켜 지나치게 간접광고를 할 경우 영화 관객이나 드라마 시청자들에게 부작용이 있다는 점이 단점으로 지적된다.

PPL 기법은 처음 영화에서 시작되어 최근에는 TV방송의 패키지 PPL을 이용하여 드라마 제작비 절감의 일환으로 적극 활용하고 있으며, 온라인 게임에서는 인원제한의 한계를 극복으로 새로운 엔터테인먼트 시장에서 다양한 PPL이 활용되고 있다.

1970년대부터 할리우드 영화를 중심으로 유행하기 시작해 전세계로 확산되었다. PPL이 성공을 거둔 사례는 스티븐 스필버그 감독의 '이티 E. T.—The Extraterrestrial(1982)'에 나왔던 리스사의 초코볼이었다. 이 영화의 성공 이후 PPL은 성황을 이루었다. 우리나라에서도 영화, TV 등 영상산업이 발달하면서 기업들마다 자사 제품을 작품에 노출시키려고 많은 마케팅 노력을 기울이고 있다.

경쟁범위가 세계로 확대되어 글로벌 마케팅을 기획하는 기업들에게 PPL은 효과적 마케팅 수단이다. 세계적으로 흥행에 성공한 영화에 의한 광고는 그 어떤 매체보다 효과적이다. 더구나 영화뿐만 아니라 비디오, 유선방송, 공중파 방송 등 2차, 3차에 걸친 접촉율은 기하급수적으로 확대된다. PPL은 영화나 드라마의 문화상품 발전을 지원한다는 명분과 함께, 효율적인 광고효과를 기대할 수 있는 윈윈 전략의 마케팅 수단이다. 그러나 무분별한 광고노출로 인한 문제점 역시 나타나고 있다.[74]

현대 광고마케팅의 하나인 PPL은 문화콘텐츠 제작사와 광고주가 상호호혜적인 위치에서 이루어지는 간접광고이다.

(7) 웹 2.0 마케팅 전략

인터넷은 현대인들의 또 하나의 실재하는 세상이다. 인터넷이 정보검색 수단으로만 이용되던 시기는 지났다. 인터넷 안에서 일하고 머물면서 생활하는 또 하나의 삶의 공간이다.

인터넷 마케팅을 적극적으로 활용해야 한다. 특히 기획에서부터 제작, 실험 등 전과정에 수용자를 참여시키는 마케팅 전략을 구사해야 한다. 인도 영화를 보면 팬들이 직접 영화제작에 참여하는 것을 흔히 보게 된다. 팬은 누구인가? 특정한 인물에 대해 열광적으로 좋아하는 사람, 수용자군 중에서도 두드러지게 관심을 드러내서 표현하는 집단, 한 마디로 팬은 공동저자로

74) http://enc.daum.net/dic100/contents.do?query1=rkb04a1072

서의 수용자의 특성이 가장 잘 나타나는 수용자군이다.[75] 이들이 직접 참여함으로써 콘텐츠마케팅은 큰 활력소가 될 것으로 보인다.

제작자가 일방적으로 정보를 전달하던 커뮤니케이션 방식이 20세기 방식이라면, '웹 2.0 마케팅'은 '참여 · 공유 · 개방'을 중시하는 인터넷의 새로운 조류(潮流)이다.

[그림 4-21] **웹 2.0 마케팅**

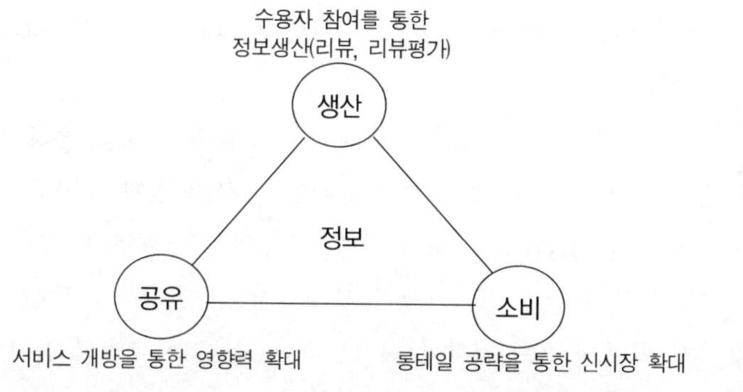

Amazon.com 웹 2.0 특징 http://www.web2hub.com

① 참여 : 정보 생산의 측면[76]

웹 2.0에선 서비스 제공자 중심의 정보 생산보다 사용자 참여를 통한 분산화된 정보 생산이 핵심이다. 기하급수적으로 증가하는 웹 사용 인구와 더불어 정보와 서비스에 대한 욕구가 점점 더 다양해지면서 서비스 제공자에 의한 정보의 생산은 그 한계에 부딪치게 된다. 이러한 한계를 넘을 수 있도록 해 주는 것이 사용자의 적극적인 참여에 의한 정보 생산이다.

요즘 정보생산의 중심에는 블로그(Blog), UCC(user created contents, 사용자 제작 콘텐츠) 등이 있다. 이들은 기존 매체나 전문가들이 다루는 이슈에서부터 시

75) 김정기, 박동숙 외, 『매스미디어와 수용자』, 커뮤니케이션북스. 1999. P. 220.
76) 원본 주소 'http://www.web2hub.com/wiki/index.php/Web_2.0'

작해서 그들이 다루지 못하는 세세한 주제들까지 전 영역의 다양한 주제를 다룬다. 문화콘텐츠 마케팅에서도 이를 적극적으로 활용하는 것이 좋다.

위키(Wiki) 역시 사용자들이 직접 정보를 만들어 내도록 하는 도구다. 개인에 초점을 맞춘 블로그와 달리 위키는 공동저작을 위해 주로 사용된다. 위키를 가장 성공적으로 사용한 웹 2.0 서비스가 위키피디아(Wikipedia)다. 위키피디아는 온라인 백과사전으로서 전문가 집단에 의해 만들어지는 브리태니커 백과사전과 달리 누구나 내용의 편집에 참여할 수 있다. 이것이 수많은 사용자들의 참여를 이끌어냈고 결과적으로 브리태니커보다 풍부한 내용을 가질 수 있게 하였다.[77)]

공공의 목적에서든 개인적인 목적에서든 사용자 참여를 통해 형성된 정보는 개개인이 생산해 낸 개별 정보의 총합 이상의 결과를 만들어 낸다. 이것은 바로 집단지성(Collective Intelligence)을 활용하여 가능하다. 집단지성은 일반인의 개별적인 판단은 전문가보다 부정확할 수 있지만 이들이 어느 정도 이상 모이게 되면 소수의 전문가 집단보다 문제 해결 능력이 뛰어남을 말하는 것이다.

따라서 마케팅을 염두에 둘 경우에는 집단지성을 끌어내기 위한 장치가 필요하다. 위키피디아처럼 위키를 적용하여 완전 개방적이고 분산화된 방식

---

77) 참조 웹 2.0 사이트
Web2Hub - 웹 2.0 관련 정보와 논의를 모으는 허브 사이트.
태우's log - web 2.0 and beyond- 웹 2.0에 대한 전문 블로그
Channy's Web2.0
PRAK's blog : Versioning Up the Web! - 웹2.0의 전반에 관한 블로그
디렉토리2.0 - 웹2.0 사이트 모음
한국의 웹 2.0 리스트
판 - Web 2.0 개방형 게시판 서비스
북마커 - 대한민국의 소셜 북마킹 사이트(social bookmark site)
Wisetrends - 웹 2.0에 관한 블로그
All about IT Trends - 웹 2.0 PPT 자료 공유
뉴스2.0 - 소셜 뉴스 사이트
마가린 - 소셜 북마크 서비스.
Read & Lead의 웹2.0 - 웹2.0에 대한 Read & Lead 블로그 포스팅
포토바다 - 웹2.0 사진공유 SNS 서비스

으로 내용을 편집할 수 있게 하고, 참여자 사이의 데이터간 관계 형성을 가능하게 할 수 있다. 집단지성의 우수함이 확인되면서 많은 서비스들이 사용자에 의해 생성된 정보에 관심을 가지기 시작했다.

② 개방 : 정보 공유의 측면

웹 2.0의 가장 두드러진 특징이라면 '정보의 공유'가 강조된다는 것이다. '정보 공유'는 작게는 사용자들이 서로의 정보를 공유하는 측면과 함께 넓게는 서비스 제공자끼리 정보를 공유하는 것을 뜻한다. 아마존 웹 서비스는 서비스 제공자간 정보 공유를 위한 수단이다. 이러한 정보 공유는 바로 데이터와 서비스의 개방을 통해 가능하다. 또 기존에 존재하던 두 개의 서비스를 합쳐서 새로운 서비스를 만든 것, 이것을 매쉬 업(Mashup)이라고 한다. 현재 많은 서비스들이 그들을 이용해 여러 가지 매쉬 업 시도들이 있다.[78)]

③ 분산 : 정보 소비의 측면

정보 소비의 패턴을 살펴볼 필요가 있다. 이전에는 대형 포털이나 전통적인 미디어 사이트에서 일방적으로 전달해 주는 정보만 소비하였다. 하지만 웹 2.0 시대로 접어들면서 점차 그들의 영향력이 줄어들고 있다. 정보생산채널이 다변화되고, 블로그나 UCC와 같은 양질의 정보를 제공하는 분산화된 정보 소스가 늘어남에 따라 정보 소비패턴이 방문형식에서 배포형식으로 점차 바뀌어 가고 있다. 사용자들은 정보 선택의 폭이 넓어졌고 정보를 취사선택할 수 있게 되었다. 즉, 정보 소비의 분산화와 개인화가 이루어지게 되었다.

정보 소비의 분산화(Decentralization)는 온라인 시장의 활성화와 맞물려 롱테일 현상을 가져왔다. 즉, 상거래에서 지리적-공간적 제약이 해소되면서 언제 어디서든 자신이 원하는 상품을 구할 수 있게 되었다.

78) 참고 : ProgrammableWeb Web 2.0 Mashup Matrix

그 어느 때보다 개인의 가치가 중요시되는 이 시대에 정보 소비의 개인화(Personalization)는 당연한 일이다. 또한 UCC의 대량 생산으로 인해 데이터 스모그가 가속화되고 있는 상황에서 정보의 질을 파악하고 사용자의 취향에 맞게 정보를 전달하는 것이 중요하다. 그래서 다양한 웹 2.0 서비스들이 개인화 서비스를 지향하고 있다.

④ 콘텐츠 기술

콘텐츠 기술이야 말로 웹 2.0의 가장 독특하고 핵심적인 기술이라고 할 수 있다. 앞서 기술한 정보의 생산부터 공유, 소비에 걸쳐 다양한 콘텐츠 기술을 통해 새로운 형태의 콘텐츠 문화가 생겨나고 있다.

인텔은 '인텔개발자포럼(IDF)' 공식행사에 앞서 전세계 언론·IT 애널리스트를 대상으로 진행 중인 연구과제들을 소개했다. 인텔은 웹2.0이 발전할 다음 모델로 커넥티드 비주얼 컴퓨팅(Connected Visual Computing : CVC)을 지목했다. 이는 온라인게임이나 사회적 네트워킹 같은 모델에서 비주얼 인터페이스를 강화, 이용자들에게 고품질의 콘텐츠를 제공한다는 개념이다. 짐 헬드 인텔 펠로우 겸 테라급 컴퓨팅 연구이사는 "CVC는 현실과 인터넷데이터를 어느 곳에서나 연결하는 데 중요한 역할을 할 것"이라고 강조했다. 특히, CVC를 뒷받침할 플랫폼을 구현하기 위해 지금보다 서버 성능을 10배, 그래픽프로세서(GPU)를 10배, 대역폭을 100배 높인다는 선결과제를 발표해 컴퓨팅업계의 커다란 도전 과제임을 암시했다.[79]

⑤ 표현 : 공공의 이익

웹 2.0에 있어 수용자의 참여에 의한 정보생산과 소비의 패턴은 매우 고무적인 일임은 분명하다. 하지만 온라인상의 역기능으로 항상 제기되고 있는 문제는 보이지 않는 대상에 대한 표현의 자유가 문제이다.

79) 전자신문 http://www.etnews.co.kr/news/detail.html?id=200808190168 "웹 2.0 다음은 고품질 콘텐츠" [2008-08-20]

표현의 자유는 결코 절대적인 권리가 아니며, 아무리 다른 기본권보다 우월적 지위에 있다고 하더라도 다른 사회적 이익과 균형·조화를 이루는 범위에서 보장될 수밖에 없다.[80] 특히 대상이 문화콘텐츠 마케팅인 경우, 그 성격상 참여자의 표현을 예의주시할 수밖에 없다. 표현에 있어 의도적인 선동(sedition)이나 명예훼손(defamation), 음란(obscenity), 폭력적인 어투는 철저하게 관리해야 한다고 본다.

표현의 자유는 개인적으로는 인간다운 생활을 누리기 위해 필요하고, 민주주의의 실현을 위한 수단으로 가능하며, 나아가 진리의 발견과 사회적 발전을 위한 도구로서 요망된다. 그러나 표현의 자유는 그 중요성에도 불구하고 절대적으로 보장되는 것은 아니며, 다른 개인적 권리나 공공의 이익에 위배되어서는 안 된다고 본다.[81] 대중매체가 지배하는 현대사회에서 민주시민이라면 이 점을 명심해 두어야 할 필요가 있다.

⑥ 사업적 영향[82]

웹 2.0에서는 가치의 파악과 소비가 생산자나(운영자와 같은) 특정 소수에 의해 인위적으로 조정되지 않는다. 많은 조직들이 이를 이용해 가치를 홍보할 것이다. 웹 서비스의 종단점 출판 방식은 신디케이션을 통한 가치 소비 과정을 단순화할 것이다.

최근 들어 기업들은 수용자를 참여시키기 위해 부단하게 노력하고 있다. 정보를 일방적으로 전달하던 매스마케팅(mass marketing) 시대를 벗어나 블로그(Blog), UCC 등 시장의 목소리가 생생하게 전달됨으로써 수용(구매)여부를 결정하는 시대가 되었다.

이렇게 수용자(소비자)와 함께 콘텐츠의 가치를 공유하는 것을 '가치 우산(value umbrella)[83]'이라고 하는데, 수용자와 함께 정서와 가치를 공유해 가면서

---

80) 박원경, "미국 헌법상 표현의 자유에 관한 연구 : 사비버스페이스에서의 표현의 자유를 중심으로", 경희대대학원 박사학위논문. 2002. P. 40.

81) 박원경, 앞의 논문. pp. 12~13.

82) 위키백과웹 2.0 http://ko.wikipedia.org/wiki/%EC%9B%B9_2.0

문화콘텐츠를 개발하는 현상은 앞으로 가속화될 것으로 보인다.

이처럼 수용자 참여를 유도할 때 가장 중요한 것은 결정권을 수용자에게 위임하는 일이다. 그렇게 함으로써 수용자는 부담감 없이 구매 여부를 결정하게 된다. 그 다음, 수용자가 공감하고 싶은 어떤 가치나 철학, 욕구를 표방함으로써 마케팅에서 성공할 수 있을 것이다. 그렇게 함으로써 콘텐츠 개발자와 수용자 간에는 강력한 동질감이 형성될 뿐만 아니라 마케팅 전략이 의도하지 않은 방향으로 나가는 것을 방지할 수도 있을 것이다. 유념해야 할 점은 수용자(소비자)를 진정으로 이해한다는 마음자세이다.

또 세계적 IT 미래학자인 니컬러스 카(Nicholas Carr)는 IT에 '거대한 변혁(big switch)'의 물결이 오고 있다고 말한다. IT도 전기처럼 '접속(plug in)'만 하면 받아서 쓸 수 있는 보편재(utility)가 된다고 한다. 항상 과학기술변화의 다양한 모습에 관심을 기울여야 한다.

83) 한 우산 속에 들어온 여러 사람이 비를 피한다는 가치를 공유하는 것처럼, 기업과 소비자는 가치를 공유해야 한다는 의미로, 경영학 전문용어이다.

14. 계획의 실천과 관리

문화콘텐츠를 개발하면서 수립된 계획들이 충실하게 효과적으로 실천되려면 구체적인 실천계획 뿐만 아니라 집행과정에서 정기적으로 점검과 평가가 이루어져야 한다. 이러한 일련의 점검과정은 예산과도 깊게 연결되는 만큼 계획과 예산을 효과적으로 연계시키고 검토와 평가 작업을 수시로 실시해야 한다. 그래야만 개발계획의 실천과 투입예산과의 괴리를 줄일 수 있게 된다.

(1) 재정계획의 의의와 평가

① 재정계획의 의의

문화콘텐츠 개발에는 예산이 많이 투입되고 오랜 시일이 소요된다. 따라서 예산은 대체로 단년도에 그치지 않고 통제성을 완화하여 3~5년 정도의 중기에 걸쳐 운영정책을 수립하고 이에 의거하여 재정동원과 배분방향을 수립하는 것이 일반적이다.

재정계획은 항상 종합적이며 미래지향적이다. 재정력이 어느 정도 구비되어야 이를 뒷받침할 수 있다. 일반적으로 볼 때 기능적으로 항상 연속성을 지닌다고 할 수 있다.

예산을 탄력 있게 잘 운영하려면 먼저 합리적인 사고와 함께 재정력이 구비되어야 한다. 전문인력 확보와 정보자료의 활용체계, 나아가 비용과 효과를 계량화할 수 있는 분석기법이 갖추어져 있어야 한다. 아울러 의사결정권자의 인식과 더불어 계획수립에 참여자를 확대하면 바람직하다고 하겠다. 이처럼 기획과 예산의 연계를 비롯하여 합리적 분배와 운영, 재정확보와 실현 및 운영의 지침적 역할을 하는 것이 재정계획이라고 할 수 있다.

② 재정계획의 한계

문화콘텐츠 개발 과정은 항상 긴장과 불안정, 불투명한 상황 하에서 이루어지는 경우가 많다. 이 같은 상황 아래서 목표와 기획, 그리고 투입되는 비용과 반영되는 실적이나 효과 사이에서 괴리가 발생하기 쉽다. 그리고 재정의 경직성이 증대되면서 소요비용이 더욱더 팽창할 가능성이 상존한다. 자칫 처음 수립된 재정계획이 문화콘텐츠 내용을 보다 축소시키는 데 합리화하는 도구로 전락할 가능성도 항상 있기 마련이다. 따라서 재정계획은 당장 나타나는 것이 아니라 장래의 예측이라는 관점에서 실현 불가능한 미래상 제시에 관심을 집중시킬 수 있다는 점도 고려되어야 한다.

③ 평가의 종류와 내용

평가는 크게 '과정평가'와 '영향평가'로 나눌 수 있다.

'과정평가'는 글자 그대로 계획집행 과정을 평가하는 것으로서, 계획목표 및 주어진 소정의 절차로부터 일탈하는 것을 탐지하기 위해 주기적으로 평가하는 것을 말한다. 추진실적을 파악하고 진도를 분석하는 단계로 문제점을 추출하여 시정하거나 보완하는 방안을 제시하는 역할을 한다.

'영향평가'는 추진된 결과 처음 의도한 목표나 기대했던 효과를 얼마나 달성했는가 하는 성과를 측정하는 일이다. 크게 긍정적 효과와 부정적 효과로 나눌 수 있는데, 목표와 직결되는 경제적 편익이나 외부효과 또는 부차적 효과, 파급효과 등은 긍정적인 효과에, 금전적 손실이나 투입된 시간과 노력, 집행에 수반되는 부작용이나 문제점, 비경제적인 측면의 희생 등은 부정적 효과에 해당한다.

한편, 영향평가를 실시할 때 분석초점을 어디에 두느냐에 따라 각기 다른 평가가 나타나기도 하는데, 주로 능률성과 효과성, 균형성 분석을 통해 실시하기도 한다. '능률성 분석'은 예산이나 인력, 시간 등 투입된 자원이 능률적으로 사용되었는가를 분석·평가하는 방식이고, '효과성 분석'은 추진결과 발생한 효과가 당초 계획대로 달성되었는가를 비교평가하는 방식이다. 또

'균형성 분석'은 사업 집행 상호간에 균형이 잘 유지되었는가를 분석하는 방식이다.

(2) 계획과 예산의 괴리 요인들

① 계획과 예산의 이상적 관계

계획을 변화하는 상황과 추진실적에 발맞추어 조정함으로써 실천과 집행에 탄력성을 부여하고, 달성하려는 목표와 구체적 수단을 보다 확고하게 제시할 수 있게 된다. 기획이 목표와 수단을 연결시키는 하나의 의사결정체라면 예산은 그 하위체제라고 할 수 있다. 이로 보아 예산은 계획의 집중수단, 즉 실천계획의 성격을 지닌다고 할 수 있다.

예산이 실천계획으로서의 기능을 충실히 수행하려면 기획과 시계가 같아야 한다. 하지만 대체로 기획이 장기적인 면에 초점이 주어지는 데 비해 예산은 단기적인 측면을 중시한다고 할 수 있다. 따라서 상호 영향을 주고받을 수 있는 쌍방과정이 형성될 때 가장 이상적인 관계가 이루어진다.

② 계획과 예산의 괴리를 초래하는 여러 요인들

대체로 기획 자체가 추상적인데 그치거나 변화하는 새로운 사태에 적응하지 못하는 경우에 괴리가 발생하게 된다. 또 계획이 예산에 선행하지 못하는 경우도 발생하게 되는데, 우선 순위가 뒤바뀌어 수립되거나 집행되는 현실도 큰 문제라고 할 수 있다. 그리고 예산의 성격상 통제 위주로 되어 있으므로 이를 편성하거나 심의하는 과정에서 불합리한 영향을 받는 경우도 많다.

(3) 계획의 진행관리와 활용계획

① 계획의 진행관리와 기법

문화콘텐츠 개발 작업을 집행함에 있어서 각 활동들 간의 조화와 균형을 유지하면서 한정된 자원을 가장 효율적으로 활용하여 자원 활용의 효율성을 극대화하도록 해야 한다.

계획 사업의 진행 관리와 통제의 방법은 크게 심사분석방법과 PERT/CPM[84]의 둘로 나눌 수 있다.

'심사분석방법'은 계획사업의 집행과정 또는 집행결과를 주기적으로 분석·평가함으로써 효율적으로 집행토록 하기 위한 관리 및 통제방법이다.

'PERT/CPM'은 계획을 실천에 옮기기 위해 집행계획을 세우는 과정에서 동원되는 각종 자원과 시간활용을 위한 모형을 설정하고 활동을 분석하여 이들을 토대로 사업집행의 계획을 작성토록 하는 집행 관리와 통제를 계획하는 기법이다. 한 마디로 사업집행의 스케줄을 작성하도록 하는 집행의 관리와 통제를 계획하는 기법이다.

이는 시간과 자원에 대해 효과적으로 관리할 수 있을 뿐만 아니라 업무에 보다 신중하게 되고 관리자가 사업 진행에 대한 최신의 상황을 보다 쉽게 파악할 수 있다.

② 진행 모형 작성의 기본 원칙

문화콘텐츠처럼 많은 자원이 투입되는 사업은 미리 그 모형을 작성해 두어야 한다. 이 모형에 따라 사업의 스케줄을 짜게 되는데, 대체로 '단계'와 '활동'으로 계획공정이 이루어진다.

단계는 하나하나의 요소작업의 완료시점인 동시에 다음 요소작업의 출발시점이 된다. 활동은 사업 완료를 위해 시간과 자원을 소비하지 않으면 안 되는 요소작업이다. 'PERT/CPM'의 장점은 이처럼 먼저 사업모형을 개발하

84) PERT(Program Evaluation and Research Task)은 1953년, 미국해군 군수국의 특별기획실의 계획평가부문에 의해 폴라리스함대 탄도미사일 계획의 개발과정에 따르는 일정의 계측, 제어의 기술로 개발되어 당초에는 단순한 일정만을 계획, 관리하는 기법으로 성립되었다. CPM(Critical Path Method)은 1957년 Dupont사 공무부의 월커(Morgen R. Walker)와 레민턴랜드사의 켈리(James E. Kelley) 등에 의해 개발되었는데, 실험용의 모델 플랜트에 의하여 분해검사와 유지관리를 위하여 플랜트를 일시 폐쇄하는 프로젝트의 일정과 원가의 관리에 적용되었다. PERT와 CPM은 각각 독립하여 개발된 것이나 양자는 그 후 서로 뒤섞이고 종합되어서 단축된 활동으로 인한 초과 직접비와 프로젝트의 기간단축으로 인한 간접비감소의 합이 최소가 되는 프로젝트 기간, 최적점(최소비용계획을 나타내는 점)을 구하는 방법으로, CPM(Complete Project Management)시스템이라고 할 만큼 일반화되었다.

고, 이것을 이후의 행동계획의 기초로 삼는 데 있다고 하겠다.

모형작업에서 공정도는 일련의 논리적 관계이다. 이는 활동 수행을 위하여 투입되는 자원에 의하여 그 활동이 영향력을 받게 된다. 따라서 계획공정을 작성할 때는 다음의 기본 원칙을 준수하는 것이 좋다.

첫째, 단계 원칙이다. 착수 단계와 완료 단계를 제외한 모든 단계는 선행행동과 후속 행동을 가진다.

둘째, 활동 원칙이다. 모든 활동은 그 선행 단계가 성립되지 않으면 착수되지 못한다.

셋째, 공정 원칙이다. 모든 계획공정은 반드시 완성되어야 한다.

넷째, 연결 원칙이다. 활동선(화살표)은 앞 단계로 되돌아 갈 수 없다.

흔히 업무를 수행하기 위해서는 사전 승인을 받거나 예산의 승인을 받는 경우가 있다. 이렇게 어떤 활동이 자원의 확보 등과 같은 선행활동에 의존할 때, 이 선행활동을 인도활동이라고 하는데, 이 활동은 어떤 자원을 활용함으로써 통제될 수 있는 제약요인이 되기도 한다.

③ 자원활용 계획

어떤 활동이든 그 활동을 수행하려면 자원이 필요하게 된다. 이처럼 필요한 자원에 기초를 두고 작업수행에 필요한 지속시간을 추정한 작업이 자원활용 계획이다. 자원활용 계획의 작성방법은 대체로 다음과 같다.

먼저 맨 왼쪽 행에 각 활동들을 배열하고 다음 행에는 활동의 지속시간을 배열한다. 이어서 다음의 각 행들에는 사업을 수행하는데 필요한 기간을 표시하면 된다. 각 활동들의 수행계획은 그 수행에 필요한 지속시간을 굵은 수평선으로 표시하고, 각 활동에 대하여 그 활동들을 수행하게 되는 기간에 해당하는 행에 필요한 자원의 단위수를 적는다.

관리자의 입장에서 보면 사업수행 기간 동안에 발생하는 예측하지 못했던 요인들에 대비하여 어느 정도의 여유 자원이 필요하다는 것을 염두에 두고 자원활용 계획을 작성해야 한다.

15. 문화적 권리와 윤리

윤리(倫理)는 인간이 인간으로서 지켜야 할 도리나 덕목에 관한 것들이다. 윤리가 제대로 지켜질 때 그 사회는 안정되고 풍요로워진다. 보다 나은 공동체를 만들기 위해 마땅히 지켜야 하는 윤리는 법의 영역을 포괄한다.

문화콘텐츠에 대한 윤리는 매체(미디어) 부분에 국한되지 않고, 전통문화 등 민족문화 전체에 대해 그 모든 것을 포괄한다고 할 수 있다. 여기에 문화적 권리와 자유, 책임 등 제 분야에 걸쳐 상호이해가 요구된다.

(1) 문화적 권리(Cultural Rights)

이 지구상의 모든 개인이나 국가, 모두 문화적 권리를 지닌다. '문화적 권리'에 대한 언급은 1966년 유엔총회에서 채택한 "국제문화협력의 원칙 선언(Decarelation of the Principles of International Cultural Cooperation)"의 「경제적 · 사회적 · 문화적 권리에 관한 국제규약(International Covenant on Economic, Social and Cultural Rights)」제15조에 '모든 사람이 문화적 삶에 참여하고, 과학적 발전과 그 응용의 혜택을 향유하며, 학문적 · 문학적 · 예술적 저작을 보호받을 수 있는 권리'에 관해 언급하고 있다.[85)]

- 문화 활동에 참여할 권리
- 과학의 발달과 그 응용으로 생긴 혜택을 누릴 권리
- 자신이 창조한 모든 과학적 · 문화적 · 예술적 작품으로부터 생긴 도덕적, 물질적 이익을 보장받음으로써 생기는 이익을 누릴 권리

85) Rodolfo Stavenhagen, "*Cultural Rights : A Social Science Perspective*", UNESCO Forum(15호), 유네스코한국위원회, 2000.

오늘날 '문화적 권리'는 위에서 언급한 것에 머무르지 않고 모든 다양한 표현과 전통 지식, 생명의 다양성과 보전, 인권 등 전분야로 그 범위가 확대되어 사용되고 있다.

지구상의 모든 민족의 전통과 표현양식은 그들의 존재를 드러낼 수 있는 가장 효과적인 방법이다. 이는 전통문화지식, 즉 예술 작품을 비롯하여 구전문학, 음악, 춤, 이미지, 퍼포먼스, 수공예 등과 그밖의 다른 표현물 같은 '문화적 자산' 모두를 말한다. 이 같은 모든 문화적 표현(cultural expression)은 유일무이한 것으로 독특하고 대체 불가능한 가치체계를 함유한다. 여기에 '문화적 권리'의 존재의의가 있다.

오늘날 글로벌 시대를 맞아 세계 문화가 상호 교차하고 있다. 종래의 단순히 축적된 문화적 자본이나 소수의 문화 창조자들의 재능과 노동의 생산물뿐만 아니라, 문화인류학적 관점에서 '생명의 그물망(web of life)'에서의 생물 다양성 보전 등 자연과 환경, 인권 등 전분야 걸쳐 적용되고 있다.

(2) 창작자의 표현의 자유

'문화적 권리'는 표현의 자유, 종교・신앙・결사의 자유와 교육의 권리 등 개인적 권리나 기본적 자유와 밀접하게 연관되어 있어, 이 권리들에 대한 존중과 보호 및 그 실현을 보장하는 것도 중요하다.

'표현의 자유'는 자신의 사상과 의견을 외부로 공표할 수 있는 권리로서 민주주의의 근간이 되는 기본권 중의 기본권이다. 이에 대부분의 국가들은 국내법에 표현의 자유, 특히 문화예술분야에서 표현의 자유를 명시해 놓고 있다. 국가로부터 규제나 간섭을 받지 않고 책을 출판하고 음악이나 연극, 영화 등을 연주하거나 방송하고, 그림이나 조각품들을 자유롭게 전시할 수 있게 하여 문화적 표현을 자유롭게 할 수 있도록 하고 있다.

때로 창조적 열정에 몰입되어 '예술을 위한 예술'로 창조적 자유와 사회적 조화 사이에 큰 괴리가 발생하는 경우도 있지만, 이는 곧 국내적・국제적 수준의 한계에 부딪히기도 한다. 특히, 다른 사람의 권리나 명예를 존중하는 것이나 국가 안보나 공공질서, 공중 보건이나 공중도덕을 보호하는 것을 위배한 경우에 그러하다. 그래서 심의(審議) 과정을 두는데, 종종 심의과정에서 갈등이 빚어지기도 한다.

표현의 자유의 보장은 '선한 사회(good society)'의 실현을 위한 유일한 목적은 아니며, 공공질서, 정의, 평등, 도덕적 가치 등을 실현하기 위한 여러 가지 수단의 가치를 함께 고려하여야 한다.[86] 문화콘텐츠에는 국경이 없다고 하지만, 표현의 자유를 무한정 보장할 수만은 없다. 표현의 자유에는 '책임과 의무'가 수반된다는 것, 또 이를 실천할 때는 누구든지 그가 처한 상황과 기술적 방법에 따라 규제의 범위가 결정된다. 각종 법전들과 규칙들, 규제로 이루어진 그물망(net)은 공동체 질서의 수호자이자, 모든 종류의 질서에 대한 보증인이라고 할 수 있다.

문화콘텐츠 개발 등 모든 '사회적 작업'들은 공동체의 평화와 발전이라는 큰 범주와 정보와 아이디어를 자유롭게 표현할 권리, 그리고 책임과 의무 안에서 이루어질 때 비로소 그 권리가 존중되며 보장된다고 하겠다.

(3) 문화콘텐츠와 윤리 문제

① 이익 갈등의 윤리 문제

주로 사적 이익과 공적 이익간의 갈등이다. 공익을 증진하고 사회에 봉사함으로써 얻게 되는 사회적 이익과 공인(公人)이 아닌 사인(私人)으로서 추구하는 정치적, 경제적 이익이 상충되기 때문에 야기되는 윤리적 쟁점이다. 이에 대한 기준은 상황에 따라 다르게 적용되기도 한다.

② 사생활 보호를 위한 윤리 문제

문화콘텐츠 종사자들은 대체로 직업적 전문인으로서 공인의 입장에 서기

86) 박원경, '앞의 논문'. P. 38.

도 한다. 일반인들과는 달리 공중의 알 권리를 충족시킨다는 명분 아래 언론에 노출되기가 매우 쉽다.

개인의 사생활 보호는 법적으로 보장되는 국민의 기본권이다. 하지만 공인의 사생활은 일반인들과는 달리 알 권리 충족이라는 차원에서 사생활 보호의 폭이 그다지 크지 않다. 법해석만으로는 쉽게 해결되지 않는다.

③ 문화콘텐츠의 반사회적 행위 문제

문화콘텐츠는 사회의 도덕성과 윤리형성 및 변화와 밀접한 관련을 맺고 있다. 문화콘텐츠 종사자들이 저지른 반사회적 행위의 윤리성과 콘텐츠를 통해 전달되는 메시지의 내용이 반사회적이라는 데에서 야기되는 윤리문제가 있다.

(4) 문화콘텐츠와 규제 영역들

문화콘텐츠 규제 대상은 주로 아름다운 공동체 존립을 위해 크게 불법정보 및 청소년 유해정보 등을 중심으로 이루어지고 있다.

아름다운 공동체 존립과 관련지어서는 '국가 안전보장, 질서유지, 공공복리' 등이 자주 언급된다. '국가 안전보장'이란 외부로부터의 국가의 존립과 안전, 그리고 이와 관련된 내부적 안전과 존립을 보장하는 것을 뜻하며, 국가의 독립과 영토의 보전, 헌법과 법률의 기능 · 헌법에 의해 설치된 국가기관의 유지 등의 의미라고 한다.

'질서유지'란 국가안전보장에 포함되는 소극적 개념으로서 헌법의 민주적 기본질서와 사회적 공공질서를 말한다. '공공복리'는 사회생활을 영위하는 개개 국민 다수의 실질적 이익을 말한다.

「정보보호법」을 보면 '불법정보'는 '음란한 정보, 타인을 비방할 목적으로 명예를 훼손하는 정보, 공포심이나 불안감을 유발하는 정보, 정보통신시스템을 훼손, 위조하는 정보, 청소년 유해매체로서 영리목적으로 제공되는 정보, 법령에 따라 금지되는 사행행위에 해당하는 정보, 법령에 따라 분류된

국기기밀을 누설하는 정보, 국가보안법상 금지되는 행위를 수행하는 정보, 기타 범죄를 목적으로 하거나 교사·방조하는 정보로 열거되어 있다.

① 국가기밀 누설에 대한 규제

국가 존립과 기본질서를 보장하기 위해서는 표현의 자유가 아무리 민주주의 존속을 위해서 중요하다고 하더라도 제한받을 수 있다. 표현의 자유와 국가 존립 보장이라는 큰 명제가 팽팽히 대립하는 현상이 자주 있는데, 이 문제는 아직도 세계 여러 나라에서 국가 안보라는 논리 속에 규제하는 측면이 강하다.

② 음란 및 외설물에 관한 규제

문화콘텐츠의 음란성은 어제 오늘의 일이 아니다. 사회에 미치는 악영향을 고려해 볼 때, 반드시 규제되어야 한다고 본다. 하지만 음란성을 구실로 하여 표현의 자유가 부당하게 침해되는 결과를 초래되어서는 안 되므로 매우 신중하게 접근해야 한다.

③ 명예 훼손에 대한 규제

문화콘텐츠로 인해 개인의 명예와 권리가 침해당했을 경우 반드시 그 책임을 물어야 한다. 미국법률협회에서는 "어떤 사람에 관한 진술이 그 사람의 사회적 평가를 저하시키고 또한 제3자로 하여금 그 사람과의 교제나 거래를 주저하게 할 정도로 그의 평판을 손상시킬 가능성이 있는 경우에 명예훼손이 된다."라고 규정하고 있다. 사전에 동의를 얻었을 경우에는 면책이 성립될 수 있지만, 교묘한 방법을 동원해서 악의적으로 은근히 명예 훼손하는 경우, 반드시 그 책임을 면할 수 없다.

④ 사생활 침해에 대한 규제

세계인권선언(1943)에는 "인간은 누구든지 그의 사생활, 가족, 가정 및 통신에 대하여 불법적인 간섭을 받지 아니한다."라고 규정되어 있다. 문화콘텐츠의 경우 영리적 이용 목적으로 사생활이나 사적인 사항을 공표, 또는 왜곡하여 노출시키거나 성명이나 초상(肖像)을 활용하는 경우가 많다. 이 경우 비록 사실이라고 하더라도 그 책임을 면할 수 없어 법적인 피해보상을 해주어야 한다.

⑤ 지적재산권 침해에 대한 규제

오늘날 거의 전영역에 걸쳐 선진국들의 지적 소유권 보호압력을 받고 있다고 해도 과언이 아니다. 우리나라는 1987년 세계저작권협회에 가입하여 외국의 저작물도 보호해야 할 의무를 지니고 있다. 따라서 저작물을 상업적으로 이용할 때는 저작자에게 저작권료를 지불하도록 함으로써 저작자의 지적 소유권을 보호하고 있다.

⑥ 문화콘텐츠 독점에 대한 규제

대다수의 국가들은 문화콘텐츠 관련 기업의 독점과 과점에 대한 규제를 실시하고 있다. 이같은 기업의 집중 현상은 다양한 의견과 창조성의 형성과 유통을 저해하며 정보의 독점화와 여론 조작을 초래할 위험을 안고 있기 때문이다.

⑦ 자율적 규제

'자율적 규제'는 공익 또는 개인적인 이익을 침해할 소지가 있다고 판단되는 경우 스스로 고쳐 나감으로써 법집행에 의한 규제를 사전에 방지하고 사회에 대한 책임을 다한다는 취지에서 비롯되었다. 수용자(시청자, 독자, 관객 등)의 반응과 비판에 귀를 기울여 잘못된 점을 고쳐나가는 방법과 옴부즈만 제도를 두어 자율 규제해 나가는 방법이 있다. 옴부즈만 제도는 권위 있는 전문가에 의뢰해서 규제대상이 될 소지가 있는 내용을 정정하는 것으로 세계 각국에서 널리 활용하고 있다.

표현의 자유와 그 폭을 확장하기 위한 전제조건이 공동체의 존속과 발전에 있는 만큼 문화콘텐츠도 이 같은 공동체의 윤리를 적극적으로 준수해야 한다. 그렇지 못한 불법정보 및 청소년 유해정보의 경우 대량생산과 대량소비 상황에서 사회에 미치는 악영향이 너무 크다. 따라서 문화콘텐츠 관련자들은 먼저 이 같은 사회적 윤리를 항상 고려해야 한다.[87]

표현의 자유와 공공성, 자유민주주의 신장, 준법정신 고취, 인권존중, 민족 주체성 함양, 민족문화의 계승발전, 국제친선, 아동 및 청소년 보호, 순결한 가정생활, 국민정서 존중, 공중도덕과 사회윤리 신장, 환경보호, 수용자 보호 등이 이 시대 문화콘텐츠 종사자들이 항상 염두에 두어야 할 덕목이라고 할 수 있다.

(5) 문화콘텐츠와 지적재산권

① 지적재산권[88]

'지적재산권(知的財産權, Intellectual Property Rights)'은 인간의 지적창작물(知的創作物)에 관한 권리와 표식(標識)에 관한 권리를 총칭하는 말이다. '문학・예술 및 과학 작품, 연출, 예술가의 공연, 음반 및 방송, 발명, 과학적 발견, 공업의장, 등록상표・상호 등에 대한 보호 권리와 공업・과학・문학 또는 예술분야의 지적 활동에서 발생하는 기타 모든 권리'이다.

② 지적재산권법의 내용과 분류

'지적재산권'은 지적 재산을 보호하기 위한 것으로 크게 산업발전을 목적으로 하는 '산업재산권(특허권, 실용신안권, 상표권, 디자인권)'과 문화창달을 목적으로 하는 '저작권'을 보호하는 각각 이름의 법, 프로그램 저작권 등으로 분류할 수 있다.

---

87) [참조] 영상물등급위원회 http://icert.kmrb.or.kr/ 게임물등급위원회 http://www.grb.or.kr/ 한국간행물윤리위원회 http://www.kpec.or.kr/index.asp 방송통신심의위원회

88) 지식재산권(知識財産權) : 최근 '지적재산권' 대신 '지식재산권'이란 용어를 사용하는데, '지적재산권'은 원래 일본에서 사용하던 용어로서 이를 한국말로 바꿔 '지식재산'이란 용어를 대한민국 특허청에서 새로 만들었다. 하지만 학계나 법조계를 비롯한 모든 영역에서 '지적재산권'이란 용어를 사용하고 있으며, 특허청에서만 지식재산권이란 용어를 쓰고 있다(1998년).

③ 지적재산권의 의의

'지적재산권'은 다음 세 가지의 의의를 지닌다.

첫째, 지적 창작을 보호한다. 예를 들면, 발명이나 고안, 의장 등을 최초로 개발한 창작자의 땀과 노력 및 투자에 대한 보상이다.

둘째, 과학기술과 학문, 예술의 발전을 위하여 필요한 제도이다.

셋째, 영업표지의 보호이다. 소비자의 신뢰 보호와 제 3자의 모방을 금지하여 영업 및 거래질서를 유지하는 데 있다.

④ 문화콘텐츠와 저작권[89)]

'저작권(著作權)'은 사람의 생각이나 감정을 표현한 결과물에 대하여 표현한 사람에게 주는 권리이다. '저작물'은 사람의 사상이나 감정을 일정한 형식에 담아, 이를 다른 사람이 느끼고 깨달을 수 있도록 표현한 창작물이다. 따라서 문화콘텐츠, 즉 영화・음악・소설・만화・드라마・게임 모두가 저작물에 해당한다. 누구나 UCC 등 창작한 저작물이라면, 모두 저작물로서 보호받을 수 있다. 저작권 보호는 우리 문화를 지키는 길이다. 저작권이 보호되지 못하는 나라에는 훌륭한 문화콘텐츠가 탄생할 수 없다.

저작권법은 저작물을 다음과 같이 예시하고 있다.

<저작물의 종류>

- 소설・시・논문・강연・연설・각본 그 밖의 어문저작물
- 음악저작물
- 연극 및 무용・무언극 그 밖의 연극저작물
- 회화・서예・조각・판화・공예・응용미술저작물 그 밖의 미술저작물
- 건축물・건축을 위한 모형 및 설계도서 그 밖의 건축저작물
- 사진 및 이와 유사한 방법으로 제작된 것을 포함하는 사진저작물
- 영상저작물

89) 저작권위원회 http://www.copyright.or.kr/site/page.jsp

• 지도・도표・설계도・약도・모형 그 밖의 도형저작물
• 컴퓨터프로그램저작물
• 기타 저작물의 요건을 갖춘 모든 창작물

[표 4-13] **저작물의 종류**

범 주	장르・종류 등						비 고
어 문	소설・수필・매뉴얼	시・시조	논문・텍스트	강연・연설・설교	각 본		
음 악	가요・가곡	관현악・기악・성악	창 극	오페라			작사・작곡・편곡
연 극	연 극	무언극	무용극	창 극	오페라		
미 술	회 화	서 예	디자인	조소・조각・판화	공 예	캐릭터	
건 축	설계도서	건축모형	건축물				
사 진	초상사진	광고사진	기록사진	예술사진			
영 상	영 화	방송 프로그램	뮤직 비디오	게임(화상이 나오는 것)	CF	애니메이션	
도 형	지 도	도 표	설계도	약 도	모 형		
컴퓨터 프로그램	운영체제	응용 프로그램	게임(기계등 작동 프로그램)				
2차적 저작물	번 역	편 곡	각 색		영상제작(영상화)	변 형	
편집 저작물	백과사전	독창적 전화번호부	팜플렛・브로슈어	데이터베이스(창작성이 있는 것)	홈페이지		

http://online.arko.or.kr/copyright/cp_info.jsp

<저작재산권의 보호기간>

• 원칙 : 저작자의 생존기간 및 사망 후 50년
• 무명 또는 이명저작물 : 공표된 때로부터 50년

- 법인 등이 저작자인 업무상저작물 : 공표된 때로부터 50년
- 영상저작물 : 공표된 때로부터 50년
- 공동저작물 : 맨 마지막 사망한 저작자의 사망 후 50년
- 보호기간의 기산(起算) : 보호기간은 저작자가 사망하거나 저작물을 공표한 해의 다음 해 1월 1일부터 계산함

저작권을 보호하는 이유[90]는 저작자가 창작활동에 전념할 수 있도록 동기(인센티브)를 제공함으로써 궁극적으로 우리나라의 문화와 관련 산업의 발전을 꾀하는 데 있다. 이것은 나아가 세계 인류 문화유산의 축적을 가져다 주기도 한다.

문화의 향상 발전을 위해서는 내용과 형식을 달리하는 다양한 문학·예술작품이 창작되고 사회 일반에 의해 폭넓게 향수되어 재창작되어야 한다. 다양한 문학예술작품의 창작을 장려하기 위해서는 어떤 창작의 유인을 제공하여야 하는데 창작활동의 주체인 창작자도 물질적 소비생활을 해야 하는 사람이기 때문에 일정한 경제적 기초를 마련하여 경제적 부담 없이 창작활동에 전념하게 하기 위하여 저작권을 부여하여 보호하는 것이다.

법리적 측면에서는 저작권을 보호하는 것이 헌법적 요청이기도 한다. 우리 헌법은 국민주권의 이념, 정의사회의 이념, 평화추구의 이념과 함께 문화민족의 이념을 기본 이념의 하나로 채택하고 헌법 제22조에서 저작자, 발명가, 과학기술자와 예술가의 권리는 법률로써 보호한다고 규정하고 있다. 그러므로 저작권법에 의해 저작권을 보호하는 것은 국민의 결단인 헌법적 요청의 실현이기도 하다.

이 외에도 저작권 보호의 근거를 모든 노력에는 그에 합당한 몫을 지불하여야 한다는 사회정의 실현의 측면에서 찾기도 하고, 저작물은 저작자의 인격적 산물이라는 저작물의 인격적 성격에서 찾기도 한다.

90) http://online.arko.or.kr/copyright/cp_info.jsp

한편, 문화의 향상발전의 핵심이 폭넓은 문화 향수에 있다고 보고 자유로운 창작물의 이용을 위하여 저작권을 공유하려는 움직임도 있다. 이러한 움직임을 소위 '카피레프트(copyleft)' 주의라고 한다. 저작물의 자유로운 향수가 중요한 것도 사실이고, 저작권자가 자발적으로 자신의 권리의 일부를 제한하는 것도 바람직하고 정책적으로 지원할 만한 일이지만 항상 저작권[91]의 보호가 바탕이 되어야 한다는 것을 유념할 필요가 있다.

(6) 디지털콘텐츠 유통과 보호

① 디지털콘텐츠 유통과 보호문제[92]

인터넷의 대중화, 가전제품의 지능화 및 네트워크화, 무선네트워크의 활성화, 그리고 모바일 기기의 활용증대와 함께 다양한 서비스와 디지털콘텐츠의 융합에 따른 디지털콘텐츠 서비스 기술이 하루가 다르게 발전하고 있다.

특히, 디지털 홈 엔터테인먼트는 세계 IT 및 가전업계의 화두로 떠오르고 있으며, 이와 더불어 새로운 콘텐츠 소비환경에서의 콘텐츠에 대한 저작권 문제 또한 관심이 높아지고 있다.

---

91) <저작권 관련 사이트>
저작권위원회 http://www.copyright.or.kr/site/page.jsp
저작권 정보 데이타베이스 http://db.copyright.or.kr/data/index.asp
저작권 보호센터 http://www.cleancopyright.or.kr/
저작권 아카데미 http://academy.copyright.or.kr/academy/index.asp
해외저작권 정보플러스 http://www.koreacopyright.or.kr/kr/index.jsp
한국문화콘텐츠진흥원 http://www.kocca.kr/start.jsp
한국정보사회진흥원 http://www.nia.or.kr/
한국지적재산권법제연구원 http://www.kipli.re.kr/
게임산업개발원 http://www.gameinfinity.or.kr/
문화콘텐츠와법연구회 http://ccnlaw.or.kr/main/introduction.php
한국음악저작권협회 http://www.komca.or.kr/
한국방송작가협회 http://www.ktrwa.or.kr/
한국문예학술저작권협회 http://www.copyrightkorea.or.kr/
한국예술실연자단체연합회 http://www.fokapo.or.kr/
한국음원제작자협회 http://www.kapp.or.kr/
한국복사전송권관리센터 http://www.copycle.or.kr/index.asp
한국시나리오작가협회 http://www.scenario.or.kr/

92) 박지현 외, "전자통신동향분석(제22권 제4호)", 'DRM 기술 동향', 정보통신연구원, 2007.

한편 방송통신 융합에 따라 기존의 방송 서비스는 인터넷을 통한 콘텐츠 서비스로 영역을 확대하고 있으며, 방송된 콘텐츠를 저장한 후 다른 기기로 이동하여 사용할 수 있게 하는 서비스도 시도되고 있다. 이와 같은 커버전스 환경에서 디지털콘텐츠산업을 활성화하기 위해서는 다양한 콘텐츠 서비스 모델과 사용자 환경을 지원할 수 있는 기술과 함께 각 기술간의 상호호환성을 확보가 필수적이다.

DRM은 Digital Rights Management의 약자로, 디지털 콘텐츠의 불법유통과 복제를 방지하고, 적법한 사용자만이 주어진 권한 내에서 콘텐츠를 사용하게 하여 디지털콘텐츠 저작권을 관리하는 기술이다. 따라서 DRM 기술과 함께 각 DRM 기술간의 상호호환성을 확보할 수 있는 방안이 마련되어야 한다.

콘텐츠 보호 기술은 그 사용목적에 따라 복제방지기술, CAS, DRM으로 구분된다. '복제방지기술'은 기기간 전송 또는 기록장치로 저장시 콘텐츠의 불법복제 방지를 위한 기술이다. 이 기술은 기기들간 콘텐츠 복사나 이동 시의 콘텐츠 보호는 가능하지만 콘텐츠에 대한 다양한 권한제어가 불가능하다.

'CAS 기술'은 디지털방송콘텐츠 보호를 위한 기술로 방송망을 통하여 전송되는 콘텐츠에 대하여 허가된 사용자에게만 수신권한을 부여하는 기술이다. 방송되는 콘텐츠의 수신 권한 제어만을 목적으로 하므로 이를 저장한 이후의 보호수단 및 다양한 권한 제어를 제공하지 못하였으나, 최근 방송서비스를 인터넷으로 옮기려는 시도와 함께 저장 이후의 지속적인 콘텐츠 보호를 지원할 수 있도록 기술을 확장하고 있다.

'DRM 기술'은 콘텐츠의 생성에서 소멸에 이르는 전과정에 걸쳐 콘텐츠의 저작권을 지속적으로 보호하기 위한 기술이다. 기존의 주된 기술은 주로 저장되는 콘텐츠를 대상으로 하고 있으며, 암호화 기술, 인증 기술, 키관리 기술, 패키징 기술, 권리표현 기술, 사용통제 기술, 탬퍼링 방지기술 등을 이용하여 콘텐츠를 지속적으로 보호한다.

각각의 영역에서 콘텐츠를 보호해 왔던 이 같은 기술들이 디지털 홈에서는 점차 타기술의 기능을 포함하는 형태로 확장하고 있으며, 이들 간의 상호호환성을 지원하는 기능을 추가하여 발전해 나가고 있다.

② 콘텐츠 관리 및 보호 시스템

DRM은 디지털콘텐츠 출판, 유통 및 사용에 관한 필요한 관리 및 보호체계이다. DRM은 문화콘텐츠 뿐만 아니라 인터넷TV, 기업정보관리, 전자도서관, 사이버대학, 인터넷신문과 방송 등의 서비스에까지 광범위하게 적용되며, 온라인뿐만 아니라 오프라인에서도 적용한다.

[그림 4-22] **콘텐츠 거래기반 DRM 기술개념**

DRM 시스템

· CP(Content Provider) : 콘텐츠 제공자
· CD(Content Distributer) : 콘텐츠 분배자
· CS(Consumer) : 콘텐츠 소비자

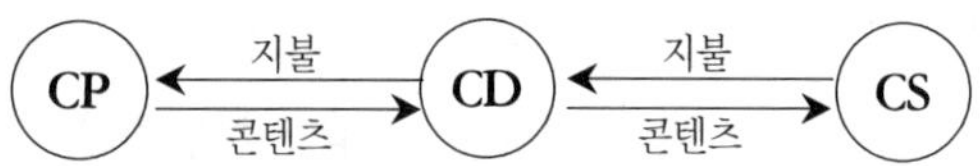

CP	CD	CS
· 콘텐츠 제작/출판	· 콘텐츠 분배	· 콘텐츠 구매
· DOI 등록	· 다수의 소비자 확보	· 콘텐츠 사용
· 저작권(판권)소유자	· 콘텐츠 신디케이션	· 콘텐츠 재분배
패키징 판매조건 등	사용권한설정	콘텐츠 접근/사용제어

오늘날 인터넷이 문화콘텐츠 유통채널로서 매우 중요한 위치에 있다. DRM을 통해 콘텐츠 제공자는 저작권 보호뿐 아니라 유통된 디지털 콘텐츠의 사용내역을 마케팅기획 및 제품기획의 자료로 활용할 수 있을 것이다.

DOI(digital object identifier)는 '디지털 객체식별자'이다. 즉 인터넷 주소가 변경되더라도 사용자가 그 문서의 새로운 주소로 다시 찾아갈 수 있도록, 웹 파일이나 인터넷 문서에 영구적으로 부여된 식별자이다. 중앙에서 관리되는

디렉토리에 DOI를 제출하고 나서, 정식 인터넷 주소 대신 그 디렉토리의 주소에 DOI를 더하여 사용하게 된다. DOI 시스템은 Corporation for National Research Initiatives와 협력관계에 있는 미국 출판업 협동조합에 의해 고안되었으며, 현재는 세계 DOI 재단에 의해 관리되고 있다.[93)]

DOI를 적용함으로써 얻게 되는 기대효과는 다음과 같다.

- 수시로 사라지고 변경되는 디지털콘텐츠의 위치정보를 체계적으로 관리함으로써 이용자의 접근성 및 이용편의성 제고.
- 디지털콘텐츠의 저작자에 대한 권리를 보호하여 불법적인 도용이나 권한 침해방지.
- 디지털콘텐츠의 처리, 계약, 판매 등 전자상거래에서 발생할 수 있는 모든 형태의 처리과정을 기록함으로써 투명한 전자상거래 환경 조성 및 상거래 활성화에 기여.
- 디지털콘텐츠의 관리·이용을 효율화함으로써 디지털콘텐츠산업 발전을 유도.

디지털콘텐츠 상거래 DRM 시스템은 주로 인터넷을 통하여 콘텐츠가 안전하게 등록·유통·분배·사용될 수 있도록 하는 기술적 안전 장치로서, 콘텐츠 저작권자, 콘텐츠 저작권 관리단체 콘텐츠 공급자, 콘텐츠 신디케이터(유통자), 콘텐츠 분배자, 콘텐츠 소비자에 이르기까지 다양한 거래주체들 간에 '가치 고리(Value Chain)'를 형성할 수 있도록 지원해야 하는 기반구조의 성격을 갖는다. DRM 시스템은 독립적으로 동작하지 못하고 반드시 기구축된 시스템(콘텐츠 관리/거래/서비스 시스템 또는 전자 문서관리 시스템 등)과 밀접하게 연동되어야 한다는 특징이 있다.

93) http://www.doi.org/10.1002/ISBNJ0-471-58064-3

참고 문헌

<국내 문헌자료>

강신택 외, 『정책학개론』, 법문사. 1983.
강원준, 『국가정보의 이해』, 서석. 2005.
강현식, 『세상 밖으로 나온 심리학』, 네모북스. 2006.
관자 지음, 김필수 · 고대혁 · 장승구 · 신창호 번역, 『관자(管子)』, 소나무. 2006.
권영택, 『영화와 소설속의 욕망이론』, 민음사. 1995.
권택영 옮김, 『자크 라캉의 욕망이론』, 문예출판사. 1994.
김교빈, 박석준 외, 『동양철학과 한의학』, 아카넷. 2003.
김재하, 『디지털 콘텐츠 분석과 전략』, 라이트북닷컴. 2006.
김정기 · 박동숙 외, 『매스미디어와 수용자』, 커뮤니케이션북스. 1999.
김채수, 『21세기 문화이론』, 교보문고. 1996.
김택영 지음, 『김택영전집』, 아세아문화사. 2000.
김현섭 외, 『협동학습2』, 협동학습연구회. 2006.
노시평 외, 『정책학의 이해』, 학현사. 2001.
류재명, 『지리교육철학강의』, 한울. 1999.
박명진 · 정준영 외 6인, 『문화, 일상, 대중-문화에 대한 8개의 탐구』, 한나래, 2000.
박인기 외, 『국어교육과 미디어 텍스트』, 삼지원. 2000.
박인철, 『파리 학파의 기호학』, 민음사. 2003.
박일봉 역저, 『법구경(法句經)』,육문사. 2006.
박지원 지음, 김명호 · 신호열 옮김, 『연암집(燕巖集)』. 돌베개. 2007.
박호숙, 『정책과정의 이론과 실제(국가전문행정연수원 제1기 5급승진자과정교재)』. 2004.
박호숙, 『행정학요론』, 대영문화사. 2000.
변학수, 『문학치료』, 학지사. 2005.
소홍렬, 『문화적 자연주의』, 소나무. 1996.
신기철 · 신용철, 『새우리말큰사전』, 삼성출판사. 1983.
신문주, 『행정기획실무』, 중앙공무원교육원. 2001.
신용철, 『철학으로 보는 문화』, 살림출판사. 2004.
오강남 역저, 『도덕경(道德經)』, 현암사. 1995.

오명환, 『텔레비전영상론』, 나남. 1994.
유평근 · 진형준, 『이미지』, 살림. 2001.
유훈, 『정책학원론』, 법문사, 1995.
이규보 지음, 한국고전번역원 옮김, 『동국이상국후집 제11권』, 한국고전번역원.
이대희 역, 『정책분석론』, 대영문화사. 1990.
이명규 · 장우권, 『지식 정보사회와 디지털 콘텐츠』, 전남대학교 출판부. 2004.
이명섭 편저, 『세계문학비평용어사전』, 을유문화사. 1985.
이어령, 『이어령전집7』, 갑인출판사. 1978.
이인화 외, 『디지털 스토리텔링』, 황금가지. 2003.
이재홍, 『게임 시나리오 작법론』, 정일. 2004.
이정춘, 『출판사회학』, 타래. 1992.
이정춘, 『미디어와 사회』, 세계사. 2003.
이준일 · 금동호 · 김영식, 『영상매체학개론』, 커뮤니케이션북스. 2000.
이형기, 『당신도 시를 쓸 수 있다』. (주)문학사상사. 1992.
이화자, 『광고 그리고 창의성』, 커뮤니케이션북스. 2002.
이환기, 『Herbart 통각과 교수이론』, 교육과학사. 1996.
임일환, 『감성의 철학』, 민음사. 1996.
장기오, 『TV 드라마 바로보기 바로쓰기』, 박영률출판사. 1998
정민, 『한시미학산책』, 솔출판사. 1999.
정병모, 『미술은 아름다운 생명체다』, 다홀미디어. 2001.
정연보, 『인간의 사회생물학』, 정서. 2004.
정정길, 『정책결정론』, 대명출판사. 1988.
조자용, 『삼신민고』, 가나아트. 1995.
조향리, 『카툰의 세계』, 초록배 매직스. 2001.
진희정, 『CEO처럼 기획하라』, 마젤란. 2008.
최영애, 『한자학강의』, 1997. 통나무. 서울.
탁정언, 『기획의 99%는 컨셉이다』, 원앤원북스. 2005.
한용환, 『소설학 사전』, 문예출판사. 1999.
협동학습연구회, 『협동학습2』, 협동학습연구회. 2006.
황현탁, 『한국영상산업론』, 나남. 1995.

고야스 미치코 지음, 임영희 옮김, 『감성교육』, 밝은누리. 2003.
닐 D.힉스 지음, 이일범 편역, 『헐리우드 영화 각본술』, 신아사. 2002.
데이비드 하워드 · 에드워드 마블리 공저, 심산 옮김, 『시나리오 가이드』, 한겨레신문사. 2002.
로널드 B. 토비아스, 『인간의 마음을 사로잡는 스무 가지 플롯』, 풀빛. 1997.
롤랑 바르트 지음, 김인식 편역, 『이미지와 글쓰기』, 세계사. 1993.
루돌프 슈타이너, 김성숙 옮김, 『일반인간학』, 물병자리. 2002.
마샬 맥루한 지음, 박정규 옮김, 『미디어의 이해』, 커뮤니케이션북스. 1997.
마이클 슈나이더 지음, 이충호 옮김, 『자연, 예술, 과학의 수학적 원형』, 경문사. 2002.
미셸 메이에르 지음, 전성기 옮김, 『열정의 레토릭』, 고려대학교 출판부. 2004.
미야나가 히로시 지음, 김정환 옮김, 『세렌디피티의 법칙』, 북북서출판사. 2007.
미하이 칙센트미하이 지음, 심현식 옮김, 『몰입의 경영』, 황금가지. 2006.
미하이 칙센트미하이 지음, 이삼출 옮김, 『몰입의 기술』, 더불어책. 2003.
밴 매넌 지음, 신경림 · 안규남 역, 『체험연구』, 동녘. 1994.
블라디미르 프로프, 유영대 옮김, 『민담형태론』, 새문사. 2000.
쉬클로프스키, 한기찬 역, 『기술로서의 예술』, 월인재. 1980.
슈투어드 카우프만 지음, 국형태 옮김, 『혼돈의 가장자리』, 사이언스북스. 2002.
스에요시 타카오, 장관진 옮김, 『기획자가 알아야 할 마케팅 실무』, 멘토르. 2007.
스튜어트 보이틸라 지음, 김경식 옮김, 『영화와 신화』, 을유문화사. 2005.
스티븐 핑커 지음, 김한영 번역, 『빈 서판(Blank Slate)』, 사이언스북스. 2004.
시모어 채트먼, 김경수 역, 『영화와 소설의 서사구조』, 민음사. 1997.
앰브로스 비어스, 정시연 옮김, 『악마의 사전』, 이른아침. 2005.
움베르토 에코, 이윤기 옮김, 『전날의 섬(L'isola del giorno prima)』, 열린 책들. 1996.
윌리암 더건(William Duggan) 지음, 윤미나 옮김. 『제7의 감각－전략적 직관』, (사)한국물가정보. 2008.
이블린 폭스 켈러, 『생명의 느낌』, 양문출판사. 2001.
이언 스튜어트, 김동광 옮김, 『자연의 패턴』, 사이언스북스. 2005.
이-푸 투안 지음, 구동회 · 심승희 옮김, 『공간과 장소』, 대윤. 2007.
일레인 볼드윈 · 브라이언 롱허스트 · 스콧 매크라켄 · 마일스 오그본 · 그레그 스미스 지음, 조애리 · 강문순 · 김진옥 · 박종성 · 유정화 · 윤교찬 · 최인환 · 한애경 옮김, 『문화 코드, 어떻게 읽을 것인가』,한울. 2008.
장 피에르 상제, 콩느 지음, 강주현 옮김, 『물질, 정신 그리고 수학』, 경문사. 2002.

제럴드 잘트먼 지음, 노규형 옮김, 『How Customers Think』, 북21. 2004.
제임스 히긴스 지음, 박수규 옮김, 『결정적 아이디어』, 비즈니스북스. 2003.
조셉 캠벨 지음, 이윤기 옮김, 『천의 얼굴을 가진 영웅』, 민음사. 1999.
존 몰 지음, 노명환 외 옮김, 『유럽의 기업문화와 이문화 관리』, 고원. 2000.
존 블랙우드, 오혜정 외 6인 옮김, 『우리 주변의 수학』, 섬돌출판사. 2005.
존 킹 지음, 김량국 옮김, 『수와 신비주의』, 열린책들. 1996.
줄리아 카메론 지음, 임지호 옮김, 『아티스트 웨이』, 경당. 2003.
편집부 편, 『중국대백과전서철학Ⅱ』, 중국대백과전서출판사.
찰스 폰스 지음, 조하선 옮김, 『카발라』, 물병자리. 1997.
캐서린 흄 지음, 한창엽 역, 『환상과 미메시스』, 푸른나무. 2000.
케빈 레인 켈러 지음, 이상민 역, 『브랜드 매니지먼트』, 비즈니스북스. 2007.
크리스토퍼 보글러 지음, 함춘성 옮김, 『신화, 영웅 그리고 시나리오 쓰기』, 무우수. 2005.
클리퍼드 픽오버 지음, 이상원 옮김, 『신의 베틀』, 경문사. 2002.
톰 피터스 지음, 이진 번역, 『자기혁신 아이디어』, 한국경제신문사. 2006.
파리드 엘라시머위 · R.해리스 지음, 삼성국제경영연구소 옮김, 『해외비즈니스 문화를 알아야 성공한다』, 21세기북스. 1995.
피터 드러커 지음, 이재규 옮김, 『미래 경영』, 청림출판. 2002.
하버드경영대학원 지음, 현대경제연구원 옮김, 『Harvard Business Essential(창의와 혁신의 핵심전략)』, 청림출판. 2004.
하워드 가드너 지음, 김한영 옮김, 『미래 마인드(FIVE MINDS for the FUTURE)』 재인. 2008.
하인츠 슐라퍼 저, 변한순 역, 『시와 인식』, 문학과 지성사. 1992.
E. Shils 지음, 김병서 · 신현순 역, 『전통』, 민음사. 1992.
John MacQueen, 송낙헌 역, 『알레고리(Allegory)』, 서울대학교출판부. 1983.
K. 쾨니히 지음, 정정순 옮김, 『치료교육과 R. 슈타이너의 감각론』, 특수교육. 2003.
Na, Marshall & Keller, 『통합형 모델의 브랜드 파워의 측정 연구 방법』, JPBM. 1999.
N. Frey, 김상일 역, 『신화문학론』, 을유문화사, 1981.
Robert C. Allen, 김훈순 옮김, 『텔레비전과 비평(독자반응과 텔레비전 수용)』, 나남. 1996.
Russell L. Ackoff, 이문용 역, 『의사결정의 예술』, 계명대학교출판부. 1986.
S. 리먼-케넌 저, 최상규 역, 『소설의 시학』, 문학과 지성사. 1985.

권은경, '가치사슬에 따른 디지털 영화산업의 분석', 정보통신정책(제17권 21호), 정보통신정책연구원.

권희진, '새로운 인지주의 감정 이론에 대한 모색', 철학논구(제35집), 서울대학교철학과. 2007.

김경재, '상징수학으로서의 수비학이 영성수련에 갖는 의미', 신학연구(제44집), 한신대학교 한신신학연구소. 2003.

김만식, "한국출판만화산업연구", 중앙대학교신문방송대학원 석사학위논문. 1998.

박기수, "애니메이션 서사의 특성 연구", 한양대학교 박사학위 논문. 2001.

박상천, '예술의 변화와 문화콘텐츠의 의의', 『인문콘텐츠학회(제2집)』. 2003.

박원경, "미국 헌법상 표현의 자유에 관한 연구 : 사비버스페이스에서의 표현의 자유를 중심으로", 경희대대학원 박사학위논문. 2002.

박지현 외, 'DRM 기술 동향', 전자통신동향분석(제22권 제4호), 정보통신연구원. 2007.

사이언티픽 아메리칸 마인드' 2008년 6・7월호.

서정남, '영화 서사의 창작-전달-수용 매커니즘과 매체', 한국서사학회(내러티브 제4호), 예림기획. 2001.

성완경, "과학기술 예술과 만나다.", '과학기술과 시각예술', 한국과학문화재단. 2006.

손명자, "한국 텔레비전 비평에 대한 시론-기호학적 접근", 한양대학교석사학위논문. 1997.

안신현, "문화기술의 학문 분야로서 문화원형기술의 패러다임 분석", KAIST 박사학위논문. 2005.

임동욱, "소비자 중심 4C 모델을 기반으로 한 에듀테인먼트 콘텐츠 분석 방법론 제안", 한국외국어대학교대학원 석사학위논문. 2007.

윤태진 외, 'IT와 문화콘텐츠의 내용과 형식의 변화 – 음성, 문자, 영상언어를 중심으로', 정보통신정책연구원. 2005.

조선일보, '문화콘텐츠 전쟁, 승리자들에게 듣는다(1)', 2008. 9. 22.

한양대학교대학원, '정민 교수의 고전강독 강의노트', 2002.

<외국문헌 자료>

Aldous Huxley, The Art of Seeing, Harper, New York, 1942.

Ashraf Ramzy, "The American Story", Narrativity : Strategy & Story(Palm Springs Story conference 2002), 2002.

Burgess & Voogd, "Selling Places: Environmental Images for the Executive", Regional Studies, 1982, Vol. 16. No. 1.

Campaigne, B., "Content, process, and format : A new framework for the media arena." Understanding New Media, Cambridge, Ma : Ballinger, 1987.

C. West Churchman, The Systems Approach, Dell Publishing Co. Inc., New York, 1968. Dallkey, The Delphi Method ; An Experiment Study of Group Opinion, 1969.

Douglas M. Eisenhart, Publishing in the Information Age : a new management framework for the digital era, 1994.

E. Frank Harrison, The Managerial Decision-Making Process, Boston : moughton Mifflin Company, 1975.

Fred E. Emery, Concepts, Methods, and Anticipations, Michael Young(ed), Fore asting and the Social Science, Social Science Research Council, London, 1968.

Michael Oakeshott, Experience and Its Modes, Cambridge at the University Press, 1933.

Mihaly Csikszentmihalyi, "Implications of a Systems Perspective for the Study of Creativity", In Robert J. Sternberg(ed), Handbook of Creativity, Cambridge, MA : Cambridge University Press, 1999.

M. McLuhan, The Medium is Massage, Bantam Book, 1967.

M. McLuhan, Understanding Media : The Extensions of Man, McGraw Hill Book Company.

N. Frey, Developing Imagination, Harvard University Press, 1963.

Pannenberg, Wolfhart, "Toward a Theology of nature : Essay on Science and faith", Westminster, John Knox Press, 1993.

Peter F. Drucker. "coming of the New Organization", Harvard Business Review, Jan-Feb., 1998.

Porter, Competitive Advantage : Creating and Sustaining Superior performance, 1985.

Raymond Williams, "Keywords" London : Flamingo. 1983.

R. Fidler, Media Morphosis, CA : Pine Forge Press, 1977.

Rodolfo Stavenhagen, 'Cultural Rights : A Social Science Perspective', UNESCO Forum. 2000. 12.

Simon Frith, Hearing Secret Harmony, C. MacCabe ed., High Thery/Low Culture : Analysing Popular Television and Film, Manchester University, 1986.

Tillich, Paul, Theology of Culture, Oxford University Press, 1959.

UNESCO, op. cit. (1995), P. 25; Learning: The Treasure Within, Report to UNESCO of the International Commission on Education for the Twenty-First Century (Paris: UNESCO, 1996).

<웹사이트 참고자료>

cafe.daum.net/yonseijapancenter
http://academy.copyright.or.kr/academy/index.asp
http://blog.naver.com/yerrpark/150015553841
http://blog.daum.net/thdwo1/4339006
http://blog.empas.com/unintc/read.html?a=17124129
http://cafe.daum.net/31friends/2eIZ/28
http://ccnlaw.or.kr/main/introduction.php
http://db.copyright.or.kr/data/index.asp
http://enc.daum.net/dic100/contents.do?query1=rkb04a1072
http://ewigeseuropa.canalblog.com/images/Nibelungen.jpg
http://icert.kmrb.or.kr/
http://ko.wikipedia.org/wiki/%EC%9B%B9_2.0
http://online.arko.or.kr/copyright/cp_info.jsp
http://pubpages.unh.edu/~dml3/880williams.htm
http://w3.randr.co.kr/company/?viewpage=1
http://www.cleancopyright.or.kr/
http://www.clicktruth.org/urantia.htm
http://www.copycle.or.kr/index.asp
http://www.copyright.or.kr/site/page.jsp
http://www.doi.org/10.1002/ISBNJ0-471-58064-3
http://www.encyber.com/index.html
http://www.etnews.co.kr/news/detail.html?id=200808190168
http://www.fokapo.or.kr/
http://www.gameinfinity.or.kr/
http://www.gimmyoung.com/bookinfo/bookinfo.html?number=168
http://www.grb.or.kr/
http://www.hice.co.kr
http://www.historychannel.co.kr/
http://www.howardgardner.com/
http://www.itkc.or.kr/
http://www.kapp.or.kr/

http://www.kipli.re.kr/

http://www.kocca.kr/start.jsp

http://www.komca.or.kr/

http://www.koreacopyright.or.kr/kr/index.jsp

http://www.kpec.or.kr/index.asp

http://www.ktrwa.or.kr/

http://www.minchu.or.kr/

http://www.nia.or.kr/

http://www.nytimes.com/2008/05/02/opinion/02brooks.html?em&ex=1209873600&en=58bbd827c1545adc&ei=5087

http://www.paichai.ac.kr/~kyokim/consult2-2_4.html

http://www.scenario.or.kr/

http://www.sciam.com/sciammind/

http://www.terms.co.kr/.

http://www.unesco.or.kr/kor/dataroom/cdiversity.html

http://www.web2hub.com

http://www.web2hub.com/wiki/index.php/Web_2.0

Leemhuis, Using scenrios to develop strategies at Shell, 1990.

찾아보기

저자소개 ■ 김만식(金萬植)

1955년 경북 예천 태생.
한양대학교 국어국문학과,
중앙대학교신문방송대학원,
한양대학교대학원 박사과정을 수료했다.
현재 대학 강의와
메타콘텐츠연구소장으로 활동 중이다.
<운영카페>
콘텐츠전략카페
http://cafe.daum.net/Contents

문화콘텐츠 개발전략

2009년 2월 25일 초판 발행
2010년 2월 25일 재판 발행

저 자 김 만 식
발행인 한 점 덕
발행처 學 硏 社

등 록 1976년 12월 23일 제12-6호
주 소 서울시 영등포구 문래1가 39번지 센터플러스 814호
TEL : 2164-3311~3 / FAX : 2164-3314
E-mail : hypub@chol.com
ISBN 978-89-8060-228-5 93300

값 15,000원